教育学概论

JIAOYUXUE GAILUN

主编◎刘超良

湘潭大學出版社

图书在版编目(CIP)数据

教育学概论 / 刘超良主编. —湘潭：湘潭大学出版社，2016.12

ISBN 978-7-81128-878-0

Ⅰ. ①教… Ⅱ. ①刘… Ⅲ. ①教育学—师范大学—教材 Ⅳ. ①G40

中国版本图书馆 CIP 数据核字(2016)第 094345 号

教育学概论

刘超良 主编

责任编辑：王正杰
装帧设计：李　平
出版发行：湘潭大学出版社
社　　址：湖南省湘潭市 湘潭大学出版大楼
电话(传真)：0731-58298966　　邮编：411105
网　　址：http://press.xtu.edu.cn
印　　刷：长沙理工大印刷厂
经　　销：湖南省新华书店
开　　本：787×1092　1/16
印　　张：17.5
字　　数：440 千字
版　　次：2018 年 12 月第 2 版
印　　次：2018 年 12 月第 3 次印刷
书　　号：ISBN 978-7-81128-878-0
定　　价：46.00 元

前　言

教育学的基本理论是教师教育专业学生的必修课程。随着教师专业化的发展，国家对专门从事教育教学工作人员提出了教师资格认证的要求。无论是教师教育专业的学生还是非教师教育专业的学生，要获取教师资格证都必须参加全国教师资格考试。为使教师教育专业学生较为系统地掌握教育学基本理论，同时考虑教师资格认证考试的要求，我们编写了这本与中小学教师资格认定相适应的教育学教材。

本教材既考虑了教育学基本理论的系统性、完整性，也兼顾了中小学《教育知识与能力》考试大纲的基本要求。本教材具有以下特点：

1. 系统性。掌握教育学基本理论是教师教育专业学生未来从事教育工作的基本要求，为此，本教材系统地介绍了教育学基本理论的知识。

2. 针对性。为使教师教育专业学生应对教师资格证考试，紧扣考试大纲的知识要点，本教材提供了适应教师资格证考试的完整的教育学知识。

3. 强化性。为使学生及时巩固所学知识，提高学生对教师资格证考试的应对能力，本教材编制了同步练习题及参考答案，这能在学生备考过程中起到事半功倍的效果。

刘超良

2015 年 10 月

目　　录

第一章　教育与教育学

本章概要

教育的本质是培养人的社会活动。学校教育制度经历了从前制度化教育到制度化教育到非制度化教育的过程。20世纪以来,世界各国的现代教育制度呈现出一些共同的发展趋势。人类教育在发展过程中,经历了原始教育形态、古代教育形态和现代教育形态三个不同的发展阶段。

教育学作为一种学科,在不同的发展阶段有着不同特征的教育思想,教育学学科的形成和发展也经历了古代教育学的雏形、近代教育学学科的独立形态、规范形态和现代多元形态的过程。

教育是一个多层次多要素的整体系统。一般来说,教育的构成要素有教育者、受教育者、教育中介。

引导案例

学习教育学有什么用?对此,我们常常听到这样的说法:"有的名师没有读过师范院校,没有学过教育学,不也照样能够教好书,上好课,培养好学生?"这种看法代表了相当一部分人对教育学这门学科的质疑态度。学习某门知识的目的总是要在实践中应用,正是因为有些人认为教育学没有用,所以对学习教育学没有兴趣。如何看待这一现象?我们可以举这样一个例子:一个人要当医生,但不想去读医学。若干年的行医实践后,他有可能成为一名医生。但问题是,谁会成为他的第一个服务对象?有谁站在患者的立场上思考问题?同样的道理,名师的头脑中必然有教育理论,如果没有经过系统的学习,便只能依靠长期的实践摸索,而这意味着会走很多弯路,他的学生也会付出更多的代价。所以,不是修学了教育学就一定能当一个好老师;而不学教育学,则一定很难成为一个好老师。学习教育理论是做好教育工作的必要条件。这也是为什么教师、医生等职业需要设立职业准入制度的原因。

学习教育学的人,首先都会问:教育是什么?教育是怎样发展的?什么是教育学?人们对教育活动的认识经历了一个怎样的过程?学习教育学有什么作用?本章将通过回答这些问题,引领大家走进一个丰富多彩的教育世界。

第一节　教育的发展

一、教育的概念

教育是教育学的一个基本概念和核心范畴。教育学的其他一些概念及由其所构成的教育命题都是以这一概念的某种界定为基础的，都是围绕这一概念展开的。

在教育史上，古今中外一些著名的思想家、教育家、政治家对“教育是什么”做过各种回答。在我国，如《学记》中的“教也者，长善而救其失者也”，意思是：所谓教师，应当是帮助学生发挥长处纠正学生在学习中的偏差的人。战国时期荀子说“以善先人者谓之教”，意思是：用善引导人的是教诲。东汉许慎在《说文解字》中将“教”和“育”释义为：“教，上所施，下所效也。”“育，养子使作善也。”“上所施”即在上者如父母兄长或老师等教者的传授、讲解、施教的活动；“下所效”，即在下者如子女、晚辈或学生学习、听讲、模仿、效仿的活动。“养子使作善”即教育子女，使他们向好的方面发展。“教”与“育”合义为：在上者以良好的言行供下者模仿，使在下者形成良好的品质，这就是教育。最早将“教育”作一词连用的是战国时期的孟子，他在《孟子·尽心上》中说：“得天下英才而教育之，三乐也。”

在西方，“教育”在英文中是“education”，在法语中，教育是“éducation”；在德语中，教育是“erziehung”，三个词都来源于拉丁文“educare”。“educare”是名词，它是从动词“educĕre”转换来的。“educĕre”是由前缀“e”与词根“ducĕre”合成的。前缀“e”有“出”的意思，词根“ducĕre”有“引导”的意思，合起来即为“引出”。“引出”的意思是借助一定的办法，把潜藏于儿童内心的东西（知识、智慧等）引导出来。一些教育家如卢梭（J. J. Rousseau）、裴斯泰洛齐（J. H. Pestalozzi）、赫尔巴特（J. F. Herbart）等都对教育下过各种定义。我们通过对这些定义的分析，发现这些定义的角度各有不同：有的从教育内容与方法的角度，有的从教育目的的角度，有的从教育对象的角度，有的从教育价值的角度，有的从人的发展、社会作用的角度，并且由于时代不同、立场不同、价值观和思想方法等方面的不同，造成了概念的差异甚至对立。如教育史上的“实质教育”和“形式教育”之争，其中就有关于什么是教育的争论，斯宾塞（H. Spencer）认为“教育是为美好生活做准备”，而杜威（J. Dewey）则认为“教育即生活”。在众多的《教育学》教材中，很难找出关于“教育”的两个相同的概念。由于这样或那样的分歧，人们一直在寻找如何为教育下定义的方法。虽然教育的定义在内容和界定上有诸多不同，但在启发人们上有着最大的共同点，那就是把教育看作是一种活动。而这些概念的区别，只是对教育作为一种活动的内容、目的、方法、对象、价值的认识不同。

我们认为：教育是培养人的一种社会活动，是传承社会文化、传递生产经验和社会生活经验的基本途径。从广义上说，凡是增进人们的知识和技能、影响人们思想观念的活动，都属于教育的范畴。狭义的教育则指以影响人的身心发展为直接目标的社会活动，主要指学校教育，是教育者根据一定的社会要求，遵循年轻一代身心发展的规律，有目的、有计划、有组织地引导受教育者获得知识技能，陶冶思想品德、发展智力和体力的活动。

教育是培养人的社会实践活动，是人类社会特有的社会现象；教育是年轻一代生存、发展不可缺少的手段；教育是人类社会的普遍永恒现象，与人类社会共始终。一方面，教育为社会的发展、为人的发展提供保证，另一方面，社会和人的发展又不断向教育提出更高、更新的要求，从而促进教育的不断发展。

理解教育，还须把握其本质属性和社会属性。

(一)教育的本质属性

教育是一种有目的地培养人的社会活动，这是教育区别于其他事物现象的根本特征，是教育的质的规定性。它有以下四个方面的特点：

1. 教育是人类所特有的一种有意识的社会活动

教育是人类社会特有的活动，还是动物与人共有的动物性生存活动，对这一问题，长期以来人们有着不同的看法。有人认为，在动物界也存在教育。如19世纪末法国哲学家利托尔诺在《各人种的教育演变》中，明确提出动物界存在教育。他以老猫教小猫捕鼠、老鸭教小鸭游泳为例，证明教育早在人类出现之前就存在了，人只是继承和改变、演进了这种形式。20世纪初英国教育家沛·西能在他的《教育原理》中也提出类似观点，认为教育从根源上来说是扎根于动物的本能，生物冲动是教育的根源。

实际上，人的教育活动与动物的"教育"是两种表面类似而本质不同的活动。因为：

(1)动物的"教育"是一种基于亲子和生存本能的自发行为，而人类的教育是一种复杂的社会活动。

(2)动物界没有人类这样高级的语言、符号系统，思维不够发达，活动只能停留在个体的层次上，不能类化。

(3)动物的"教育"基本上随着生理的成熟而结束。

所以说，教育是人类特有的活动，社会性是人的活动与动物所谓"教育"活动的本质区别。

2. 教育是有意识、有目的、自觉地传递社会经验的活动

教育是把人类积累的生产经验和生活经验转化为受教育者的智慧、才能和品德，使他们的身心得到发展，成为社会所要求的人的过程。这一过程受到社会条件和人的身心因素的影响。为使教育达成预期的育人目标，必须按照一定的目标、有组织地开展活动，体现着教育者的意识。

3. 教育是以人的培养为直接目标的社会实践活动

人类社会活动多种多样，只有教育是一种培养人的活动。与其他社会活动相比，教育活动是一种人—人活动，其活动目的是通过影响人的身心发展，使每个人更充分、更真实地生活，最终影响人类的发展。其活动方式是一种特殊的"规训方式"。

4. 教育是存在着教育者、受教育者及教育影响三种要素之间的矛盾活动

教育者是指对受教育者在知识、技能、思想、品德等方面起到教育影响作用的人，是教育活动的主导者。受教育者是指在各种教育活动中从事学习的人，既包括学校中学习的儿童、少年和青年，也包括各种形式的成人教育中的学生。受教育者是教育的对象，是学习的主体。教育影响是指实现教育目的的措施，包括教育的内容、方法与手段，使开展教育活动的中介。教育的三个要素，彼此相互作用，对立统一，从而实现教育目的。

(二)教育的社会属性

1. 教育具有永恒性

教育是人类所特有的社会现象，任何社会进步和个人发展都离不开教育。教育与人类

社会共始终,为一切人和一切社会所必需,是新生一代的成长和社会生活的延续与发展不可缺少的手段,只要人类社会存在,就存在教育。

2. 教育具有历史性

教育随人类社会的产生而产生,随人类社会的发展而发展。教育的目的、制度、内容、方法、手段等,都随人类社会历史的发展变化而发生相应的变化。人类教育依次有原始社会教育、奴隶社会教育、封建社会教育、资本主义社会教育、社会主义社会教育。不同社会形态的教育各有特点。

3. 教育具有相对独立性

教育受一定社会的政治经济等因素的制约,但教育作为一种培养人的社会活动,又具有相对独立性。教育的相对独立性主要表现在三个方面:

(1)教育具有继承性。教育不能脱离社会物质条件而凭空产生,但同时又是从以往教育发展而来的,都与以往教育有着渊源关系,正因为教育具有这种继承性,在同样的政治经济制度和生产力发展水平的国家,会有不同特色的教育;不同民族的教育会表现出不同的传统和特点。

(2)教育要受其他社会意识形态的影响。教育虽然受政治经济制度与生产力发展水平的制约,但同时又与上层建筑中其他意识形态(主要表现为政治思想、道德观念、哲学思想、宗教、文学、艺术、法律等)发生密切的联系,受这些意识形态的影响,主要表现在教育观点和教育内容上。

(3)教育与社会政治经济发展不平衡。这种不平衡主要表现为两个方面:一种情况是当教育落后于一定的政治经济发展水平时,教育对政治经济发展起着阻碍作用;另一种情况是当教育超前于一定的政治经济发展水平时,教育对新的政治经济起着催生作用。

二、学校教育制度

学校教育制度简称学制,是指一个国家各级各类学校的系统及其管理规则。它规定着各级各类学校的性质、任务、管理体制、教育结构、培养目标、入学条件、修业年限以及它们之间的关系。

(一)学校教育制度在形式上的发展

历史上曾经有过从非正式教育到正式而非正规教育再到正规教育的演变。正规教育的主要标志是,近代以学校系统为核心的教育制度,又称制度化教育。以制度化教育为参照,之前的非正式、非正规教育都可归为前制度化教育,而之后的非正式、非正规化教育则归为非制度化教育。因此,教育制度的发展经历了从前制度化教育到制度化教育再到非制度化教育的过程。

1. 前制度化教育

前制度化教育始于与社会同步的人类早期教育,终于定型的形式化教育,是人类教育史上的一个重要阶段,它为制度化的教育提供了必不可少的发展基础,并对教育的发展产生了难以估量的影响。

教育实体的出现,意味着教育形态已趋于定型。教育实体的产生是人类文明的一大进步,它属于形式化的教育形态。它的形成具有以下特点:①教育主体确定;②教育对象相对稳定;③形成系列的文化传播活动;④有相对稳定的活动场所和设施;⑤由以上要素结合而形成的独立的社会活动形态。当这些形式化的教育实体的特点比较稳定并形成教育的简单要素时，教育初步定型。因此，教育实体化的过程是形式化的教育从不定型发展为定型的过程。其中，定性的教育组织形式包括了古代的前学校与前社会教育机构，以及近代的学校与社会教育机构。

2. 制度化教育

制度化教育主要所指的是正规教育，也就是指具有层次结构的，按年龄分级的教育制度，它从初等学校延伸到大学，并且除了普通的学术性学习以外，还包括适合于全日制职业技术训练的许许多多专业课程和机构。从这一定义中我们可以发现，制度化的教育指向形成系统的各级各类学校。近代学校系统的出现，开启了制度化教育的新阶段。从 17 世纪后期到 19 世纪末，在西方，随着生产的发展、社会的进步、科学文化的繁荣，教育有了相应的发展。教育实践的丰富，教育经验的积累，使人们对教育现象、教育问题的认识逐步深入，许多教育专著相继问世，教育学开始从哲学和其他学科中分化出来，即意味着教育制度化的形式。

中国近代制度化教育兴起的标志是清朝末年的"废科举，兴学校"，并颁布了全国统一的教育宗旨和近代学制。中国近代系统完备的学制系统产生于 1902 年的《钦定学堂章程》（又称壬寅学制）以及 1903 年的《奏定学堂章程》（又称癸卯学制）。

随着学历社会的出现，制度化教育趋于成熟。制度化教育的发展越来越成为社会发展的重要因素。制度化教育的影响已经渗透到社会的各个层面，甚至可以用"学历社会"来描述制度化教育对于整个社会的深刻影响。制度化教育对于经济发展，对于社会、政治、经济、文化乃至个人发展的影响，已经为社会普遍接受。

3. 非制度化教育

非制度化教育是相对于制度化教育而言，它针对了制度化教育的弊端，但又不是对制度化教育的全盘否定。非制度化教育所推崇的理想是："教育不应再限于学校围墙之内"。每一个人应该能够在一个比较灵活的范围内，比较自由地选择他的道路。如果他离开这个教育体系，他也不至于被迫终身放弃利用各种教育设施的权利。非制度化教育相对于制度化教育而言，改变的不仅是教育形式，更重要的是教育理念。

库姆斯等人陈述的非正规教育的概念、伊里奇所主张的非学校化观念都是非制度化教育思潮的代表。

（二）现代教育制度发展趋势

20 世纪以来，尤其是二战以后，世界的政治、经济、科技和文化领域都发生了重大变化，现代教育进入了一个新的历史时期，各国的教育制度也相应呈现出一些共同的发展趋势。

1. 加强学前教育并重视与小学教育的衔接

二战前学前教育很少被纳入国家教育系统，但现在很多国家都将学前教育纳入了国家教育系统，并重视与小学教育的衔接。

2. 强化普及义务教育并延长义务教育年限

义务教育是国家用法律形式规定，对一定年龄儿童免费实施的某种程度的学校教育。19 世纪末，欧美一些国家开始实行初等义务教育并逐渐延长义务教育年限。现在世界上 180 多个国家中有 2/3 以上的国家实行 9 年或 9 年以上的义务教育制度。

3. 普通教育与职业教育朝着相互渗透的方向发展

普通教育主要是以升学为目的，以基础科学知识为主要教学内容的学校教育；职业教育是以就业为目标，以从事某种职业或生产劳动的知识和技能为主要教学内容的学校教育。二战前，世界各国普遍推行双轨制教育制度，即为升入高一级学校做准备和为就业做准备的教育制度，而双轨之间障碍重重。双轨制的主要弊端是，学生缺乏重新选择的机会，不能升入高一级学校的学生缺乏适应社会生活的能力。二战后，综合中学的比例逐渐增加，出现了普通教育职业化、职业教育普通化的趋势。

4. 高等教育的类型日益多样化

随着社会生活的丰富多样化和高等教育的大众化，传统的以学术性为单一标准的单一大学逐步发生变化。在形式上，不同学制、不同办学形式的学校纷纷出现；在内容上，基础性、应用性、工艺性的学校各显特色；在入学目的和考评方法上也呈现出多样性。

5. 学历教育与非学历教育的界限逐渐淡化

随着一次性教育向终身教育的转变，以获得文凭为受教育目的的程度逐渐降低，通过教育补充知识、丰富人生的目的越来越强，社会教育的程度越来越高，学历教育与非学历教育的界限逐渐淡化。

6. 教育制度有利于国际交流

交通、通信技术的发展，使得世界正在缩小，国际文化交流越来越重要，也越来越现实，这就要求各国的教育制度有利于国际交流，增加学制、学位、学分等的互通性。

三、教育的起源

教育是一种与人类相伴而生的社会现象，古往今来，人们从未中断过对教育起源的思考和探索。人们对教育的起源有不同的认识。目前，教育理论界主要有教育的神话起源论、生物起源论、心理起源论、劳动起源论、交往起源论等众多说话。

（一）神话起源论

神话起源论是关于教育起源的最古老的观点，所有的宗教都持有这种观点，我国古代的思想家朱熹也持有这种观点。这种观点认为，教育与其他万事万物一样，都是由人格化的神（上帝或天）所创造的，教育的目的就是体现神或天的意志，使人皈依于神或顺从于天。这种观点是错误的、非科学的。之所以如此，主要是因为当时人们在人类社会起源问题上的认识水平有局限性。

（二）生物起源论

生物起源论的代表人物有 19 世纪法国社会学家利托尔诺、美国的心理学家桑代克和英国教育学家沛西·能。生物起源论认为人类教育起源于动物界中各种动物的生存本能活动，动物界有教育活动。这种观点是错误的，它混淆了动物的本能活动与人类社会教育活动的界限。

（三）心理起源论

美国教育学家孟禄是心理起源论的代表人物，著有《教育史教科书》。孟禄从心理学观点出发，根据原始社会没有学校、没有教师、没有教材的原始史实，判定教育起源于儿童对成人无意识的模仿。这种观点认为模仿是教育，有失偏颇。作为一种心理现象或一种学习方式，模仿不失为教育的途径之一。但是，这种观点把教育归于无意识状态下产生的模仿行为,从而把有意识的和在意识支配下产生的目的性行为排除在教育之外,走向了极端。

(四)劳动起源论

劳动起源论的代表人物主要是前苏联的米丁斯基、凯洛夫等教育史学家和教育学家。劳动起源论在批判生物起源论和心理起源论的基础上,运用恩格斯在《劳动在从猿到人转变过程中的作用》中阐述人和人类社会起源的观点,从恩格斯的"劳动在一定意义上创造了人类本身"这一基本命题出发,推断出教育起源于劳动,起源于劳动过程中社会生产的需要和人的发展需要的辩证统一。

(五)交往起源论

交往起源论的代表人物是叶澜等。交往起源论认为,教育起源于人类的交往活动。叶澜在其著作《教育原理》一书中说"教育起源于人类的交往活动而不是生产劳动,尽管人类社会最初的交往活动是在劳动中进行的,但我们依然不认为生产劳动是教育的形态起源"。交往起源论认为教育关系是人与人之间的关系,而劳动中的关系时人与物之间的关系。所以,劳动不是教育的形态起源,教育的形态起源于人与人之间的交往。

四、教育发展的过程

教育在社会生产劳动中产生,并随社会的发展而发展。在不同的历史阶段,由于生产力发展水平、政治经济制度的不同,教育在发展过程中也具有不同的特点。教育具有历史性。

(一)原始教育形态

原始教育形态主要是指原始社会的教育。原始社会教育是起始阶段教育,是处于较低级阶段的教育,非常简单和原始。与原始社会的经济状况、社会结构以及知识水平相适应,原始社会的教育具有如下特征:

第一,教育和生产劳动、社会生活具有融合性。在原始社会,教育还没有从社会生产劳动、生活中分化出来,还没有形成专门的事业。教育在共同劳动和生活中进行,教育与生产劳动、社会生活直接融合而具有明显的社会性。

第二,教育具有原始性。教育目的是把儿童训练和培养成为生产者、劳动者;教育内容基本上是日常生活和生产经验、社会习俗与礼仪、原始宗教和军事技能等;教育方法是直接或直观地展示、演习,言传身教、师徒相授及在生活实践中学习等。总的看来,教育目的单一,教育内容贫乏,教育方法简单。

第三,教育具有同一性。教育没有从生产劳动和社会生活中分化出来,成为人生活的必要训练,这种训练没有差异,主要是为了培养合格的氏族成员,全体儿童接受同样的训练。社会没有产生阶级分化,教育具有全民性,而且受教育既是权利又是义务。可见,教育内容、教育对象和教育目的具有同一性。

(二)古代教育形态

古代教育一般指奴隶社会和封建社会的教育。比起原始社会来,古代社会生产力有了一定程度的发展,石器已经广泛地被金属工具代替,其生产方式是以农业、手工业的个体经济为基础的生产方式。

在古代教育形态中,出现了教育实体,即学校教育已经产生。较之原始社会,生产的发展和社会生产力的提高,为学校的产生提供了物质上的准备;统治阶级对人才的需求,为学校的产生提供了社会条件;文字的产生和文化的发展,为学校的产生提供了现实条件。

1. 不同国家古代学校教育的形态

(1)古代中国

根据历史记载,中国早在4000多年前的夏代,就有了学校教育的形态。《孟子》里说夏、商、周“设庠、序、学、校以教之,庠者养也,校者教也,序者射也。夏曰校,殷曰序,周曰庠,学则三代共之,皆所以明人伦也”。孟子在这里不仅记载了我国古代学校教育起源的情况,而且记载了当时教育的内容和宗旨。

西周以后,学校教育制度已经发展到比较完备的形式,建立了典型的政教合一的官学体系,并有了“国学”与“乡学”之分,形成了以礼乐为中心的文武兼备的六艺教育。六艺由六门课程组成:①礼,包括政治、历史和以“孝”为根本的伦理道德教育;②乐,包括音乐、诗歌、舞蹈教育;③射,射技教育;④御,以射箭、驾兵车为主的军事技术教育;⑤书,学字习写的书写教育;⑥数,简单数量计算教育。到了春秋战国时期,官学衰微,私学大兴,儒、墨两家的私学成为当时的显学。孔子私学的规模最大,存在了四十多年,弟子三千。春秋战国时期私学的发展是我国教育史、文化史上的一个重要里程碑,促进形成了百家争鸣的盛况。

到了汉代,武帝采纳了董仲舒提出的“罢黜百家、独尊儒术”的建议,实行了思想专制主义的文化教育政策和选士制度,对后世产生了深远的影响。隋唐以后盛行的科举制度使得政治、思想、教育的联系更加制度化,它对于改变魏晋南北朝时期“上品无寒门,下品无士族”的严格等级制度起到了积极的作用,为广大的中小地主子弟进宫为吏开辟了道路,但也加强了对知识分子的思想和人格的限制。宋代以后,程朱理学成为国学,儒家经典被缩减为“四书”“五经”,其中《大学》《中庸》《论语》《孟子》四书被作为教学的基本教材和科举考试的依据,科学技术和文学艺术的内容不再是科举的内容,知识分子的毕生精力用在了经书的背诵上。明代以后,八股文被规定为科举考试的固定格式,人们的思想观念和思维方式受到进一步的束缚。一直到清朝光绪三十一年(1905年)科举制度再也不能适应社会发展的要求,清政府才下令废科举开学堂。

(2)古代印度

印度是世界文明古国之一,它的教育也有着同样悠久的历史。古代印度宗教权威至高无上,教育控制在婆罗门教和佛教手中。婆罗门教有严格的等级规定,把人分成四种等级,处于最高等级的是僧侣祭司,受到最优良的教育,其次是刹帝利,为军事贵族,这两个种姓是天然的统治者;再次是吠舍种姓,仅能从事农工商业;最低等级的是首陀罗种姓,被剥夺了受教育的权利,习字读经被认为是违反了神的旨意,可能被处死。婆罗门教的教条是教育的指导思想,婆罗门教的经典《吠陀》是主要的教育内容,婆罗门教的僧侣是唯一的教师,教育的活动主要是背诵经典和钻研经义。

佛教与婆罗门教虽然是两大不同的教派,但都敬奉梵天,主张禁欲修行。不同的是,佛教比较关心大众,表现在教育上主要是广设庙宇,使教育面向更多的群众,形成了寺院学府的特色,一直延续到英国殖民地时期。

(3)古代埃及

古代埃及是又一大文明古国。埃及是世界上最古老的文明古国之一,约在公元前3000年进入奴隶社会。据文献记载,埃及在古王国末期已有宫廷学校,中王国以后又开设了职官学校。但古代埃及设置最多的是文士学校。文士精通文字,长天文墨,大多执掌治事权限,比较受尊重。“学为文士”成为一般奴隶主阶级追求的目标。为了满足这种需要许多文士便设立私学,招收生徒。“以僧为师”“以(书)吏为师”“以法为教”成为古埃及教育的一大特征。当然,奴隶和农民弟子没有受教育的权利。

(4)古代希腊、罗马

古代希腊、罗马是西方奴隶制国家的典型代表。其教育与东方的教育有所不同,7—12岁进入私立学校学习,他们大多是社会地位比较低下阶层的子弟,贵族阶级子弟不送子女上学,都是聘请家庭教师。中等教育则主要是贵族和富人的教育,学校以学习文法为主,学习拉丁文和修辞。

古希腊两个最大的国家雅典和斯巴达形成了早期两种不同的教育类型。古代雅典教育的目的是培养有文化修养和多种才能的政治家和商人,注重身心和谐发展,教育内容丰富,教育方法也比较灵活。古代斯巴达教育的目的是培养忠于统治阶级的强悍的军人,强调军事体育训练和政治道德灌输,教育内容单一,教育方法严厉。

罗马帝国灭亡之后,西欧进入基督教与封建世俗政权紧密联系、相互利用的时期。统治残酷、等级森严、思想专制,文化教育几乎完全为宗教所垄断,异教学校被取缔,世俗文化被否定。僧侣学校或大主教学校担当的教育,是当时最受重视和尊重的教育,其主要目的是培养僧侣人才,学习的内容主要是神学和七艺。其中,七艺包括文法、修辞、天文、历法、几何、算术、音乐。学习方法是背诵。为了更好地布道,教会设立了为数众多的教区学校,主要用于普通贫民子弟的宗教教育,也适当讲授一些读写知识。教会学校都奉行禁欲主义,实行严格的管理和残酷的体罚。骑士教育并无专门的教育机构,主要在骑士的生活和社会交往中进行,教育内容首先是效忠领主的品质,然后是军事征战的本领,以及附庸风雅的素养。中世纪也有世俗教育,学习文法、修辞、天文、历法、算术等实用知识,但神学也是主修课程。

2. 古代学校教育的特征

第一,学校教育与生产劳动相脱离,成为一种相对独立的社会活动。古代学校教育没有培养劳动者的任务,主要是为统治阶级培养接班人。学校教育被看作脱离生产劳动或摆脱直接的物质生产的途径,因为在教育中轻视生产劳动,不接触生产劳动,不教生产劳动知识。如孔子的学生樊迟因“请学稼”“请学圃”而被孔子评价为“小人”。

第二,学校教育为统治阶级所垄断,具有鲜明的阶级性和森严的等级性。学校一产生,就被统治阶级把持,成为统治阶级的工具。在我国奴隶社会中,“学在官府”,虽然设立了诸如“庠”“序”“瞽宗”“辟雍”“泮宫”等学校形式,但都是为奴隶主阶级服务的,政府官吏和其豢养的学者垄断了文化教育的大权。

第三,学校教育的内容主要是古典人文学科和治世之术。在我国奴隶制时期,教育内容主要为“六艺”——礼、乐、射、御、书、数,以此进行等级、道德及传统仪式和作战等方面的教育。在欧洲奴隶社会中,斯巴达主要进行的就是军事教育;雅典则重视“文雅教育”,通过文法学校、弦琴学校对青少年进行读、写、算、音乐、哲学等方面的教育,同时也进行军事和体操训练。在封建社会,我古以“四书”“五经”为主要内容的教育,同时传授一些天文、医学等方面的知识。西欧教会教学把“七艺”——文法、修辞、辩证法、算术、几何、天文、音乐作为主要内容,而在世俗封建主的学校中以“骑士七技”——骑马、游泳、投枪、击剑、打猎、下棋、吟诗为主要内容。西欧教育内容还有一个最为明显的特点,就是宗教思想渗透于各门学科之中,神学处于全部学科的“王冠”地位。

第四，教学的组织形式主要是个别教学，教学方法是灌输与死记，同时也注重在实践中学。无论是我国奴隶社会的“官学”还是欧洲奴隶社会的弦琴学校，一律采用个别教学。没有招生计划，且对每一个学生的教育内容和施教方法均不同，进行因材施教。进入封建社会以后，教育规模扩大，受教育者增多，但并没有出现群体教学的形式，教学方法只是教师照本宣科，学生对所学内容死记硬背，不能有自己的见解，思想受到钳制。

第五，出现专科教育和职业技术教育的萌芽，但尚未形成自己的体系。我国最早的专科学校可追溯到东汉末年的“鸿都门学”，那是一所文艺专科学校，而西欧最早的则要算雅典时期的弦琴学校。在我国唐、宋时期，专科教育得到较大发展，唐时有医科、按摩、针灸、兽学等专科学校；宋时的专科学校分为六种：武学、律学、医学、算学、书学、画学。在西欧，15 世纪末 16 世纪初航海探险及环球航行成功的诱惑，促成“航海学校”的产生，以提供满足各种目的的航海事业所需要的人才。后来兴起的“城市学校”都属于萌芽状态的职业教育，它们的出现，改变了学校与生产劳动长期隔绝的状态。

（三）现代教育形态

现代教育是指 18 世纪从英国开始产业革命、机器大工业代替了原来工场手工业生产以后的教育。现代教育比古代教育更具有新的特点。

1. 现代教育的特点

第一，现代教育具有鲜明的生产性。在现代社会，大工业生产需要大量的人才为之服务，因而，现代教育与生产劳动紧密结合。马克思指出，教育与生产劳动相结合是培养全面发展的人的“唯一方法”。

第二，现代教育逐步走上了大众化道路。现代教育的普及化、民主化使教育向纵深发展。1763 年普鲁士颁布了《强迫教育法令》，规定 5 ~ 13 岁儿童必须接受义务教育。如今，教育普及化既是工业化社会生产的客观需求，也是衡量一个国家教育现代化水平的重要标准之一，“受教育机会均等”“教育机会均等”等一系列观念充分反映了现代社会对教育民主化的要求。教育民主化还表现在学校教育系统内部，表现在实行民主平等的师生关系方面。

第三，现代教育内容日益科学化。古代教育关注人文教育，经“文艺复兴”后，转为以科学为中心。“知识就是力量”的名言使得人们更加注重自然科学教育，并一度形成“科学主义”思潮，而“人本主义”则又走上另一个极端。如今，人们正在谋求把科学与人文两种精神在新形势下重新统一起来，提出了“走向科学的人道主义”的口号。现代教育充分关注自然科学和社会科学的融合，对二者在教育内容中所占的比重予以重新调整，注重文理结合，力求实现科学精神与人文精神的统一。教育内容现代化，教材编写、更替速度加快，最新的一些科学知识都能以最快的速度反映在教材中，体现出强烈的时代感。

第四，班级授课制成为教学的基本组织形式。自夸美纽斯总结并倡导班级授课制以来，班级成为学校的基本单位，班级教学逐步发展，成为世界各国最基本的教学组织形式。班级教学取代个别教育是一个巨大进步。班级教学虽然注重统一的要求，注重“一律”，但同时也注重因材施教。现代班级教学注重发展学生的个性，完善学生的人格，丰富学生的情感世界。班级教学形式使得学校教育效率大大提高。在班级教学中，注重教学方法科学化，教学手段现代化、高效化。各种教学方法特别是注重发展学生思维的教学方法被广泛用于教学，一些现代技术也被广泛用于教学，这些技术手段的运用，大大增强了教育的功能。同时，现代教学手段的应用，正在引起教学体系的深刻变革。

第五,现代教育形成了比较完备的教育系统。现代学制逐步形成并完善,各级各类学校教育逐步系统化。幼儿教育、小学教育、中学教育、大学教育、研究生教育各级衔接紧密,层次清楚;职业教育、普通教育相互促进。现代教育办学形式多样化,学校体系多样化,出现了名目繁多的学校与教育。学校已形成开放的系统,具体表现在大教育观念的诞生,学校不再垄断教育,在制度和组织形式上不再封闭,课程内容与教学方法等也不再是封闭的。

2. 现代教育发展的趋势

当今世界,现代教育正在酝酿着一场巨变,已有的现代教育思想和理论从理想和概念变为现实。现代教育为适应社会发展的要求,呈现以下趋势:

第一,教育终身化。教育的概念由狭义向广义发展,外延不断扩大,大教育观的形成是具体的标志。终身教育论逐渐成为教育的指导思想,人们在未来的学习化社会中有更多的受教育机会。教育为尚未存在的社会培养人,将会更加关注整个社会对每个人的教育影响力。教育终身化也是对现代教育进行全面而深刻的总体性改革的设想,是一种全方位的教育建构,即建立一种教育机构,"这种机构要利用工业与技术上的效率去获得知识,同时又要培养集体的创造力以促进人类关系的发展"。

法国教育家保罗·朗格朗提出了几条著名的终身教育原则:

(1)要保证教育的连续性以防止过时;

(2)使教育计划和方法适应社会的每个具体要求和创新目标;

(3)在各个教育阶段都要努力培养新人,使之能适应充满进步、变化和改革的生活;

(4)大规模地调动和利用各种训练手段和信息,这种训练和信息超出了对教育的传统定义和组织形式上的限制;

(5)在各种形式的行动(技术的、政治的、工业的、商业的行动等)和教育的目标之间建立密切的联系。

在这些原则的基础上可以建立多种多样的模式,这些模式考虑到各种不同的方面,但都服从同一个条件,这就是使教育成为生活的工具,成为使人成功地履行生活职责的工具。①

第二,教育社会化。这不仅表现为"教育社会""学习化社会"的设想,同时也表现为教育与社会的联系普遍化、直接化,教育问题和社会问题交叉呈现。为此,教育不仅仅是学校等专职机构的事业,而且是全社会的事业。学校与社会各部门建立了密切的联系,并以各种方式影响社会事务与文化。

第三,教育生产化。首先,表现为教育与生产劳动相结合更为密切,教育不仅生产人才,也生产知识。在知识经济条件下,教育与生产紧密结合的形式主要有两种:一种是产学合作,一种是教育、生产、科学一体化。其次,表现为教育本身生产化,其前提是"教育本身具有产业的属性"。因而教育在一定程度上可以运用市场的法则,如当前民办教育、私立学校的兴起就是教育生产化的表现。

第四,教育民主化。教育民主化已经成为许多国家主要的教育政策。"'教育民主化'现已成了几乎所有教育革新和教育改革的一项固有目标。'教育民主化'是目前全球教育系统演变的一个基本趋势。"教育民主化是指全体社会成员享有越来越多的教育,受到越来

---

① [法]保罗·朗格朗著,周南照、陈树清译:《终身教育引论》,中国对外翻译出版公司1985年版,第65页。

越充分的民主教育。首先,教育民主化表现为教育的普及化,即实施全民教育政策。其次,教育民主化表现为教育内部的民主化,如师生关系的民主化,教育管理由集中"管理"转化为自主式的"养成",教育评价由注重选拔转向发展等。最后,教育民主化表现为教育成为社会民主化的一个重要阵地,这要求:教育体制由筛选、集权型转向综合型、分权型,教育结构由硬性、封闭性转向弹性、开放性。

第五,教育国际化。首先,表现为教育领域的国际比较研究加强;其次,表现为教育合作密切化;最后,表现为国际教育援助有所加强。

第六,教育现代化。首先,表现为教育观念的现代化。各种先进的社会思想反映到教育领域,并成为教育研究的一个重要背景在支撑、左右着教育研究的取向。其次,表现为教育功能的现代化,使教育越来越成为社会大系统中的一个重要系统。再次,表现为教育内容的现代化,即表现为日益大学科化和专业化。最后,表现为教育手段的现代化,现代传播技术使得教育、教学的形式,甚至教育体制都发生了相应的变化。

第七,教育多元化。首先,表现为教育研究多元化,不仅指研究的问题、取向多元化,也指研究的方法多元化。其次,表现为教育形式的多元化,民办教育、公办私营、企业或个人投资办学、国民合办等办学形式的出现,不仅丰富了教育体系,同时也为教育民主化创造了条件。再次,表现为教育的文化背景多元性,不仅尊重个体的主体意识,而且尊重独特文化的生命力和魅力,注重各种文化的保持与更新。最后,教育多元化还表现为评价方式与标准的多样化、教育内容与形式的多样化等。

第二节　教育学的发展

教育学是一门以教育现象、教育问题为研究对象,探索教育规律的科学。

教育现象是教育活动外在的、表面的特征,包括教育社会现象和教育认识现象。教育社会现象是反映教育与社会关系的现象,教育认识现象是反映教育与学生认知关系的现象。

教育问题是人们从大量教育现象中提炼出来,作为认识和研究对象的课题。科研研究始于问题,教育学就是通过研究这些现象、问题,揭示教育背后所存在的客观规律,以作为教育者进行教育的依据和指南。教育问题是推动教育学发展的内在动力。

教育规律是教育内部诸因素之间,教育与教育之外其他事物之间的内在的、必然的联系。前者如教师、学生、教材、设备、教学、德育、管理等因素之间的内在必然联系,后者如学校与社区、教育与人口、教育与经济发展、教育与政治改革等之间的内在必然联系。

学习与研究教育学的目的是深化人们对教育的认识,更新人们的教育观念,并为教育的改革与发展提供依据,为提高教育管理水平和教学水平提供理论选择与指导。

人类的教育活动是一个不断发展的历史过程,人们对教育的认识也随着教育实践活动的发展不断深化。教育学的发展过程经历萌芽阶段、独立形态阶段、多元发展阶段。

一、教育学的萌芽

教育成为人类独立的社会活动之后,伴随着教育实践的不断发展和教育经验的日益增多,一些思想家开始对教育实践经验进行总结和概括,对教育问题进行研究,并在他们的政治、哲学等思想中有了对教育问题的论述和说明，如中国古代的孔子、孟子、荀子、朱熹，西方古代的苏格拉底、柏拉图、亚里士多德、昆体良等人，他们在阐述各种社会现象的同时也阐述了教育现象，在提出其哲学、政治学观点的同时也形成了丰富且有价值的教育思想。

(一)中国古代的教育思想

孔子(前551—前479)是中国古代最伟大的思想家、教育家，以他为代表的儒家文化对中国文化和教育的发展产生了极其深刻的影响。孔子的思想集中体现在他的言论记录《论语》里。《论语》对“教”与“学”的诸多方面的论述，对今天仍有很重要的借鉴价值。

关于“学”的教育思想。《论语》开篇即论“学”。孔子对学习的论述，一是强调认识与实践的统一，“学而时习之”；二是强调学思结合，“学而不思则罔，思而不学则殆”；三是强调学行结合，“君子耻其言而过其行”；四是强调学以致用，“仕而优则学，学而优则仕”；五是重视温习与总结，“温故而知新，可以为师矣”。

关于“教”的教育思想。在教育对象上，孔子主张“有教无类”，“自行束脩以上，吾未尝无诲焉”，孔子主张每个人都可以并且也应该通过教育成为知仁明礼的人。在教育内容上，“子以四教：文、行、忠、信”。在教育方法上，孔子认为“不愤不启，不悱不发，举一隅而不以三隅反，则不复也”。在教育原则上，孔子还提出要“因材施教”。

《学记》是中国古代也是世界上最早的专门论述教育问题的论著，被称为“教育学的雏形”，是中国古代教育思想开始从其他学科中独立出来的一个重要标志。《学记》全文虽仅1200余字，但条理清晰，论述全面深刻，对教育的意义、任务、途径，教学的原则和方法，以及有关“师道”等方面作了精辟的阐述，反映了我国早期先秦儒家的教育教学思想的精华，堪称中华教育瑰宝、经典之作。

《学记》开篇阐述教育的目的。“建国君民，教学为先”，“君子如欲化民成俗，其必由学乎！”

《学记》论述了学校教育制度。“古之教者，家有塾，党有庠，术有序，国有学。”大学的教育进程是：“比年入学，中年考校。一年视离经辨志，三年视敬业乐群，五年视博习亲师，七年视论学取友，谓之小成；九年知类通达，强立而不反，谓之大成。夫然后足以化民易俗，近者说服，而远者怀之，此大学之道也。”

《学记》概括出许多重要的教育原则，这些教学原则至今仍有指导意义。

其一，教学相长的原则。“学然后知不足，教然后知困。知不足，然后能自反也。知困，然后能自强也。故曰：教学相长也。”

其二，启发诱导的原则。“故君子之教，喻也。道而弗牵，强而弗抑，开而弗达。道而弗牵则和，强而弗抑则易，开而弗达则思，和易以思，可谓善喻矣。”

其三，豫时孙摩的原则。“大学之法，禁于未发之谓豫，当其可之谓时，不陵节而施之谓孙，相观而善之谓摩。此四者，教之所由兴也。发然后禁，则扞格而不胜；时过然后学，则勤苦而难成；杂施而不孙，则坏乱而不修；独学而无友，则孤陋而寡闻；燕朋逆其师；燕辟废其学。此六者，教之所由废也。”

其四，长善救失的原则。“学者有四失，教者必知之。人之学也，或失则多，或失则寡，或失则易，或失则止。此四者，心之莫同也。知其心，然后能救其失也。教也者，长善而救其失者也。”

其五，藏息相辅的原则。“大学之教也，时教必有正业，退息必有居学。不学操缦，不能安弦;不学博依,不能安诗;不学杂服,不能安礼;不兴其艺,不能乐学。故君子之于学也,藏焉修焉,息焉游焉。夫然,故安其学而亲其师,乐其友而信其道,是以虽离师辅而不反也。”

除《论语》《学记》之外,中国古代一些哲学家、思想家也在他们的哲学、政治学等思想中对教育问题进行了论述。如《孟子》《荀子》《道德经》《师说》以及汉代的董仲舒、宋代的朱熹、明代的王守仁、清代的王夫之等许多中国古代的教育家和思想家,都有丰富的教育实践和精辟的教育见解。

(二)西方古代的教育思想

西方教育学的思想渊源,可以追溯到古希腊的哲学家苏格拉底(Socrates,前469—前399)和柏拉图(Plato,前427—前347)和亚里士多德(Aristotle,前384—前322)。

1. 苏格拉底与产婆术

苏格拉底是古希腊著名的哲学家、教育家。苏格拉底提出教人道德就是教人智慧,“智慧是最大的善”(色诺芬《回忆苏格拉底》)。在教学方法上,苏格拉底采用问答方法(亦称“产婆术”“苏格拉底法”),即通过与对方共同讨论、不断提问,使对方认识并承认自己的错误,自然而然地获得正确的结论。这种教学方法遵循从具体到抽象、从个别到一般、从已知到未知的规律。

问答法分三步:第一步为苏格拉底讽刺,他认为这是使人变得聪明的一个必要步骤,因为除非一个人很谦逊,“自知其无知”,否则他不可能学到真知。第二步叫定义,在问答中经过反复诘难和归纳,从而得出明确的定义和概念。第三步叫助产术,引导学生自己进行思索,自己得出结论。正如苏格拉底自己所说,他虽无知,却能帮助别人获得知识,好像他的母亲是一个助产婆一样,虽年老不能生育,但能接生,能够帮助新的生命诞生。

2. 柏拉图的《理想国》

柏拉图的教育思想集中体现在他的代表作《理想国》中。柏拉图认为世界由“理念世界”和“现象世界”所组成,宇宙的本源不是物质,而是精神性的理念,它是世界产生的根源。柏拉图臆想的理念世界是个完美的“金字塔”,其中最高的理念是善的理念。他认为,人的肉体是人的灵魂的影子,灵魂才是人的本质。灵魂是由理性、意志、情感三部分构成的,理性是灵魂的基础。理性表现为智慧,意志表现为勇敢,情感表现为节制。根据这三种品质把人分成三种集团或等级:①运用智慧管理国家的哲学家;②凭借勇敢精神保卫国家的军人;③受情绪驱动的劳动者。人类要想从“现象世界”走向“理念世界”,非常重要的就是通过教育,帮助未来的统治者获得真知,以“洞察”理想的世界。这种教育只有贯彻了睿智的哲学家和统治者的思想才能引导芸芸众生走向光明。教育与政治有着密切的联系,以培养未来的统治者为宗旨的教育,乃是在现实世界中实现这种理想的正义国家的工具。

3. 亚里士多德的灵魂说与和谐发展教育

亚里士多德是古希腊百科全书式的学者,他认为人的灵魂由三部分构成,即植物性灵魂、动物性灵魂和理性灵魂,与之相对应也有三方面的教育:体育、德育和智育。教育的目的在于对儿童进行德、智、体多方面和谐发展教育。他依据教育要适应儿童自然天性发展的思想,以七年为一阶段划分了教育的年龄分期,对各年龄阶段教育的要求、组织、内容和方法等具体措施提出了具体意见,要求成人应该根据儿童年龄特征对其进行教育。亚里士多德是最早提出教育要适应儿童的年龄阶段、对儿童进行和谐发展教育的思想家。

4. 昆体良的《雄辩术原理》

昆体良是古代罗马著名的教育家，他的《雄辩术原理》被称为世界上第一本研究教学法的书。昆体良提出教育的目的就是培养雄辩家，并十分重视雄辩家的道德品质。同时，他十分重视学前教育，他在教育史上第一次提出了双语教育的问题，希望儿童先学希腊语，再学拉丁语。昆体良在教学论方面提出了许多独到见解，对后世影响较大。例如，他从培养雄辩家的教育目的出发，提出专业教育必须以广博的知识为基础，而不能只着眼于雄辩术的技术训练；教师应当善于解答学生提出的问题，并善于提问；学习与休息应交替进行，避免使学生过度疲劳，而游戏是很好的休息方式。

5. 文艺复兴时期的教育思想

文艺复兴时期，很多著名的人文主义思想家都很重视教育问题，如意大利的维多里诺(Virino da Feltre，1378—1446)、尼德兰的伊拉斯谟(Desiderius Erasmus，1467—1536)、法国的 F. 拉伯雷(Fmcois Rebelais，1486—1553)和蒙田(Michel Eyquem de montaigne，1533—1592)等人，或发表言论，或兴办学校，从事教育革新。他们反对封建教会对儿童本性的压抑，强调教师要尊重儿童的个性，关心儿童、信任儿童。认为应该通过教育使人类天赋的身心能力得到和谐的发展，包括思维、热情和性格的发展。主张恢复古罗马时期重视体育的传统，组织学生进行击剑、角力、骑马等富有挑战性的运动；他们揭露贵族僧侣阶级虚伪的道德，主张既保持虔诚的宗教信仰，又把勇敢、勤勉、进取、荣誉心等与个人福利有直接关系的品质作为道德的主要要求。在智育方面，他们主张扩大教学内容的范围，增加新的学科内容，同时注意调动学生的兴趣，改变经院主义学风，建立生动活泼的教学气氛。还主张恢复古希腊重视美育的传统，将美与善结合起来。文艺复兴运动对欧洲教育的人文化、世俗化和增加新的学科教育内容，以及扩大受教育的范围产生了巨大的作用和深远的影响，但是由于当时不少人文主义者把古希腊教育过于理想化，特别是过于注重希腊文、拉丁文及文法、修辞的教学，逐渐形成了古典主义倾向，脱离实际，导致了新的烦琐哲学和形式主义，对后世也产生了不良影响。

在教育学的萌芽阶段，独立形态的教育学尚未形成。古代的思想家、教育家的教育思想，都是作为他们的哲学思想或政治思想的组成部分而存在的，反映其教育思想的理论观点多混杂于他们的政治、伦理、哲学等著作当中。对教育经验的大量论述，多停留在对现象的描述和自我经验的总结上，缺少独立的科学命题和理论范畴。这些事实都表明，当时的教育学还没有从哲学、政治学等学科中分化出来，没有形成独立的学科体系，因而在科学分类中没有它自己的位置，属教育学发展进程中的萌芽阶段。

二、教育学的独立形态

(一)教育学学科的建立

教育学学科的建立来源于社会实践尤其是教育实践发展的客观需要。首先，17 世纪以来，新型的实科学校的出现，需要新的教师和新型的教育教学方法。因此，从 17 世纪末开始，欧洲陆续出现了教师讲习所，一些大学也增设了师范课程。其次，教育学从哲学的母体中分离出来，成为一个专门的研究领域。1623 年，英国哲学家培根发表了《论科学的价值和发展》一文，首次在科学分类中将“教学的艺术”划为一个独立的研究领域，这标志着教育学有了自己独立的学科地位。同时，一些著名的学者和教育家提出的教育思想、教育理论,以及前人有关知识的充分积累,都为教育学成为一门独立学科奠定了基础。

教育学作为一门独立的学科萌芽于夸美纽斯的《大教学论》。

1. 夸美纽斯的《大教学论》

捷克教育家夸美纽斯(Johann Anios comenius,1592—1670)在西方教育史上具有重要的地位。他毕生从事教育实践,著有在教育学史上里程碑式的著作《大教学论》。

夸美纽斯提出"泛智"的思想,主张把一切知识教给一切人;提出"教育要适应自然"的原则;认为应根据年龄分期确立学校教育制度和教学内容;较为详细地论述了班级授课制;论证了直观性、巩固性、循序渐进的教学原则;对教师进行了较为充分的论述;等等。

《大教学论》建立了比较完整的教育理论体系,对教育理论的发展做出了重要贡献,为近代西方教育理论体系的形成奠定了基础。一般认为,该书的出版标志着教育学成为一门独立的学科。

2. 洛克的《教育漫话》

洛克(John Locke,1632—1704)是英国著名的哲学家、教育家,著有《教育漫话》。洛克从经验论出发,提出"心灵白板说",重视教育在人的发展中的重要作用。他认为:"我们日常所见的人中,他们之所以或好或坏,或有用或无用,十分之九都是他们的教育所决定的。人类之所以千差万别,便是由于教育之故。"①洛克认为,教育的目的是培养具有道德、智慧、礼仪和学问四种品质的绅士。在论述教育的内容时,第一次将德、智、体作了明确区分,并且重视体育,他说:"健全之精神赋予健康之身体,这是对于人世幸福的一种简短而充分的描述。"②

3. 卢梭的《爱弥儿》

卢梭(Jean - Jacques Rousseau,1712—1778)是法国著名的启蒙思想家,其著作《爱弥儿》集中反映了他的自然主义的教育思想。他所理解的"自然",是指不为社会和环境所歪曲、不受习俗和偏见支配的人性,即人与生俱来的自由、平等、纯朴和良知。他反对中世纪教育对儿童个性的压抑,主张教育要遵循儿童的自然本性;教育的目的在于培养适应资本主义生产关系和社会关系的身心和谐发展的人;学校应使儿童愉快地生活和学习,根据儿童不同年龄阶段身心特征进行教育;教育原则和方法应"模仿自然",反对体罚;德育应实行"自然后果法"。

4. 康德与《康德论教育》

康德(Immanuel Kant,1724—1804)是德国著名的哲学家。康德在柯尼斯堡大学任教时曾四次承担教育学讲座,1803 年其学生 F · T · 林克将讲稿整编为《康德论教育》一书发表。康德力图通过教育,实现他的哲学思想,改造人类社会。他认为,人的所有禀赋都有待于发展,才能生存,因此"人是唯一需要教育的动物"。教育的任务是充分发展人的自然禀赋,培养儿童自觉遵守纪律的习惯,尤其强调发展儿童的天性。教育的最终目的,则是使人人都成为自身的目的,都得到自我完成。康德把 16 岁以前儿童的全部教育分为体育、智育、德育三个方面,从初生儿起,依序进行。

---

① [英]洛克著,傅任敢译:《教育漫话》,人民教育出版社 1986 年版,第 24 页。

② [英]洛克著,傅任敢译:《教育漫话》,人民教育出版社 1986 年版,第 24 页。

5. 斯宾塞的《教育论》

斯宾塞(Herbert Spencer,1820—1903)是英国著名的哲学家、社会学家和教育家,著有《教育论》,提出科学教育的思想。"什么知识最有价值?"他的回答是:科学。斯宾塞认为教育的目的是"为完满生活做准备"。实现完满生活的科学课程体系包括五个方面的教育,即:准备直接保全自己的教育;准备间接保全自己的教育;准备做父母的教育;准备做公民的教育;准备闲暇生活的教育。

6. 裴斯泰洛齐

裴斯泰洛齐(Johann Heinrich Pestalozzi,1746—1827)是瑞士的教育家,著有《林哈德与葛笃德》。裴斯泰洛齐深受卢梭和康德思想的影响,并且以他博大的胸怀和仁爱精神进行了多次产生世界影响的教育试验。他认为,教育的目的在于按照自然的法则全面地、和谐地发展儿童的一切天赋力量。裴斯泰洛齐的教育思想与卢梭不同,他不仅主张教育应适应儿童的身心特点,让儿童在自然中发展,而且主张儿童应在社会中发展,使其成为有智慧、有德行、身体强健并有一定劳动技能的人。

(二)规范教育学的建立

规范教育学的建立,通常以德国赫尔巴特(Johann Friedrich Herbart,1776—1841)的《普通教育学》(1806)为标志,美国杜威(John Dewey,1859—1952)及他的《民本主义与教育》(1916)是20世纪实用主义教育学的代表人物和作品,该学派对教育和教育学的发展产生过深远的影响。

1. 赫尔巴特与《普通教育学》

在赫尔巴特之前,17世纪中叶夸美纽斯已经从理论上概括了欧洲文艺复兴以来的教育经验,研究了新兴资产阶级在教育上提出的新问题,建立了比较完善的教育理论体系。夸美纽斯的《大教学论》(1632)一般被认为是教育学形成独立学科的开始。此后,洛克的《教育漫话》(1693)、卢梭的《爱弥儿》(1762)也都比较全面地叙述了各自的教育思想。教育学作为一门课程在大学里讲授,最早始于康德。他于1776年在德国的柯尼斯堡大学的哲学讲座中讲授教育学。但对后世影响最大、最明确地构建教育学体系的是赫尔巴特。1806年赫尔巴特出版《普通教育学》。1809至1833年间,赫尔巴特一直在柯尼斯堡大学继续康德的哲学讲座,讲授教育学,1835年,他又出版了《教育学讲授纲要》。他第一个提出要使教育学成为科学,并认为应把伦理学和心理学作为教育学的理论基础。

赫尔巴特的《普通教育学》被誉为第一部具有学科形态的教育学。该书建构了教育学的逻辑体系,形成了一系列教育学的基本概念和范畴,并明确指出:"教育(学)作为一种科学,是以实践哲学与心理学为基础的,前者言明目的,后者指明途径、手段……"①他还指出,教育的研究要达到科学水平,必须有自己独立的研究领域和运用科学的方法。同时,他还具体研究了教学与教学过程,提出"教育的最高目的是道德"②,规定了教学的明了、联想、系统、方法四个形式阶段,强调教学的教育作用。强调教学必须使学生在接受新教材的同时,唤起心中已有的观念;认为多方面的教育应该是统一而完整的。因此,注重系统知识的传授,强调教师的中心地位,课堂教学的中心地位,教材的中心地位,形成了传统教育"三中

---

① 张焕庭:《西方资产阶级教育论著选》,人民教育出版社1983年版,第289页。

② [德]赫尔巴特著,尚仲衣译:《普通教育学》,商务印书馆1939年版,第46页。

心”的特点。赫尔巴特的《普通教育学》曾一度风行欧美和亚洲主要国家，对许多国家的教育产生了很大影响。

2. 杜威与《民本主义与教育》

作为现代教育的代言人，杜威的教育思想与赫尔巴特的教育思想有很大差异，是世界近代教育史上两种教育思想流派和教学模式的论争。其代表作《民主主义与教育》在体系上与《普通教育学》也大不相同。

杜威系统地阐述了实用主义教育主张，强调“教育即生活”“社会即学校”“做中学”等教育和教学原则。他认为，教学的任务不仅在于教给学生科学的结论，更重要的是促进并激发学生的思维，使他们掌握发现真理、解决问题的科学方法。引导学生发现真理的方法包含两个因素：智慧和探究。智慧与冲动相对立，由于运用了智慧，人对于问题的解决，就与动物的“尝试与错误”区别开来；探究则与传统学校“静听”的方法相对立，它是一种主动、积极的活动，它的价值在于可以使学生在思维活动中获得“有意义的经验”，将经验得到的模糊、疑难、矛盾的情境转化为清晰、确定、和谐的情境。杜威对传统教育的批判，不仅是对方法的批判，还是对这种外塑的教育目的使受教育者无思考的余地，限制人的思维的批判。杜威认为，在传统教育下，受教育者不可能有自由思考、主动创造的空间，只能使用机械的注入法，学生消极地对教师所教的东西作出反应，成为教师和教科书的奴隶。

杜威提出了以儿童为中心的“活动教学”，主张教师应以学生的发展为目的，围绕学生的需要和活动组织教学，以“儿童中心主义”著称，对“传统教育”脱离实际和忽视儿童等缺点给予抨击。

杜威试图把“民主”和“科学试验”“进化论”“工业的改组”等因素联系起来，探讨它们在教育上的意义。他批判性地讨论了西方以前的教育思想，同时吸取现代哲学、社会学、生物学、心理学上的成就，形成了一个完整的实用主义教育思想体系。

杜威的《民主主义与教育》及反映在他其他作品中的教育思想，对 20 世纪的教育和教学有深远的影响。

在教育学的独立形态阶段，教育学作为一种学科已经建立起来，形成了规范的教育学学科。第一，教育研究开始摆脱简单的经验概括和总结，逐渐发展到提出一些独立的理论范畴和命题。第二，教育学逐渐从哲学等学科中分化出来，在学科和内容上走向独立。第三，出现了一系列著名的教育论著，形成了较为完整而系统的理论体系。

三、教育学的多元化发展

20 世纪以来，随着科技的发展和人类社会的变革，传统教育学以哲学和心理学作为其理论基础一统天下的局面被打破，一些新兴学科如社会学、人类学以及自然科学如数学、生物学对教育学日益渗透，使得教育的理论基础更为多样。在不同理论和学派基础上发展起来的教育学在相互批判中共存与发展，呈现出多元化的发展态势，出现了许多新的教育学派和教育学著作。

（一）主要的教育学流派

1. 实验教育学

实验教育学是 19 世纪末 20 世纪初在欧美一些国家兴起的以教育实验为标志的教育思想流派。代表人物是德国教育学家梅伊曼和拉伊，其代表著作为梅伊曼的《实验教育学纲要》和拉伊的《实验教育学》。19 世纪末,实验心理学的诞生和发展为实验教育思想提供了可以直接借鉴和吸取的成果。

实验教育学反对以赫尔巴特为代表的思辨教育学,它重视运用自然科学的范式研究教育问题,主张把自然科学的实验方法和技术应用于教育研究,数理统计和心理测量等学科的发展成果成为教育统计和测量的重要基础。这为教育实验提供了科学的手段和方法,形成科学的教育实验模式。"实验教育学所强调的定量研究成为 20 世纪教育学研究的一个基本范式,近百年来得到了广泛的应用和发展,极大地推动了教育科学的发展。"①但是,实验教育学也有一定的局限性,片面强调儿童的生物性,忽视了社会因素,过分推崇实验方法,走上了"唯科学主义"的迷途。

2. 文化教育学

文化教育学又称精神科学教育学,是 19 世纪末产生于德国的一种教育思潮,代表人物有狄尔泰、斯普朗格、李特、福利特纳等人。

19 世纪以来,由于科技理性的发展,造成人的精神世界被疏离、被异化,文化教育学主张把人看作完整的人,而不是把人当作物。文化教育学派强调"教育是文化过程",认为教育的目的不止在传递、创造文化本身,而是通过这一过程促进人的人格生成和灵魂的唤醒,教育的本质在于陶冶人性。"教育绝非单纯的文化传递,教育之为教育,正在它是一个人心灵的'唤醒',这是教育的核心所在。"②文化教育学主张发挥教师和学生个体两方面的积极作用,"体验""理解""陶冶""唤醒"等成为文化教育学流派的方法论,主张以文化财富去陶冶学生,追求个性的养成和人格的发展。

文化教育学深刻影响了德国乃至世界 20 世纪的教育学发展,它力图从文化或精神科学的角度来探索人以及人的教育问题,在教育的本质上、教育的目的等问题上给人以启发。

3. 实用主义教育学

实用主义教育学是 19 世纪末 20 世纪初在美国兴起的一种教育思潮,代表人物是美国的杜威、克伯屈等人,代表作有杜威的《民主主义与教育》和克伯屈的《设计教学法》等。对于什么是教育,杜威提出了三个核心的命题:"教育即生活","教育即生长","教育即经验的改造或改组"。由此,杜威进一步提出"学校即社会",使学校生活成为儿童生活与社会生活的契合点,使学校成为一个理想的雏形社会。在教育目的上,杜威指出,教育过程之外没有目的,教育目的在教育过程之中,儿童的生长即教育的目的。

杜威的教育理论对 20 世纪的美国教育理论和实践产生了深远的影响。针对传统教育学的教师中心、课堂中心、教材中心,杜威提出了儿童中心、学校即社会、做中学的教育主张。杜威的这些主张强调了学校与社会生活的联系,要求尊重儿童心理发展水平,适应了 20 世纪前半叶美国社会的变化,也对是教育改革起到了推动作用。但由于其理论过于强调以儿童、活动、经验为中心,忽视了系统知识的传授,忽视了教师的主导作用等,使其理论主张带有狭隘经验主义的色彩。

4. 马克思主义教育学

马克思主义教育理论产生于苏联。20 世纪以来,苏联和我国的教育家运用马克思主义

---

① 《教育学基础》,教育科学出版社 2002 年版,第 19 页。

② 邹进:《现代德国文化教育学》,山西教育出版社 1992 年版,第 73 页。

基本原理对现代教育的若干问题进行了研究。克鲁普斯卡娅的《国民教育与民主主义》,被认为是运用马克思主义观点阐述教育学和教育史的第一本著作。此外,还有加里宁的《论共产主义教育和教学》、凯洛夫的《教育学》、我国教育理论家杨贤江的《新教育大纲》等有影响的著作。

凯洛夫(N. A. Kaiipob,1893—1978) 1939 年出版的《教育学》,是一本试图以马克思主义的观点和方法阐明社会主义教育规律的教育学著作。该书系统总结了苏联二十世纪二三十年代的教育经验,它继承了 17—19 世纪欧洲的传统教育思想,主要吸收了赫尔巴特的教育思想,把教育学分为总论、教学论、德育论和学校管理论四个部分,重视智育在全面发展中的地位和作用,重视系统知识和技能技巧的教学,肯定课堂教学是学校工作的基本组织形式,强调教师在教育教学中的主导作用。该书于 1951 年被翻译成中文,成为我国教育工作的指导思想,对我国教育产生过重大影响。该书的弊端主要体现在国家行政领导与学校的关系上,忽视了学校的自主性;在学校与教师的关系上,忽视了教师的自主性;在教师与学生的关系上,忽视了学生的自主性;过于强调了课程、教学大纲、教材的统一性、严肃性,忽视了它们的灵活性和不断变革的必要性。

在我国,这个时期的教育学也有了很大发展。一方面,翻译出版国外的教育学;另一方面,自己也编写了不少教育学著作。其中,有吴俊升的《教育哲学大纲》、孟宪承的《教育概念》、钱亦石的《现代教育原理》,特别是杨贤江(1895—1931)于 1930 年以李浩吾的化名出版的《新教育大纲》,是我国第一本试图用马克思主义观点论述教育的著作,是当时苏区和解放区的师范学校和教育工作者的重要读物。这些著作在我国近代教育科学的发展中,起到过积极的作用。

马克思主义教育学的基本观点包括:教育是一种社会历史现象,在阶级社会中具有阶级性;教育起源于社会生产劳动;教育的根本是促进学生的全面发展;培养全面发展的人的唯一途径是将教育与生产劳动相结合;教育一方面受政治、经济、文化的制约,另一方面又反作用于它们,具有促进社会政治、经济、文化的发展的巨大作用。

5. 教育目标分类理论

1956 年以来,美国著名教育家布卢姆(B. S. Bloom,1913—1999)提出了“教育目标的分类系统”和“掌握学习”理论。他把教育目标分为认知目标、情感目标、动作技能目标三大类,每类目标又分成不同层次,排列成由低到高的阶梯。这种目标分类,可以帮助教师更加细致地确定教学的目的和任务,为人们观察教育过程、分析教育活动和进行教育评价,提供了一个框架。后来,他又提出了创造适当的教学条件,全面而最大限度地开拓和促进每个学生的发展潜力,使所有学生努力学习,掌握所学的内容,达到学习目的的“掌握学习”理论。这种学习理论把大多数学生的发展作为核心内容,着眼于所有学生对所学知识达到掌握水平,具有十分重要的实践意义。

6. 结构主义教育理论

1963 年,美国教育心理学家和教育改革家布鲁纳(J. S. Bruner,1915—)发表了他的《教育过程》。在这本著作中,他提出了“学科基本结构”的观点,强调学习学科基本结构的重要性。所谓学科基本结构,即构成学科的基本概念、基本公式、基本原则、基本法则等,以及它们之间的相互联系和规律性。他还十分强调早期教育的意义,主张让学生尽早尽快地学习基础学科的重要知识,并提出了自己的教学原则体系和“发现法”。布鲁纳的教育思想对于编选教材、发展学生能力、提高教学质量，富有启发意义。

7. 制度教育学

制度教育学是20世纪60年代诞生于法国的一种教育学说，代表人物是乌里、瓦斯凯、洛布罗等人，代表著作是瓦斯凯和乌里的《走向制度教育学》《从合作班级到制度教育学》及洛布罗的《制度教育学》等。

制度教育学的基本观点是：第一，教育学研究应以教育制度作为优先目标，阐明教育制度对于教育情境的个体行为的影响；第二，教育实践中的官僚主义、师生与行政人员彼此之间的疏离主要是由教育制度造成的；第三，教育的目的是帮助完成想要完成的社会变迁，而要想达到这一目的，必须进行制度分析，帮助教育者和受教育者理解制约他们思想、行为的制度因素，把学校中"给定的"制度（即从外面强加的制度）变成"建立中的"制度（根据个人间的自由交往而导致自我管理的制度）；第四，教育制度的分析不仅要分析那些显在的制度，如教育组织制度、学生生活制度等，而且还要分析那些隐性的制度，如学校的建筑、技术手段的运用等。

制度教育学关注教育与社会的关系，重视教育的外部环境特别是制度问题对教育的影响，促进了教育社会学的发展。但是，制度教育学过分地依赖精神分析理论来分析制度与个体行为之间的关系。

8. 教学与发展理论

1975年，苏联心理学家、教育家赞科夫（Занков Леонид Владимирович，1901—1977）出版了《教学与发展》一书。这本书是他17年进行教学改革实验的总结。他在批评当时的教学理论忽视发展学生智力的同时，详细阐述了他的实验教学论体系，系统地叙述了学生的发展进程，介绍了学生学习过程的情况，在对教学与学生发展之间的关系进行深入探讨之后，强调教学应走在学生发展的前面，促进学生的一般发展。赞科夫的教育思想，对苏联的学制和教育改革一度起了很大的推动作用，对我国开放、改革初期的教育实践产生过较大的影响。

9. 教学过程最优化理论

1972年，巴班斯基（Юрий Констинович Бабанский，1927—1987）提出了"教学过程最优化"的思想，把系统方法的基本原则，即整体性原则、相互联系原则、有序性原则、动态原则，创造性地在教学过程最优化的研究中加以具体化。巴班斯基认为，应该把教学看作一个系统，从系统的整体与部分之间，部分与部分之间，以及部分与环境之间的相互联系、相互作用之中开展教学，以便实现最优化处理教育问题。这种将现代系统论的方法引进教学论的研究，是对教学论进一步科学化的新探索。

10. 人本主义教育思想

人本主义教育思想的代表人物是马斯洛（Abraham Harold Maslow，1908—1970）、罗杰斯（Carl. R. Rogers，1902—1987）等。二十世纪六七十年代，在西方盛行人本主义教育思想。人本主义教育思想直接以人本主义心理学为理论基础，吸取了传统人文主义教育思想和存在主义哲学及其教育思想的观点。人本主义教育思想主张教育应培养整体的、自我实现的、创造性的人；在师生观上，认为教师只是学生学习的促进者、鼓励者和帮助者，学生是教育的中心；在课程观上，要求把课程的重点从教材转向个人；在教学观上，强调教学以学生为中心，认为学校应该以学习者为中心，努力适合学生的各种需要，发挥他们的各种潜能，使他们能够愉快地、创造性地学习，以培养心理健康的人。人本主义教育思想对当前我国的教育改革产生着一定的影响。

11. 批判教育学

批判教育学产生于二十世纪七十年代，其代表人物有美国的鲍尔斯、金蒂斯、阿普尔和法国的布迪厄等。批判教育学针对当代资本主义学校教育中的种种不平等、不公正现象进行批判，提出“教育应该是政治的”，是不可能保持中立的，认为教育是维护现实社会不公平和不公正，造成社会差别、歧视和对立的根源。批判教育学流派思想复杂，基于不同的思想基础与社会背景，不同流派有不同的特点，但追求对传统教育的批评与“解放”，强调运用批判理论通过批判的研究方法进行教育研究与分析，是各流派批判教育学的共同特征。

12. 终身教育思想

1970 年，法国的保尔·朗格朗（P. Lengrand，1910—2003）写成《终身教育引论》一书，提出“终身教育”（针对学校教育）和“学习化社会”（针对学历社会）的概念。1972 年，联合国教科文组织国际教育发展委员会在主席埃德加·富尔（Edgar Faure）的领导下，完成了题为《学会生存》的报告，建议“将终身教育作为发达国家和发展中国家今后若干年内制定教育政策的主导思想”。报告认为：“唯有全面的终身教育才能够培养完善的人，而这种需要正随着使个人分裂的日益沿着用的紧张状态而逐渐增加。”终身教育不排斥学校教育，也不等同于成人教育、社会教育或职后教育，而是包括从摇篮到坟墓各种年龄的人以及社会教育、学校教育、家庭教育等各种形式的正规和非正规的教育。对社会来说，终身教育的理想是建立一个学习化的社会；对个人而言，终身教育要造就能够在现代社会中应付各种变化并发挥个人独特才能的创造者。终身教育思想的提出不仅拓宽了教育的概念，而且对教育制度、教育内容、教育目的、教育方法和手段的改革都具有重大影响。在许多国家，终身教育思想已经成为教育改革的重要指导思想。在我国当代的教育理论和实践中，终身教育思想也引起了十分广泛的重视。

目前，我国的广大教育工作者正以马克思主义为指导，借鉴国外的教育理论和经验，研究我国教育事业发展和改革过程中的重大理论问题和实践问题，认真总结我国的教育实践经验，继承传统的教育思想，加强教育学的理论建设，提高教育学的科学水平，努力建构具有中国特色的科学的教育学体系。

教育学发展到现在，已经形成了许多分支，计有：普通教育学、婴儿教育学、学前教育学、高等教育学、职业教育学、特殊教育学、成人教育学、教学论、德育论，并与其他学科交叉，形成了教育心理学、教育哲学、教育统计学、教育经济学、教育社会学、教育管理学以及学科教育学，还有教育工艺学、教育人类学和教育未来学，等等。

（二）教育学发展的趋势

1. 教育学研究基础不断扩大

传统的教育学以哲学和心理学为学科基础，这可以说是教育学作为学科体系的“传统阶段”的典型特征。随着理论的不断发展，教育学开始由“单数的教育学”发展成为“复数的教育学”，即“大教育学”。教育学的研究基础扩展至心理学、生理学、伦理学、社会学、统计学、经济学、政治学、文化学、人类学、美学等一系列学科。教育学学科基础的扩展是教育学未来发展的必然趋势，教育学必然越来越多地吸取其他学科的营养来丰富自身的理论。

2. 教育学研究的领域不断扩大

随着科学、技术的进步和教育知识的积累，诸如心理学、社会学、法律学、伦理学、政治学等经验学科逐渐兴起，教育问题的研究领域不断扩大，逐渐演变为三个层次的问题：一是从宏观上整体把握教育哲学问题，如教育与自由、教育与幸福、教育与人性等；二是教育基本问题，诸如教育本质、教育功能、教育与自由、教育制度、教育内容、教育方法、教育过程、教育者和受教育者等；三是教育的应用领域问题，如教育教学基本技能、技巧等操作层面的问题。

3. 教育学研究范式不断丰富、转换

教育学研究范式经历了"经验—描述"阶段，"哲学—思辨"阶段，"科学—实证"阶段，已经进入了"规范—综合"阶段。[①] 21 世纪是一个倡导多元、尊重个性的时代，这为多种教育研究范式的共存提供了大的社会背景，同时也必然要求教育研究范式取向多元化发展。任何一种范式都无法单独解释的教育问题，可以运用不同的研究方法从不同的侧面对其进行研究。也唯有如此，才有可能实现对教育完整世界的真实理解与把握。因此，由一元向多元的研究范式的转换，实现多种研究范式的融合，是新世纪教育研究的必然趋势。

4. 教育学学科进一步分化与综合

一方面，教育学学科分化现象日益明显。教育学的各分支日益发展，各学科相互交叉渗透，产生了教育社会学、教育经济学、教育系统论等学科。同时，教育学内部各子学科也相继出现，诸如教学论、德育论、学科教育论、教育管理学、课堂教学技能、班主任工作技能、教育实习等。另一方面，在教育学大量分支学科不断产生的同时，教育学也寻求更高层次上的综合。未来教育学的发展，"是一种能使古今中外最精华的教育理论融为一体的高度综合的教育学。既注意借鉴相邻学科的最新研究成果，又能使各种研究成果成为教育学理论中的有机组成部分；既能对各个分支学科的最新成果兼收并蓄，又能为实际运用留下广阔的空间。总之，将各种先进理论综合为一体，将理论指导和实践运用综合为一体，是当今教育学发展的重要趋势。"[②]

5. 教育学与教育改革的关系日益密切

教育改革是教育发展的常态，任何教育的变革都是教育理论发展的结果，也推动着教育理论的发展。一方面，教育理论的重大发展，极大地推动了教育作出相应的改革和调整；另一方面，教育实践发展的需要，又催生了教育理论的产生。教育学的理论发展与教育改革之间的关系日益密切，使得世界各国从未像今天这样重视教育、重视教育研究，这是教育研究的大好契机，也是教育学发展责无旁贷的历史重任。

6. 教育学的学术交流与合作日益加强

21 世纪教育发展的一个基本态势是教育的全球化。教育学研究也呈现交流和合作日益加强的趋势。随着现代科技媒体的发展，以及多元文化交流合作需求的增长，教育学的学术交流不断加强。交流的主体和形式都呈现出多样化的特点。

---

① 王坤庆：《教育学史论纲》，湖北教育出版社 2000 年版，第 317 页。

② 孙俊三：《教育学研究在当代的发展与教育学逻辑体系的建构》，《高等师范教育研究》2000 年第 4 期。

四、学习教育学的意义

人是在教育中成长和发展的。学习教育学,可以增强人自身发展的自觉性;为人父母者,学习教育学关乎下一代的健康发展;为人师者,促进其成为专门的教育者。所以,教育学不仅是一门专门知识,还应当成为一门公共知识。学习教育学具有重要意义。

(一)促进教师专业发展,提高教育教学质量

首先,学习教育学有助于树立科学的教育观。教师在教育观的基础上形成人才观、学生观,理解与贯彻教育方针政策。因此,树立科学的教育观是成为一名合格教师的重要条件。

其次,学习教育学能够帮助教师掌握教育教学规律。教师需要根据学生的认知特点和身心发展规律,开展有效的教学活动;根据人的成才规律,开展有效的育人活动。教师掌握教育规律才能有效地开展教育教学活动。学习教育学,有助于教师理解和掌握教育规律。

最后,学习教育学可以帮助教师选择优化的教学过程与教育方法。教师备课,设计优化的教学方案,选择恰当的教学方法和手段,构建合理的教学结构,使学生在教师的指导和帮助下,通过学习活动,获得知识,得到发展。教师设计教学过程,安排实践活动,实现学生"学会""会学""善学"。这都需要教师掌握科学的教育理论。

(二)提高国家、教育主管部门和学校教育决策的科学性

教育理论在很大的程度上决定着教育决策的成功与否。现实的教育决策包括两个层次:一是教育决策所依据的教育理念;二是具体的教育决策模式。这都离不开教育理论的指导,表现在:在教育决策领域,教育学可以指导国家行政部门借助理性规范,遵循教育发展的客观规律去作出各种正确的决策,使决策过程按照教育规律办事,提高决策的科学性;对于各级教育主管部门来说,教育学可以帮助理解上一级教育主管部门的教育决策,并能很好地传达决策、实施决策;对于学校的教育管理来说,教育理论可以提高校长的教育理论水平和管理能力,指导校长和其他管理者协调学校各方面的力量,以人为本,确定制度,加强监督,提高管理的科学化和效率化水平。

(三)促进教育改革可持续发展

教育改革是教育领域里的创新。进行教育改革必须有教育理论作指导。教育理论作为教育实践的研究结果,既来自于实践,又高于实践,是若干教育实践和教育经验经过理性的抽象概括而总结出来的,因此,可以对教育改革起指导作用。具体表现在三个方面:第一,用理性的尺度评价现实,揭示现实教育中存在的弊端;第二,对未来教育进行预测、设计和规划,从对现存教育的评价中和对未来社会的发展中提出未来教育的目标、任务、内容、方法、制度、形式等,指明教育改革的方向;第三,依靠理论创造的社会舆论力量来呼唤社会,尤其是使教育工作者参与教育改革,并提高其自觉性和积极性。

(四)有助于发挥教育的整体影响,促进儿童全面发展

现代教育是家庭、学校、社会三方协同进行的,教育日益成为学校、家长、社会的共同事业。

首先,学习教育理论可以帮助家长树立现代教育观,作出正确的教育行为和教育选择。学生受什么样的教育,家长发挥着重要的作用。基础教育要适应21世纪挑战与教育发展的趋势,有必要变革家长的教育价值观、教育内容观、教育方法观。这就需要家长提高教育理论水平。

其次,学习教育理论可以帮助家长参与到学校管理中来,促进学校教育的发展。现代教育作为学校、家长、社会的共同事业,要求家长参与到学校教育中来。但是,由于家长们的教育理论水平不同,参与的程度和水平也不同。因此,这就需要家长学习和掌握教育理论,逐步提高参与学校教育管理的水平。

最后,学习教育理论可以帮助家长营造良好的家庭教育环境。家庭教育环境与孩子的学习情况有着直接的关系。良好的家庭教育环境能够促进孩子的学习,反之,不良的家庭教育环境则阻碍孩子的成长。因此,家长要努力提高自身的教育理论水平,为孩子提供良好的家庭教育环境。

第三节　教育的构成要素及其关系

教育是一种复杂的社会现象。教育活动是由一些基本的要素来构成的。从宏观角度看,教育活动由教育主体、教育目标、教育内容、教育手段、教育环境、教育途径六个要素构成;从微观角度看,教育活动由教育者、受教育者、教育中介三个要素构成。本书主要是指微观上的构成要素。

一、教育的构成要素

教育是一种社会现象,是一种社会活动。根据现代系统论的观点,教育是一个多层次多要素的整体系统。所谓教育的构成要素,是指构成教育活动必不可少的基本因素。一般来说,教育的构成要素有教育者、受教育者、教育中介等。

(一)教育者

凡是在教育活动中有意识地以影响他人身心发展为目的的人,都可以称之为教育者。这种影响包括知识、技能、思想、品德、行为等方面,不仅包括积极的,也包括消极的。

作为一名合格的教师,他肯定是一名教育者,但一名教育者不一定是一名教师。因为"教师"是特指,是指"履行教育教学职责的专业人员"。这个定义有很好的机动性,可以涵盖目前出现的许多新现象,如许多高校聘用社会科研单位或企业的一些骨干专业人员为专业课教师,这些人可以称之为教师,因为尽管他们不属于学校(从工作单位看),尽管他们是兼职的,但他们是履行教育教学职责的专业人员。

教师是人类文化的传递者,在人类文化发展中起着承上启下的重要作用。教师传递科学文化知识的过程,是积极的、有选择的加工过程。教师使得年轻一代在有限的时间内学会社会生存所必要的知识和技能,是年轻一代的辛勤培育者。他们不仅担负着学生学习知识、提高学生能力的任务,而且影响着学生思想品德、个性人格的形成,使学生成为一个真正的"人"。

教育者在促进个人发展及人类发展中起着不可磨灭的作用。在广义的教育概念中,在学习化社会中,每个人都应该是教育者,从而使教育活动的自觉化程度提高。

(二)受教育者

受教育者指的是在各种教育活动中接受影响、从事学习的人。受教育者是教育的对象,是学习的主体,也是构成教育活动的基本要素。在学校教育中,受教育者专指学生,学生是以学习为专门任务的人。受教育者接受教育并不完全是被动的,受教育者具有主观能动性,但他的主观能动性是有限的。因为：第一，教育是一种社会现象，教师代表着一定的社会对学生进行教育，学生是在教师引导下使自己成为社会需要的人。第二，学生的身心发展水平不高，认识和改造自我与环境的能力还不强，为了提高自身的认识和改造世界的能力，他们必须接受培养和改造。第三，教育活动中的目的、计划的制订者及活动的组织者都是教师，学生只是这些目的、计划的承受者和活动的参与者。在这种意义上，学生是被规划、被设计的对象。第四，学生各方面发展是教育活动的目的，他们不可能从一开始就能完成培养自己的任务，一开始就进行自我教育，对自我施加教育影响。他们必须受到教育者的教育，然后才能进行自我教育。

因此，在教育中要注重发展个性，弘扬个性，培养"个性化"的人，要真正把学生作为未来社会的一员去培养和尊重。在学习化社会中，每个人都是受教育者。

（三）教育中介

教育中介主要是指那些在受教育者与教育者之间起桥梁作用的物质和意识形态的东西。

教育的物质中介是指教育中的器物。那些在各种教育教学中所使用的必要的设备，如教育场所、粉笔、课本以及各种电教设施与传媒（如电影、计算机、报纸、杂志等）能够在教育教学中起中介作用的物质，都可以称为教育活动的物质中介。

教育的意识形态中介有多种形态。首先表现为教育内容。教育内容是教育活动的主要中介，书籍、报纸、杂志是这种内容意识形态物化的载体，其实质是意识形态的物质呈现。书籍尽管属于物质中介，但其所指的教育内容是意识形态的东西，是教育活动的意识中介。其次，一些社会文化、风俗、乡土人情等尽管不在书本中呈现，但也属于教育活动的意识中介。教育目的、教育方法、教育手段、教育组织形式等也是教育活动的意识中介。教育活动的意识中介随着人类社会的发展而不断变迁。

另外，教育者的个人行为、言谈举止、为人处世的方式及对学生的态度等都属于教育活动的行为中介，同样对受教育者起着潜移默化的影响，而且直接影响着学生的个性与人格的形成。

在三个基本要素中，教育者在教育活动中起主导作用，而在学习活动中，受教育者必须发挥主观能动性，才能成为真正的受教育者。在学习化社会中，有时中介也发挥教育影响的作用，因为此时教育者和受教育者是同一的，隐性教育的概念对此作了解释。

【信息窗】电子白板：现代教育媒体

电子白板是一种安装在教室内的全新多媒体教育设备，通常由台式计算机、触摸式白板、投影仪、音响、话筒等电子设备组成。其最大特点是可以像普通白板或教学黑板一样直接用笔书写。在真实的教学环境中，电子白板的作用主要体现在以下几个方面：

1. 无须粉笔或鼠标

教师和学生用白板笔甚至手指，就完全替代传统粉笔的功能，这样既可以避免粉笔产生的各种危害，又节省了资源，全面实现健康、环保、节能的教学模式。

2. 丰富多彩的多媒体资源

可以使用丰富多彩的多媒体资源，并且可以随时书写或标注。教学过程可以轻松保存成教学录像发给学生，学生无须再边听讲边做笔记，教师之间也可以相互交流和研究教学录像,提高教学水平。

3. 强大的计算机多媒体工具

扩展、丰富了传统计算机多媒体的工具功能,更增强了视听效果,增加了电子白板中的拖放、照相、隐藏、拉幕、涂色、匹配、即时反馈等功能模块,这些精彩的视觉及听觉效果,大大提高了学生的注意力和理解力,激发了学生学习的兴趣,调动学生积极参与到教学过程中来。

二、各构成要素之间的关系

(一)教育者与受教育者之间的关系

关于教育者与受教育者之间的关系,有多种观点,如"教师主体"论、"学生主体"论、"教师主导、学生主体"论、"复合主体"论、"双主体"论等。我们认为,教师与学生之间的关系是一种主体间的关系。首先,教育者与受教育者的地位有一定的相对性,尽管他们在教育活动中承担的任务不同,但相对于教育活动的其他因素而言,他们都处于主体地位,这是不容置疑的。其次,教育是一种活动,活动就是一种关系。教与学的活动是联系在一起,不可分开的,无"教"则无"学",反之亦然。教育者与受教育者互为前提,在教与学的活动中,他们又互为主体,互为对方存在的条件;而且就双方自身来说,在教育过程中,从不同的角度看,各自同时是活动的主体,又是活动的客体。最后,以前对师生关系的看法总是站在主客体二分的立场上,把活动的动态性予以静态化,我们以一种中介思维、关系思维去研究这对关系,从动态的角度去研究系统运行,既符合事实,也符合辩证法。

教育者的主体性必须在受教育者的"学"的活动中才能成立,受教育者的主体作用也必须有教育者的"教"的活动与之相对应才能获得实现。教育者是受教育者认识的对象和从事学习的条件,受教育者的学习状况和结果,对教育者也起着部分调节作用,从而引起教育者在行为、思想、感情上的变化。教育者和受教育者,在教育这一活动中的相互关系,是互为主客体的,问题的关键在于我们所关注的是活动的哪一方面。现代教学理论越来越重视学生的"学",特别在学习化社会中,尤其注重人的自我教育能力,因而更强调受教育者的主观能动性,更强调受教育者在教育活动中的主体地位。

(二)教育者与教育中介的关系

总的来说,在教育者与教育中介的关系中,教育者是主体,教育中介是客体。在教育活动中,教育中介不管是以物、以意识形态的形式存在还是以行为方式存在,都是教育者直接作用的对象,教育者是行为的发出者,总是教育者利用教育中介传达意识。教育中介,特别是意识形态中介对教育者的影响也很明显,教育者必须先选择、认同、吸收这种中介,而后才能影响自己在施教活动中的具体实施方案和行为。教育者具有一定的自我教育能力,能在和教育中介相互作用的过程中,自觉接受影响,进行自我教育。

(三)受教育者和教育中介的关系

受教育者是教育行为和意识中介的直接承受者,是物质中介的直接受益者,但这并不意味着受教育者是客体。事实上,教育中介能否对受教育者产生影响,基本上取决于受教育者自己。只有受教育者发挥自己的主观能动性,使自己成为一个真正的受教育者,发挥他对教育中介的主体作用,即发挥复合主体的作用,教育中介才能起到应有的作用。受教育者同样可以对教育中介进行取舍,根据自身的需要和价值观,选取有利于自己发展的教育中介,促进自身的发展。教育中介仍只充当客体,处于客体地位。

只有当教育活动中的“人”的因素充分发挥作用,与教育中介形成对话、交流、互动、共生时,教育活动才能有效地进行。

第四节 教育研究的基本方法

一、教育科学研究的含义和特点

(一)教育科研的含义

教育科学研究就是以教育现象或教育问题为对象,运用各种科学方法,遵循科学的认识过程,根据对收集到的事实材料的分析,对假设或理论进行检验,以揭示教育现象的本质及其客观规律的活动。教育科学研究是教育科学自身发展的基本途径。

中小学教育科学研究是指中小学教育工作者为了改进中小学教育工作,围绕某一主题,运用科学的方法而进行的有目的、有计划、系统地探究教育现象本质的活动。其目的是在自己工作中研究教育现象,进而提高教育质量和效益。

为了准确理解中小学教育科学研究的含义,需要区分科研和教研两个概念。教研是指教学研究,是教师以各科教学中存在的问题为研究对象进行的研究。科研涉及的范围比较广,不仅要研究教学问题,还要研究学校德育问题、管理问题,以及社会、家庭中发生的教育现象,与教育相关的社会现象和心理现象等。

(二)中小学教育科研的特点

教育科研除具备一般科研的特征,如:探索性、问题性、系统性、继承性和创造性等,还具有自己的特点。

第一,研究角度的多维性。中小学教育科学研究涉及广泛的学科领域,需要与教育学、心理学、伦理学、生理学、社会学等学科有机结合,并从多角度进行研究。

第二,研究目的的针对性。中小学教育科学研究是基于中小学教育存在的问题而进行的,是针对现实的教育问题,提出研究方案,解决具体问题。

第三,研究主体的多元性。参加中小学教育科学研究的,不仅包括教育理论工作者和科研工作者,更有广大中小学教育工作者,而且他们是中小学教育科学研究的主力军。

第四,研究方法的多样性。教育科学研究属于科学研究的范畴,教育现象是一种复杂的人文现象。因此,科学研究方法是多样的,既有宏观的哲学思考,又有实证研究;既有定性研究,又有定量研究。

第五,研究成果的滞后性。教育本身就是一种周期性很长的活动,这使得教育研究的效果很难在短时间内显现和量化。

二、中小学教育科研的意义

(一)解决教育教学问题的需要

教育教学实践中,教师总是会面临许多问题,尤其是在当今不断变化的社会中,教育教学中也有很多情况是不断变化的,社会对教育的需求、家长对学校的要求、学生的时代特征等都向教师提出了许多新的问题。

（二）促进教师专业不断发展

教师通过研究不断改进教育教学方法，使自己拥有更高的专业水准。

（三）不断激发教师对工作的热情

教育科学研究不仅使教师在工作中不断创新和进步，还可以不断激发教师对教育教学工作的热情。

三、中小学教育科研的基本方法

（一）观察法

1. 观察法的含义

观察法是研究者依据一定的目的和计划，在自然条件下，对研究对象进行系统的连续的观察，并做出准确、具体和详尽的记录，从而获取经验事实的研究方法。观察法是教育科学研究中使用广泛的基本的研究方法。

2. 观察法的分类

（1）自然情境中的观察与实验室中的观察。根据对观察的环境条件是否进行控制和改变，可以将研究分为自然情境中的观察和实验室中的观察。自然情境观察包括自然行为的偶然现象观察和系统现象观察，自然情境观察能搜集到客观真实的材料，但材料往往是观察对象的外部行为表现。实验室观察是研究者根据研究的目的，在对观察对象发生的环境和条件加以控制或改变的条件下进行的观察。这种观察有严密的计划，有利于探讨事物内在的因果关系。

（2）直接观察与间接观察。根据观察时是否借助仪器设备，可以把观察分为直接观察和间接观察。直接观察是凭借人的感官，在现场直接对贯彻对象进行的感知和描述，因此直接具体。间接观察是利用一定的仪器或其他技术手段作为中介对观察对象进行考察，这类观察突破了直接观察受到人的主观能力的局限，扩展了观察的深度和广度。

（3）参与性观察与非参与性观察。根据观察者是否直接参与被观察者所从事的活动，可以将观察分为参与性观察和非参与性观察。参与性观察，研究者直接参加到所观察对象的群体和活动当中去，不暴露研究者的真正身份，在参与活动中进行隐蔽性的研究观察。参与观察的好处是不破坏和影响研究对象的原有结构和内部关系，因而能够获得有关深层结构和关系的材料。但由于研究者主观因素的影响，处理不当易影响观察的客观性。非参与性观察法，不要求研究人员站到与被观察对象同一地位上，而是以"旁观者"身份，可采取公开的，也可以采取秘密的方式进行。每当其一种行为发生时，观察者及时进行观察记录。非参与性观察结论可能比较客观，但易限于表面化，难以获得深层次的材料。

（4）结构式观察与非结构式观察。根据是否对观察活动进行严格的控制，可将观察分为结构式观察与非结构式观察。结构式观察是有明确目标、问题和范围，有详细的观察计划、步骤和合理设计的可控性观察，能获得真实的材料，并能对观察资料进行定量分析和对比研究，常用于对研究对象有较充分了解的情况下的观察。非结构式观察则是对研究问题的范围目标采取弹性态度，观察内容项目与观察步骤没有预先确定，亦无具体记录要求的非控制性观察。其方法比较灵活，但获取材料不系统完整，多用于探索性研究或对观察对象不甚了解的情况下。

（二）调查法

1. 调查法的含义

调查法是研究者通过问卷、访谈等方式，有目的、有计划地搜集研究对象的有关资料，对取得的第一手资料进行整理和分析，从而揭示事物本质和规律，寻求解决实际问题的方案的研究方法。

2. 调查法的分类

（1）普遍调查、抽样调查和个案调查

按调查对象的选择范围，可以分为普遍调查、抽样调查和个案调查。

普遍调查也叫全面调查，是对某一范围内所有被研究对象进行调查。这种类型的调查的优点是具有普遍性，能全面地反映教育的许多现象及其变化发展情况，搜集的资料比较全面。但是调查所得到的材料往往比较肤浅和简单，有些问题无法深入了解，同时由于调查范围广，往往耗资大费时长。

抽样调查，即从被调查对象的全体范围（总体）中，抽取一部分单位（样本）进行调查，并以样本特征值推断总体特征值的一种调查方法。

个案调查，即在对被调查的教育现象或教育对象进行具体分析的基础上有意识地从其中选择某个教育现象或教育对象进行调查与描述。

（2）现状调查、相关调查、发展调查和预测调查

依据调查内容，可以分为现状调查、相关调查、发展调查和预测调查。

现状调查，即对某一教育现象或教育对象的现状进行调查。如当前学生厌学情绪的情况调查。这种类型的调查，其时间特征是“现在”或“当前”，是进行“现状状况”、“当前情况”的调查。

相关调查，主要调查两种或两种以上教育现象的性质和程度，分析与考察它们是否存在相关关系，是否互为变量，目的是寻找某一教育现象的相关因素，以探索解决问题的办法。

发展调查，即对教育现象在一个较长时间内的特征变化进行调查，以找出其前后的变化与差异。

预测调查，主要揭示某一教育现象随时间变化而表现出的特征和规律，从而推断未来某一时期的教育发展趋势与动向。这类调查难度较大，其结果相对来说准确性不是很高。

（3）问卷调查、访谈调查、测量调查和调查表法

依据调查的方法和手段，可以将调查分为问卷调查、访谈调查、测量调查和调查表法。

问卷调查，又称问题表格法，指以书面提出问题的方式搜集资料的一种研究方法。研究者将所要研究的问题编制成问题表格，以邮寄方式、当面作答或追踪访问方式填答，从而了解被试对某一现象或问题的看法和意见。

访谈调查，指研究者通过与研究对象进行面对面的交谈，以口头问答的形式搜集资料的一种调查研究方法。

测量调查，指用一组测试题（标准化试题或自编试题）去测定某种教育现象的实际情况，从而搜集数据资料进行量化研究的一种方法。

调查表法，指通过向相关的调查对象发放研究要求设计好的各种调查表格来搜集有关事实或数据资料的调查。调查表主要用于搜集各种形式的事实资料，尤其偏重于搜集数据资料。

3. 调查法的一般步骤

(1)确定调查课题

一次调查所选的课题应具备现实意义和理论价值,而且应该是可行的。

(2)选择调查对象

选取调查研究的对象是一个重要环节,选出的调查对象对总体的代表性程度上的高低直接影响到调查结论的准确性和科学性。要选好调查对象,就必须系统地考虑调查的总体、样本数量、抽样方法等问题。就调查对象而言,应严格界定总体的范围和属性,对调查总体的界定应包括对象总体中的个体的单位、对象的年龄范围、职业种类、地域分布等内容。

(3)确定调查方法和手段,编制和选用调查工具

研究者在确定了调查的目的和对象之后,就应根据不同的目的要求与不同的研究对象来选择具体的调查手段。调查法还是一种间接的研究方法,无论运用什么样的方式来搜集资料,都必须借用一定的工具,这就涉及编制和选用调查工作。

(4)制定调查计划

调查计划是研究者对调查研究工作及其过程所做的具体的规划和安排。制订计划的目的在于确保调查研究工作有目的、有计划、系统地进行,以提高研究工作的实效。

(5)实施调查

调查实施阶段是调查研究的重要环节,调查研究能否取得成效,往往取决于这个阶段的工作情况。调查实施的过程就是资料的搜集过程,即运用调查手段,接触调查对象,从中搜集第一手资料。在调查实施过程中要及时核查资料,看看所搜集的资料是否齐全、准确,留意数据的数字是否正确,做到及时补救、更正,尽可能避免人为的错误。

(6)整理、分析调查资料,撰写调查报告

调查者搜集到的原始资料往往是零散杂乱的,需要调查者根据研究的需要及时进行分类、汇总、概况、统计,这就是资料的整理。只有在对原始资料进行系统整理的基础上,才能反映出事物存在或变化的特征,才能形成研究结论,才能完成调查报告的撰写。

(三)历史法

1. 历史法的含义

历史法是通过考察事物发生和发展的过程,从而揭示其本质和发展规律的研究方法。对于中小学教师来说,就是对所从事的教育教学工作过程加以回顾,通过分析和思考,将教育措施、教育现象与教育效果之间的关系的感性认识上升到理性认识的一种研究方法。

2. 历史法的一般步骤

历史法的三个步骤包括搜集资料、史料的鉴别、史料的分类。

采取历史法探讨教育现象及问题有一定的局限性:一是由于只能在现存的文献和史料中寻找证据。资料数量有限,加之资料本身是否可靠的问题,因此在应用上会受到一定限制。二是研究中的史料由研究者解释,难免夹带主观成分,客观性不及其他实证研究方法,因此在分析解释研究结论时要格外小心谨慎。

(四)实验法

1. 实验法的含义

实验法是研究者按照研究目的,合理地控制或创设一定的条件,人为地影响研究对象,从而验证假设,探讨条件和教育对象之间的因果关系的研究方法。

2. 实验法的分类

（1）根据实验进行的场所，可分为实验室实验和自然实验。

实验室实验法是指在实验室内利用一定的设施，控制一定的条件，并借助专门的实验仪器进行研究的一种方法。探索自变量和因变量之间的关系的一种方法。

实验室实验法，便于严格控制各种因素，并通过专门仪器进行测试和记录实验数据，一般具有较高的信度。通常多用于研究心理过程和某些心理活动的生理机制等方面的问题。但对研究个性心理和其他较复杂的心理现象，这种方法仍有一定的局限性。

自然实验法是在日常生活等自然条件下，有目的、有计划地创设和控制一定的条件来进行研究的一种方法。

自然实验法比较接近人的生活实际，易于实施，又兼有实验法和观察法的优点，所以这种方法被广泛用于研究教育心理学、儿童心理学和社会心理学的大量课题。

（2）根据实验的目的可以分为确认性实验、探索性实验和验证性实验。

确认性实验的目标主要在于借助实验搜集事实材料，确认所研究的对象是否具有研究假说内容的基本特征，并推动教育实践的发展，也叫试探性实验。研究问题来自实际，所以具有直接的实践意义。实验强调的是研究的应用价值，在事实基础上概括经验性规律，追求最大限度的有效性。这类实验在现场情境下进行，在研究方法上带有很大的试探性，操作程序不太规范。因此，内在、外在效度均不高。

探索性实验是以认识某种教育现象或受教育者个性发展规律为目标，通过揭示与研究对象有关的因果关系及问题的解决，来尝试创建某种理论体系，所以具有较强的创新性。探索性实验主要研究教育理论体系中的根本性问题，有重要的理论意义和实践指导意义。此类实验以专门研究人员为主进行。

验证性实验是以研究已取得的实验成果为目标，对已经取得的认识成果用再实践的经验来检验、修正和完善。这类实验具有明显的重复性，是在不同环境条件下反复进行的，不仅对实验条件有明确分析，而且实验方案具有可操作性，关注实验结果应用的普遍性，追求实验较高的外在效度。

（3）根据同一实验中自变量因素的多少，可分为单因素实验和多因素实验。

单因素实验是指同一实验中研究者只操纵一个自变量的实验，也叫单一变量实验。由于单因素实验的自变量单一、明确，操纵相对比较容易，实验难度相对较小。

多因素实验是指在同一实验中需要操纵两个或两个以上的自变量的实验，也叫组合变量实验。这类实验要操纵的实验因素较多，实验的过程比较复杂，变量的观测内容也随之增多，因而在研究整体上难度较大。

（4）根据实验控制的程度，可分为前实验、准实验与真实验。

前实验指最原始的一种实验类型，它是对任何无关变量都不进行控制的实验。

准实验指在实验中未按随机原则来选择和分配被试，只把已有的研究对象作为被试，且只对无关变量做尽可能控制的实验。

真实验指严格按照实验法的科学性要求，随机地选择和分配被试，系统地操纵自变量，全面地控制无关变量的实验。

3. 实验法进行的步骤

（1）确定实验目的、方法和组织形式，拟订实验计划。

(2)创造实验条件,准备实验用具。

(3)实验的进行,在实验过程中要做精确而详尽的记录,在各阶段中要做准确的测验。

(4)处理实验结果,考虑各种因素的作用,慎重核对结论,力求排除偶然因素作用。

(五)行动研究法

1. 行动研究法的含义

行动研究法是指教师在现实教育教学情境中自主进行反思性探索,并以解决工作情境中特定的实际问题为主要目的的研究方法。它强调研究与活动一体化,使教师从工作过程中学习、思考、尝试和解决问题。

2. 行动研究法的一般步骤

教育行动研究法的实施步骤一般包括四个环节:

(1)确定研究课题。发现教育工作中亟待解决的实际问题,选定研究主题,并对研究问题的成因进行分析诊断和肯定。

(2)拟订研究计划。明确课题研究的总目标,并围绕总目标设计研究的方法、程序、监控手段等。

(3)实施行动研究。收集资料,拟订并实施有效的教育措施。

(4)进行总结评价。收集资料,做好观察记录,根据各种信息反馈认真修正行动计划,再实施新一轮行动研究,直至实现研究总目标。

同步练习

一、单项选择题

1. 中国近代制度化教育的标志是(　　)。

A. 定型的形式化教育出现　　B. 学校教育系统形成

C. “废科举,兴学校”及近代学制产生　　D. 教育实体化

2. 狭义的教育是指(　　)。

A. 课堂授课　　B. 文化传递

C. 传递生活经验　　D. 学校教育

3. 教育的质的规定性是指教育是(　　)。

A. 培养人的社会活动　　B. 传递生产经验

C. 传递生活经验　　D. 培育下一代

4. 下列哪项不属于古代学校教育的共同特征?(　　)

A. 水平低　　B. 阶级性

C. 道统性　　D. 专制性

5. (　　)之后,学校教育制度发展到比较完备的形态,建立了典型的政教合一的官学体系。

A. 夏朝　　B. 商朝

C. 西周　　D. 春秋战国

6. 古代教育准确地说是指(　　)教育。

A. 原始社会　　B. 奴隶社会

C. 奴隶社会和封建社会　　D. 封建社会

7.《孟子》中“夏曰校,殷曰序,周曰庠 ,学则三代共之”,其中的“校、序、庠、学”都是指(　　)。

A. 教师　　B. 学校名称

C. 私塾　　D. 六艺

8. 教育必须向所有人开放,人人都有接受教育的权利,且必须接受一定程度的教育,指的是(　　)。

A. 教育的终身化　　B. 教育的全民化

C. 教育的民主化　　D. 教育多元化

9. 被称为“教育学的雏形”,标志着中国古代教育思想开始从其他学科中独立出来的是(　　)。

A.《论语》　　B.《礼记》

C.《学记》　　D.《孟子》

10. 柏拉图的教育思想集中体现在(　　)中。

A.《理想国》　　B.《政治学》

C.《教育学》　　D.《大教学论》

11. 主张把"一切知识传授给一切人"的"泛智教育"，而不是仅强调宗教教育的人是(　　)。

A. 卢梭　　B. 康德

C. 苏格拉底　　D. 夸美纽斯

12. 被称为"科学教育学奠基人"，也被看作是传统教育学的代表的是(　　)。

A. 赫尔巴特　　B. 杜威

C. 亚里士多德　　D. 马克思

13. (　　)的面世，标志着教育学作为一门规范的、独立的学科正式诞生。

A.《大教学论》　　B.《教育漫话》

C.《普通教育学》　　D.《爱弥儿》

14. 英国哲学家(　　)提出了著名的"白板说"。

A. 卢梭　　B. 洛克

C. 康德　　D. 杜威

15. 古代(　　)以培养军人、强调军事体育与道德灌输为教育目的。

A. 中国　　B. 印度

C. 雅典　　D. 斯巴达

16. 我国自(　　)时就有了学校教育的形态。

A. 夏代　　B. 商朝

C. 西周　　D. 春秋战国

17. (　　)的教学法称之为"精神产婆术"。

A. 苏格拉底　　B. 柏拉图

C. 亚里士多德　　D. 拉伯雷

18. 教育学研究对象是(　　)。

A. 教学思想　　B. 教学模式

C. 教学现象和教学问题　　D. 教学理论

19. 以马克思主义理论指导编写的第一本著作是(　　)。

A.《普通教育学》　　B.《教育学》

C.《爱弥儿》　　D.《裴斯泰洛齐》

20. 与赫尔巴特的教育思想针锋相对，主张"学生中心、生活中心、活动中心"的"三中心"思想的人是(　　)。

A. 杜威　　B. 康德

C. 洛克　　D. 裴斯泰洛齐

二、填空题

1. 从形式上看，教育经历了从________教育到________教育再到________教育的过程，经历了从非正规教育到正规教育的演变。

2. 制度化教育是具有层次结构的、按________分级的教育制度。

3. 中国近代完备的学制体系产生于1902年的《________》以及1903年的《________》。

4. 非制度化教育思潮的代表人物有________、________等。

5. ________以升学为目标，以基础科学知识为主要内容；而________以就业为主要目标，以从事某种职业或生产劳动的知识和技能为主要教育内容。

6. 14 世纪以后爆发的资产阶级文化的________运动，对当时和后世的教育产生了重大影响。

7. 原始社会的教育特征是：①________；②________。

8. 我国古代六艺是指________。

9. 明代后科举考试的固定格式是________。

10. 婆罗门教把人分成由高到低四等分别是________、________、________、________，低种姓的人被剥夺了受教育的权利。

11. 古代________ 的教育是西方奴隶制国家教育的完整而典型的代表。

12. 在西欧封建社会早期，教会控制下的教育设施主要有三种：________、__________、__________。

13. 教育的多元化具体表现为________的多元化、办学形式的多元化、管理模式的多元化、________的多元化和________的多元化。

14.《________》是中国古代也是世界上最早的专门论述教育问题的论著。

15. 苏格拉底的教学法分为三步：第一步成为 ________ ；第二步为 ________ ；第三步为________。

16. ________在人类教育史上首次提出了“教育遵循自然”的思想。

17. 首次提出“学年制”思想的是________。

18. ________认为“人是唯一需要教育的动物”。

19. 赫尔巴特第一个提出要使教育学成为科学，并认为应以________和________为教育学理论基础。

20. 苏联教育理论家________以马克思主义理论为指导编写了《________》。

三、简答题

1. 简述《学记》中的教学思想。

2. 近代教育与古代教育相比，其变化表现在哪些方面？

3. 有些教师说，他们没有学过教育学，但一样搞了几十年教育；还有些教师说，孔子没有学过教育学但并不妨碍他成为万世师表。你认为上述观点正确吗？运用所学原理进行分析。

同步练习参考答案

一、单项选择题

1. C　2. D　3. A　4. A　5. C　6. C　7. B　8. B　9. C　10. A　11. D　12. A　13. C　14. B　15. D　16. A　17. A　18. C　19. B　20. A

二、填空题

1. 非形式化　形式化　制度化
2. 年龄
3. 钦定学堂章程　奏定学堂章程
4. 库姆斯　伊里齐
5. 普通教育　职业教育
6. 文艺复兴
7. 教育水平低　教育没有阶级性
8. 礼、乐、射、御、书、数
9. 八股文
10. 婆罗门　刹帝利　吠舍　首陀罗
11. 希腊
12. 僧院学校　大主教学校　教区学校
13. 培养目标　教育内容　评价标准
14. 学记
15. 苏格拉底讽刺　定义　助产术
16. 亚里士多德
17. 夸美纽斯
18. 卢梭
19. 伦理学　心理学
20. 凯诺夫　教育学

三、简答题

1. 答:《学记》中的教学思想表现在:(1)主张启发式教学:主导开导学生,但不要牵扯着学生走;对学生提出比较高的要求,但不要使学生失去自信;向学生指出解决问题的途径,但不提供现成的答案。(2)强调教学要循序渐进。

2. 答:变化表现为:(1)国家加强了对教育工作的重视和干预,公立教育崛起;(2)初等义务教育的普遍实施;(3)教育的世俗化;(4)重视教育立法,强调依法治教。

3. 答:该观点是错误的。

(1)这些教师认为没有教育理论,一样可以有教育实践,他们忽略了理论与实践之间的密切联系。教育工作者应该在正确理论指导下进行实践,没有实践的理论是空洞的理论;没有理论的实践是盲目的实践。(2)教育理论对教育工作者意义重大。从理论功能上讲,它有助于解释教育理论指导教育实践,推动教育改革;从实践意义上讲,它有助于树立科学教育观,提高教育质量,为学习其他相关学科奠定理论基础,缺少理论的指导,实践难以取得成效。(3)孔子是一位实践经验非常丰富的老师,他不仅拥有丰富的教育经验,而且还善于总结经验并上升到理论的高度。“温故知新”“不愤不启,不悱不发”等都是他总结经验后提出的教学理论,这些理论反过来指导教学实践。

第二章　教育与社会发展

本章概要

教育与社会发展是教育学基础理论的核心问题。本章分析教育与社会各子系统之间的关系，具体而言，教育受到社会多因素的影响，特别是受到社会政治经济制度、社会生产力水平、科学技术、文化、人口的影响，同时，教育对社会政治经济制度、社会生产力、科学技术、文化、人口发生作用。

引导案例

王思明，陕西省延长县罗子山乡下西渠小学教师。从1968年起，他就一直担任这里的民办教师。下西渠村距离延安市160公里，距离延长县也有80公里。这里可以说是"十里同村，隔山为邻"，全村只有47户村民，176口人，20个劳动力。直到20世纪80年代，这里的交通还是靠毛驴进出。

下西渠小学是个多级复式小学，七个年级只有王老师一人。每堂课45分钟，一个年级只能讲6分钟，加之这里的儿童先天素质不高，大多近亲结婚，其教学难度非常大。

27年来，他扎根山区，艰苦创业，创造性地开展勤工俭学，改善办学条件，使最初两孔破窑洞发展到一座两层12间，340平方米的"小洋楼"，从1970年起，就实现了免费教育，全村适龄儿童入学率、巩固率、合格率、毕业率均实现100%，比延安市提前了15年。

王思明还充分利用学校这块文化阵地向当地群众传播现代文明。20世纪70年代初，他用勤工俭学得来的50元钱，买回一台自鸣钟，全村人都跑来看稀奇。接着，他又买回了对讲机、收音机、扩音机、电唱机和高音喇叭，第一次使下西渠人听到了大山外的声音。在1989年，他又买回一台风力发电机，使在小煤油灯昏暗的光线下生活了多少辈的下西渠人，终于见到了人类文明的象征——电灯。后来他又带回彩电，让村民们聚集在学校看电视，以享受现代文明带来的幸福。①

在我们感动于一个乡村民办教师用他的个人力量撑起一所乡村小学，为落后的大山孩子和家庭带来现代社会的文明与文化的时候，作为未来中小学教师的我们是否深入思考了如下问题：什么因素阻碍了教育的发展，致使今天的中国教育依然存在着显著的二元结构、城乡差异？教育作为一种重要的社会实践活动，其社会功能体现在哪些方面？如何实现教育的可持续发展，进而实现教育的公平与公正？如何认识现代人类社会的矛盾与冲突？教育如何迎接功能多元化的挑战，进而实现中华民族的强国之梦？

---

①　傅道春编著：《中国杰出教师行为访谈录》，上海教育出版社1995年版。

教育是一种社会活动,同时也是一个不断生成的社会系统,教育与社会有着不可分割的联系。社会是一个复杂的大系统,与社会相联系的各子系统很多,我们着重谈教育与政治经济制度、教育与生产力、教育与科学技术、教育与文化之间的相互关系和特点。

第一节　教育与政治经济制度

政治经济制度属于上层建筑的范畴,它建立在一定的社会经济基础之上,又集中反映并服务于社会的经济基础,对社会的经济基础有极大的反作用。在教育与政治经济制度的关系上,政治经济制度决定教育的性质,教育也对政治经济制度产生一定的影响。

一、政治经济制度决定教育的性质

政治经济制度对教育的制约作用的集中表现是,前者决定了后者的性质,也就是说,政治经济制度决定着教育的思想政治方向和为谁服务的问题。这种制约作用,具体表现在以下几个方面:

(一)政治经济制度决定教育的领导权

教育的领导权是判断和确定教育性质的最主要标志。在人类社会中,谁掌握了生产资料的所有权,掌握了国家政权,谁就能够控制精神产品的生产,谁就能控制学校教育的领导权,并且通过对教育方针、政策的颁布,教育目的制定,教育经费的分配,教育内容特别是意识形态教育内容的规定,教师和教育行政人员的任命聘用等,实现对教育领导权的控制。

(二)政治经济制度决定着受教育的权利

受教育权是判断和确定教育性质的另一个重要标志。教育发展的历史告诉我们,一个国家设立怎样的教育制度,谁有受学校教育的权利,谁没有受学校教育的权利,以及谁有受什么样的学校教育的权利,都是由社会的政治经济制度决定的。在不同的社会里,不同的人享有不同的受教育权。在原始社会,以生产资料原始公有制为基础,没有国家,氏族成员处于平等的地位,因而受教育权也是平等的,所有儿童接受同样的教育。进入阶级社会,统治阶级和被统治阶级在政治上、经济上处于不平等的地位,反映在受教育的权利上,也是不平等的。在奴隶社会和封建社会里,教育的地位主要依赖于宗教和政治。只有统治阶级的子女才享有受学校教育的权利,被统治阶级无缘接受这种教育。到了资本主义社会,虽然在法律上废除了受教育者在阶级、社会等级地位等方面的限制,受教育权利在形式上是平等的。但实际上,由于经济上和其他条件上的不平等,受教育权仍是不平等的。即使在不收费的德国、瑞典、英国这些国家,大学生中来自占人口大多数的劳动家庭的子女仍是少数。

(三)政治经济制度决定着教育的目的

教育的根本任务是培养人。培养什么样的人,特别是培养出来的人应当具有什么样的政治方向和思想意识倾向,是由一定的社会政治经济制度决定的。社会的政治经济制度不同,教育目的也就不同。政治经济制度,特别是政治制度是直接决定教育目的的因素。

原始社会,没有剥削,没有阶级,教育目的是培养未来的氏族成员,使他们能从事劳动,能遵守社会生活规范、互助合作,能为保卫氏族的生存而战斗。

奴隶社会,学校教育目的是把奴隶主子弟培养成为自觉维护宗教等级制度的统治人才和具有暴力镇压奴隶起义和抵御外患本领的军人。

封建社会学校教育的目的是把地主阶级的子弟培养成为国家政权中的官僚以及实际掌握地方政权的绅士,对广大劳动人民实行愚民政策。

资本主义社会,学校教育的目的,一方面,是把资产阶级的子弟培养成为能够掌握国家机器和管理生产的统治、管理人才;另一方面,为了更高的利润和稳固政权,也给予劳动人民一定年限的义务教育和职业训练,以把他们培养成为适应现代生产需要的熟练工人和政治上的顺民。

社会主义社会,学校教育的目的与历史上任何阶级社会的教育目的不同,是为了培养全面发展的社会主义建设者和接班人。在社会主义社会,教育的根本任务是提高和丰富人的精神世界,促进个性和谐发展。教育的均衡发展,是以改变人们的社会流向,实现社会公平,化解各种矛盾,营造和谐关系,增进人与社会、自然的和谐发展,同时也有助于民主法制社会的建设。

一个国家的政治理念、意识形态、社会的伦理道德观,直接受到一个国家政治经济制度的制约;学校教育所培养的人才的政治、道德同样也反映了国家政治经济制度的要求,而国家的这种要求则是通过制定教育目的、规定政治思想教育的内容以及相应的考试评价手段来实现的。

(四)教育相对独立于政治经济制度

教育是一种独立的社会活动,除了受一定的政治经济制度、生产力和社会意识形态的影响、决定和制约外,还有其自身的特点,具有相对独立性。尽管政治经济制度对学校教育有着巨大的影响和制约,但这并不意味着学校可以忽视自身的办学规律,更不是说学校要放弃学校教育任务直接为政治经济服务,参加具体的政治运动、执行具体的政治任务。那种在教育工作中照搬、照套政治、经济的做法,或以政治、经济取代教育,对教育的特点和规律视而不见、横加干涉的做法,都是不利于教育工作的。

二、教育对政治经济制度的影响

教育受到政治经济制度的制约,但教育并不是被动接受政治经济的影响,还能对政治经济制度产生积极的影响。一定的教育总是为维护、巩固和发展一定的政治经济服务的,教育对政治经济的影响主要表现在以下几个方面:

(一)教育为政治经济制度培养所需的人才

通过培养人才能实现对政治经济的影响,是教育作用于政治经济的主要途径。自古以来,任何一种政治经济制度,要想得到维持、巩固和发展,都需要不断有新的接班人。而这些人才的培养,主要是通过学校教育来实现的。进入现代社会,社会生活日益复杂,科学文化高度发展,势必要求国家的政治经济人才具有较高的文化素养和科学水平,这就必然越来越依靠专门化的学校教育,国家各级政治集团的核心人物的学历层次和多方面的素养都将随之而提高,它意味着教育的影响亦相对增强。

(二)教育可以促进民主

一个国家的民主程度直接取决于一个国家的政体,但又间接取决于这个国家人民的文化程度和教育事业发展的程度。普及教育的程度越高,人们的知识越丰富,就越能增强人民的权利意识,认识民主的价值,推崇民主的政策,推动政治的改革和进步。要不断推进我国民主化的进程，就必须加速我国教育事业的发展，不断提高全民族的文化水平。

（三）教育可以影响政治经济舆论

自古以来，学校就是宣传、灌输、传播一定阶级的思想体系、道德规范、政策路线的主要阵地。学校又是知识分子和青少年集中的地方，学校通过教育者和受教育者的言论、行动以及编写教材、出版物等方式，来宣传某种思想，借以影响群众，服务于一定政治经济的现实力量。

总之，政治经济制度直接制约着教育的性质和发展方向，教育又对一定的政治经济有不可忽视的影响，这种影响随着现代化进程加快，作为促进社会进步的力量，变得越来越重要。当然，我们不能把教育的作用强调到不适当的程度，认为可以通过教育的作用解决政治、经济的根本问题是不现实的，教育对政治、经济的变革不起决定作用。

第二节　教育与生产力

生产力的发展是人类社会存在和发展的基础，也是教育活动的基础。教育的任何发展都离不开生产力的作用，经济的发展既为教育提供基础性条件，也对教育不断提出新要求。随着社会的发展和人类物质生活水平的提高，教育与人类物质生活的关系越来越密切。一方面，经济发展为教育发展提供必要的物质条件，对教育的要求也相应地越来越高；另一方面，教育对经济发展的促进作用也越来越明显。

一、生产力对教育的决定作用

社会物质生产活动是教育活动赖以进行的基础和得以发展的决定性因素。也就是说，有什么样的生产力发展水平，就有什么样的教育发展水平。一方面，办教育需要有一定的投入，包括人力、物力和财力。经济发展到一定水平，它能为教育提供的投入也达到一定的水平。另一方面，经济发展到什么程度，对教育也提出相应的要求，以满足经济发展对人才的需要。

（一）生产力水平决定了教育发展的水平

生产力水平是教育发展的物质基础，同时也对教育提出了与生产力发展水平相适应的要求。

原始社会，生产力水平极其低下，生产资料公有制，没有剥削，没有阶级，在依靠集体进行生产劳动和生活的前提下，教育也没有阶级性，并表现为一定的民主性和平等性，从平等地接受教育，到教育从生产和生活中分化出来成为专门的活动。

奴隶社会，生产力水平比较低下，社会经济以农业为主，出现私有制，阶级开始分化。教育开始表现出明显的阶级性，有了专门的教育机构和教学人员。

封建社会，生产力水平大大提高，农业和手工业已经相当发达，私有制已经确立，官僚制度逐渐形成。学校教育等级森严，注重思想控制，教育内容长期保持不变。随着教育对象、规模、种类的扩大和增多，初步形成较为完整的教育体系。

资本主义社会，属于私有制社会，以机器大工业生产为基础，科学技术在生产中得到广泛运用，生产力有了空前提高，形成了现代科学知识体系，学校教育制度系统化、严密化，普及义务教育达到了一定的年限，教育内容变得更加丰富。

社会主义社会，属于公有制社会，提倡共同富裕，两个文明一起抓，消灭剥削、消灭压迫，努力为人的自身解放与发展创造条件，倡导教育平等化和机会均等化，普及一定年限的义务教育，教育内容强调思想性和科学性的统一。

纵观历史，不难发现，生产力发展水平与教育发展水平呈现出一致性。

（二）生产力水平决定教育的规模和速度

兴办教育需要一定的人力、物力和财力。因此，任何社会教育发展的规模和速度必须取决于两方面的条件。一方面是物质资料生产能为教育的发展提供的物质基础，即能提供多少劳动年龄人口，多少社会剩余产品，多少可以从事学习的富余时间，以及多少以教育经费形式表现出来的可以用于教育活动的条件。另一方面，生产力发展、社会再生产对劳动力的需求程度，包括需要的劳动力总量和各种劳动力的比例，它们分别决定着整个教育发展的规模、速度和教育的体系、结构。一般说来，一个国家经济发展的水平与该国的文盲率、入学率、义务教育普及的年限、高等教育发展的水平直接相关。从世界教育发展的历程看，第一次工业革命后，提出了普及义务教育的要求；第二次工业革命后，提出普及初级中等教育的要求；第三次工业革命后，提出了普及高等中级教育的要求；信息革命后，提出了高等教育大众化的要求。

（三）生产力发展水平制约着教育结构

教育结构通常是指包括基础教育、职业技术教育、高等教育、成人教育在内的各种不同类型和层次的学校组合及比例构成。社会生产力发展水平和在这个基础上形成的社会经济结构，决定了教育结构。生产力的发展不断引起产业结构、技术结构、消费结构和分配结构的变革。与此相适应，教育结构也随之出现新的变化。如大、中、小学的比例关系，普通中学与职业中学的关系，全日制学校与社会教育的关系，高等学校中不同层次、不同专业、不同学科类之间的比例关系，都要与一定的社会生产力发展水平相适应。否则，就会出现教育体系结构比例失调，教育培养的人才不能满足社会经济的要求或者出现人才过剩的现象。

（四）生产力发展水平制约着教育的内容和手段

从20世纪50年代开始，世界上出现了新技术革命。生产力的发展、科学技术的进步，促进知识以几何级数的速度增长，促进人们的认识能力、思维水平不断提高，并由此促进学校的课程结构和内容不断改进与更新。19世纪中叶，英国教育思想家斯宾塞根据当时社会经济发展的行业要求，根据他对科学知识分类的观点，提出了较为系统的课程理论，对英国以及欧洲学科教育的发展产生了重大影响。以后，世界各国许多的重大教育改革都以课程改革为核心，而每次重大的课程教学内容改革，都反映了生产和科学技术发展的新水平和新要求。同样，学科的设备、教学实验仪器等也都反映了当时的生产力发展水平。在今天，把新的科技成果引进教育领域，充分利用现有的科技成果改进我们的教学手段和教学设备，将大大提高教育现代化的水平。

（五）教育相对独立于生产力的发展水平

尽管生产力对教育有制约作用，但从历史上看，教育与生产力的发展并非完全同步，具体表现为：一是在一定时期内，由于人们的思想意识落后于较为先进的生产力，教育的思想、内容、手段、方法等也往往落后于生产力的发展；二是在生产力处于较低的水平下，由于文化交流、社会转型以及传统的影响，教育的思想、内容、方法等也可能超越生产力发展的水平。

就总体趋势而言,生产力的发展总是要求与教育的发展相适应,两者保持一种相对稳定性。在与生产力的关系上,教育具有相对独立性,并不是说教育的发展可以脱离生产力发展的水平。因为,教育归根结底是要受生产力发展水平以及政治经济制度制约的。

二、教育对生产力的促进作用

生产力的发展决定着教育的发展,而教育对生产力的发展具有促进作用。

(一)教育对生产力的促进作用

教育对生产力的促进作用主要通过两个方面来实现:教育再生产劳动力和教育再生产科学知识。

1. 教育再生产劳动力

劳动力的质量和数量是教育发展的重要条件,教育承担着再生产劳动力的重任。在现代生产过程中,技术改造、设备更新要依靠科学技术和人才;丰富的自然资源、先进的生产工具要通过高素质的劳动者来发挥作用;高技术的生产和效率的提高要靠大量高水平的管理人员的管理活动来实现。而劳动者基本劳动素质的优劣,技术人员科技水平的高低,管理人员管理能力的强弱,主要取决于他们所受教育的程度和质量。

教育能把可能的劳动力转化为现实的劳动力,是劳动力再生产的手段。教育能培养人的劳动能力,使潜在的生产力转化为现实的生产力;教育可以提高劳动力的质量和素质,使他们获得一定劳动部门的技能和技巧,成为发达的和专门的劳动力;教育可以改变劳动力的形态,把一个简单劳动力训练成一个复杂劳动力,把一个体力劳动者培养成一个脑力劳动者。

2. 教育再生产科学知识

马克思曾经指出:“生产力里面也包括科学。”①但是科学知识在未用于生产之前,只是一种意识形态或潜在的生产力,必须依靠教育转化为现实的生产力。因为任何人刚生下来时,都不会有什么科学知识,如果不通过教育就无法掌握前人积累的科学知识,科学知识也就无从得到继承和发展。所以,教育是实现科学知识再生产的重要手段。教育可以高效能地扩大科学知识的再生产,使原来为少数人所掌握的科学知识在较短的时间内为更多的人所掌握,使科学知识得到普及,先进的生产经验得到推广,从而提高劳动生产效率,促进生产力的发展。教育的主要职能是传递人类已有的科学知识,但它也担负着发展科学、生产新的科学知识的任务。尤其是高等教育,通过创造和发明新的科学技术,发挥其再生产科学知识的功能。高校科学研究力量比较集中,学科门类比较齐全,学术思想活跃,信息来源丰富,这些特点使其成为科学研究的重要基地,对生产新的科学知识作出特别的贡献。

(二)人力资本理论

关于教育对生产力贡献的认识,在一个相当长的时期里处于经验认识的水平。早在20世纪20年代已有研究者试图以实证的研究证明教育的经济贡献,但到了60年代,特别是人力资本理论形成以后,教育对生产力的贡献才真正引起人们的注意。

传统的西方经济学把土地、劳动、资本看作生产的三要素,并认为在一定时期内,产量是由劳动、资本和土地三个基本要素的投入量决定的。第二次世界大战后,西方经济学家从对

---

① 马克思:《政治经济学批判大纲(草案)》第3册,人民出版社1964年版,第350页。

经济增长的生产要素组合比例的分析中发现，影响经济增长的因素除了土地、劳动、资本的投入外，还有其他因素亦即人力资本在起作用。他们提出和发展了人力资本理论，该理论认为，人力资本是现代经济增长的重要因素，甚至是首要因素。人力资本理论把这些因素归结为知识的进步、技术的改进和劳动力质量的提高。

1960年12月，美国经济学家舒尔茨在美国经济学第73届年会所作的"人力资本投资"的讲演，被称为人力资本理论创立的"宪章"。人力资本理论的核心概念是"人力资本"，它指的是人所拥有的诸如知识、技能及其他类似的可以影响从事生产工作的能力。它是资本的形态，因为它是未来薪水和报酬的源泉；它是人的资本形态，体现在人身上，属于人的一部分。

人力资本是相对于物质资本而言的，也是一种生产要素资本，对促进生产起重要作用。与物质资本相比，人力资本在经济活动中是更活跃、更具发展特性的因素。在现代经济中，人力资本常常是更具关键性的因素。

人力资本投资包括学校教育、职业训练、卫生保健及为适应就业变化而进行的信息搜寻等形式。所有这些方面的投资都或多或少改善和提高知识、技能等人力品质，从而提高生产力，增加物质和精神收益。

舒尔茨根据人力资本理论，通过对教育资本储藏量的分析，推算教育对国民收入增长的贡献。教育资本储量是指国家在某一时期内教育支出的总额。因为教育支出是一种投资活动，教育支出与资本形成及国民收入有密切关系。要探讨教育对经济增长的贡献，可从测定教育资本储量入手。舒尔茨首先计算出美国1929年积累的教育资本总额为1800亿美元，1957年增至5350亿美元；1929年每个劳动力平均的教育资本是3659美元，1957年增至7868美元。这说明随着劳动力教育水平的提高，凝结在每个劳动者身上的教育资本量增加了。通过计算美国1957年比1929年增加的教育投资总额，舒尔茨推算出教育对国民经济增长的贡献是33%。

第三节　教育与科学技术

邓小平说过："科学技术是第一生产力。"①当前，科学技术的发展突飞猛进，日新月异。尤其是信息技术与国际互联网的发展已经超出了我们的想象。科学技术对人们生活的影响已经成为无处不在，无法回避的现实。科学技术，一般意义上讲，是一种知识体系，一种探索世界的认识活动和改造世界的手段、方法和技能。作为广义的教育，由于它存在于人类社会的各种生产与实践活动中，与科学技术的关系是密不可分的。那么，科学技术对教育产生哪些影响？二者之间有着怎样的关系？

一、科学技术对教育的影响

科学技术对教育的影响，首先表现为对教育的动力作用。教育事业是一项传统性很强

① 《邓小平文选》第3卷，人民出版社1993年版，第274页。

的事业。在历史上教育的某一形态一旦形成,往往几十年、几百年一脉相承,而科学却是活跃的、革命性的。进入现代社会以后,科学已成为第一生产力,成为整个社会发展的强大动力。科学的发展对教育提出新的要求和挑战,冲击教育的传统领域,导致教育中的新与旧、先进与落后的矛盾斗争,最终促成教育的革新与发展。其次,科学的发展不但为教育的发展提供动力,还能为教育的发展指明方向、预示结果,引导教育遵循着科学的轨道前进。具体地说,科学对教育的作用表现在以下几个方面:

(一)科学技术能够改变教育者的观念

科学发展水平决定了教育者的知识水平和知识结构,影响到他们对教育内容、方法的选择和运用,也影响到他们对教育规律的认识和教育过程中教育机制的设定。

(二)科学技术能够影响受教育者的数量和教育质量

一方面,科学发展正日益揭示出教育对象的身心发展规律,为教育活动提供指导;另一方面,科学的发展及其在教育上的广泛运用,使教育对象得以扩大,每次科学技术的发展都极大地促进了教育者数量的发展。

(三)科学技术可以影响教育的内容、方法和手段

科学技术可以渗透到教育活动的所有环节中去,为教育资料的更新和发展提供各种必要的思想基础和技术条件。学校类型的多样化,规模的扩大,教育设施的兴建,教育内容的记载与表达,教学用具与器材的制造等,都离不开科学技术的作用。

二、教育对科学技术发展的作用

(一)教育能完成科学知识的再生产

科学知识的生产是直接创造新科学的过程,科学知识的再生产则是将科学生产的主要产品经过合理的加工和编排,传授给更多的人,尤其是传授给新一代人,使他们能充分地掌握前人创造的科学成果,为科学知识再生产打下基础。

科学知识的再生产有多种途径,学校教育是科学知识再生产的最主要途径。这是因为学校教育所进行的科学知识再生产,是一种有组织、有计划、高效率的再生产。它在教师的指导下,将前人的科学成果加以合理的编排,通过有效的组织形式,选择最合理的方法,在较短的时间内传授给学习者。

教育对科学知识再生产的作用,一方面在于将前人创造的科学知识加以总结和系统化,一代一代地传下去,实现科学知识的继承与积累;另一方面在于科学地扩大再生产,把前人创造的科学知识传授给新的一代,使他们能站在前人的肩膀上有所发现、有所创新,得到更新的科学成果。

(二)教育推进科学的体制化

早先,科学研究只是少数人的智力游戏活动,是为了好奇心的满足。17、18世纪以后,出现了职业的科学家,出现了专门的科学研究机构,这被称为“科学的体制化”。它与教育尤其是高等教育有着密切的关系,因为最初很多科研机构是建在大学里的。教育的发展进一步推动了科学的体制化。

(三)教育具有科学研究的功能

教育在传播科学知识的同时,也从事着直接的科研工作,这在高校里尤为突出。据1986年统计,美国的科学家被大学聘用的占全部科学家的40%,美国大学担负了全国基础研究的60%,

应用研究的15%。在日本,则是大学承担基础研究,国立研究机构承担应用研究,民间企业承担开发研究。在中国,全国共有800多所高校承担有科研任务。1995年,我国高校承担的国家科研基金项目占总数的60%,1/2获国家自然科学奖,1/3获国家发明奖。

(四)教育具有推进科学技术研究的功能

教育向科学提出将科学成果在教育上应用的技术化要求,从而丰富科学技术的活动,扩大科学技术的成果。比如多媒体技术、电脑软件技术在教育上的广泛运用,对推进相关科学和技术的研究有直接的推动作用。

三、信息技术与教育

信息技术(Information Technology,缩写为IT)是人类现代文明和进步的一个重要标志。当人们还没有来得及尽情享受工业文明所带来的变化时,时光又把人类带入了信息时代。以多媒体和网络技术为核心的信息技术闯入了我们的生活,并开始改变我们的生活方式。同样,信息技术也对教育产生了深刻的影响。将信息技术整合到教育教学活动中一直是人们所期盼和孜孜以求的。

(一)信息技术改变着人们关于知识的观念

信息技术改变着知识的数量观念。信息技术把图书馆微型化,将世界上无数大型图书馆通过网络搬进电脑,搬进个人的家里,个人之间在知识上的差距就显得微不足道了。

信息技术改变着知识的质量观念。根据情报专家的统计,"二战"以来,知识的陈旧周期不断缩短,进入20世纪90年代,每隔四年,就有75%的知识被更新。

(二)信息技术改变着人们关于学习和教育的观念

教育过程在本质上成为一种选择过程,电脑和网络以及其他多媒体设备成为教育的中介,教师通过信息技术发送信息,学生通过信息技术接受信息。这里,教师的"发送",包括从声音、文字、图像、演示、讨论到模拟仿真等多种形式;学生的"接受",包括从不同程度、不同速度、不同时间、不同指向的主动选择,包括生机、生生、师生个别的和群体的相互论辩。原有意义上的有固定场地、固定班组、固定活动的学校教育形式,将成为学生进行社会交往的处所,而知识的学习将让位给不受时间和地域限制的信息技术。信息技术引起的教育观念的转变一般包括以下几个方面:

1. 能力比知识更重要。新科技革命对教育提出的首要课题就是,从知识教育转向能力教育,从结论教育转向方法教育。

2. 教育形式个别化。由于新型教育技术的广泛采用,传递教学内容的途径将发生重大的改变,尤其是电子计算机的普及,能够确保学生在自己方便的时间和方便的地点学习这些内容。他们可以按照教学要求自定学习进度计划,并且能够利用电子计算机进行自我测验和评价。

3. 培养目标个性化更加受到关注。新科技革命使得传统工业的标准化、规格化转向非标准化和多样化,使得学校教育的培养目标趋于个性化。

4. 强调对学生创新能力的培养。科技迅速发展,要求人们充分发挥自己的主动性和创造性,积极应对世界的变化,由此要求教育注重对学生创新能力的培养。

(三)信息技术的日益成熟和普及为实现教育的第三次飞跃提供了平台

1. 信息技术的智能化。可以根据学习者的情况自动生成相应的教学进度,确定相应的针对个人的评价标准，实现教育的个性化，使因材施教的理想真正成为现实。

2. 人机互动，反馈灵活。信息技术支持下的人机互动模式，可以根据学习者的目标、选择和努力程度等给予不同的反馈，如给予象征性的奖励和惩罚。在传统的教育中，没有学生的积极主动性，教学活动可以照样进行；而在人机系统中，没有学习者的积极反应，教学活动将会终止，学习者的积极主动性乃是教学活动正常进行的必要条件。

3. 信息技术将促进师生关系的民主化。信息技术将使面对面的教学成为偶尔的情况，知识与长者和德者完全分离，教育中无法避免的师生尊卑差异将完全可以避免，这将极大地促进师生关系的民主化，有利于学生积极人格的养成。

信息技术对教育的影响是巨大的，它经历了三次革命性的突破，第一次是电报、电话和无线电的诞生与推广应用，第二次是电视机、计算机和人造卫星的发明和应用。这两次革命使得从幻灯、录像机到VCD、电脑、视频会议等信息技术革命的成果在教育中被广泛应用。20世纪80年代以来，人类又迎来了第三次信息技术革命，即以计算机和网络技术为标志的信息技术革命，其对教育的影响将是根本性的，教育开始迈向网络时代。

网络教育可以从两个方面理解：一方面是指网络技术应用于教育中，改变了传统的教育教学手段，网络技术、多媒体技术和计算机技术综合运用于教育教学之中；另一方面是指在网络上构建"网络学校"，它集学校、教学手段、教学内容、教学方法于一体，为学习者提供前所未有的开放的学习环境。这种网络学校是真正意义上的不受时间、空间和地域的限制，通过计算机网络，可以扩展到全社会的每一个角落。在这种教育体制下，工作与学习完全融为一体，每个人都是真正意义上的自主学习者。网络教育可以最大限度地发挥学习者的主动性和积极性，既可以进行个别化教学，也可以进行协同式教学，还可以把二者结合起来形成一种全新的网络教育模式。这种教学模式完全可以按照个人的需要进行，不论是教学内容、教学时间、教学方式，还是指导教师，都可以按照学习者的意愿或者需要进行选择。这种教学模式能够为学习者提供图文并茂、丰富多彩的交互式人机界面，能为学习者提供符合人类联想思维与联想记忆特点的、按照文本结构组织的大规模的知识库与信息库，因而易于激发学习者的兴趣，并为学习者实现探索式、发现式学习创造有利条件。

因此，我们可以这样认为，传统的学校教育是"金字塔形"的等级教育，而网络教育是"平等的"开放式教育；传统学校教育的优劣标准所依据的是掌握在他人手中的"筛选制度"，而网络教育所依据的是掌握在自己手中的"兴趣选择"；传统学校教育是较严格意义上的"年龄段教育"，而网络教育是"跨年龄段教育"，或者是"无年龄段教育"；传统学校教育存在着时空限制，而网络教育是跨时空的教育。

第四节　教育与文化

教育与文化是社会发展过程中的一对双胞胎，在现代社会中，教育与文化存在着相互包含、相互促进、互为目的和手段的交融关系。任何文化特性或形态，如果没有教育就难以延续。而教育的发展，也是以一定的社会文化背景为支撑并受文化机制的制约。20世纪以来，世界各国进行的重要教育改革都隐含着社会文化的制约机制。在一定范围内、一定时期内取得成功的教育改革，一般都十分注意与社会主流文化保持一致；在一个国家取得显赫成绩的教育改革并不一定在另一个具有不同文化的国家和区域中取得成功。因此，研究教育与文化的相互依存及变化发展方向具有十分重要的意义。

一、教育与文化是相互依存、相互制约的关系

关于文化的内涵，人们一般把文化概念区别为广义文化和狭义文化。

广义的文化指人类在社会历史实践过程中所创造的物质财富和精神财富的总和。它一般由以下几个要素构成：①价值观；②规范准则；③意义和符号；④物质文化。

狭义文化主要是指社会的精神文化，即社会的思想道德、科技、教育、艺术、文学、宗教、传统习俗等等及其制度的一种复合体。它可以分为两个层面：第一层面是社会客观精神文化。它是人类主观精神的外化和客观化，如自然科学和社会科学理论、文学艺术作品、技术知识、乡规民约、宗教教义、法律条文等。第二层面是社会主观精神文化。它是一定文化共同体中的人类在其长期的社会活动中积淀而成的文化心理，如思维方式、价值取向、审美情趣、道德观念、宗教情绪等。

英国人类学家爱德华·B·泰勒在《原始文化》一书中对文化下的定义，对规范文化概念具有重要意义。他说："文化是一个复合的整体，其中包括知识、信仰、艺术、道德、法律、风俗以及人作为社会成员而获得的任何其他能力和习惯。"①几乎所有的文化定义都注意把文化与人类的活动及其结果联系起来，都承认文化是独立于各种遗传素质和机体的生物特征之外的，即文化不可能通过遗传或其他生物和机械的方法获得。从这种共同性中，我们可以从整体上比较准确地把握文化最本质的特征。在这个基础上，我们来理解教育与文化的关系。

1. 教育是一种特殊的文化现象

人类文化是人类生产和生活的产物，同时又是人们新的社会生产和社会生活的基础和必要条件。根据文化的定义，教育也是一种文化现象，是整个人类文化的有机组成部分。但人类文化不可能通过遗传的方式延续，而只能通过传递的方式发展下去，而教育是传递和保存人类文化的重要手段。教育的双重文化属性（传递和深化文化与构成文化本体），决定了它在社会文化中具有十分特殊的地位。教育几乎与文化体内所有部分都有直接的联系。任何一种文化特质和文化模式如果不借助于教育的传递和深化，都将影响它存在的质量或缩短它存在的时间。

2. 教育与文化相互依存、相互制约

特定社会中的教育之所以能与特定社会文化体中的其他方面共存一体，主要是因为它们经过长期的历史共生和磨合，已经社会性地筛选掉不相适应的部分，并使其余部分扭合成为一种特定的相互适应和相互依存的关系。所以在其他文化体中的人看来，毫无存在价值和道理的某些文化特质，在另一文化中却是不可或缺的。这是构成和保持世界文化多元化的重要基础。

文化与教育相互依存、相互制约的关系，容易给人们造成这样一种错觉，即文化与教育之间似乎是一种封闭的循环关系，二者在相互制约的过程中很难产生变化与发展。其实不然，教育与文化既有相互依存、相互制约的一面，又有在相互依存、相互制约过程中变化与发

① ［英］爱德华·B·泰勒著，连树生译：《原始文化》，上海文艺出版社 1992 年版，第 2 页。

展的一面。

教育与文化在相互依存、相互制约的过程中，不断按照各自的内在规律运动、变化和发展。在开始时，来自教育或文化方面的本体运动只产生一些渐变性的影响，当这种渐变积累到超出先前两者关系所划定的界限时，就会引起突发性变革，出现新文化、新教育和一种新的相互适应关系，从而实现两者在更高水平或更新意义上的和谐一致。

二、文化对教育的作用

与经济、政治相比，文化对教育的制约作用有明显的不同。从形式上看，文化对教育的制约作用具有间接性和隐蔽性。文化对教育的影响主要是通过作用于人的观念形态来实现的，这种作用主要存在于价值观、教育观、人才观等思想活动中，对教育活动的影响是潜在的、间接的。从影响范围看，文化对教育的影响，不仅反映在教育价值观和内容上，也渗透在教育体制、课程教材、道德教育以及教学方法和教学组织形式中，具有广泛性特点。从影响的方式和途径来看，既有社会意识、社会舆论的影响，也有个人深层心理结构的影响。这些影响的作用往往是深刻而持久的。

文化对教育的制约作用主要表现在以下几方面：

（一）文化制约着教育内容

学校教育中多种学科的基本知识和技能、各种伦理道德规范的内容和渗入其中的价值观都是社会文化本身。因此，社会文化制约着教育内容的选择。

1. 文化传统对教育内容的制约和影响

文化传统典型地反映了民族文化特定内涵。不同的国家和民族创造了不同的文化，而不同的文化又塑造了不同的国家和民族，也塑造了不同的教育。教育中所传递的内容必定是反映了一定的文化传统。

2. 文化的发展对教育内容的制约和影响

文化的发展水平制约着教育内容的选择范围。当文化发展水平很低、文化积累数量很少时，教育内容的选择范围很小。而当文化发展水平越来越高、文化积累日益丰富、发展速度加快时，教育内容的选择广度和深度就大大增加，于是，教育内容变得丰富而系统。随着人类社会实践的不断发展，人类的社会文化也在不断地发展，并突破原有文化的界限。这必然会带来教育内容的深刻变化。

3. 文化内容结构对教育内容的影响

由于自然的、社会的、心理的原因，不同文化的内容结构往往是不同的。有的注重伦理道德，有的注重知识，有的倾向传统，有的倾向发展……这对不同民族的教育内容的价值倾向产生重要影响。

（二）文化观念制约着人的教育观念

文化观念是指长期生活在同一文化环境中的人们逐步形成的对自然、社会和人本身基本的、比较一致的观点和信念。教育观念是存在于每个教育者或其他人头脑中的对教育的看法。它表现为具体的人才观、育才观、教学观、教师观、学生观、质量观和方法观等。它的形成直接受到文化观念的制约。主要表现在两个方面：

1. 文化观念制约和影响着人们对待教育的态度和行为。人们对教育的总看法是在一定文化观念支配下，在各种教育活动或教育行为中形成的，它反映了人们对教育的普遍态度。

2. 文化观念深刻地影响着教育思想。教育思想是完整而系统的教育观念。它是在总结前人经验的基础上，经过深入探索、反复检验、整理、改进而提出的。任何教育家的教育思想，首先是在一定社会文化中孕育出来的。其次，一个教育家的教育思想总是为他的世界观、价值观和个人经验所制约。

3. 文化模式制约教育模式。文化模式是由若干彼此相关的文化特质构成的。一个文化特质可以是一种信仰、一种风俗或一种习惯。每个国家、每个民族都有自己特定的文化模式。一种文化的历史愈是悠久，时间持续愈长，其模式愈是稳定，个性也愈突出，对教育的直接制约力也愈大。教育模式的形成不是任意的，它既受教育本身规律的制约，也受一定的历史文化的制约，特别是受一个民族特定的文化模式的制约。教育模式是和一定的文化模式相适应的，有什么样的文化模式，就有什么样的教育模式。

三、教育对文化的作用

教育从一开始就担负着保存、传递文化的功能。

(一)教育具有保存、传递文化的功能

文化保存是指将创造出的文化积累起来以利于后人继承和延续的过程。文化保存是文化积累和延续的条件。一个民族或一个国家所创造的文化，所以能够延续下来并不断丰富扩大，一个很重要的原因，是凭借教育。教育总是用最重要的、最基本的内容去武装年轻一代，通过设置课程、编写教材、讲评内容、指导运用来筛选、整理、评价文化，以便把人类文化的精粹用最容易被人们理解和接受的方式组织起来，指导和帮助年轻一代获取更多更有效的知识，从而实现文化的保存和延续。

(二)教育具有文化选择、批判的功能

教育作为一种特定的文化，它必须对浩瀚的文化作出选择，根据统治阶级的需要和学生发展的需要，对社会现实的文化状况进行分析和评价、去伪存真，向学生提供科学的、有功能的文化。这既能引导社会文化向健康的方向发展，更能培养和提高教育者的文化选择和批判能力，最终促进学生知识和能力的发展。

(三)教育具有传播、交流文化的功能

文化传播是指文化从一个群体到另一个群体的散布过程。教育是人类传播文化的一种社会行为，人们通过教育，掌握语言文字，获得文化信息，进行互交作用，传播文化，交流文化，使人类克服了孤立、独处和疏远的状态，使人际关系变得更加密切。尤其在世界政治、经济、文化日益趋于一体化的今天，教育由于其在文化传播交流中以一些得天独厚的条件而被世界各国重视。教育传播文化的特点是：

1. 教育可以对传播的内容加以选择整理。

2. 教育过程中可随时接受反馈，修正传播内容、渠道，避免所传文化的失真。

3. 传播者大多是“闻道在先”的，值得信赖，易于为受传者接受。

4. 教育者与受教育者可建立起稳定的、亲密的联系。

5. 可利用远距离教育、班级授课等组织形式，大范围地进行文化传播。

(三)教育具有更新、创造文化的功能

教育对文化的选择、批判和融合功能，也就是构建新的文化特质和体系，使文化得到不断的更新和发展。另外，教育不仅直接生产新的文化，如新的作品、新的思想和新的科学技术,还通过培养创新人才来从事文化创造的活动。

四、学校文化

(一)学校文化界说

虽然对学校文化的存在几乎没有不同的意见,但对于如何定义学校文化却有着不同的见解。这些见解可为界说学校文化提供如下见解:

1. 学校文化作为特定群体拥有的文化现象,不仅具有所有文化的共同属性,还有自己独特的本质属性;

2. 学校文化是学校成员在特定价值观念基础上进行物质和精神创造的结果及过程;

3. 学校文化的核心是学校各群体所具有的思想观念和行为方式,其中最具有决定作用的是思想观念,尤其是价值观念。学校文化是指学校全体成员或部分成员习得且共同具有的思想观念和行为方式。

(二)学校文化的分类

学校文化实质上是一种德育隐性课程。通过学校文化,对学生进行道德熏陶,帮助学生在潜移默化中接受道德规范,实现道德成长。学校文化既包括了校园建筑、环境布置等显性的要素,也包括了人际环境、心理环境等隐性的要素。以学校文化的呈现形态进行分类,可分为显性文化与隐性文化两部分。

1. 校园显性文化。显性文化包括了校园物质环境,如校舍建筑、校园场地布置、校园活动仪式等。学校应重视校园建筑、校园仪式蕴涵的德育价值。

2. 校园隐性文化。在校园中,存在着一种无形的环境,如校风、班风、人际关系等,也同样体现出学校的文化积淀,成为极具教育意义的隐性文化,其中,对学生影响最大的就是校园人际环境。

(三)学校文化的特性

1. 学校文化是一种组织文化

学校是一个社会组织,组织现象是人类社会的基本现象。每个组织虽然都是更广大的社会文化系统中的一个子系统,受制于更广阔的社会的需求、社会所确立的总的意识形态和价值观的支配,但由于每一个组织的内外环境、构成因素和历史传统等都各不相同,因而经由自身的运作,会形成其自身独特的文化模式,即形成独特的组织文化。

2. 学校文化是一种整合性较强的文化

文化从整体上来讲,都是整合为一的,有着整体性的特点,作为学校文化来说,这一特点表现得尤为突出。这是因为学校有着明确的价值取向和目的要求,它是以学校内部形成的内化了的观念为核心,以预定的目标为动力,通过一系列活动形成的多层面、多类型的文化。

3. 学校文化以传递文化传统为己任

学校本身就是文化传统的产物,它又是以传递文化传统为己任的,是经过历史的积淀、选择、凝聚、发展而成的,它负载着深厚的文化,在某些方面是文化精神、要求的集中体现。学校文化的这一特征,突出地表现在它所使用的教材或者说传递的教学内容上。作为教师与学生活动中介的教材,是千百年来文化的集聚,它所呈示的知识经验,是人类文化已有成果的提炼和概括。学校是人类文化的储存地,它除了把文化储存在书本、音像出版物等物质形态上以外,而且还集中了一大批创造传递文化的教师,他们是文化的活生生的拥有者。

4. 校园文化——学校文化的缩影

校园文化是人们为了保证学校中教育活动顺利进行而创立和形成的一种特有的文化形态。按照不同的层次和标准,可以细分成学校物质文化、学校组织和制度文化、学校精神文化以及亚文化。亚文化是指由特定社会群体发明、信奉和推行的一种特有的文化价值体系、思维模式和生活方式。

学校物质文化。是指校园文化的空间物态形式,是学校精神文化的物质载体。学校物质文化有两种表达方式:一是学校环境文化,包括校园的总体结构和布局、校园绿化和美化、具有教育含义的教育和教学场所以及校园环境等;二是设施文化,包括教学仪器、图书、实验设备、办公设备和后勤保障设施等。

学校组织和制度文化。有三种主要的表达方式:(1)保证学校正常运行的组织形态,不同层次、不同性质的学校有不同的组织形态和体系;(2)规章制度;(3)角色规范。

学校的精神或观念文化是校园文化的核心。有的学者把学校精神文化分解为如下四种基本成分:(1)认知成分,即学校这个群体和构成它的个体对教育目的、过程、规律的认识,属于校园文化的理性因素;(2)情感成分,是学校这个文化体内的成员对教育、学校、班级、同事、同学、教师、学生特有的依恋、认同、参与、热爱的情感,这种感情内通常包含着很深的责任感、归属感、优越感和献身精神;(3)价值成分,即学校校园所独有的价值取向系统,像"有教无类"的价值取向,"忠于职守"的价值取向,"尊师爱生"的价值取向,"教育、教学活动优先"的价值取向以及"严谨、守纪、规范、团结"的价值取向等;(4)理想成分,即学校及其成员对各种教育活动和学生的发展水平所表达的希望和追求。

校园文化特别是良好的校风,具有鲜明的教育作用,尤其对学生个性和品德的陶冶和导向作用,是其他教育形式所难以替代的。校风是学校中物质文化、制度文化、精神文化的统一体,是经过长期实践形成的。一旦形成往往代代相传,因为它已经成为学校所有成员特别是教师的自觉行为,良好的校风对教师学生能起到潜移默化的影响。

五、学生文化

从学校教育对象来进行划分,还可以将学校文化分成教师文化、学生文化等。学生是学校教育的主体,那么,在学校文化建设上,也应该充分关注学生文化。

学生文化就是指某个或某些学生群体所具有的独特的行为规范、言语表达和价值观念所构成的生活方式。它是反映这个特定年龄阶段学生真实生活世界的影像,也是学生由儿童世界向成人世界发展的阶段性产物。

(一)学生文化的成因

学生文化的形成与许多因素有关。既来自学生的内在相关因素,也受到外界的各个方面的作用。

1. 学生个人的身心特征

学生处于不同的年龄发展阶段,由于特定的身心发展的需求,就相对地形成了一些不同于其他年龄阶段的思想观念和行为规范;同时,不同的身心发展也使相应年龄阶段的学生表现出了由于身心发展所获得的显著特征,使特定的学生群体在生活经历中会形成不同于其他学生群体的文化特征。初中生和大学生相比,对相同事物的认识态度就有明显区别,初中生的认识相对要天真、单纯,虽有强烈的自主意识,但思想认识和言行的波动较大,看问题的态度更为偏激、片面和幼稚。大学生随着年龄和阅历增长，见识逐渐增多，看问题就逐渐走向客观、全面和成熟了。

2. 同伴群体的影响

每个年龄阶段的学生都拥有着自己交往的同龄群体，他们在相互交往中会形成一些共同的价值规范等，构成一种与成人文化不同的文化形态。学生同伴群体的交往可以有正式和非正式两种形式。根据学校的规章制度有组织、有目的地为完成学习任务而进行的学生正式交往，对学生个性产生重要影响。例如，班干部与普通学生为完成教师规定的任务而一起合作，学生之间根据教师的倡议和引导进行的互帮互助、学习竞赛与协作等。而非正式交往更为普遍地表现在班级里同学之间的交往，或是与外班、外校同学甚至社会青少年交往等。同伴群体对学生的影响非常大，有时教师和家长反复教导的事，学生不一定听从和接受，但是自己的同学和朋友所说的话，学生反倒容易接受。这是由青少年自身的交友需要和身份认同所决定的。

3. 师生的交互作用

教师与学生的交往活动，是学校生活中一个最为主要的组成部分。学生文化的形成受到接受教育过程中师生间交互作用的很大影响。在师生交往中，教师所采取的教学形式不同，学生的反应也就随之各异。不同的师生互动模式，可以产生不同的社会气氛和不同的行为方式。

4. 家庭社会经济地位

学生所处家庭的社会经济背景是制约学生文化特征的又一重要因素。社会经济地位一般决定着一些特定的思想观念、价值规范等，学生生活在家庭中，其思想、行为也难免受家庭的影响。

5. 社区的影响

学生生活的社区对其文化的形成也产生着一定的影响。社区作为聚集在一定地域范围内的社会群体和社会组织，一般总会形成与社会共同体相应的规范和制度，它使得生活在其中的学生在有意无意之中习得社区的文化特征，并把它带到学校中来。

从上述分析可知，学生文化的形成是受到多种因素影响的，这也就增加了学生文化自身的复杂性和动态性，所以要把它放在一个广阔的社会背景下进行整体把握。

(二)学生文化的特征

1. 学生文化具有过渡性

学生文化是介于儿童世界与成人世界之间的一种文化现象，是学生从儿童阶段迈向成人阶段的一种过渡性的产物。他们在一定程度上认同成人的价值观念，但又表现出自主、独立的需求。

2. 学生文化具有非正式性

学生文化往往都是在日常的相互交往中，有着共同的价值观念和行为方式，作为一个群体而表现出来。同时，它对学生所形成的影响也是非正式的，学生文化中蕴涵着学生群体的价值和规范，使得学生在不知不觉中就习得了这种文化。

3. 学生文化具有多样性

学生文化的类型是多种多样的，他们存在着社会经济背景、种族、性别、年龄等差异，表现出不同的文化倾向。

4. 学生文化具有互补性

从整个学校文化来讲,学生文化作为一种独特的文化类型,是对学校文化的一种补充。人的生活是多侧面、多色彩的,人的主观能动性也在不断地发挥着作用,从学生文化的不同类型和样式上来讲,年龄文化、性别文化、同伴文化等,也是在发挥各自作用的同时进行相互补充。

第五节　教育与人口

人口是指生活在一定社会、一定地区,具有一定数量、质量与结构的人的总体。人口可以通过人口数量、人口质量和人口结构来描绘。人口制约和影响着教育,教育也影响着人口的产生和素质。

一、人口对教育在制约和影响

(一)人口数量影响着教育的规模、结构和质量

一定的人口数量及增长率影响着教育事业发展的规模和速度。人口增长率过高使得教育经费和师资质量的平均水平低;学龄人数增长使得班级人数增加,影响教育质量。人口增长还制约和影响着教育发展战略目标的实现和战略重点的选择。

(二)人口质量影响着教育质量

人口质量是指人口身体素质、文化修养和道德水平。人口质量对教育质量的影响表现为直接和间接两个方面。直接影响是指入学者已有的水平对教育质量的影响;间接影响是指年长一代的人口质量影响着新生一代的人口质量,从而影响以新生一代为对象的学校的教育质量。

(三)人口结构影响教育结构

人口结构包括人口的自然结构和社会结构。自然结构是指人口的年龄、性别等;社会结构是指人口的阶级、文化、职业、地域、民族等。

第一,人口年龄构成制约各级教育发展规模与进程,影响教育的宏观决策和战略决策。人口结构会影响各级各类学校在教育结构中的比例。

第二,人口的社会结构对教育的影响则更为显著。在阶级社会里,人口的阶级构成直接影响着受教育权的分配。

第三,人口就业结构制约学校教育结构。所谓就业结构是指劳动力在国民经济各部门中就业人员的比例。教育结构是指各级各类学校、各种专业教育的构成。近年来,人口就业结构的变化表现为向服务业转移,向智力劳动转移,从一般技术向高新技术转移。

第四,人口地域分布制约学校布局。一般说来,人口分布合理的地区,教育相应地比较发达;人口密度稀疏的地区,常常出现学校布局不够合理,进而影响教育经费的充分使用,影响教育效率的提高。

(四)人口流动对教育提出挑战

人口流动种类:一是城乡之间的流动;二是国内贫困地区与国内经济发达地区之间的流动;三是不发达国家与经济发达国家之间的流动。

随着我国现代化、城市化进程的日益加快，劳动力资源在全国范围内配置，社会流动加速，农业人口向城市迁移流动成为历史的必然。然而流动人口的科技文化素质普遍偏低，使他们选择职业、参与社会生活等方面都面临着诸多障碍，由此对农村教育的发展提出了严峻的挑战。

流动人口的子女问题，首先是入学难，近半数适龄儿童不能及时入学，超龄上学现象比较严重；其次是流动儿童失学率较高；其三是不在学儿童，即“童工”问题比较突出；其四是由于环境转换与城乡文化反差导致的流动儿童心理问题加剧。这些问题如果不能很好地化解、引导和调适，将会产生更多的“问题少年”。

二、教育对人口再生产的作用

（一）教育是使人口结构趋向合理化的手段之一

第一，教育有助于改变人口的性别结构，保证男女性别比例的自然平衡。

第二，教育可以改变人口的文化结构和职业结构。

第三，教育有助于人口城乡结构的改变。

第四，教育有利于人口的迁移。

（二）教育改善人口质量，提高民族素质

第一，教育可以提高人口质量。教育在提高人口质量方面的功能首先表现在对青年一代的培养，其次还表现在对成年人的教育上。

第二，教育可以减少人口数量。一个国家全体国民受教育程度的高低与人口出生率的高低成反比。其原因是，教育事业的发展刺激了家庭对教育的需要，而家庭教育需求的提高增加了抚养儿童的费用，这就能起到控制生育率的作用；教育程度的提高，也能改变人们传统的“多子多福”“重男轻女”的生育观和家庭观；教育程度的提高，也增加了育龄妇女的就业机会和就业需求，减少了生养子女的时间和精力。

第三，教育可以改变人口结构，实现人口迁移。教育可以使无序流动变为有序流动，使人口结构趋于合理化。

同步练习

一、单项选择题

1.(　　)制度是直接决定教育的因素。

A. 政治　　B. 经济

C. 社会　　D. 教育

2.(　　)决定教育发展的水平及教育的规模和速度。

A. 政治制度　　B. 政治经济制度

C. 生产力水平　　D. 人力、物力、财力

3. 第一次工业革命提出了普及(　　)教育的要求。

A. 初等　　B. 初级中等

C. 高级中等　　D. 高等

4.(　　)可以改变劳动力的性质和形态,把简单劳动力变成复杂劳动力,把体力劳动者变成脑力劳动者。

A. 科学技术　　B. 教育

C. 文化　　D. 生产力

5. 第二次世界大战后,西方经济学家认为影响经济增长的因素除资本的投入外,还有其他因素起作用,这就是(　　)。

A. 土地　　B. 劳动

C. 人力资本　　D. 劳动力

6.(　　)在美国经济学第73届年会所作的"人力资本投资"的演讲,被称为人力资本理论创立的"宪章"。

A. 凯恩斯　　B. 舒尔茨

C. 恩格尔　　D. 托宾

7. 学校文化中最具决定意义的思想观念是(　　)。

A. 人生观　　B. 价值

C. 学习　　D. 感情

8.(　　)是学校文化的缩影,具有鲜明的教育作用。

A. 学校物质文化　　B. 学校精神文化

C. 学校观念文化　　D. 校园文化

9. 决定教育性质的根本因素是(　　)。

A. 政治体制　　B. 经济体制

C. 社会制度　　D. 生产关系

10.(　　)集学校、教学手段、教学内容、教学方法为一体,为学习者提供前所未有的开放的学习环境。

A. 在职教育　　B. 网络教育

C. 成人教育　　D. 跨年龄教育

11. 校园文化的核心是(　　)。

A. 学风　　B. 组织和制度文化

C. 精神或观念文化　　D. 物质文化

12. 通过计算 1957 年比 1929 年增加的教育投资总额,舒尔茨推算出教育水平对国民经济增长的贡献是(　　)。

A. 30%　　B. 33%

C. 35%　　D. 38%

13. 学校这个群体和构成它的个体对教育目的、过程、规律的认识,属于学校精神文化的(　　)成分。

A. 认知　　B. 情感

C. 价值　　D. 理想

14. 下列对文化与教育的关系叙述不正确的是(　　)。

A. 教育是一种特殊的文化现象

B. 教育与文化相互依存

C. 教育与文化相互制约

D. 教育与文化之间是一种封闭的循环关系

15. (　　)改变人们关于知识、学习和教育的观念,为实现教育的第三次飞跃提供平台。

A. 科学技术　　B. 电脑

C. 信息技术　　D. 多媒体技术

16. 一个国家设立何种教育制度、公民接受何种教育,基本上是由(　　)决定的。

A. 政治经济制度　　B. 法律制度

C. 科学技术水平　　D. 劳动力水平

17. 下列对教育与生产力的关系叙述不正确的是(　　)。

A. 生产力水平制约着教育的内容和手段

B. 生产力对教育的制约作用受生产关系的调节

C. 教育与生产力发展同步

D. 教育独立于生产力的发展

18. 科学技术是一种意识形态的或潜在的生产力,要把它转化成现实的生产力必须依靠(　　)。

A. 劳动　　B. 教育

C. 资本投入　　D. 管理

19. 影响各级各类学校在教育结构中所占比例的因素是(　　)。

A. 人口性别结构　　B. 人口年龄结构

C. 人口阶级构成　　D. 人口地域分布

20. 教育的最基本的职能是(　　)。

A. 培养人才　　B. 传授知识

C. 传授技能　　D. 传播文化

二、填空题

1. 教育的领导权取决于社会的________。

2. 社会主义学校的教育目的是为了________ 。

3. 教育作用于政治经济制度的主要途径是通过________实现对政治经济的影响。

4. 教育发展的物质基础是________的发展。

5. 教育的先进与否和水平高低归根结底是由________ 决定的。

6. 教育结构通常是指包括________、________、________、成人教育在内的各种不同类型和层次的学校的组合和比例构成。

7. 教育对生产力的促进作用主要通过两个方面来实现：教育促进________的生产和再生产；教育促进________的生产和再生产。

8. 现代生产中，劳动者素质的优劣，技术人员水平的高低，管理人员能力的强弱，主要取决于他们________。

9. 人力资本理论由美国经济学家________提出，其核心理念是________。

10. 按照不同的层次和标准，校园文化可细分成学校________、学校组织和制度文化、学校________、学校各种亚文化。

11. ________是文化传承的主要手段。

12. 科学技术对教育的影响，首先表现为对教育发展的________，还能为教育的发展指明方向、预示结果。

13. ________和________在现今世界被视为社会发展的两大支柱。

14. 学校精神文化可分解为以下四种基本成分：__________、__________、__________和__________。

15. 学校物质文化包含两种表达方式：一是学校________，包括校园总体结构布局、绿化美化、环境卫生等；二是________，包括教学仪器设施等。

16. 从教育内容的角度看，古代教育以________教育为特征，现代教育则以________教育为特征。

17. 19 世纪中叶，英国教育家斯宾塞根据当时社会经济发展的要求，教学中引入了自然科学知识，提出了较为系统的________。

18. 物质资料的生产能为教育的发展提供人力、物力和财力等物质基础，这是决定教育________的前提。

19. ________直接制约着教育的性质和发展方向。

20. 学校的组织和制度文化有三种主要的表达方式：一是保证学校正常运行的组织形态；二是________；三是________。

三、简答题

1. 简述教育与政治经济制度的关系。

2. 简述教育与生产力的关系。

3. 简述教育与科学技术发展的关系。

4. 简述信息技术的日益成熟和普及如何为实现教育的第三次飞跃提供了平台。

同步练习参考答案

一、单项选择题

1. A　2. C　3. A　4. B　5. C　6. B　7. B　8. D　9. D　10. B　11. C　12. B　13. A　14. D　15. C　16. A　17. C　18. B　19. B　20. A

二、填空题

1. 政治经济制度
2. 培养全面发展的社会主义建设者和接班人
3. 培养人才
4. 生产力
5. 社会生产力的先进程度和实际水平
6. 基础教育　职业技术教育　高等教育
7. 劳动力　科学知识
8. 所受教育的程度和质量
9. 舒尔茨　人力资本
10. 物质文化　精神文化
11. 教育
12. 动力作用
13. 科技　教育
14. 认知成分　情感成分　价值成分　理想成分
15. 环境文化　设施文化
16. 人文　科技
17. 课程理论
18. 规模
19. 政治经济制度
20. 规章制度　角色规范

三、简答题

1. 答:政治经济制度对教育的制约作用:(1)政治经济制度决定教育的领导权;(2)政治经济制度决定着受教育的权利;(3)政治经济制度决定着教育的目的。

教育对政治经济制度的促进作用:(1)教育为政治经济制度培养所需要的人才;(2)教育是一种影响政治经济的舆论力量;(3)教育可以促进民主。

2. 答:生产力对教育的制约作用表现为:(1)生产力水平决定了教育发展的水平;(2)生产力水平决定教育的规模和速度;(3)生产力水平制约着教育体系结构的变化;(4)生产力发展水平制约着教育的内容和手段。

3. 答:(1)教育能完成科学知识的再生产;(2)教育推进科学的体制化;(3)教育具有推进科学研究的功能。

4. 答:(1)信息技术的智能化,可以根据学习者的情况自动生成相应的教学进度,确定相应的针对个人的评价标准,实现教育的个性化,使因材施教的理想真正成为现实。(2)信息技术实现了人机互动模式,根据学习者的目标、选择和努力程度等给予不同的反馈,给予象征性的奖励和惩罚。(3)信息技术将促进师生关系的民主化。

第三章　教育与个体的发展

本章概要

教育是培养人的社会活动，明确教育与人的关系和教育对人的发展作用，对于做好教育工作有重要意义。人的发展包括身体和心理发展两个方面。关于人的发展的动因观点有内发论、外塑论和多因素相互作用论。人的身心发展遵循着一些共同的规律：顺序性、阶段性、不平衡性、互补性、个别差异性。教育要适应并促进个体的身心发展。个体身心发展的水平受到多种因素的影响，主要是受到遗传素质、环境、教育和个人主观能动性的影响，其中，学校教育对个体的身心发展具有特殊的功能。教育使人意识到生命的存在并努力追求生命的价值和意义，赋予人创造生命价值的信心与力量。普通中小学教育肩负着促进青少年儿童发展的特殊任务。

引导案例

《伤仲永》

金溪民方仲永，世隶耕。仲永生五年，未尝识书具，忽啼求之。父异焉，借旁近与之，即书诗四句，并自为其名。其诗以养父母、收族为意，传一乡秀才观之。自是指物作诗立就，其文理皆有可观者。邑人奇之，稍稍宾客其父，或以钱币乞之。父利其然也，日扳仲永环谒于邑人，不使学。

余闻之也久。明道中，从先人还家，于舅家见之，十二三矣。令作诗，不能称前时之闻。又七年，还自扬州，复到舅家问焉。曰："泯然众人矣"。

王子曰：仲永之通悟，受之天也。其受之天也，贤于材人远矣。卒之为众人，则其受于人者不至也。彼其受之天也，如此其贤也，不受之人，且为众人；今夫不受之天，固众人，又不受之人，得为众人而已耶？①

《伤仲永》是北宋文学家王安石创作的一篇散文，讲述了江西金溪一个名叫方仲永的神童沦为"众人"的故事。方仲永5岁时，还不认得笔墨纸砚，但天资聪慧，旁人只要指定某一物作诗题，方仲永就能挥笔立就。诗的文字技巧及意境都达到了一定的水平。乡里人对他非常器重，并渐渐地对他的父亲也礼待起来，有的施舍钱财给他。方仲永父亲觉得这是件有利可图的事，就每天带着方仲永向乡里人到处乞讨，不让他进学校学习。在王安石听闻此事之后很久的明道年间见到方仲永时，他已经十二三岁了。此时他的诗已经与王安石过去听闻的水准不能相比了。又过了七年，王安石问起方仲永，人们告诉说："他已天才泯灭，同普通人没有什么两样了。"

---

① 《王文公文集》，上海人民出版社1974年版，第398页。

王安石感慨地说,方仲永的聪明颖悟是上天赋予的。他有天赋,比起力学而成的人要优越得多;然而最终还是和平常人差不多,那是因为没有受到常人所受的教育。他的天资是那样的好,只因为没有受到教育培养,尚且沦为普通人;现在一般来说天分不高的人自然是很多的,如果再不加以教育培养,恐怕会连一个平常人都不如吧?

人的成长发展是一个复杂的过程,人的身心发展的规律是什么?人的发展受到哪些因素的影响?教育在人的发展中扮演着怎样的角色?教育与人的发展究竟是怎样的关系?本章将探讨人的身心发展的基本规律,阐述人的发展的影响因素,弄清教育在人的发展中的作用。

第一节　个体身心发展的一般规律

一、个体身心发展的概念

促进人的身心发展是教育的直接目的,个体身心的发展,个性的发展,在相当大的程度上依赖教育。另外,能否遵循人的身心发展的规律,则是教育工作能否达到预期目的的关键。

(一)个体身心发展的概念

个体身心发展,是指作为复杂整体的个体在生命开始到生命结束的全部人生过程中,在身体和心理两方面发生的变化,逐渐形成个体素质、品格或才能特征的变化过程,特别是指个体的身心特点向积极的方面变化的过程,是人的各方面潜在力量不断转化为现实个性的过程。

个体的发展包括身体发展和心理发展两个方面。身体的发展是指个体有机体的各个组织系统(骨骼、肌肉、心脏、神经系统、呼吸系统等)的健康发展和体质的增强。心理发展是指个体有规律的心理变化,包括认知因素(感觉、知觉、记忆、思维等)和各种非认知因素(情感、意志、兴趣、需要、个性等)的积极变化两个方面。

个体的身体发展与心理发展是紧密相连、不可分割的统一体。身体的发展是心理发展的物质基础,心理的发展也影响着身体的发展。

个体的身心发展是一个连续不断的变化过程,包括了个体从出生到死亡的全部变化过程。这个变化过程,既有量的变化,又有质变;是一个从低级到高级,从简单到复杂,从旧质到新质的变化、完善的过程;是个体蕴含的潜能不断释放并转化为现实个性的整体性变化过程。

(二)个体身心发展的特殊性

1. 人的身心发展是在社会实践中实现的

人是社会的人,人是在社会环境中发展的。在社会环境中,不仅存在着与每一个体有不同性质、不同联系程度的各类群体,而且还存在着人的创造物和各种创造性工具。个体的人只有参与社会实践,才能生存发展。认识人的身心发展的社会实践性,可以使我们不仅重视学校教育的重要任务(促进人的社会化),重视学校教育活动的社会意义,加强学校与社会实践的联系,而且重视每个学生社会实践活动的质量。

2. 个体身心发展具有能动性

主观能动性是指个体积极主动地认识世界、改造世界的心理倾向和实际行动。人具有认识和改造外部世界的能力,这已经使人超越动物界;人具有认识和改造自己的能力;人具有自我意识,发展到一定阶段,人还具有规划自己的未来和为未来的发展创造条件的能力。人的能动性能否较好地发挥,是一个人的发展能否达到较高水平的重要因素。

如果说环境、教育是个体发展的外部因素,那么主观能动性是个体发展的内部因素。外因是变化的条件,内因是变化的根据,外因只有通过内因才能起作用。从直接意义上讲,如果学生没有学习的要求,懒于思考,心不在焉,缺乏学习的动力,教师所讲的东西不会变成学生的精神财富。在同样的环境条件下,每个学生发展的特点和成就,主要取决于自身的需要,取决于他在学习劳动和科研中所付出的精力。所以,学生个体的主观能动性是其身心发展的动力。

对人的潜在能力的充分发挥以及对社会实践在人的发展中重要作用的高度重视,是对发展主体自我意识在人的发展中的价值的清醒认识,是学校教育个体发展功能正常发挥的重要前提,也是教师在教育活动中促进学生发展的基本要求。

二、个体身心发展的动因

(一)内发论

一般强调人的身心发展的力量主要源于人自身的内在需要,身心发展的顺序是由身心成熟机制决定的。

孟子可以说是中国古代内发论的代表人物,他认为人的本性是善的,万物皆备于我心,人的本性就是恻隐、羞恶、辞让、是非四端,这是仁、义、礼、智四种品性的根源,人只要善于修身养性,向内寻求,这些品质就能得到发展。现代西方的内发论者进一步从人的机体需要和物质因素来说明内发论。如,奥地利精神分析学派创始人弗洛伊德(Sigmund Freud,1856—1939)认为,人的性本能是最基本的自然本能,它是推动人发展的潜在的、无意识的、最根本的动因。美国当代生物社会学家威尔逊(E. O. Wilson,1929—)把“基因复制”看作是决定人的一切行为的本质力量,而美国心理学家格塞尔(A. Gesell,1880—1961)则强调成熟机制对人的发展的决定作用,他认为,人的发展基因决定特定的顺序支配,完成了一系列顺序后机体达到成熟,教育要想通过外部训练抢在成熟的时间表前面形成某种能力是低效的甚至是徒劳的。格塞尔不仅认为人的机体机能的发展程序受到生长规律的制约,而且“所有其他的能力,包括道德都受成长规律支配”。

(二)外塑论

外塑论的基本观点是人的发展主要依靠外在的力量,诸如环境的刺激和要求、他人的影响和学校的教育等。对于人自身的因素,有的认为是需要改造的,如我国古代性恶论的代表人物荀子就持这样观点。有的认为人的心灵犹如一块白板,它本身没有内容,可以任人涂抹,外部的力量决定了人的发展状况,英国哲学家洛克的“白板说”是一个典型的代表。外塑论的另一个典型代表是美国行为主义心理学家华生(J. R. Watson)。他甚至这样说,给他一打健康的婴儿,不管他们祖先的状况如何,他可以任意把他们培养成从领袖到小偷等各种类型的人。由于外塑论者强调外部力量的作用,一般都注重教育的价值,对教育改造人的本性,形成社会所要求的知识、能力、态度等方面,都持积极乐观的态度。他们关注的重点是人的学习:学习什么和怎样才能有效地学习。

（三）多因素相互作用论

辩证唯物主义认为,人的发展是个体的内在因素(如先天遗传素质、机体成熟的机制等)与外部环境(如外在刺激的强度、社会发展的水平、个体的文化背景等)在个体活动中相互作用的结果,人是能动的实践主体,没有个体的积极参与,个体的发展是不能实现的;在主客观条件大致相似的情况下,个体主观能动性发挥的程度,对人的发展有着决定性的意义。因此,我们把实践、把个体积极投入实践的活动,看作内因和外因对个体身心发展综合作用的汇合点,也是推动人身心发展的直接的、现实的力量。根据这样的观点,教育活动中主客体之间的关系、师生之间的关系,激发学生主动积极地参与各种教育活动自然受到特别的重视。

三、个体身心发展的一般规律

个体的身心发展遵循着某些共同的规律,这些规律制约着我们的教育工作。遵循这些规律,利用这些规律,可以使教育工作取得好的效果。反之,则可能事倍功半,甚至挫伤学生。

（一）个体身心发展的顺序性

个体身心的发展在整体上具有一定的顺序,身心发展的个别过程和特点的出现也具有一定的顺序。比如,身体的发展遵循着从上到下、从中间到上肢、从骨骼到肌肉的顺序发展;心理的发展总是由机械记忆到意义记忆,由具体思维到抽象思维,由喜怒哀乐等一般情感到道德感、美感等复杂情感。瑞士心理学家皮亚杰关于发生认识论的研究,揭示了个体认知发展的一般规律,即按照感知运算水平、前运算水平、具体运算水平、形式运算水平顺序发展的特征。美国心理学家柯尔柏格的研究证明,皮亚杰的发生认识论在个体的道德认知过程中,也具有普遍的推广意义,人的道德认知遵循着从前世俗水平到世俗水平再到后世俗水平的发展过程。个体的身心发展的顺序性决定了教育活动应该循序渐进地进行。

人的身心发展的顺序性决定了我们的教育活动必须根据身心发展的这一特点循序渐进,无论是知识技能的学习还是思想品德的发展,都应由浅入深,由简到繁,由易到难,由多到少,由具体到抽象,循序渐进。

【案例】格赛尔“双生子爬梯”实验

格赛尔选择了一对双胞胎,他们的身高、体重、健康状况都一样.让哥哥在出生后的第48周开始学习爬楼梯,48周的小孩刚刚学会站立,或者仅会摇摇晃晃勉勉强强地走,格赛尔每天训练这个孩子15分钟,中间经历了许多的跌倒、哭闹、爬起的过程,终于,这个孩子艰苦训练了6周后,也就是到了孩子54周的时候,他终于能够自己独立爬楼梯了。

双胞胎中的弟弟,基础情况跟哥哥完全一样,不过格赛尔让他在52周的时候才开始练习爬楼梯,这时的孩子基本走路姿势已经比较稳定了,腿部肌肉的力量也比哥哥刚开始练的时候更加有力,并且他每天看着哥哥训练,自己也一直跃跃欲试,结果,同样的训练强度和内容,他只用了两周就能独立地爬楼梯了,并且还总想跟哥哥比个高低。

这个实验说明,孩子的身心发展具有顺序性,当孩子没有做好成熟的准备时,训练只能达到事倍功半的效果;当孩子做好了成熟的准备时,训练就能达到事半功倍的效果。

（二）个体身心发展的阶段性

个体身心发展的阶段性是指个体的发展是一个分阶段的连续的过程，前后相邻的阶段是有规律地更替的，前一阶段为后一阶段的过渡做准备。个体在不同的年龄阶段表现出身心发展不同的总体特征及主要矛盾，面临着不同的发展任务。现代心理学将人的发展阶段划分为婴儿期（零至三岁）、幼儿期（三至六岁）、儿童期（六至十二岁）、少年期（十二岁至十四五岁）、青春期（十四五岁至十七八岁）、成年期（十八岁以后），成年期又可以分为青年期、壮年期和老年期。

个体发展总体上经历的阶段是相对稳定的。前后相邻的阶段是有规律地更替的，在一段时间内，发展主要表现为数量上的变化，经过一段时间的发展由量变到质变，从而发展水平达到一个新的高度。青少年身心发展的年龄特点，是在发展的不同阶段中形成的一般的、典型的、本质的特征。当然，不同发展阶段之间是相互关联的，上一阶段影响着下一阶段的发展方向的选择，所以，人生的每一阶段对于人的发展来说，不仅具有本阶段的意义，而且具有人生的全过程的意义。个体身心发展的阶段性，决定了教育必须针对不同年龄阶段的受教育者采取不同的内容和方法。

【案例】

古时候有个人，希望自己田里的禾苗长得快点，天天到田边去看。可是，一天、两天、三天，禾苗好像一点也没有长高。他就在田边焦急地转来转去，自言自语："我得想个办法帮它们长。"一天，他终于想到了办法，就急忙跑到田里，把禾苗一棵一棵往高里拔。从中午一直忙到太阳落山，弄得筋疲力尽。当他回到家里时，一边喘气一边说："今天可把我累坏了，力气没白费，禾苗都长了一大截。"他的儿子不明白是怎么回事，跑到田里一看，发现禾苗都枯死了。（出自《孟子·公孙丑上》）

近些年，早期教育中揠苗助长的现象越来越多。很多家长的误区是，早期教育就是给孩子报各种学习班，安排孩子学习不同的知识和技能，如英语、钢琴、绘画等。对于三岁前的婴幼儿早教，很多家长也认为是带孩子去上课，学点什么。其实，学龄前，特别是三岁前，儿童大脑还处于发育关键期，最需要自然、宽松的环境以丰富感知和自由探索，建立起对世界的好奇心和信任感。过度的知识灌输、记忆背诵，往往抑制了孩子的感知、探索能力，过早地形成了固定的思维模式，丧失了主动性，是不利于后期学习能力发展的。将小学阶段的课程提前到幼儿园大班或学前班学习，更是弊多利少。在孩子所处的每个发育敏感期，都应该为孩子提供相应的适宜条件，促进该项能力的发展，不要在孩子没有达到相应成熟度的时候强行提前训练。父母应该做的是为孩子提供丰富、适宜的环境条件和机会。孩子自身具有发育的潜能和动力，到了一定时间，只要环境条件适宜，该项能力自然可以体现出来。

（三）个体身心发展的不均衡性

个体身心发展的不平衡性表现在两个方面。其一，在不同的年龄阶段人的身心的同一个方面的发展速度不同。例如，青少年的身高体重有两个生长的高峰，第一个高峰出现在出生后的第一年，第二个高峰则在青春发育期。在这两个高峰期内，身高体重的发展比平时要迅速得多。其二，不同方面发展的不平衡性。有的方面在较早的年龄阶段就已达到较高的发展水平，有的则要到较晚的年龄阶段才能达到成熟的水平。如在生理方面，神经系统、淋巴系统成熟在先，生殖系统成熟在后。在心理方面，感知成熟在先，思维成熟在后，情感成熟在最后。

人的身心不同方面有不同的发展期现象，越来越引起心理学家的重视，心理学家提出了发展关键期或最佳期的概念。所谓发展的关键期是指身体或心理的某一方面机能和能力最适宜于形成的时期。在这一时期，对个体某一方面的训练可以获得最佳成效，并能充分发挥个性在这一方面的潜力。错过了关键期，训练的效果就会降低，甚至永远无法补偿。个体身心发展的不均衡性决定了教育活动要善于在个体身心发展的最佳时期进行，以促使其得到更好的发展。

（四）个体身心发展的差异性

个体发展在一定程度上呈现明显的差异性。这种个体差异性在不同层次上存在。首先，从群体的角度看，表现为男女性别的差异，它不仅存在自然性上的差异，还存在着由性别带来的生理机能和社会地位、角色、交往群体的差别。其次，个体差异行表现在身、心的所有构成方面。其中有些是发展水平的差异，有些是心理特征表现方式上的差异。需要说明的是，个体发展水平的差异性不仅是由于个人的先天素质、内在机能的差异造成的，还受到环境及发展主体在发展过程中的努力程度和自我意识水平、自主选择方向的影响。在教育工作中发现和研究个体间的差异特征，对做好因材施教工作是非常重要的。

（五）个体身心发展的互补性

互补性反映个体身心发展各组成部分的相互关系，它首先指机体某一方面的机能受损甚至缺失后，可通过其他方面的超常发展得到部分补偿。如失明者通过听觉、触觉、嗅觉等方面的超常发展得到补偿。机体各部分存在着互补的可能，人在自身某方面缺失的情况下依然能与环境协调，从而为继续生存与发展提供了条件。

互补性也存在于心理机能与生理机能之间。人的精神力量、意志、情绪状态对整个机体能起到调节作用，帮助人战胜疾病和残缺，使身心依然得到发展。我们身边有很多这样出色的人物。相反，如果一个人的心理承受能力太差，缺乏自我调节能力和坚强的意志，那么，就是不很严重的疾病或磨难也会把他击倒。互补性告诉我们，发展的可能性有些是直接可见的，有些却是隐性的，培养自信和努力的品质是教育工作的重要内容。

第二节　影响个体身心发展的因素

个体身心发展的水平受到多种因素的影响，主要是受到遗传、成熟、环境、教育和主观能动性的影响。其中，学校是一个特殊的环境，它对个体的发展有着特殊的意义。

一、遗传素质对个体身心发展的影响

（一）遗传素质的概念

遗传素质是指从上一代继承下来的生理解剖上的特点，如机体的结构、形态、感官和神经系统等的特点。在传袭下来的生理解剖特点中，生理特点指功能特点，如出生后感觉的灵敏度、知觉的广度、注意力的持久性、记忆的强度、思维的灵活度等。解剖特点是指生理结构特点。

（二）遗传素质对个体发展的意义

1. 遗传素质是个体的身心发展的前提

人的发展总是要以遗传获得的生理组织、一定的生命力为前提的。没有这个前提，任何发展都不可能。例如,色盲是由遗传而来的,后天不能补救,所以色盲不能成为画家,也不能从事需要辨别颜色的工作。遗传素质并不会直接转变为个体的知识、才能、态度、道德品质等,如果离开了后天的社会生活和教育,遗传素质所给予人的发展的可能性便不能成为现实。

2. 遗传素质的差异对人的身心发展有一定的影响作用

个体的遗传素质是有差异的。个体遗传素质的差异不仅表现在体态、感觉器官方面,也表现在神经活动的类型上。婴儿一出生,就会有不同的表现,有的安静,有的大哭大闹;一两岁的儿童对外部世界的反应就有快、有慢,有的敏感,有的迟钝。现代遗传学研究证明,遗传基因的物质基础在于核糖核酸排列及其活动的差异。一个先天禀赋优异的儿童,如果后天得到良好的教育,在某些方面发展得更快、更好是完全可能的;一个天生的弱智儿童,他的发展自然是缓慢的。据中国科学院心理研究所对22.8万名儿童的调查发现,低能儿占同龄儿童的3%—4%,而低能儿中有50%以上是由先天因素造成的。所以,我们必须承认遗传对人的发展的影响是客观存在的,我们需要关心的是,怎样创造条件使具有不同先天素质的人得到尽可能充分的发展。

3. 遗传素质在人的发展中的作用是不能夸大的

遗传素质对人的发展是必要的,但它并不是决定一个人的发展的唯一因素。遗传素质仅为人的一般发展提供了最初的前提和可能,而不能预定一个人的发展。遗传决定论者把遗传看作决定人发展的唯一因素,如美国史丹利·霍尔(Granville Stanley Hall,1844—1924)认为:“一两的遗传胜过一吨的教育。”这种观点不适当地夸大了遗传素质的作用,是完全错误的。

二、成熟对个体身心发展的影响

(一)成熟的概念

美国生理和心理学家格塞尔(A. Gesell)认为,胎儿的发育部分是由基因制约的。这种由基因制约的发展过程的机制就是成熟。在教育学中,成熟是指儿童个体生长发育的一种状态,指个体的生理、心理机能与能力都达到比较完备的阶段,即已由儿童成长发育为成人。其主要标志是:生理方面具有生殖能力,心理方面具有独立自主的自我意识。

(二)成熟对个体身心发展的意义

人具有某种先天素质,是在发展过程中逐步成熟的。人的各种身体器官的构造和机能在出生时是很不完备和孱弱无力的。个体的器官和整个系统的结构、功能都随着年龄的增长而发展。人的机体的成熟程度制约着身心发展的程度和特点。它为一定年龄阶段身心特点的出现提供了可能和限制。有些早期运动机能的获得是直接建立在成熟的生理基础上的。成熟与教学的效果是契合的,一种技能的发展由成熟支配时,没有必要超前加以训练。在这方面,格塞尔的双生子爬楼梯实验就说明了这一点。他以一对满48周的同卵双生子为实验对象,其中之一先进行每天15分钟的爬梯训练,共6周,然后测定两个孩子爬同一楼梯所需的时间。结果是受训儿26秒,未受训儿45秒完成爬楼梯的任务。然而,当这对双生子满52周时,再对他们同时进行为期两周的相同爬梯训练。测试结果是,他们只用了10秒钟就完成了爬梯任务。格塞尔据此提出了个体发展的成熟决定论。并不否认,格赛尔的成熟决定论有夸大成熟作用之嫌,但总体看来,教育中充分重视成熟的思想却是非常必要的。只有身体的发展具有了一定的条件,才为学习一定的知识技能提供可能。不仅如此,成熟在一个人的思维、情感、个性等高级心理活动中也同样有着不可忽视的作用。

三、环境对个体身心发展的影响

(一)环境的概念

环境是指存在于人们周围并能给予一定影响的客观世界。按环境的性质来分,环境可分为自然环境(包括自然条件与地理位置)和社会环境(包括政治、经济、文化以及与个体相关的其他社会关系)。若按环境的范围分,可分为大环境(指个体所处的总体自然环境与社会环境,如某一国家、某一地区)和小环境(与个体直接发生联系的自然环境和社会环境,如一个家庭、一所学校)。在同一国家或地域内,人们的大环境通常相差不大,但小环境却千差万别。小环境对个体的影响更为直接,所以教育者应更多地关注小环境。但由于社会的变化不断加快,社会通讯、交往手段更加丰富和便利,大环境对人尤其是对青少年的影响也不容忽视。

(二)环境对个体身心发展的影响

环境对个体的影响表现在如下几个方面:

1. 为个体的发展提供了多种可能,包括机遇、条件和对象

人的生存和发展离不开环境,环境为人的发展提供条件、机遇和对象。人生活在不同的小环境中,这些环境所提供的条件并不相同,对个体发展的意义也不相同,因而不同环境中人的发展有很大区别。但个体对环境的作用也不是消极的。个体对环境持积极态度,就会挖掘环境中有利于自己发展的因素,克服消极的阻力,从而拓展发展的空间。所以教育者不仅要注意为受教育者的发展提供较有利的条件,还要培养受教育者认识、利用和超越环境的意识和能力。

2. 环境对个体发展的影响有积极和消极之分

在同一环境中,各种因素作用的方向、力量的大小是不相同的。对于教育者来说,分析、综合利用环境因素的积极作用,抵制消极影响是极其重要和困难的工作。教育需要研究如何既保持校园小环境的有利条件,又积极加强与社会的联系,充分利用社会的教育力量。

3. 人在受环境影响和作用时,也不是消极的、被动的

人具有主观能动性,人能改造环境,人在改造环境的实践中发展着自身,表现为个体对环境的发展有积极作用,因此,夸大环境对人的发展的作用,特别是环境决定论的观点,也是错误的。

四、学校教育对个体发展的特殊功能

学校教育是由承担教育责任的教师和接受教育的学生共同参与和进行的。学校教育的环境具有极大的人为性,具有明确的目的,有指定的教育内容和活动计划,有系统的组织和特殊的教育条件。学校弥漫着科学、文化和道德规范的气息。这些构成了学校教育环境的特殊性。从个体活动的角度看,学校中的个体活动与其他社会活动的区别在于有教师的指导,活动的结果还要接受检查。这种特殊性使学校在影响人的发展上具有独特的功能。

(一)学校教育按社会对个体的基本要求对个体发展作出社会性规范

社会对个体的要求或期望有体质、思想道德、知识、能力等多方面,并提出了一系列规

范。学校根据这些要求，针对不同年龄、不同的培养目标而作相应的调整，并有意识地以教育目的和目标的形式去规范学校的其他工作，通过各种教育活动促使学生达到目标。

（二）学校教育具有加速个体发展的特殊功能

学校教育目标明确，时间相对集中，有专人指导并进行专门组织的教育活动。此外，学校教育使个体处于一定的学习群体中，个体之间发展水平有差异，这也有助于个体的发展。如果学校教育能正确判断学生的最近发展区，这种加速作用将更明显、更富有成效。苏联心理学家维果茨基的研究揭示：教育对儿童的发展能起主导作用和促进作用，但需要确定儿童发展的两种水平：一种是已经达到的发展水平，表现为“儿童能够独立解决的智力任务”；另一种是儿童可能达到的发展水平，表现为“儿童还不能独立解决的任务，但在成人的帮助下，在集体活动中，通过模仿，却能够解决这些任务”。这两种水平之间就是“最近发展区”。把握好最近发展区，能加速学生的发展。

（三）学校教育，尤其是基础教育对个体发展的影响不仅具有即时的价值，而且具有延时的价值

学校教育提高了人的需求水平、自我意识和自我教育的能力，这对于人的发展来说，更具有长远的意义。学校教育的内容大部分具有普遍性和基础性，即使是专门学校的教育内容，也属该领域普遍和基础的部分，因而对人今后的进一步学习具有长远的价值。

（四）学校教育具有开发个体特殊才能和发展个性的功能

在开发特殊才能方面，普通学校教育内容的多面性和同一学生集体中学生间表现出的差异性，有助于个体特殊才能的表现。在个性发展方面，学校教师和领导具有教育学和心理学方面的知识素养，这有助于他们发现学生的个性，并尊重和注意学生个性的健康发展。同时，学生在群体中的生活也有助于从其他人的身上吸取闪光点，丰富自己的个性。

当然，学校教育对个体发挥其特殊功能是有条件的，所以教育不是万能的。教育既不能超越它所依存的社会条件去发挥它的能动作用，又不能违背儿童身心发展的客观规律和年龄阶段去任意地决定人的发展。它要求学校按照教育规律办事，并且积极协调各方面的影响。

五、主观能动性的重要作用

个体在与环境的相互作用中表现出来的主观能动性，是促进个体发展从潜在的可能状态转向现实状态的决定性因素。个体的主观能动性从过程结构的角度看，包括活动主体的需要与动机，指向的客体对象，活动的目的、内容、手段与工具，行为程序、结果及调控机制等基本要素。从活动水平的角度看，由生理、心理和社会三种不同层次和内容的活动构成。每一层次的活动对个体身心发展都具有特殊的和整体性的影响。

个体主观能动性第一层次的活动是人作为生命体进行的生理活动。它是人这一有机体与环境中的物质发生交换的过程，为维持人的生命服务，与人的身体发展直接相关，也是其他方面发展的基础。第二层次是个体的心理活动。心理活动的内容丰富多彩，它是人对外部世界能动的、带有个体性的反映，也包括人对自己的意识、态度与倾向，其中最基本的是认识活动。第三层次是社会实践活动。对个体来说，社会实践活动具有满足人的生存、发展和创造需要的意义，是人与环境之间最富有能动性的交换活动，是一种能量的交换。它具有鲜明的目的性、指向性和程序性，体现了人的主动选择。

以上三种不同水平的个体活动及其作用，实际上是共时、交融的。人的生理活动和心理活动渗透在一切社会活动中，人的社会活动又受到生理活动、心理活动的支持和影响。人的主观能动性从综合的意义上把主体与客体、个体与社会、人的内部世界与外部世界联系起来，成为推动人本身发展的决定性因素。教育需要非常重视学生主观能动性的发挥。

第三节　教育对人类地位的提升

20世纪中叶以来，人的地位在教育中逐步提升。教育使得人的价值得到越来越充分的体现，人的个性发展空间越来越大。所谓教育对人类地位的提升，又具体反映在四个方面，即对人的价值的发现，对人的潜能的发掘，对人的力量的发挥，对人的个性的发展。这四个方面反映了教育的基本功能，也体现了教育以人为本的基本性质。

一、教育对人的价值的发现

所谓人的价值，是指人在社会中的地位得到肯定，人的作用得到发挥，人的尊严得到保证。

任何人在世界上都是有价值的，不仅人类有价值，个人也有价值。我国古代的“人贵”论便代表着这种看法。“贵”即有价值的意思，“人贵”论便是人有价值论。西方现代人本主义则更是有价值论的倡导者。人的价值主要体现在两个方面。首先，人就是人，人既不是动物，也不是机器。因此，每一个人不仅要肯定自己是人，也要把别人当人看。其次，人是改造自然、推动社会前进的巨大力量。我国《周易》把人与天、地并列，称之为“三才”；老子以人为“四大”之一，明确指出：“道大、天大、地大，人亦大。”因此，每一个人都有其应有的尊严、地位和作用。

但是，在人类历史上，人的价值并不是一开始就被发现和认识的。原始社会的人，经常处于外在客观力量的威胁之下，因而总觉得自己软弱无力，看不到自己应有的地位与作用。奴隶社会是一匹马可以换几个奴隶的时代，奴隶是毫无地位和尊严的。在封建社会，作为农奴的人，也只能过着被剥削、被压迫的生活，人身没有自由。直到资本主义早期人文主义思潮出现以后，才开始听到关于人的价值的呼唤。但几百年来，人的价值始终没有摆脱资产阶级统治的桎梏。即使到20世纪后期，对人的价值的肯定仍然受到种种干扰。现代科学技术的发展，使人的尊严又受到生产流水线、电脑程序、科学管理程序奴役的威胁。

教育使人的价值得到越来越充分的体现，人的个性发展的空间越来越大。教育有责任不断提高人们对人自身价值的认识，提高人们对人与人、人与社会、人与自然关系的认识，充分认识到人的生命价值、人的主体地位和人的独特尊严。教育不仅要教给人们知识和技能，而且要教会人们驾驭知识和技能，教会人们怀疑知识和技能，应该使人们清醒地认识到知识是为人所用的，而不应该让知识反过来奴役人。

二、教育对人的潜能的发掘

人的潜能是人区别于动物的重要标志，是把未成熟的人培养为成熟的人、把平凡的人培养成出色的人的可能性或前提条件。

任何人都具有一定的潜能，甚至是巨大的潜能。人的潜能很少能自动表现出来，人的潜能的充分发掘，只有通过教育和学习才能实现。但教育对潜能的开发，又必然要受到种种条件特别是社会文化历史条件的限制。充分认识学生的潜能并尽可能地使学生的潜能得到发展，是教育工作者应该努力追求的目标。

三、教育对人的力量的发挥

人的力量是人的身体力量与精神力量的综合。人类早期在与自然的斗争中，主要是依靠人身体的力量。历史上流传着无数力大无比的英雄故事能说明这一点。但人的根本力量，在于人具有精神力量。它能激发人创造和使用工具以增强人自身的生存能力；它能认识世界和改造世界，以实现和满足人的各种需要；它能认识自己和改造自己，以发展和完善人自身。

人的身体力量的发展有多种途径，但人的精神力量的发展只有通过教育才能实现。教育不仅需要分别培养和发展人的身体之力和精神之力，而且要尽可能地使人的身心发展得和谐而充分。

四、教育对人的个性的发展

个性是指个体在社会实践活动中形成的独特性。心理学认为人的个性具有一定的意识倾向性和鲜明的个体差异性。意识倾向性体现为个体的信念、理想、人生观；个体差异性体现为个体的能力、气质和性格。个性化是指个体在社会活动中形成独特性、自主性和创造性的过程。

发展人的个性，是要在人的共性的基础上，充分把人的特殊性表现出来，从而使每个人都具有自主性和独特性。发展个性不仅是人身心发展的需要，也是社会发展的需要。具备良好个性发展的人往往能独立思考，具有批评能力和创造力，有较强的意志和行动能力，这是当前对人才素质的基本要求。

教育促进人的主体意识的发展。人的主体意识是人对自我的主观能动性的认识。人把自己看成自然界的主体，是指人不是被动地、消极地听命于自然界，而是主动地、积极地作用于自然界。教育对人的主体意识的发展起着重要的促进作用。对于个体而言，教育的过程是一个不断提升自我的过程，是激发并张扬人的主体意识的过程。

教育促进人的个体特征的发展。人的个体特征是指人的身心发展的个体差异性。人的遗传素质中寓含着个体差异性，但人的个体差异性的发展、个体特征的形成则更多地取决于后天的因素，其中突出地取决于教育的作用。教育应该是尊重个体差异的教育。教育帮助个体充分开发内在的潜力并充分地发展自己的特长。教育主要通过不同的内容和形式来促进人的个体特征的发展，包括发展不同的兴趣和爱好，也包括情感、性格、气质的培养。

教育促进人的个体价值的实现。每一生命个体如何展现其人生的价值，归根结底是通过他在社会生活中发挥的作用的大小来体现的。人越有道德、知识和才能，就越能展现生命的价值并创造生命的辉煌。教育使人意识到生命的存在并努力追求生命的价值和意义。教育赋予人创造生命价值的信心与力量。

第四节　中小学教育促进青少年发展的特殊任务

一、小学教育促进儿童发展的特殊任务

小学生一般处在六岁至十二岁这个年龄阶段。儿童进入小学后，生活环境发生了很大变化，不能像幼儿那样以游戏为主导，而必须以学习为主导，身心发展进入一个新的阶段。小学教育根据童年期儿童身心发展的特点提出相应的特殊任务。

(一)童年期儿童发展的主要特征

1. 童年期儿童生理发展的主要特征

童年期是生理发展相对稳定与平衡的时期，身高、体重、肌肉的强度和耐力、肺活量的增长都相当均匀。童年期的儿童骨骼增长较快，但骨化尚未完成，因此，小学生的骨骼富于弹性，但不坚硬，易弯曲变形。尤其是脊椎的软骨成分丰富，骨盆骨化尚未完成。童年期儿童肌肉含水分相对较多，含蛋白质、脂肪、糖和无机盐较少，富有弹性，而肌力较弱，容易疲劳，但恢复快。大肌肉、上肢肌发育较早，小肌肉与下肢肌发育较迟。小学生心肌纤维较细，心脏功能较差。

2. 童年期儿童心理发展的主要特征

(1)观察。小学生的观察常注意一些感兴趣的、新鲜的东西，而忽略主要的东西。教师应引导儿童从知觉事物表面特征发展到知觉事物的本质特征。小学生，尤其是低年级学生观察事物缺乏兴趣、缺乏系统性。

(2)注意。小学生的有意注意不断发展，但无意注意仍起着作用。低年级学生注意力容易分散，需要教师及时提示和提出要求。有意注意是指学生的自觉的注意力，一方面与学生自身发展的年龄阶段分不开，另一方面也离不开教育工作者有意识的教育培养。总之，小学儿童的注意，无论是他的有意性或是注意品质，都在急速发展，教师必须抓住这一有利时机，通过课内外各种活动，促进儿童注意的发展。

(3)记忆。儿童年龄越小，识记具体的知识、事件、人物、对象、事实要比识记定义、解释、描写等好一些，并且记得巩固些。小学生记忆的主要方式是形象记忆。对低年级儿童而言，直观形象记忆、逻辑记忆较为发展，因此，教学中要注意运用直观教学，并使记忆系统化。

(4)思维。小学生的思维正处于具体形象思维向抽象逻辑思维过渡阶段。小学生的思维缺乏自觉性、灵活性。小学生在概念获得方面尚有困难，因为概念的形成需要经过分析、综合、抽象、概括的过程。所谓抽象思维，就是掌握概念，并运用概念组成恰当的判断，进行合乎逻辑的推理的思维活动。小学生的抽象思维能力相对较差，所以教师在教学过程中，要多安排容易接受和理解的知识，帮助小学生更好地学习。

(5)情感。儿童入学后，学校不断向儿童提出新的要求，从而情感的倾向性、深度、稳定性及效能各方面都发生了变化。但小学生的道德感是比较模糊的，常常依靠教师的评价来衡量事物的好坏，而且小学生的理智感大多是和具体事物相联系的。

(6)自我意识。自我意识包括对自己的感知以及对自己情绪、意志的自我意识。属于对自己感知方面的有自我观察和自我评价等；属于情感、情绪方面的有自爱、自尊、责任感和

义务感等;属于意志方面的有自制、自我调节等。

小学低年级儿童独立评价自己的能力相对较差,中年级开始逐步学会把自己的行为和别人的行为加以比较来评价自己的行为。教师与父母对儿童活动的及时评价以及言行的潜移默化对儿童自我意识的形成有重大作用。

3. 童年期儿童的学习特征

(1)低年级儿童难以深刻理解学习的意义。低年级小学生对学习的价值不甚了解,对学习和游戏也难以分得很清楚。教师应尽快让学生习惯新的生活方式,使儿童认识到学习不是游戏,而是认真的工作,学习能知道很多有价值的东西。

(2)学习动机是希望得到老师的称赞、父母的夸奖。对小学生而言,努力学习的目的就是希望获得老师的表扬,所以,他们对教师怎样对待他、对他的学习有什么反应十分敏感。分数,带有教师的评价,所以,学生很快就了解到分数的作用,取得高分就成为小学生的学习动机。

(3)学习兴趣与习惯。低年级学生对学习的形式感兴趣,而对学习内容和结果的兴趣相对较弱,教师应善于利用这一点安排教学过程。在这一时期,小学生的学习习惯也还没有完全形成,对学习的规律也缺乏足够的了解。

(4)对学习结果的重视随年龄而增加。随着年龄的增长,儿童逐渐重视学习的结果。对学习内容的兴趣常常和自己对成绩的满足感联系在一起。这种满足感是伴随着教师的称赞、夸奖而增强的。因此,教师需要对学生多鼓励,这对良好的学习态度的形成非常重要。

(二)小学教育的特殊任务

根据小学生的生理和心理特点,可以确定小学教育的如下特殊任务:

1. 小学教育的总任务

小学教育是基础教育,既是各级各类学校教育的基础,也是个体身心健康发展的基础。所以,小学教育的根本任务就是打好基础,即要求学好语文、数学,打好读、写、算的基础;全面推进素质教育,为全面发展奠定基础;使小学生初步学会运用自己的手和脑,运用自己的智慧与体力,为培养具有高素质的公民打下基础,为全民族文化素质的提高打下基础。

2. 小学教育的具体任务

根据童年期儿童的生理发展水平,允许他们进行系统的学习,但不应过度疲劳和过度紧张。教师应培养小学生坐、立、写字与看书的正确姿势,注意锻炼儿童的小肌肉,逐步锻炼手部的细微动作,但应避免剧烈的运动。

培养小学生有目的有顺序地进行观察,引导儿童从知觉事物表面特征发展到知觉事物的本质特征。不断地向学生提出要求并及时提示,使小学生的有意注意得到发展。在教学活动中教师要帮助学生学会分析、综合、抽象、概括,逐步发展逻辑思维的能力,注意培养小学生的自我意识和自我评价能力。

使小学生了解学习在人一生中的重大价值,培养小学生对学习的兴趣,并形成良好的学习习惯,养成认真学习、积极思考的学习品质。

培养小学生初步的分辨是非的能力,逐步发展儿童对道德的理解能力,能对社会上的各种现象进行初步的分析与思考,逐步学会科学地看待社会和人生问题,培养儿童初步的自我评价和自我教育能力。

二、普通中等教育促进青少年发展的特殊任务

普通中学由初级中学与高级中学两个阶段组成,它是学校教育系统中的一个重要阶段。初级中学的教育对象主要是十三岁到十七岁的少年,属于少年期;高级中学的教育对象主要是十七岁到二十岁的青年,属于青年期。

(一)少年期的年龄特征与初中教育的个体发展任务

1. 少年期的年龄特征

十三岁到十七岁,这三四年的时间属个体发展中的少年期。但在人生的过程中,这是一个身心变化剧烈的时期。少年常常因为缺乏认识和准备,被突如其来的身心变化搞得惊慌失措。有些心理学家把少年期称为“危险期”或“心理断乳期”,意味着在这一时期,儿童将从心理上摆脱对成人的依赖,表现出追求独立的倾向。

身体状态的剧变、内心世界的发现、自我意识的觉醒、独立精神的加强是少年期表现出的总体性的阶段特征。这些个体自身的变化,同时也改变了少年与外部世界的关系,包括与成人的关系。他不再愿意做被动的适应者、服从者、模仿者、执行者,而是力图成为生活中主动的探索者、发现者和选择者。这是人生过程中由单纯对外部生动形象的世界探究到关注内部精神世界变化的转折时期。

2. 初中教育的个体发展任务

少年期的年龄特征决定了初中教育在个体发展阶段的重要性和艰巨性。教师必须与对人生似懂非懂、渴求自主、力求摆脱成人束缚的少年打交道,如果没有正确的少年观,没有高超的教育艺术,要出色地完成教育任务是困难的。

总的来说,初中教育在促进少年身心发展方面的任务,可形象地比喻为“帮助少年起飞”。给少年独立的要求以尊重、支持和引导,丰富少年的内心世界,形成正确的自我意识和理想。在身体发展方面,初中阶段要进行保健和青春期教育,让少年懂得青春期生理变化的必然性和意义;在认知方面,该阶段教育应重视抽象思维和概括能力的培养;在情意方面,应着重培养学生的道德理想和深刻的情感体验;在自我教育能力方面,要帮助学生形成较正确的自我认识,使学生掌握自我评价的多维标准,这一阶段也是培养学生自我认识能力的起始阶段。

(二)青年期的年龄特征与高中教育的个体发展任务

1. 青年期的年龄特征

青年期是个体身心两方面逐步走向成熟的时期。人的社会化在青年期也基本完成,青年将取得公民的资格,成为社会正式成员。青年期结束时,大多数青年对世界、事业、人生和自己都可能有较清晰和深入的思考,形成相对系统和稳定的见解,并对自己的未来作出重要的选择。因而,“未来”是青年期最重要的概念。在青年的理想中,最诱人的是事业、友谊、爱情和人生价值的实现。这使青年期成为人生最富有浪漫情调和锐气的时期,也是人生的定向时期、个性的定型时期和个体从准备投入社会生活向正式投入社会生活转变的时期。青年期是个体内存力量充实的时期,随着心理的成熟,他们形成了对外部世界和自己内部世界的较清晰和较深入的认识,更重要的是在两种世界间建起了具有个人发展意义的桥梁。

2. 高中教育的个体发展任务

高中阶段是中学期间学习负担最重的时期,也是青年体质增强的时期。学校在保证学

生身体健康和心理健康方面依然负有重要的责任。紧张的学习和升学或择业的心理压力可能带来身体的疾病，尤其是神经系统和心血管的疾病。为此，学校要注意提高学生自我调节生理和心理状态的能力。

帮助青年正确认识和处理个人与社会的关系，这是使学生学会对今后人生道路作出正确、自主选择的重要条件。为此，要解决认识问题和价值观问题，这是高中阶段思想政治教育中的一个特殊任务。从认识方面看，高中生可能出现两类极端问题：一类是过分欣赏自我和苛求社会；另一类是心理失衡，在认识上把社会理想化，对自己缺乏信心。在价值观上，青年也存在两种极端表现：一种是以个人利益为中心，缺乏社会责任感，只想索取，不思奉献；另一种是看不到自己的独特价值，只求生存适应，不求发展创造。在这样一个重要时期，学校教育要使青年认清时代的要求、个人命运与社会发展的关系，确定远大而又切实可行的奋斗目标，找到实现个人抱负的现实道路。

总之，高中阶段是个体身心发展日渐成熟的时期，但是并未完全成熟，需要他们今后在生活道路上进一步加以锻炼。因此，教师应该关心高中学生的成长，不仅要关心他们的身体健康，而且要注意指导他们在思想上的成长。要教育他们树立远大理想，客观地认识现实，把他们培养成中国特色社会主义建设所需要的德才兼备的人。

同步练习

一、单项选择题

1. 下列不属于内发论者的是(　　)。

A. 孟子　　B. 荀子

C. 弗洛伊德　　D. 格塞尔

2. “人之性恶,其为善者,伪也。”这是表达了影响个体身心发展的(　　)观点。

A. 内发论　　B. 外塑论

C. 多因素交互作用论　　D. 性善论

3. 个体身心的发展在整体上具有一定的顺序,身心发展的个别过程和特点的出现也具有一定的顺序,这是指个体身心发展的(　　)。

A. 顺序性　　B. 阶段性

C. 规律性　　D. 稳定性

4. 促进个体发展从潜在的可能状态向现实状态的决定性因素是(　　)。

A. 遗传素质　　B. 环境

C. 教育　　D. 个体主观能动性

5. 个体主观能动性的最高层次是(　　)。

A. 生理活动　　B. 心理活动

C. 社会实践活动　　D. 信息反馈活动

6. 下列关于遗传对个体发展的意义表述错误的是(　　)。

A. 遗传是人的身心发展的物质前提

B. 遗传素质不会直接转变为个体的知识、才能等

C. 遗传素质存在个体差异

D. 遗传素质能预定人的发展

7. 美国生理和心理学家格塞尔做的“双生子爬楼梯实验”,论证了(　　)是教育的重要条件。

A. 个体发展的成熟程度　　B. 遗传素质

C. 环境因素　　D. 后天学习

8. (　　)是推动人本身发展的决定性因素。

A. 遗传素质　　B. 后天教育

C. 人的主观能动性　　D. 外界环境

9. 教育的本质和真谛是(　　),这也是教育理想。

A. 发挥人的主观能动性　　B. 发现人的价值

C. 进行个性教育　　D. 挖掘人的力量

10. 心理学家称为“危险期”或“心理断乳期”的阶段是(　　)。

A. 儿童期　　B. 少年期

C. 青年期　　D. 幼儿期

11. 人的生理成熟的标志是(　　)。

A. 性机能成熟　　B. 能独立生活

C. 个性形成　　D. 发育期结束

12. 制约人的身心发展的程度和特点的因素是人的(　　)。

A. 先天素质　　B. 外在力量

C. 教育　　D. 机体成熟程度

13. 教学中“拔苗助长”“凌节而施”违背了个体身心发展的(　　)。

A. 顺序性　　B. 阶段性

C. 稳定性　　D. 不均衡性

14. 个体发展过程中，在一定年龄阶段所形成的一般的、典型的、本质的特征称为(　　)。

A. 个体差异　　B. 生理特征

C. 心理特征　　D. 年龄特征

15. 科学地说，遗传素质是个体身心发展的(　　)。

A. 主导因素　　B. 物质前提

C. 关键因素　　D. 无关因素

16. 美国心理学家格塞尔认为，人的发展顺序受基因决定，教育要通过外部训练抢在成熟的时间表前面形成某种能力是低效的，甚至是徒劳的。这种看法属于(　　)。

A. 内发论　　B. 外塑论

C. 教育无用论　　D. 多因素交互作用论

17. 下面不属于遗传素质内容的是(　　)。

A. 机体结构　　B. 道德品质

C. 感官　　D. 神经系统

18. 下列关于环境对个体发展的影响说法错误的是(　　)。

A. 环境为个体发展提供条件

B. 环境对人的发展有一定的制约作用

C. 人不是消极被动地接受环境影响

D. 环境对个体发展的影响无积极和消极之分

19. 一般来说，小学阶段是人生发展的(　　)。

A. 幼儿期　　B. 少年期

C. 童年期　　D. 青年期

20. 下面是“环境决定论”的代表人物的是(　　)。

A. 华生　　B. 格塞尔

C. 维果茨基　　D. 孟子

二、填空题

1. 人的身心发展包括________和________。

2. 多因素交互作用论认为，________是发展的主体，________是发展的客观条件。

3. 在教育教学中有采用“一刀切”“一锅煮”的方法，违背了人身心发展的________。

4. 根据人的身心不同方面有不同的发展期现象，心理学家提出了________的概念，即身体或心理的某一方面机能或能力最适宜于形成的时期。

5. 因材施教的思想体现了遵循个体身心发展的________的规律。

6. 影响人身心发展的主要因素包括________、________和________等。

7. 夸大环境对人发展的作用，认为人的发展完全由环境决定，这是________论的观点。

8. 个人主观能动性由三个层次构成，第一个层次是________、第二个层次是________、第三个层次是社会实践活动。

9. ________是指人在世界中的地位得到肯定，人的作用得到发挥，人的尊严得到保证和尊重。

10. 普通中学是学校教育系统中的一个阶段，分为________与________两段。

11. 成熟的标志是：________方面具有生殖能力，________方面具有独立自主的自我意识。

12. 环境按性质可分为________和________。

13. 现代遗传学认为，遗传基因的物质基础在于________。

14. 学校教育中的________对个体发展的影响既有即时价值，又有延时价值。

15. 人的本质不是单个人所固有的抽象物，在其现实上，它是一切________的总和。

16. 美国心理学家格塞尔认为，对人的发展起决定作用的因素是________。

17. 美国心理学家________研究证明，人的道德认知的发展经历了从前世俗水平到世俗水平，再到后世俗水平的发展过程。

18. 美国行为主义心理学家________提出了________，否定了人的遗传素质和人的自觉能动性。

19. 瑞士心理学家________的发生认识论认为，个体认知发展依次经历感知运动水平、前运算水平、具体运算水平、形式运算水平的发展过程。

20. 精神分析学派创始人________认为，人的性本能是最基本的自然本能，是推动人的发展潜在的、无意识的、最基本的动因。

三、简答题

1. 个体身心发展的一般规律有哪些？

2. 举例说明个体身心发展的不均衡性表现在哪些方面。

3. 简述学校教育对个体发展的特殊功能。

4. 初中教育的个体发展任务是什么？

5. 教育怎样使人的价值得到体现？

同步练习参考答案

一、单项选择题

1. B　2. B　3. A　4. D　5. C　6. C　7. A　8. C　9. C　10. B　11. A　12. D　13. A　14. D　15. B　16. A　17. B　18. D　19. C　20. A

二、填空题

1. 生理发展　心理发展
2. 人　外部环境
3. 差异性
4. 发展关键期或最佳期
5. 个别差异
6. 遗传素质　环境　教育
7. 环境决定
8. 生理活动　心理活动
9. 人的价值
10. 初级中学　高级中学
11. 生理　心理
12. 自然环境　社会环境
13. 核糖核酸排列及其活动的差异
14. 基础教育
15. 社会关系
16. 成熟机制
17. 科尔伯格
18. 华生　环境决定论
19. 皮亚杰
20. 弗洛伊德

三、简单题

1. 答:个体身心发展的一般规律有:(1)个体身心发展的顺序性与阶段性;(2)个体身心发展的不均衡性;(3)个体身心发展的互补性;(4)个体身心发展的个别差异性。

2. 答:个体身心发展的不均衡性表现在:(1)同一方面的发展速度,在不同的年龄阶段变化是不平衡的。例如,青少年的身高体重有两个生长的高峰。第一个高峰在出生后的第一年,第二个高峰在青春发育期。(2)不同方面发展的不均衡性,有的方面在较早的年龄阶段就已经到达了较高的发展水平,有的则要到较晚的年龄阶段才能达到成熟的水平。如在生理方面,神经系统、淋巴系统成熟在先,生殖系统成熟在后。

3. 答:学校教育对个体发展的特殊功能:(1)学校教育按社会对个体的基本要求对个体发展的方向与方面作出社会性规范;(2)学校教育具有加速个体发展的特殊功能;(3)学校教育,尤其是基础教育对个体发展的影响不仅具有即时的价值,而且具有延时的价值;(4)学校教育具有开发个体特殊才能和发展个性的价值。

4. 答:初中教育的个体发展任务是:(1)在身体发展方面,要进行保健和青春期教育,让少年懂得青春期生理变化的必然性和意义;(2)在认知方面,应重视抽象思维和概括能力的培养;(3)在情意方面,应着重培养学生的道德理想和深刻的情感体验;(4)在自我教育能力方面,帮助学生形成较正确的自我意识,使学生掌握评价自我的多维标准。

5. 答:教育能使人的价值得到体现,主要通过:(1)要不断提高人们对人自身价值的认识,提高人们对人与人、人与社会、人与自然关系的认识;(2)充分认识到人的生命价值、人的主体地位、人的个体的独特尊严;(3)不仅要教给人们知识和技能,而且要教会人们驾驭知识技能,教会人们怀疑知识技能;(4)应该使人们清醒地认识到,知识是为人所用的,而不应该由知识反过来奴役人。

第四章 教育目的

本章概要

本章主要解释教育目的的概念、作用和层次结构等。近代以来,教育目的在价值取向上存在着社会本位论和个人本位论两种观点。教育目的的制定受制于特定的社会政治、经济和文化背景,体现了人们的教育理想,也必须考虑受教育者的身心发展规律。在不同的历史时期,我国的教育目的具有不同的内容和特征。

引导案例

我国高中阶段教育的基本格局是:通过"高利害"的外部评价中考,对所有学生进行强制性社会分流,成绩高者进入普通高中,成绩次者进入职业高中。普通高中与职业高中两类教育在性质、目的、职能、课程与教学体系、评价与管理制度诸方面相互隔绝,形成等级森严、壁垒分明的二元对立格局。

普通高中与职业高中的二元对立格局至少存在下列问题:第一,它让职业教育沦为"失败者教育"。由于是学业成绩达不到普通高中要求的学生进入职业高中,这批学生被社会打上"失败者"的烙印,成为被忽视、遗忘的"另一半",他们不得不背负沉重的心理包袱,拖着沉重的脚步踏上并不情愿的职业训练征程。职业高中教育往往根据劳动力市场的当下要求,对学生进行相对固定的职业训练,既不注重对职业背后的学术学科的深度学习,也不重视不同职业彼此之间的内在联系,由此导致的结果是,职业高中毕业生至多是潜在的"熟练工人",他们既缺乏发明创造能力和终身学习的愿望,又不能适应日新月异的知识社会和知识经济时代不断变化、不断生成的职业需求。第二,它让普通教育沦为"应试教育"。普通高中教育的唯一使命似乎就是升大学。当大多数高中生都有机会上大学的时候,竞争的目标就转移到以"北大""清华"为代表的"重点大学"。普通高中教育因而成为"应试教育"的重灾区。为此,普通高中教育只关注纳入高考的学术学科,漠视教育的职业方面和社会生活方面,割裂学术知识与实践性、应用性知识的内在联系,贬低实践学科的价值,由此导致的结果是,普通高中毕业生沦为"考试机器"和"教育标准件",既不能适应职业世界和社会生活的需要,也不能适应大学教育的需要。第三,它会加剧社会分层与等级化。普通高中与职业高中的二元对立是社会阶层及相应的等级意识形态的产物,但它反过来会进一步撕裂社会、加剧社会等级化。由于职业高中完成"差生"的宿命,而这些学生往往是社会不利阶层的后代,如低收入者的后代、留守儿童、城市随迁子女等,而职业高中毕业生往往从事低水平工作且无机会享受大学教育，他们又被称为新的低收入者，由此形成新的社会不利阶层。①

张华教授认为普通高中与职业高中陷入二元对立困境的根源有三个方面：首先，“劳心者”与“劳力者”之间统治被统治、压迫被压迫的关系是“普职对立”的价值基础。其次，学术性知识与实践性知识的割裂是“普职对立”的认识基础。最后，知与行、思维与操作、书本与实物的割裂是“普职对立”的方法基础。他提出高中教育未来发展的方向应该是综合化。这就涉及高中的培养目标转型，培养目标由教育目的决定。那么，我国当下的培养目标真的有那么多不尽如人意之处吗？如有，应该如何改观？

第一节　教育目的的概念、作用和层次结构

一、教育目的的概念和作用

（一）教育目的的概念

任何一项社会实践活动都是围绕着某一目的或由某一目的指导着，教育活动亦如此。教育目的，是指国家对各级各类学校教育关于人的培养质、规格的总规定，是指导、调节教育活动的根本因素，是一切教育活动的根本因素，是一切教育活动的出发点和归宿。

一般认为教育目的有两层含义，即广义的教育目的和狭义的教育目的。广义的教育目的是指人们对受教育者的期望，即人们希望受教育者通过教育在身心诸方面发生什么样的变化，或者产生怎样的结果。国家和社会教育机构、学生的家长和亲友、教师等，都对新一代寄予这样那样的期望，这些期望都可以理解为广义的教育目的。

狭义的教育目的是国家对把受教育者培养成什么样人才的总的要求。任何一个时代、任何一个国家，教育目的的提出，无不是以社会政治经济制度的需要为背景的，同时，也要兼顾教育对象的身心发展水平。因此，教育目的对所有的学校具有指导意义。

（二）教育目的的作用

教育目的是一切教育工作的出发点，教育目的的实现则是教育活动的归宿，教育目的贯穿于教育活动的全过程，对一切教育工作具有指导意义。教育目的的功能即教育目的的作用。教育目的对整个教育工作的指导意义是通过以下作用实现的：

1. 导向作用

教育目的一经确定就成为教育行动的指南。教育目的具有引导受教育者的发展方向、制约受教育者的发展进程的作用。教育目的中所设想的人的身心素质既体现个体身心发展的需要又反映一定时代社会现实的发展趋势对受教育者的发展的客观需要，既为受教育者指明了一个发展的美好前景（方向），又提出了发展的要求（内容）。这首先会深刻影响受教育者的受教育的目的。其次，不断被分解为具体化的各教育目标在现实上与学生内在的学习目的整合到一起。学生未发展成熟这一特点使社会总的教育目的及其被分解为具体化的各层级教育目标很容易不同程度地单纯转化为学生的学习目的。最后，体现社会总教育目

① 张华：《我国高中教育发展方向：走向综合化》，《全球教育展望》2014 年第 3 期。

的的各种教育因素按照教育目的的要求作用于受教育者,如体现教育目的要求的各种教育内容成为学生学习的内容。社会总的教育目的就从这些方面综合引导受教育者的发展朝着一定的方向,并随时控制受教育者的发展进程。

2. 协调作用

教育目的具有保持教育作用的统一性与一贯性的作用。为了使多样的教育实践和教育理论研究能够依据明确的意图和计划,统一、集中、彻底、协调地进行,就必须将教育目的贯穿其中,即在不同时间、地点进行的教育实践和具有师生双边性的教育活动,以及教育中起作用的众因素(如课程教材、学校环境等)要保证在促进受教育者的身心发展过程中前后连贯,横向联合,并协调整合到一个方向上来,教育目的在其中起统贯和导向作用。教育目的对未来的预期恰能起指引方向和统贯的作用。

教育目的具有指导并规范教育者的教育行为的作用。教育者在教育过程中都要以社会总的教育目的为出发点和归宿来统摄、整合自己的从教目的、教育理想等。用教育目的来影响教育者诸多教育观念的形成或改变教育者所有的教育行为,不仅能使教育者的教育行为有一个较固定的方向,还能使教育者的教育行为规范为一个有机的体系。

3. 激励作用

目的反映人的需要和动机,是人们在一起共同活动的基础。因此,共同的目的一旦被人们认识和接受,不仅能指导整个实践活动过程,而且能够激励人们为实现共同的目标而努力。人们为了实现教育目的,必须发挥各教育主体在教育工作中的主观能动性,采取积极行动开展各项教育工作,这就体现了教育目的的激励作用。

4. 评价作用

教育目的是对教育结果的预期,可以作为评价教育结果和现实的教育过程的依据。首先,以最理想的人的姿态根据现实选定下来的特定的人的形象的设想(社会总的教育目的)作为评价国家整个教育事业的质量如何的依据。其次,以不断被分解的各具体层级的教育目标对学校教育教学质量进行更复杂更细致的评估。舍此,我们不仅对一个国家和地区的整个教育事业无法进行评价,对学校或其他教育机构的质量无法进行衡量,也无法对教育者的工作质量和受教育者的学习结果等进行评估。教育目的的评价功能意义非常重大,它关系到整个社会育才、选才、用才的科学标准问题。

(三)教育目的与教育方针的关系

教育方针是国家或政党在一定历史阶段提出的有关教育工作的总的方向和总指针,是教育基本政策的总概括。它是确定教育事业发展方向、指导整个教育事业发展的战略原则和行动纲领。不同的历史时期有着不同的教育方针;相同的历史时期因需要强调某个方面,教育方针的表述也有所不同。

教育目的与教育方针既有联系又有区别。

从二者的联系看,它们都是一定社会(国家或地区)各级各类教育在其性质和方向上不得违背的根本指导原则,对教育工作起着定向和引导的作用。有的时候,教育方针一身二任,既是方针,又是目的。也即是说,在对教育社会性质的规定上具有内在的一致性,都含有“为谁培养人”的规定,并且都受到社会政治、经济条件的制约。一定的教育目的是为了实现一定的教育方针而制定的,为的是使教育工作沿着正确的道路、朝着实现教育目的的方向发展。教育目的是教育方针的集中体现和实现依据。

从二者的区别来看,首先是两者的内涵不同。表现为两个方面:首先是概念层次上,教育方针是国家或政党根据一定社会的政治、经济发展要求,为实现一定时期的教育目的所规定的教育工作的总方向。也就是说,教育方针的制定受制于社会因素,是教育政策的总概括,具有较强的政策性,是全国各级各类教育的目的和必须遵循的准则。此时,教育方针处于上位层次,教育目的是教育方针的重要组成部分,教育目的的确立及其内容必须符合教育方针的规定。在内容构成上,教育目的针对的是"为谁培养人""培养什么人样的人"的问题,偏重于对人才培养质量规格方面的明确要求;除此之外,教育方针还含有"怎样培养人"的问题和教育事业发展的基本原则,更侧重于"办什么样的教育""怎样办教育"等相关的宏大的政策性问题。其次,两者的层次结构不同。与教育方针相比,教育目的是具体的,培养目标则更为具体。教育方针是一个国家教育发展和人才培养的最高行动指针,是目的体系中的最高层次、唯一层次,即一定时期一个国家(特别是中央集权制国家)只能有一个教育方针。例如,我国现行的教育方针"教育必须为社会主义现代化建设服务"是对教育性质和方向的规定;教育目的则是不同层次的教育关于人才培养规格与标准的具体规定,是目的体系中的下位层次,是可分层的,如高等教育目的、中等教育目的、初等教育目的等。

二、教育目的的层次

教育目的是各级各类教育培养人的总的规格要求,是各级各类学校教育工作遵循的总的指导思想,但它不能代替各级各类学校对所培养人的特殊要求。各级各类学校还有各自具体的工作目标,这就决定了教育目的的层次性。教育目的是不能测量的"一种哲学力量",一定的层级结构是为了让抽象的目的变得可以理解与操作。教育目的的层次包括:国家的教育目的、各级各类学校的培养目标、教师的教学目标。

1. 国家的教育目的

国家是教育目的的主体。国家教育目的是关于教育培养什么样的人的质量和规格的总的设想和规定,体现了国家对教育培养人的系列要求。国家的总的教育目的,是关于整个国家教育体系,特别是各级各类学校教育体系要把教育对象培养成为什么样的人的设想和规定。它一般以成文的形式表现,通常是从哲学的高度提出的,因而很难客观测量它。它只有进一步具体化才能对教育实际工作具有指导意义。这一层次的教育目的在中央集权制国家非常普遍。其显著优点是有利于国家统一规定、指导和管理全国教育事业;明显的缺点是容易导致全国教育由于整齐划一而单调机械。

2. 各级各类学校的培养目标

根据各级各类学校任务确定的对所培养人的特殊要求,通常称为教育目标。各级各类学校的培养目标即各级各类学校根据国家总教育目标和自身情况确定的把教育对象(学生)培养成什么样的人的设想。它是由特定的社会领域(如工、农、医、师等各个领域)和特定的社会层次(如工程师、专家、科学家;小学教师、中学教师、大学教师)的需要决定的;也因受教育者所处的学校级别(如初等、中等、高等学校)而变化。为了满足各行各业学校、各个社会层次的人才需要和不同年龄层次受教育者的学习需求,就要建立各级各类学校,各级各类学校要完成各自的任务,培养社会需要的合格人才,就要制定各自的培养目标。在非中央集权教育管理体制的国家(如美国),学校的培养目标就是国家教育目的的层次。而在中央集权教育管理体制下的国家(如中国、日本、法国等),学校培养目标是国家教育目的的第二个层次，是国家的总教育目标的初步具体化。

教育目的与培养目标是普遍与特殊的关系。教育目的是针对所有受教育者提出来的，而培养目标是针对特殊的教育对象提出来的，各级各类学校的教育对象有各自不同的特点，制定培养目标要考虑各自学校学生的特点和要求。

3. 教师的教学目标

教学目标是教育者在教育教学过程中，在完成某一阶段（如一节课、一个单元或一个学期）工作时，希望受教育者达到的要求或产生的变化结果。学校培养人的工作是长期的、复杂而又细致的，学校实现教育目的和培养目标不是一蹴而就的，对学生的培养需要长期的辛勤工作，日积月累，各学科课程的教学目标和各项教育活动的目标，它们都是学校培养目标在学科课程教学上和各种教育活动上的具体化。这种具体化还可以更细，明确在某一阶段内，教一门学科或组织各种活动时，促使学生在认知、情感、行为和身体诸方面达到具体的目标。美国教育家布鲁姆的《教育目标分类学》就是从事这方面研究的。

教学目标与教育目的、培养目标的关系是具体与抽象的关系，它们彼此相关，但不能相互取代。目的与目标不同，我们能够测量目标，但不能测量目的。

我们在研究教育目的时，必须弄清是什么主体的教育目的，以便在不同场合使用的“教育目的”虽表示不同意义但有准确的定位，这些不同主体的教育目的可以构成相互联系的有机统一体。第一，国家的教育目的被分解为各级各类学校的教育目标，接着又被进一步分解为各年龄段的培养目标和学科的教学目标和要求，由此指导和组织教育教学活动。第二，当教育教学活动开始之后，被分解的教学目的和要求又在教育者的工作过程与受教育者的学习和发展过程中逐渐整合起来。整合得好的教育教学活动能够使教育者的工作目的和学习者内在学习目的同学科教学目的、要求统一起来，如此既能充分发挥教师的积极性又能促使学生（受教育者）的个性获得健全、和谐的发展。第三，通过如此的教育使个体与社会的教育目的同时得到实现。以上是从不同主体对“关于教育要培养什么人的设想”的维度来定义“教育目的”，不包含从其他角度考察不同主体为了满足追求教育以外的需求与利益的目的，如有些个人或团体办学有赢利的目的等。

第二节　制定教育目的的基本依据

作为培养人的社会活动，教育是一种在理性引导下的有目的的追求。任何一个参与到教育活动中的主体，无论是国家、社会、团体，还是教师、学生、家长等，都会对教育有各自的期望。为了实现这种期望，就必须保持教育活动的统一性、连贯性，就必须切实地把握教育活动的方向，而所有这一切的实现，又都有赖于自觉地确定教育活动的目的。

一、教育目的的制定受制于特定的社会政治、经济、文化背景

教育目的就其性质来说，是要培养社会所需要的人。教育目的的选择，即对人培养目的或目标所进行的选取或抉择。教育目的的确立，即以一定组织形式对教育目的进行确认和确定，是对教育目的或目标选择结果的肯定。一般而言，教育目的的选择与确定是结合在一起进行的，但是，由于社会制度、经济条件、文化历史背景的不同，教育目的的内涵也不尽

相同。

（一）不同社会发展阶段有不同的教育目的

教育目的具有历史性、时代性、社会性，在阶级社会具有鲜明的阶级性。教育目的随时代的变迁和社会条件的变化而变化，没有万古不变的教育目的。在阶级社会，占据统治地位的阶级总是按自己的阶级意志和政治路线培养人，当极少数人通过教育被培养成统治者时，其他绝大多数人则通过教育等方式被培养成被统治者。资本主义社会一方面要培养本阶级的接班人，另一方面要训练对资产阶级有用的奴仆。社会主义国家也要培养人才，其目的不仅要掌握政治机器，还要掌握全部社会生产。

（二）不同的社会制度有不同的教育目的

在阶级社会里，不同的政治制度有不同的教育目的，教育目的决定于统治阶级的利益，决定于一定社会的生产关系和政治制度，它集中反映了统治阶级对培养人的根本要求。在一定意义上，社会制度决定了任何培养人的教育期望、教育无法摆脱现实社会的状况，都不能不考虑社会的需要。现阶段，自由、平等、公正以及法治的力量迅速崛起，在一定程度上改变了“传统社会”“臣民社会”和“伦理社会”的社会关系。民众对教育有了一些新的功能期待，即教育必将成为社会民主化和社会法制化的重要推手。反过来，社会制度的变化必然会引发教育目的的变化。

（三）不同国家的文化背景也使教育培养的人各具特色

不同国家、不同时代的教育目的的制定，都受到当时的社会政治、经济、文化等因素的影响。因此，教育目的是社会需求的集中反映，是教育性质的集中体现。它反映了社会政治和社会生产的需求，体现了教育的历史性、阶级性和生产性。

文化是一个民族、国家或一个地区世代沿袭下来的文化性格或文化模式，国家和民族的文化背景关系到人们对教育内容、教育模式等的选择和安排。由此，不同国家的文化背景也使教育培养的人各具特色。例如，17 世纪，英国教育家洛克（J. Locke，1632—1704）提出培养绅士的教育目的。他理想的绅士是获得“德行、智慧、礼仪和学问”的人，比较重视文化素质，所以，教育的目的强调陶冶学生的人格，注重培养有教养的人。洛克作为当时英国贵族资产阶级的代言人提出的“绅士”教育目的反映了英国贵族资产阶级培养其理想的贵族人才的需要。德国是一个后起的资本主义国家，为了同当时较先进的工业化国家竞争，必须依靠科学技术来增强国力，因此，注重科学技术教育，要求教育培养出来的各种人才具有创新的思想和开拓精神。

二、教育目的体现了人们的教育理想

如同人类的其他社会活动一样，教育目的具有主观的性质，是存在于人头脑中的一种观念形态的东西。教育目的作为教育者在观念上预先建立起来的关于未来新人的主观形象，往往反映的是理想的新人形象。

教育目的是一种理想，它同政治理想、社会理想等紧密结合在一起，因此，从不同的哲学观点出发就有不同的教育目的，如实用主义教育目的、要素主义教育目的、永恒主义教育目的、存在主义教育目的等。

在漫长的教育实践历史进程中，人们从各自的理想出发，教育价值取向不同，便赋予教育所要培养的人以不同的内涵。“社会本位”的教育价值取向以柏拉图、涂尔干、凯兴斯泰勒为代表,其基本观点是:教育目的应完全根据社会需要来确定,教育目的在于使受教育者掌握社会的知识和规范。他们认为人是社会的动物,教育就是要使受教育者成为维护社会稳定和促进社会进步的人。如柏拉图把教育的最高目的限定在培养治理国家的哲学家上,他们是“心灵的和谐达到完美的境地”的人。“个人本位”的教育价值取向以卢梭、福禄培尔、马斯洛、罗杰斯等为代表,基本观点是:教育目的应当根据人的本性的需要来确定,教育目的就是使受教育者的本性、本能得到自然的最完善的发展。他们注重个人的价值,注重人的身心和谐,认为个人价值高于社会价值。而启蒙运动的先锋卢梭心目中的理想人是一个自然天性获得了自由发展的人,他身心协调和谐,既有农夫或运动员的身手,又有哲学家的头脑;他心地仁慈,乐于奉献,感觉敏锐,理性发达,爱美,既富于感情,更富于理智,还掌握了很多有用的本领。人文主义者拉伯雷心目中的理想人能读、能写、能唱、能弹奏乐器,能说四五种语言,能写诗作文、勇敢、知礼、健壮、活泼、爱做什么就做什么;“文化本位”的教育价值取向以狄尔泰、斯普朗格为代表,基本观点是:强调用文化来统筹教育、社会、人三者之间的关系,认为教育活动就是一种文化活动,教育目的的制定应围绕着文化这一范畴来进行。他们认为教育的本质即个人的文化陶冶,教育是从文化社会中选择作为教育的目的。我国近代思想家梁启超主张培养的人应具有的特征是:公德、国家思想、进取冒险、权力思想、自由、自治、进步、自尊、合群、生利分利、毅力、义务思想、尚武。

三、教育目的确定必须考虑受教育者的身心发展规律

教育目的的确定必须考虑到社会需要与个人发展的辩证统一。受教育者是一个当下的社会历史生活中的具体的人,离开了人自身的发展,教育本身就不会存在。教育要以促进人的身心发展为目的,就必须研究人的身心发展的特点,这即是我们称之为年龄阶段的培养目标。教育目的只有充分考虑到人的发展规律,才可能促进人的发展。

四、我国教育目的制定的基础

我国的教育目的是建立在马克思主义关于人的全面发展学说基础上的。马克思主义关于人的全面发展学说为社会主义教育目的的制定提供了重要的方法论的指导和理论上的依据。

马克思主义关于人的全面发展的学说是建立在历史唯物主义和剩余价值学说的理论基础上的,它把人的全面发展既看作现代化大生产的客观要求,也看作对于共产主义新人的理想蓝图的描绘。马克思主义关于人的全面发展学说的基本理论有如下要点:

(1)人的全面发展。全面发展的人是精神和身体、个体性和社会性得到普遍、充分而自由发展的人。

(2)社会条件决定了人朝什么方向发展,怎样发展,发展到什么程度。

(3)从历史发展的进程来看,人的发展受到社会分工的制约。

(4)现代大工业生产的高度发展必将对人类提出全面发展的要求,并提供全面发展的可能性。

(5)马克思预言,人的全面发展只有在共产主义社会才能实现。

(6)教育与生产劳动相结合是实现人的全面发展的唯一途径。

马克思主义关于人的全面发展的学说确立了科学的人的发展观,指明了人的发展的必

然规律,并为我们制定教育目的提供了理论依据。我们只有正确地理解马克思主义关于人的全面发展的学说,并结合当前社会的实际情况,才能制定出科学的教育目的。

第三节　我国的教育目的

我国学校教育有着悠久的历史,无论是在阶级社会,还是在现代社会,国家为使教育对社会的政治、经济、文化等发挥积极的作用,都会注重教育规划,制定教育目的,以培养适应社会需要的人才。

一、我国历史上教育目的的演变

(一)古代的教育目的

以儒学精神为主体的儒家文化在中国漫长的封建社会逐渐形成并居于主导地位,中国古代的教育是儒家教育,甚至在某种意义上可以把中国儒家的文化传统看是儒家的教育传统。

我国古代社会历时久远,虽朝代更替,但儒家多以“人性”论出发,确定教育的目的。我国古代各个历史时期的教育有其基本性格——“君子教育”(自孟子始,注重培养“明人伦”的君子)这种教育目的是要受教育者“修己、立己、成己”,以养成个人的“德性、智能、学识”,并要外化出去。即由修己而通向“治人”,使教育的功能伸展到国家和政治领域;由“立己”而通向“立人”,使教育的功能发挥教化的作用;由“成己”而通向“成物”,使教育的功能扩大到事功的层面。就此而言,我国古代儒家教育的目的是侧重于“社会本位”的价值取向——培养封建统治者的理想接班人,专注于人文主义的文化取向——以儒家的经典培养受教育者,使其具有儒家精神的“内圣外王”的理想人格。《大学》中提出“格物、致知、诚意、正心”为“修身”之途,“自天子至于庶人,一是皆以修身为本”,修身即“内圣”。我国古代的教育目的绝不是只追求个人的完善(修身而独善其身),而是通向“齐家、治国、平天下”的“外王”修治境界。

(二)我国社会主义时期的教育目的及其演变

我国社会主义教育目的是马克思主义关于人的全面发展理论同我国社会主义教育实践相结合的产物。但在不同历史时期,根据社会发展和政治经济情况有过不同的表述。

1957 年,在生产资料所有制的社会主义改造完成以后,毛泽东在最高国务会议上提出:“我们的教育方针,应该使受教育者爱德育、智育、体育几个方面都得到发展,成为有社会主义觉悟的有文化的劳动者。”

1982 年,第五届全国人民代表大会第五次会议通过了《中华人民共和国宪法》,其中规定:“国家培养青年、少年、儿童在品德、智力、体质等方面的全面发展。”

1985 年,《中共中央关于教育体制改革的决定》指出:教育要为我国的经济和社会发展培养各级各类合格人才,“所有这些人才,都应该有思想、有文化、有纪律,热爱社会主义祖国和社会主义事业,具有为国家富强和人民富裕而艰苦奋斗的献身精神,都应该不断追求新知,具有实事求是、独立思考、勇于创造的科学精神。”

1986 年通过的《中华人民共和国义务教育法》规定了我国义务教育的目的:“义务教育

必须贯彻国家的教育方针，努力提高教育质量，使儿童、少年在品德、智力、体质等方面全面发展，为提高全民族的素质培养有理想、有道德、有文化、有纪律的社会主义建设人才奠定基础。”

1993 年中共中央、国务院印发的《中国教育改革和发展纲要》重申：“各级各类学校要认真贯彻‘教育必须为社会主义现代化建设服务，必须与生产劳动相结合，培养德、智、体全面发展的建设者和接班人’的方针”。

1995 年，第八届全国人民代表大会第三次会议通过的《中华人民共和国教育法》规定教育要“培养德、智、体等方面发展的社会主义事业的建设者和接班人。”

1999 年，中共中央、国务院颁布了《关于深化教育改革，全面推进素质教育的决定》提出教育要“以培养学生的创新精神和实践能力为重点，造就‘有理想、有道德、有文化、有纪律’的德智体美等全面发展的社会主义事业建设者和接班人。”

2010 年，教育部颁发的《国家中长期教育改革和发展规划纲要(2010—2020 年)》提出：“全面贯彻党的教育方针，坚持教育为社会主义现代化建设服务，为人民服务，与生产劳动和社会实践相结合，培养德智体美全面发展的社会主义建设者和接班人。”

二、当前我国的教育目的及实现教育目的的要求

(一)现阶段我国的教育目的及基本精神

从 20 世纪 90 年代以后我国关于教育目的的表述来看，现阶段我国教育目的的基本精神是：

1. 我们要求培养的人是社会主义事业的建设者和接班人，因此要坚持思想政治道德素质与科学文化知识能力的统一。

2. 我们要求学生在德、智、体等方面全面发展，要求坚持脑力与体力两方面的和谐发展。

3. 适应时代发展的要求，强调学生个性的发展，培养学生的创造精神和实践能力。

(二)全面推进素质教育

在对传统的应试教育、传输式教育进行反思和批判的基础上，我国 20 世纪 80 年代末出现了素质教育思想，并且在接下的二十多年里，这一思想一直主导着我国基础教育改革的基本方向。近些年来的新课程改革，其根本目标也同样是为了贯彻和落实素质教育的基本思想。

1. 素质的内涵与结构

(1)素质的内涵

素质的含义有狭义、中义和广义之分。狭义的素质概念也就是生理学和心理学意义上的素质概念，即遗传素质。《辞海》认为，素质是人或事物在某些方面的本来特点和原有基础。在心理学上，指人的先天的解剖生理特点，主要是感觉器官和神经系统方面的特点。素质是人的心理发展的生理条件，但不能决定人的心理内容和发展水平。可见，狭义的素质概念所强调的是素质的先天性，而先天性亦即后天发展的主体可能性。

(2)素质结构

从广义的素质概念看，人的素质是在先天遗传的基础上，在后天环境和教育影响下，通过人的社会化学习、交往和实践而形成的具有社会价值的身心组织的要素、成分、结构及其质量水平，它既是对人的身心潜能的开发、强化和塑造，又是社会文化素养在身心结构方面

的积淀，并呈现为独特的个性心理品质和人格模式。因此，素质是由自然（生理）素质、心理素质和社会文化素质三个层面构成的。

第一，自然（生理）素质。自然（生理）素质即先天遗传的生理素质，例如神经系统、身高、体重、骨骼的特点、运动素质、负荷限度、适应和抵抗能力等生理机能的特征。这是一个人身心发展的物质基础，为人的身心发展提供极大的可能性。人的自然（生理）素质具有先天遗传性和个体差异性。

第二，心理素质。心理素质是在先天素质的基础上，经过后天的环境与教育的影响而逐步形成的。心理素质由智力因素、非智力因素构成，处于素质结构的中间层次。心理素质包括人的认识能力、情绪和情感品质、意志品质、气质和性格等个性品质诸方面。心理是人的生理结构特别是大脑结构的特殊机能，是对客观现实的反映。

第三，社会文化素质。社会文化素质在素质结构中居于最高层次。人的社会文化素质具有明显的变动性和时代特征，主要包括科学素质、政治素质、道德素质、审美素质和劳动素质。

2. 素质教育的内涵与特征

（1）素质教育的内涵

目前，我国教育界对中小学素质教育内涵的研究，由于角度不同，定义也不尽相同。综合对素质教育定义的各种表述，其共同点有：

第一，强调素质教育是以全面提高全体学生的基本素质为根本目的的教育。

第二，强调素质教育要依据社会发展和人的发展的实际需要。有的定义虽然只是提到人的发展，但并非不考虑社会的需要，而是针对“应试教育”忽视学生主体性的偏向而突出强调人的发展。

第三，在某种意义上，素质使人联想到潜能。这些定义都强调充分开发智慧潜能。

第四，不仅强调智慧潜能，而且强调个性的全面发展，强调心理素质的培养。

作为定义，既要简洁，又要能涵盖概念的本质特征。依据这一要求和以上的分析。我们可以将素质教育定义为：素质教育是依据人的发展和社会发展的实际需要，以全面提高全体学生的基本素质为根本目的，以尊重学生主体和主动精神、注重开发人的智慧潜能、注重形成人的健全个性为根本特征的教育。

素质教育的本质是以全面提高全体学生的基本素质为根本目的，注重开发人的身心潜能。这一本质揭示了素质教育的诸多基本特征。

（2）素质教育的特征

①素质教育的全体性

长期以来，我国的基础教育由于受片面追求升学率的影响，中小学教育紧紧围绕升学有望的少数学生来进行，大多数学生处于被冷落的“陪读”地位。这种教育实质上是一种“选拔”和“淘汰”教育。美国当代著名教育家布鲁姆曾经指出，教育者的基本态度应是选择适合儿童的教育，而不是选择适合教育的儿童。他批评只为少数可能达到最高层次教育的学生准备阶梯的教育是最大的浪费。

素质教育作为一种以全面提高全体学生的基本素质为根本目的的教育，是与应试教育的“选择性”和“淘汰性”相对立的。素质教育必须面向全体学生，使每个学生都具有作为新一代合格公民所应具备的基本素质，这就从教育对象上规定了素质教育的基本性质。

素质教育的全体性要求：一方面必须使每个学生在原有基础上得到应有的发展；另一方面必须使每个学生在社会所要求的基本素质方面，达到规定的合格标准。

②素质教育的全面性

在一切为了升学、一切围绕升学的思想指导下，"考什么，教什么；教什么，学什么"成为中小学的一种普遍现象。由于高考范围主要限于学科课程和智育领域，必然导致在教育方针的贯彻上，重视智育，轻视德、体、美、劳各育；在课程设置方面，重视学科课程，忽视活动课程和隐性课程；在学科教学方面，重视语言和数理化等所谓主要学科，忽视音、体、美、劳等所谓的次要学科；在教育目标方面，重视知识传授，忽视智能、动手操作能力以及情感个性等方面的培养和发展，等等。这种"片面教育"必然导致学生的"片面发展"。

素质教育要求受教育者的基本素质必须得到全面的和谐的发展。素质教育的这种全面性要求是有其社会学、教育学和心理学依据的。社会发展对人的素质要求是全面的，而非单一的。从心理学的角度看，人的心理活动具有整体性，认知过程与情感过程的产生与发展自始至终是互相交织、相辅相成的，因而，人的素质发展也具有整体性。

素质教育的全面性要求：一方面必须使每个学生在道德素质、科学文化素质、智能素质、身体素质、审美素质、劳动素质和心理素质等方面，都得到应有的发展；另一方面必须使每个学生的素质结构得到协调发展和整体优化。

③素质教育的基础性

关于基础教育的任务，"双重任务"说在我国一直占据主导地位。在许多人看来，小学教育的任务是升初中，初中教育的任务是升高中，高中教育的任务是升大学。中小学教育的功能似乎就是要使尽量多的学生升入高一级学校，"升学"成了学校、家长、社会追求的唯一目标。

素质教育是"为人生做准备"，即"为人生打基础"的教育。正如美国著名教育家赫钦斯所说：重要的是要通过学校教育"奠定做一个自由的和负责的人的基础"。这就是从社会经济发展对人的素质的基本要求上规定了素质教育的性质。

素质教育的基础性要求：一方面必须使学生所接受的教育内容是当代社会要求每一个公民必须掌握的；另一方面从社会发展的角度必须让每一个学生"学会做人、学会学习、学会健体、学会劳动、学会审美"。

④素质教育的发展性

应试教育的重要弊端之一就是把学生单纯视为接受知识的"容器"。素质教育不仅重视学生知识和技能的掌握，更重视学生智慧、潜能和个性的发展。而这些素质单靠一般的"灌输"是难以奏效的。正如德国教育家第斯多惠所说："人们可以提供一个物体或其他什么东西，但是人却不能提供智力。人必须主动掌握、占有和加工智力。"脑科学研究的大量成果表明，人有巨大的潜能，现已开发的只占很小的一部分。潜能就是每个人潜藏着的智慧才干和精神力量，被称为"沉睡在心灵中的智力巨人"，"每个人身上有待开发的金矿脉"。

素质教育的发展性意味着素质教育对学生潜能开发和个性特长发展的高度重视。一是教师要相信每个学生的发展潜能。每个人都有潜能，目前各人能力的高低很大程度上是各人潜能开发的程度不一样，而且绝大多数人的潜能没有得到充分的开发；二是教师要创造各种条件，引发学生的这种无限的创造力和潜能，使每个学生都有机会在他天赋所及的一切领域最充分地展示并发挥自己的才能。

⑤素质教育的主体性

如何看待学生在教育教学过程中的地位和作用，是素质教育与应试教育的重要区别之一。在应试教育过程中，一切活动都围绕教师的教来进行，学生往往处于附属的地位。这种师生观、教学观的最典型表现就是教师在教学中“满堂灌”，学生被动接受。在这种课堂教学中，学生很少有主动参与机会。素质教育则不然，它充分尊重学生在教育教学过程中的主体地位。素质教育的这种主体性要求是与人的主体性原则在当代社会实践活动中的确立分不开的。

素质教育的主体性，从根本上说，就是教师要尊重学生的自觉性、自主性和创造性。一是教师要尊重学生的独立的人格，这是教育的前提，也是对待学生最基本的态度。教师不可能喜欢学生的一切，但教师要认识到学生是有价值的人，是值得尊重的人；二是要把学习的主动权交给学生。在教育教学过程中教师要善于激发和调动学生学习的积极性，要教会学生学习，要让学生有自主学习的时间和空间。

⑥素质教育的开放性

以教师中心、教材中心和课堂中心为代表的传统教育思想是比较适合应试教育需要的，这也正是传统教育教学思想在我国仍然支配教师教学行为的重要原因之一。应试教育中学生接受教育的场所主要是课堂教学，知识和信息的来源主要是教师和课本，形成了封闭的教育空间和单一的信息来源渠道，从而导致了应试教育的“封闭性”。如果说，应试教育的任务还可能由学校和教师独揽的话，那么，素质教育的任务，在校园里仅仅靠教师是难以完成的。素质教育由于涉及学生的全面发展，教育内容大大拓宽了，也要相应宽广的教育空间和多样化的教育渠道与之相适应。因而，从素质教育的空间和渠道看，素质教育不再局限于校内、课内和课本，具有开放性。系统科学认为，任何系统只有开放，与环境进行信息交往，系统才能有序运行。

素质教育的开放性，一方面要求拓宽原有的教育教学空间，真正建立起学校教育、家庭教育和社会教育相结合的教育网络；另一方面要求拓宽原有的教育教学途径，建立学科课程、活动课程和潜在课程相结合的课程体系。

（三）全面发展教育的组成部分

素质教育强调培养学生德智体美劳等全面发展。

全面发展的教育目的：提高全体公民素质，增强人的体质，发展人的个性，使受教育者在德、智、体、美、劳方面全面和谐发展，为社会主义现代化国家培养合格的建设者和接班人。

全面发展教育的组成部分：

1. 德育

德育即思想品德教育，是教育者按照一定社会的要求，有目的、有计划地对受教育者施加系统的影响，把一定社会的思想观点、政治准则转化为个体思想品质的教育。

德育是实现全面发展教育目的的保证。德育是全面发展教育的重要组成部分。在全面发展教育中，德育对其他各育起着灵魂和指导的作用，它一方面可以从思想上和政治上保证育人的方向，使学生沿着社会所期望的方向发展；另一方面又给其他各育提供动力和能源，推动学生智、体、美、劳等方面的发展，促进全面发展教育目的的实现。

2. 智育

智育是授予学生系统的科学文化知识、技能发展学生智力的教育。

人们常常把智育与教学混为一谈，把智育等同于教学。实际上，智育与教学是有联系又有区别的两个概念。智育是全面发展教育的组成部分之一，它与德育、体育、美育、劳育一起构成一个完整的教育体系，各育之间是平等并列的；而教学则是学校的基本工作，是实施上述各育的基本途径，它与智育属于不同的层次。从完成的任务方面看，智育与教学亦有所不同。智育与其他各育一样，具有自身的任务和内容。智育的任务是向学生传授系统的文化科学基础知识；培养训练学生形成基本的技能和技巧；发展学生的智力。教学则不仅要完成智育任务，还要完成其他各育的任务。即智育是教学的基本任务之一。

智育在培养社会所需要的各类人才中具有重要作用。智育是科学知识再生产和人类精神财富延续和发展的重要条件，是开发人的智力，培养各级各类人才的重要手段。

3. 体育

体育是授予学生健身知识、技能，发展学生身体素质和运动能力，增强学生体质的教育。

体育是促进学生身体发育，增强体质的重要手段，中小学时期是学生一生中生长发育的关键时期，对他们施以体育，指导他们有计划、有组织地锻炼身体，可以促进青少年儿童身体的正常发育，增强体质，为其一生的健康奠定良好的基础。

4. 美育

美育又称审美教育或美感教育，是培养学生正确的审美观点以及感受美、鉴赏美和创造美的能力的教育。

美育是社会主义精神文明和物质文明建设的需要。美育能提高人们的审美能力，增长人们的聪明才智，丰富人们的精神生活，满足人们日益增长的审美要求和情趣。美育能给人们提供区别善恶美丑的标准，提高人们的精神境界，促进社会主义精神文明的建设。美育可使学生在未来的物质生产过程中按照美的要求创造出优质美观的产品。

美育是陶冶性情、培养健全人格的需要。美育具有形象性和情感性的特点，能以具体、鲜明、生动的形象感染人、陶冶人。美育可以潜移默化地影响人的气质、情操、性格、意志和信念，起到塑造人的心灵、陶冶人的情感、培养健全人格的作用。

5. 劳动技术教育

劳动技术教育是向学生传授现代生产劳动的基础知识和基本生产技能，培养学生正确的劳动观点，养成良好的劳动习惯的教育。劳动技术教育包括劳动教育和技术教育两个方面。

劳动技术教育有利于促进学生的全面发展。在中小学对学生进行劳动技术教育，让学生参加一定的劳动，可以促进学生养成良好的道德品质，培养劳动观念、劳动习惯和尊重劳动人民的思想感情，养成珍惜劳动成果，爱护公共财物的品德，增强对社会和集体的责任感。劳动技术教育可以使学生把课堂上学到的知识和实际联系起来，加深对书本知识的理解，促进理论和实际、感性认识和理性认识的结合，使学生获得比较完全的知识和掌握一定的生产劳动的技能。在劳动实践中，学生的情操可以得到陶冶，体质受到锻炼。

德育、智育、体育、美育和劳动技术教育作为全面发展教育的组成部分，它们之间既不能相互替代，又不能彼此分割。之所以不能替代，是因为各育之间是有区别的，每一育都有它特定的内涵、任务和功能，每一育的社会发展价值和个体发展价值都是不同的、不可或缺的，之所以不可分割，一方面是因为各育之间是相互渗透的，每一育中都包含着对人的智力、情感、意志和行为的要求；另一方面因为各育之间是互相促进的，存在着互为目的和手段的关系。再者,教育活动的综合性也决定了这五部分的任务和功能综合在每一类活动中,每一类活动中都不同程度,不同范围地实现各育的任务和功能,而不是由不同的活动分别来实现这五部分的任务。我们把完整的教育活动相对地划分成德育、智育、体育、美育和劳动技术教育,这只是出于研究的安排而人为进行的一种抽象的、理性的划分。在现实的教育教学实践中,不存在纯而又纯的德育、智育、体育等。

综上所述,德育、智育、体育、美育和劳动技术教育都是全面发展的有机组成部分。它们各自有自身的基本任务,不能相互代替,但又是相互联系、相互促进的一个整体。其中,德育是实施各育的思想基础,为其他各育起着保证方向和保持动力的作用;智育是其他各育的知识和智力基础,各育的实施都不能离开知识技能教育;体育为各育的实施提供健康基础,是各育得以实施的物质保证;美育和劳动技术教育是德、智、体的具体运用与实施,可以促进学生德、智、体的发展和提高。因此,对学生实施德育、智育、体育、美育和劳动技术教育,是实现教育目的培养全面发展人才的基本教育内容。

根据各育之间的关系,在实践中要避免忽视某一个部分或把每个部分孤立起来的错误做法,要坚持"五育"并重,使全面发展教育的各组成部分有机地结合起来。当然,"五育"并重并不是均衡发展。要求每一个学生都成为科学家、艺术家、运动健将,或者要求每一个学生都精通语文、数学、外语、政治、历史等是不可能的。全面发展,是指学生基本素质的发展,学生可以而且应当在基本素质全面发展的基础上保持并发展自己的兴趣和特长。就个人来说,基本素质的发展和兴趣、特长的发展是相互依赖、相互促进的。所以,在教育工作中,要承认学生的个人特点,承认学生之间的差别,把全面发展与因材施教结合起来,使学生既有比较完善的基本素质,又能充分发展其特长,形成丰富而独特的个性。

同步练习

一、单项选择题

1.(　　)是整个教育工作的核心,是一切教育工作的出发点和归宿。

A. 教学目标　　B. 教育目的

C. 教学方针　　D. 素质教育

2.(　　)的教育目的论者主张,教育纯粹是个人的事,教育无论是对公众、集体还是社会都不承担责任。

A. 自然主义　　B. 自由主义

C. 存在主义　　D. 社会本位论

3. 素质教育是以(　　)为重点的教育。

A. 德育　　B. 智育

C. 全面发展　　D. 培养创新精神

4. 现代教育与传统教育的根本区别在于(　　)。

A. 创新能力的培养　　B. 知识的数量与更新

C. 内容的单一性　　D. 提倡全面发展

5. 教育目的与培养目标之间的关系是(　　)的关系。

A. 理论和实践　　B. 整体和部分

C. 具体和抽象　　D. 普遍和特殊

6. 教育者在教学过程中,在完成某一阶段(如一节课、一个单元或一个学期)工作时,希望受教育者达到的要求或产生的变化结果,这是在说(　　)。

A. 教学目标　　B. 教学目的

C. 培养目标　　D. 教学大纲

7. 人的全面发展的内涵是指(　　)。

A. 从各自的理想出发,使各个价值得到充分发展

B. 人的精神、身体、个体性和社会性得到普遍、充分而自由的发展中

C. 德、智、体、美相结合的全面发展

D. 自由天然性得到自由发展

8. 实现人的全面发展的唯一方法是(　　)。

A. 尊重个人价值　　B. 教育与生产劳动相结合

C. 进行素质教育　　D. 实现共产主义社会

9. 下列不属于自然主义教育目的论者的是(　　)。

A. 卢梭　　B. 康德

C. 洪堡　　D. 福禄培尔

10. "四有、两爱、两精神"是在(　　)中提出的。

A.《中华人民共和国宪法》　　B.《中共中央关于教育体制改革的决定》

C.《中华人民共和国教育法》　D.《关于深化教育改革,全面推进素质教育的决定》

11. 美育的最高层次任务是(　　)。

A. 创造艺术美　B. 创造生活美

C. 培养创造美的能力　D. 培养鉴赏美的能力

12. 我国社会主义教育目的形成的理论基础是(　　)。

A. 马克思主义关于人的全面发展的学说

B. 培养建设有中国特色的社会主义接班人

C. 素质教育的内涵

D. 历史唯物主义和剩余价值学说

13. 我国现阶段的教育目的是(　　)。

A. 陶冶学生的人格,注重培养有教养的人

B. 注重科学技术教育,培养具有创新思想和开拓精神的人

C. 适应时代精神,强调个性自由发展

D. 以培养创新精神和实践能力为重点,造就"四有"的德智体美等全面发展的社会主义建设者和接班人

14. 根据各级各类学校任务确定的对所培养对象的特殊要求叫作(　　)。

A. 教育目的　B. 教学目标

C. 培养目标　D. 培养目的

15. 中国当代历史上第一个以法律形式出现的教育目的是(　　)。

A. "百花齐放、百家争鸣"的文化方针

B. 1982 年《中华人民共和国宪法》中规定的教育方针

C. 1995 年《中华人民共和国教育法》中规定的教育方针

D. 1985 年《中共中央关于教育体制改革的决定》中规定的教育方针

16. 马克思主义认为真正地实现人的全面发展是在(　　)社会。

A. 资本主义　B. 社会主义

C. 空想主义　D. 共产主义

17. 当代中国教育的导向思想是(　　)。

A. 应试教育　B. 双轨制教育

C. 素质教育　D. 终身教育

18. 造成人的片面发展的原因是(　　)。

A. 旧时不合理的劳动分工　B. 脑力劳动和体力劳动的分化

C. 社会生产力水平　D. 科技水平不均衡

19. 下列属于社会本位论者的是(　　)。

A. 艾伦·凯　B. 涂尔干

C. 沛·西能　D. 哈耶克

20. 在我国全面发展教育中起保证方向和保持动力作用的是(　　)。

A. 德育　B. 智育

C. 美育　D. 劳动技术教育

二、填空题

1. 就其表述和内容而言，教育目的具有________、________和________三个特征。

2. 教育目的的功能表现在三个方面：________、________、________。

3. ________是衡量和评价教育实施效果的根本依据和标准。

4. 教育目的的层次分三个方面：________、________、________。

5. 培养目标是由特定________和特定________的需要决定的，因受教育对象所处的学校类型、级别而变化。

6. 教育目的是针对________提出的，培养目标是针对________提出的。

7. 由于社会制度、经济、文化历史背景不同，教育目的的内涵也不同，教育目的具有________。

8. 教育目的主要是通过________实现的。

9. ________认为教育的最高目的在于培养治理国家的哲学家；而________心中的理想则是培养自然天性得到自由发展的人。

10. 个人本位论的基本观点有________教育目的论、________教育目的论、________教育目的论。

11. ________论者主张个人对社会规范或社会权威的服从，________是确定教育目的的首要因素，________是次要因素。

12. 新中国建立后颁布的第一个教育方针，由________于1957年在最高国务会议上提出。

13. 教学目标与教育目的、培养目标的关系是________的关系。

14. ________不仅是一种智力特征，更是一种人格特征，是一种精神状态。

15. 应试教育与素质教育的根本区别在于能否________。

16. 马克思主义认为，人的全面发展是________的客观要求。

17. 社会主义全面发展教育由________、________、________、________和劳动技术教育等部分构成。

18. 国家对把受教育者培养成什么样的人的总的要求即________。

19. 教育目的的性质和方向是由________决定的。

20. "忠君、尊礼、尚公、尚武、尚实"是________时期的教育目的。

三、简答题

1. 普通中学智育有哪些要求？

2. 什么是教学目标？教学目标与教育目的、培养目标之间的关系如何？

3. 为什么说现代教育与传统教育的根本区别在于重视培养学生的创新能力？

同步练习参考答案

一、单项选择题

1. B　2. C　3. D　4. A　5. D　6. A　7. B　8. B　9. C　10. B　11. C　12. A　13. D　14. C　15. B　16. D　17. C　18. A　19. B　20. A

二、填空题

1. 抽象性　理想性、终极性
2. 导向功能　激励功能　评价功能
3. 教育目的
4. 教育目的　培养目标　课程与教学目标
5. 社会领域　社会层次
6. 所有受教育者　特定的教育对象
7. 社会制约性
8. 各级各类学校的教育活动
9. 柏拉图　卢梭
10. 自然主义　自由主义　存在主义
11. 社会本位　社会　个人
12. 毛泽东
13. 具体与抽象
14. 创新能力
15. 培养学生的创新精神和创新能力
16. 现代大工业生产
17. 德育　智育　体育　美育
18. 教育目的
19. 政治经济制度
20. 清末新学制改革之后

三、简答题

1. 答:(1)帮助学生进一步系统地学习科学文化基础知识,掌握相应的技能和技巧。

(2)发展学生的思维能力,想象能力和创造能力,养成良好的学习习惯和学习能力。

(3)培养学生良好的学习习惯、情感、意志和积极的心理品质。

2. 答:教学目标是教育者在教育教学过程中,在完成某一阶段工作时,希望受教育者达到的要求或产生的变化结果。教学目标与教育目的、培养目标之间的关系是具体和抽象的关系,他们彼此相关,但不能相互取代。目的与目标根本不同,目标可以测量,而目的是不能测量的。

3. 答:传统教育是以教学内容的稳定性和单一性为基本出发点,以知识记忆和再现为基本学习目标,它强调的是掌握知识的数量和准确性,强调的是对过去知识的记忆。因此,传统教育把掌握知识作为教学目的,把教学过程理解为知识积累的过程。在这样的教学过程中,创新能力的培养没有也不可能得到重视。

现代社会,知识创造、更新速度的急剧加快,改变着以知识的学习、积累为目的的教育活动。知识的学习成为手段,成为认识科学本质、训练思维能力、掌握学习方法的手段。在教学过程中,强调的是"发现"知识的过程。而不是简单地获得结果,强调的是创造性地解决问题的方法和行程探究的精神。在这样的教学过程中,学生的应变能力、创新能力也就在解决问题的过程中得到了培养和发展。

第五章　教师与学生

本章概要

教师和学生是开展教育活动的两个基本要素。教师职业的产生和发展,与社会分工的出现和深化、教育的产生和发展联系在一起。教师职业具有独特的性质和特点。教师需要具有专业人员的专业素质,通过多途径的专业发展不断走向成熟。学生是教育的对象,是教育活动得以存在的根本。有效的教育工作离不开对学生的认识和了解。为此,有必要了解学生的本质属性、权利和义务、学生的时代特点及其在教育过程中的地位,探讨学生的个别差异以及与之对应的教育。

引导案例

班上有个学生刘某,对学习缺乏兴趣,上课不专心听讲,很少举手发言,不是做小动作,就是找同学说话,家庭作业完不成,有时还与同学吵闹。他就像一匹脱缰的野马,想摆脱所有的束缚。同学们都避开他,不愿与他交朋友。越是这样,他越是肆无忌惮。我苦口婆心地多次找他谈话,希望我的付出能像雨露慢慢滋润他的心田。可是,对于这一切他似乎从不领情。有一次,我与他谈话,可能我的言语惹怒了他,他竟用拳头打到我身上,我十分气愤。同事劝我:他多年的坏习惯很难改,你就别管他了。虽然我心里委屈,但我没有放弃对他的教育。我经常与他的父母联系,共同探讨教育方法。我依旧找他谈心,还经常请他帮助收拾讲台、擦黑板等,慢慢地他愿意和我接近了。为了能够让他更快进步,寒假期间,我到他家家访,询问他作业完成情况等。可能是我的真诚感动了他。新学期开始,他变了!作业能完成了,在课堂上的小动作少了,其他同学悄悄对我说:"老师,开学两个月了,刘某没打过一次架。"在学校举办的风筝比赛中,他获得二等奖。当他把这个消息告诉我时,我看到了他的自信与快乐。①

学生刘某从开始对老师怀有敌意、不愿意接受老师的教育,到后来与老师的关系融洽,并努力改变自己。从这一案例中,我们体会到教师对学生的教育方式很重要。教师只有从学生的角度出发来思考和处理问题,才能促进学生的健康成长。

① 刘小敏:《关爱学生 建立良好的师生关系》,http://www.doc88.com/p--7854036801576.html。

第一节 教 师

一、教师职业的产生和发展

教师是一种历史悠久的社会职业,教师职业的产生与发展,是与社会分工的出现和深化、教育的产生和发展联系在一起的。教师职业的发展大致可以分为三个阶段。

(一)教师职业的非专门化阶段

在人类社会初期,在生产和生活中以"长者为师",教师还没有形成一种独立的职业。随着独立形态学校的形成,也就有了教师这一职业。我国的春秋战国时期,孔子首创私学,历史上第一次出现了以教为业并以此谋生的专职教师。但是在古代社会,无论是我国还是西方,由于教师承担的主要职能是道德教化,因此,凡是掌控"道"的人都可以成为教师,如欧洲的神职人员、中国的官吏等,一般不需要专门的师资机构来培养,由此形成了长者为师、典范为师、以吏为师、以僧为师等古代教师的基本特色。

(二)教师职业的专门化阶段

教师职业从兼职到专职,从非专门化到专门化的发展,主要是由于社会发展所带来的独立师范教育的兴起。最早的独立师范教育机构产生于法国。1681 年法国天主教神甫拉萨尔(1651—1719)创立了第一所师资训练学校,成为世界独立师范教育的开始,1795 年法国在巴黎设公立师范学校,1810 年设立高等师范学校。1832 年,颁布统一的师范学校系统,统一隶属中央。1833 年,法国《基佐教育法》明确规定各省均设师范学校一所。1695 年,德国法兰克在哈雷创办了一所师资养成所,实施师范教育,成为德国师范教育的先驱。盛宣怀于 1897 年在上海创立南洋公学,内设师范院,这是中国第一所以专门培养教师为主的师范学校。从 1870 年到 1890 年间,世界许多国家都颁布法规设立师范学校。通过设立独立的师范教育机构,对教师进行定向专业化培养,教师职业也由此进入了专门化阶段。

(三)教师职业专业化培养模式多元化阶段

20 世纪 50 年代以后,世界许多国家对教师培养体制进行改革,将原来的师范学校升格或合并到大学,招收高中毕业生,教师培养任务改为由综合性大学的教育学院或师范学院承担。以独立设置的师范学校为主体的师范教育体系开始被师范院校、综合大学等多种教育机构共同参与教师培养的教师教育体系取代。20 世纪 60 年代,世界教师培养模式处在了"师范教育"向"教师教育"转化的进程之中。"教师教育"的概念产生于 20 世纪 60 年代的欧美。在东方,日本于 20 世纪 70 年代最早开始引用,80 年代成为正式用语。在我国,2001 年 5 月《国务院关于基础教育改革与发展的决定》中明确提出,要"完善教师教育体系,深化人事制度改革,大力加强中小学教师队伍建设",这是"教师教育"的概念首次出现在我国重要的教育文件中。与师范教育相比,教师教育体系从时间维度上看是终身性的,不仅包括职前教育,还包括入职教育和职后教育。尽管目前教师职业还不能与一些传统意义上的专业性职业相比,但从 20 世纪 80 年代以后,教师职业正朝着专业化方向发展,作为从教者的教师已是一种其他职业劳动者不可替代的社会角色。

二、教师职业的性质和特点

（一）教师职业的性质

教师，是传递和传播人类文明的专职人员，是学校教育职能的主要实施者。从广义上讲，凡是把知识、技能和技巧传授给别人的人，都可称之为教师。从狭义上讲，教师指经过专门训练、在学校从事教育教学工作的专门人员。教师是学校教育工作的主要实施者，根本任务是教书育人。

《中华人民共和国教师法》第一章第三条对教师概念进行了全面的、科学的界定："教师是履行教育教学职责的专业人员，承担教书育人，培养社会主义事业建设者和接班人、提高民族素质的使命"。这一界定包含了两个方面的内容：

1. 教师职业是一种专门职业，教师是专业人员

教师职业属于专门职业，教师是从事教育教学工作的专业人员。1994 年实施的《教师法》第一次从法律角度确认了教师的专业地位。

2. 教师是教育者，教师职业是促进个体社会化的职业

学生从自然人发展成社会人，是在学习、接受人类经验，消化、吸收人类文化的社会化过程中逐步实现的。教师根据一定社会要求，向年轻一代传授人类长期积累的知识经验，规范他们的行为品格，塑造他们的价值观念，引导他们把外在的社会要求内化为个体的素质，从而实现个体的社会化。

我国教师承担着教书育人、培养社会主义事业建设者和接班人、提高民族素质的使命。

（二）教师职业的特点

教师职业最大的特点在于职业角色的多样化。一般来说，教师的职业角色主要有以下几个方面：

1. 传道者角色

教师负有传递国家和社会赋予的传统道德、价值观念的使命，"道之所存，师之所存也"。在现代社会，虽然道德观、价值观呈现出多元化特点，但教育和教师的道德观、价值观总是代表着居于社会主导地位的道德观、价值观，并用这种观念引导学生，因而教师的教育教学不具有随意性。另外，教师对学生的"做人之道""为业之道""治学之道"等也有引导和示范的责任。

2. 授业、解惑者角色

教师是社会各行各业建设人才的培养者，他们在掌握了人类经过长期的社会实践活动所获得的知识经验、技能的基础上，对其进行精心加工和整理，然后以特定的方式传授给年轻一代，并帮助他们解决学习中的困惑，启发他们的智慧，形成一定的知识结构和技能技巧，成为对社会有用的建设者。

3. 示范者角色

学生具有向师性，教师的言行是学生学习和模仿的榜样，教师作为成人世界的代表，其言论、行为、为人处世的态度对学生具有示范的作用，发生着潜移默化的影响。正如夸美纽斯所说，教师的职务是用自己的榜样教育学生。

4. 管理者角色

教师是学校教育教学活动的组织者和管理者，需要肩负起教育教学管理的职责，包括确

定目标、建立班集体、制定和贯彻规章制度、维持班级纪律、组织班级活动、协调人际关系等，并对教育教学活动进行控制、检查和评价。

5. 朋友角色

在某种程度上，学生往往愿意把教师当作他们的朋友，也期望教师能把他们当作朋友看待。学生希望得到教师在学习、生活、人生等多方面的指导，希望教师能与他们一起分担痛苦与忧伤，分享欢乐与幸福。

6. 研究者角色

教师的工作对象是充满生命力的、千差万别的活的个体，传授的内容是不断发展变化着的人文、科学知识，这就决定了教师要以一种变化发展的态度来对待自己的工作对象、工作内容，要不断学习、不断反思、不断创新。

教师职业的这些角色特点，决定了教师职业的重要意义和重大责任，决定了对教师的高素质要求。

三、教师劳动的特点

教师的劳动特点由教师的任务和职业角色的多重性所决定。教师劳动具有以下特点：

（一）复杂性

教师劳动的复杂性是由其工作性质、任务及过程的特殊性所决定的。教师的劳动属于专业性工作，教师为专业人员，从职业性质上认定它是从事精神财富生产的脑力劳动者，具有复杂性。教师的任务是教书育人，包含多方面的要求和较为复杂的内容。教师的劳动过程是培养人的精神生产的过程，不同于物质生产的操作过程。现代学校教育中知识的传输量明显增加，强调发展学生智能，要求培养学生的创造精神。同时先进的科学技术手段与方法日益应用于教育领域，这都要求教师有更高的专业水平，这说明现代教师劳动复杂性提高了。

（二）创造性

1. 教师劳动的创造性主要是由劳动对象的特点所决定的。教师的劳动对象是人，特别是中小学教师，他们的教育对象是正在成长的少年儿童。这就要求，教师的劳动不仅要遵循教育规律，讲科学性，同时还要讲艺术性，像艺术家那样进行创造性的劳动，教育工作是对人的改造与塑造的统一。

2. 在教育工作中，无论是教学还是组织学生开展各种活动，教师总是会遇到一些偶发事件，就要求教师富有创造性，灵活机敏地去处理问题。

3. 现代教育的一项重要目标是培养学生的创造精神。培养学生的创造兴趣、创造思维方法与习惯、从事创造活动的能力，这对教师提出了更高的要求。事实上，教师必须在教育过程中培养出具有创造精神的学生，因此，富有创造性是现代教师劳动的突出特点之一。

（三）示范性

1. 教师劳动手段的特殊性，决定了教师的示范作用。在教育过程中教育的基本手段与教育者融为一体。教师是学生学习的直接榜样，他的思想行为、求知精神、科学态度、思维方法等都对学生起示范作用。

2. 少年儿童最富有模仿性，也最信赖教师，把教师看作知识的化身、高尚人格的代表，是他们天然的学习榜样。自觉地接受学生最严格的监督，以身作则，为人师表，用自身的榜样教育学生是教师劳动的重要特点。

(四)长期性

培养人才是长期的系统工程。教师劳动的根本意义是实现教育目的,帮助学生成长,达到这一目的必须经过长期性的工作。认识教师劳动长期性的特点,有助于树立素质教育思想。教师劳动具有长期性的特点,追求的应是长期育人目标,而不应只追求短期的考试成绩。长期育人目标的实现要求教师付出长期不懈的努力。

四、教师职业专业化的条件

何谓专业化? 专门化的知识和技能,从业人员需要接受长期的专门训练;具有高度的专业自主权,能够在专业范围内自主决策、判断和处理问题,不受行政的干预;向社会提供具有一定独特性的公共服务。

为适应时代发展对教师的要求,教师应具有现代教育理念,具备多方面的良好素质。

(一)现代教育理念

教育理念是指教师在对教育工作本质理解基础上形成的关于教育的观念和理性信念。叶澜认为,根据教育发展的需要,教师应具有以下现代教育理念:

1. 新的教育观

新的教育观强调教育的“未来性”“生命性”和“社会性”。这就要求教师立足未来,培养学生对未来社会的适应能力,使教育真正为社会发展和学生的终身发展服务。

2. 新的学生观

新的学生观关注的是学生的“主动性”“潜在性”和“差异性”。教师要充分认识到学生不是被动的知识接受者,而是学习活动中不可替代的主体,能积极主动参与教育活动,具有主观能动性。学生具有旺盛的生命力,具有多方面的发展需要和发展可能。同时,每一个学生都具有自己的独特性,相互之间存在着差异性。只有树立新的学生观,教师才会以新的发展眼光看待学生,尊重和信任学生,承认学生的差异性,充分发挥每个学生的潜能。

3. 新的教育活动观

新的教育活动观强调教育活动的“双边共时性”“灵活结构性”“动态生成性”和“综合渗透性”。教师作为教育活动的策划者和领导者,必须明白教育活动是一个复杂的过程,它具有多方面的特点。因此,教师要创造性开展教育活动,引导学生积极主动地学习,培养学生自我教育的意识和能力。

(二)良好的素质

教师要完成教书育人的艰巨任务,适应教师劳动特点的要求,必须具备多方面的良好素质。

1. 职业道德素质

教师的职业道德就是指教师在从事教育的过程中,思想和行为应该遵循的道德规范和准则。教师的职业道德内容是十分丰富的。因此,对教师的道德素质要求也是多方面的。

(1)热爱教育事业,献身教育事业

热爱教育事业、献身教育事业是教师职业态度的首要内容和崇高境界。它集中反映了教师对祖国、对人民和社会主义的衷心爱戴,既是人民教师整体声誉的重要标志,又是每个教师做好工作的强大动力,它不但可以激发教师工作的责任感,而且可以使教师产生对教育工作的高度热情和浓厚兴趣。

(2)热爱学生,诲人不倦

热爱学生,孜孜不倦地教诲学生,是教师职业素养的中心内容,是热爱、忠诚于党的教育事业的具体表现。它也是一切思想教育的基础和前提,是巨大的教育力量和重要的教育手段。

(3)严于律己,以身作则

严于律己,以身作则,这是对一个教师的最基本要求。它既是教师形成威信的必要条件,又是教师做好教育工作的保证。一个教师的思想品德、治学态度、行为举止,对于可塑性、模仿性很强的青少年学生有着直接的影响。

首先,教师必须在外表上和行为上处处严格要求自己,为学生做出良好的榜样。

其次,教师要以身作则,言行一致。要求学生做到的,自己应该首先做到,要守时守信。

(4)团结协作,互勉共进

这是指向教师相互关系的道德素质要求。教育活动与其他社会活动一样,其成果决非由单个人劳动所能取得,而是教师集体共同努力的结果。每一位教师都是"有所长"者,亦是"有所短"者,在现代社会,要完成复杂的学校教育任务,必须由对各门学科"术有专攻"的教师共同承担。此外,教师集体团结协作,共进互勉,也可以促进教师个人的发展。正如马克思所指出的,"只有在集体中,一个人才能获得全面发展其才能的手段"。教师只有成为教师集体的一分子,才能真正发挥出应有的作用。

2. 科学文化素质

教师的业务素质,是指教师在从事教学活动中,全面完成教书育人的任务,所应具备的完善而合理的知识结构和能力结构。它是教师充分发挥作用、做好本职工作所必不可少的基本条件。

(1)教师的知识结构

具备比较渊博的知识是教师完成工作任务的前提和基础。中小学教师合理的知识结构应包括以下三个组成部分:

其一,通晓所教的学科和专业。

专业知识在教师的知识结构中,属于核心内容,也是教师用以向学生传授知识的必备基础。这就要求教师对所教的学科和专业有比较系统而透彻的理解,全面掌握所教学科和专业的基本概念、基本理论、基本结构和学科专业体系,还要对本学科的历史、现状和未来以及在本学科方面作出过重大贡献的著名科学家、学者的生平业绩有所了解。

其二,具有比较广博的基础文化知识。

广博的文化知识是指与专业知识相关的其他学科的知识和一般文化知识。任何一个教师对学生所施加的影响,不仅在于某一专业领域,还渗透到学生活动的一切时空范围内。作为一名合格的中小学教师,为了获得向学生施加全面影响的手段和才能,就应该在通晓一定专业知识的前提下,拥有比较广泛的文化科学基础知识,包括相关学科的、相邻学科的以及一定的"文史哲""数理化""史地生""音体美"的知识和相应的技能(如写作、计算、绘画、音乐、体育活动等)。只有这样,教师在教学时才能旁征博引,游刃有余,才能使内容更充实,讲课更有吸引力。

其三,掌握教育科学理论,懂得教育规律。

教师仅有精深的专业知识，广博的文化基础知识是不够的，还要善于把这些知识传授给学生，还要教学生自己会学习，善于“科学育人”，这就要求教师必须有足够的教育学、心理学的知识理论，懂得青少年身心发展的一般特点和个性、品德形成的一般规律，以及如何根据这些特点和规律去教育学生。

(2)教师的能力结构

教师所具有的多重角色身份表明其教育职能是多样性的，因此，也要求教师必须具备相应的多方面能力。

其一，了解学生的能力。

其二，对教材加工处理的能力。

其三，语言表达能力。语言是教师用以向学生传授知识或施加影响的最经常、最重要的形式。语言表达能力也是教师能力结构中最重要的组成部分。每个教师都应该自觉地注重语言能力的训练，以使自己的语言达到以下要求：第一，口齿清楚，说普通话；第二，确切明了，简单通俗；第三，口头语言与体态语言协调使用。

其四，组织管理能力。组织管理能力集中表现为组织教学能力、组织班集体的能力、组织课外活动的能力等。

其五，教育机智。教育机智，是指教师在教育活动中表现出来的对新的、意外的情况正确而迅速地作出判断，并采取有效措施，用以解决问题的能力。

其六，自学和科研能力。教师要想很好地完成教书育人的任务，就要不断地随着时代的发展、知识的发展去获得新知识，更新自己的知识结构，这都要靠教师的自学才能解决。在自学过程中，不断给自己提出明确的奋斗目标，制订详细的读书计划，善于从各种材料中获取新知识，充实到自己的教学中去，一方面可以丰富自己的教学内容，另一方面也可跟上知识的发展。科研能力也是教师必备的一种素质。世界性的新技术革命向传统的教育提出挑战，也就对教师的素质提出了新的更高的要求——科学研究，联合国教科文组织在的一份报告中指出：“在当今，从教师在教育体系中的作用看，教师与研究人员的职责趋向于一致。”科研能力也就成了现代教师不可缺少的能力，教师只有把科研和教学紧密结合起来，才能不断促进教学质量的提高，促进教学水平的提高。

3. 心理素质

作为塑造人类灵魂的工程师，教师要有优良的心理素质。

(1)积极乐观的情绪。教师应注重情感修养，使自己有积极、乐观、平静、幽默的情绪，让学生从中逐渐升华乐观向上的人生态度。教师要用自己的情感去点燃学生心灵的火花。

(2)豁达开朗的心胸。教师心地坦荡，能与学生融洽相处，给人以生气勃勃、坦诚大度的良好印象。教师要具有这种心胸，首先要有高尚的情操作基础，其次要结合自己的气质特点克服性格弱点，形成良好的性格结构特点。

(3)坚韧不拔的毅力。教师有坚韧的毅力，以之为学生的榜样，使学生养成良好的意志品质。教师要加强自我意志锻炼，做到坚韧不拔、持之以恒，克服消极的意志特点。

4. 创新素质

为适应当前的创新教育，教师应有创新素质：

(1)创新教育观念。教师的创新观念应贯穿于教育教学各环节，统帅教育教学的全过程。首先，要有创新的教育目标；其次，要有创新的师生观；最后，在教学模式上，要实行师生互动。

(2)创新教育能力。教师创新教育能力主要体现在创造性的教育教学技巧上:一要善于创设挑战性的问题情境;二要积极营造民主和谐的师生关系;三要熟练运用现代化的教学手段。

(3)创新的人格特征。教师的创新人格特征对创造性教学起着推动作用,是创新教育的基础。教师的创新人格是多方面的,其中对教学效果有明显影响的有两个方面:一是教师的热情和同情心;二是教师的想象力和激励作用。

五、教师的社会地位

教师的社会地位,是指教师职业在整个社会的职业体系中所处的位置。一般说来,一门职业的社会地位由四个部分组成,即专业地位、经济地位、政治地位和职业声望。所以,也可以把这四个方面作为教师社会地位的主要标准。以下就从这四个方面来分析教师的社会地位。

(一)教师的专业地位

1966年,联合国教科文组织颁布的文件《关于教师地位的建议》中规定:"教师的工作应被视为专业性职业。"自此,世界各国逐渐认同教师的专业地位,并为确保教师职业的专业性、提高教师的专业化水平作出了不懈努力。

随着对教师专业地位认识的深入和教师社会价值的发挥,我国也将教师职业确认为专门的职业。1986年,中国国家统计局和原国家标准局发布的《中华人民共和国标准职业分类与代码》中,将教师列为"专业技术人员"。1993年颁布的《中华人民共和国教师法》规定"教师是履行教育教学职责的专业人员",并对小学、初中、高中教师就业的学历标准提出了具体要求。与此相应,我国还建立了多规格、多层次、多形式的教师教育体系,并于1995年开始实行教师资格证书制度。特别是2012年2月20日,国家教育部印发了《幼儿园教师专业标准(试行)》《小学教师专业标准(试行)》和《中学教师专业标准(试行)》,这是我国教师专业化的一个里程碑。专业标准的制定和发布,对于增强教师专业发展的自觉性,建设高素质专业化的教师队伍,巩固和提高教师的专业地位都具有重要意义。

(二)教师的经济地位

教师的经济地位是指教师的经济待遇在社会职业体系中所处的相对高度,是由教师的工资收入、福利待遇、物质生活水平与其他职业相比较的结果来确定。教师的经济地位是教师社会地位最直接和最基础的指标,决定教师职业是否有吸引力,能否吸引高素质人才加入教师队伍,是保障教师队伍稳定性而保证和提高教育质量的关键因素。

由于种种历史和现实原因,我国教师的经济地位基本属于低下型。在工资收入普遍偏低的情况下,许多地区屡屡存在工资拖欠问题,20世纪70年代末期甚至出现了教师与体力劳动者收入倒挂的现象。改革开放以来,党和国家政府非常重视提高教师的待遇,为提高教师的生活水平、改善教师生活境遇做了许多工作。特别是1993年2月颁发的《中国教育改革和发展纲要》中郑重写道:"要使教师待遇和生均公共经费逐年有所增长""要把教师待遇提到社会的中等偏上水平"。同年10月颁布的《中华人民共和国教师法》,以法律的形式规定"教师平均工资水平应当不低于或者高于国家公务员的平均工资水平,并逐步提高。建立正常晋级增薪制度""中小学教师和职业学校教师享受教龄津贴和其他津贴""地方各级政府对教师以及具有中专以上学历的毕业生到少数民族地区和边远贫困地区从事教育教学工作的,应当予以补贴”“地方各级人民政府和国务院有关部门,对城市教师住房的建设、租赁、出售实行优先、优惠”。在党和政府的多方努力下,近年来,教师的经济待遇逐渐好转,教师职业正逐渐成为一种令人羡慕的职业。虽然国家面临的问题很多,但解决教师待遇问题一直是各级政府共同努力解决的重大问题之一。随着教师经济待遇的逐步改善,教师职业的吸引力也越来越强,教师的社会地位也将随之逐步提升。

(三)教师的政治地位

教师的政治地位是指教师在国家或民族的政治生活中参政议政的程度以及社会政治体系中所处的位置,包括教师参政议政的深度、广度、幅度,教师政治身份的获得,教师自治组织的建立,政治影响力,政治待遇,专业权限等。

教师政治地位的高低是与时代及社会制度的性质紧密联系在一起的。在等级森严的奴隶社会与封建社会,教育只是统治阶级愚弄和驯服人民的工具,教师也只不过是统治者的雇佣劳动力,必须完全服从统治者的意志,因而处于一种被利用的地位,有时还要受到政治上的压制和迫害。在公共教育制度逐渐完善之后,西方的教师职业特征逐渐明显,许多国家致力于提高教师的政治地位,如德国公立学校教师都是公务员,日本国立学校教师是国家公务员,公立学校教师是地方公务员,英、法两国的教师也都是国家公职人员。在这些国家,教师均享有较高的政治地位。我国在新中国成立后,教师与其他劳动者一起成为国家的主人,教师的政治地位发生了根本性的变化,享有广泛的民主权利和崇高的荣誉。如教师作为知识分子被明确为工人阶级的一部分,各级政府选举教师当人大代表和政协代表,把教师纳入享受政府特殊津贴的选拔范围,授予教师以特级教师、劳动模范等光荣称号。近年来,党和政府还积极吸纳教育系统的知名专家、学者进入各级政府的领导班子,进入国家智囊机构来为政府的内外交工作出谋划策,调动教师的政治热情和参政议政的积极性。国家不仅多次强调要“提高人民教师的政治地位和社会地位”,而且于 1994 年颁布《中华人民共和国教师法》,以法律形式保障教师应有的权利和待遇。1985 年 1 月,全国人大常委会通过决议确定每年 9 月 10 日为“教师节”,在全社会广泛倡导尊师重教风气。这些都有力地提高了教师的社会影响和政治地位,极大地鼓励了教师工作的积极性。

(四)教师的职业声望

职业声望是社会公众对某一职业的意义、价值、社会作用的综合评价,具体体现在公众对职业形象的优劣、职业吸引力的大小、职业威望的高低等方面的评价。教师的职业声望是指社会公众对教师职业的社会评价。教师的职业声望影响着教师群体职业权利的实现和教师个体的心理状态,是教师社会地位的综合体现。

教师职业声望的高低一般取决于教师对社会所做的贡献,教师的经济收入和工作条件,教师的职业道德和辛劳程度,同时也受到社会发展水平和传统文化的影响。中国素有尊师的传统,又由于教师对社会的贡献和教师辛勤耕耘、无私奉献的精神是众口皆碑的,所以教师一向被社会公众认为最佳形象,享有较高的职业声望。一直来,我国教师的职业声望是比较高的,但是,近些年也有下降的迹象,如一些学校和教师乱收费,或收取学生家长的物质和金钱,或不正当地开发利用家长的资源;有的教师体罚或变相体罚学生,污言秽语侮辱学生人格;一些教师责任心下降,做出违反教师职业道德,甚至触犯法律的行为;诸如此类的不良现象,都在一定程度上损害了教师的职业形象。教师的职业声望,也要靠教师自己去珍惜和维护,上述损害教师职业形象的行为必须引起广大教师的警觉。

总之,教师社会地位的高低不是由某一个标准来判断的,更不能仅仅以经济收入的高低来判断,应该以全面、客观、发展的观点,从全方位、多角度进行考察。

六、教师的权利和义务

教师的权利和义务是指法律所规定的教师应该享有的权益和应承担的责任。确立、教师权利与义务的法律依据有《中华人民共和国教育法》、《中华人民共和国教师法》、《中华人民共和国义务教育法》。

在我国,真正意义上的专门针对教师的法律是《中华人民共和国教师法》(以下简称《教师法》)。《教师法》既是国家与各级政府制定教师政策、惩戒各种损害教师利益的违法部门及个人的法律依据,也是广大教师维护自身正当权益和地位的法律武器,使我国的教师管理真正走上了规范化、法律化的轨道。因此,作为当代教师,应该明确自己在法律上享有哪些权利,应该履行哪些义务,并能够在法律允许的范围内发挥个人工作的积极性、主动性和创造性,做到依法执教。

(一)教师的权利

教师的权利,一方面是指教师作为公民所应该享有的权利;另一方面是指教师依据特有的身份而享有的权利。这两部分权利既相互联系,又相互区别。此外,工作于不同阶段和不同类型学校的教师,其享有的权利在某种程度上有所区别。也就是说,义务教育阶段的教师不同于非义务教育阶段的教师,他们享有的权利具有任职阶段的特点。

1. 教师作为公民的基本权利

教师的公民权利是指教师作为公民依法享有相关法律赋予公民的基本权利。依照我国《宪法》的规定,教师的公民权利主要包括:政治权利、宗教信仰权、平等权、人身权、人格权、文化教育权、经济权以及监督权等。在这些基本权利中,人身权利和人格权利是教师作为一般公民权利中最重要的两个方面。教师的人身权利包括:生命权、健康权、人身自由权等;教师的人格权利包括:名誉权、隐私权、肖像权、姓名权等。

2. 教师作为专业教育教学人员的职业权利

作为履行教育教学职责的专业人员,教师的权利是指教师在履行教育教学职责时,依法享有的、得到法律许可和保障的、不可侵犯的权利。就我国而言,按照《教师法》第二章第七条(共六款)的规定,教师享有以下权利:

(1)教育教学权。教育教学权是教师为履行教育教学职责而必须具备的基本权利。《教师法》第七条第一款规定,教师有“进行教育教学活动,开展教育教学改革和实验”的权利,任何个人或部门都无权干涉。教师的教育教学权有三个方面的具体含义:①教师教育教学活动不可剥夺;②教师可在国家、社会、学校许可范围内,依据法律、国家制定的教学大纲等自主组织教育教学活动;③教师可根据学生特点,依据教学大纲采用不同的教学形式和方法进行教学改革和实验。

(2)科学研究和学术交流权。《教师法》第七条第二款规定,教师有“从事科学研究,学术交流,参加专业的学术团体,在学术活动中充分发表意见”的权利。科学研究和学术交流权是指教师作为教育教学专业人员所享有的一项基本权利。教师的科学研究和学术交流权有三个方面的具体含义:①在完成本职工作的同时,有权进行任何专业的研究,并发表论文、著书立说。②在不影响教育教学工作的前提下,参加学术交流活动。③有权在学术研究、活动中发表自己的观点,学术争鸣。不同教育阶段教师科学研究和学术交流权的权限和范围是有所区别的。义务教育阶段要求教师按照既定的教育大纲和教育基本要求来完成教育教学工作,教师不得由于任何原因而耽误教育教学工作。

(3)指导评价权。指导评价权是与教师在教育教学活动中的主导地位相对应的一项特定权利。《教师法》第七条第三款规定,教师有"指导学生的学习和发展,评定学生的品行和学业成绩"的权利。教师的指导评价权有三个方面的具体含义:①教师在不违反法律、学生身心发展规律的前提下,有权根据学生的特点和个体差异,因材施教,采取各种教育方式指导学生的学习和发展。②教师有权严格要求学生,客观公正地评价学生的品行和学业成绩。③教师的指导评价是一项专业性很强的工作,任何人都不得非法干涉。

(4)报酬待遇权。教师的报酬待遇权是宪法赋予公民享有的社会经济权利在教师职业范围内的具体体现。《教师法》第七条第四款规定,教师有"按时获取工资报酬,享有国家规定的福利待遇以及寒暑假的带薪休假"的权利。教师的报酬待遇权有三个方面的具体含义:①教师的报酬必须按时发放,不得拖欠教师的报酬,不得克扣或变相克扣教师的工资。②教师有权要求足额支付工资报酬,包括基础工资、职务工资、课时津贴、奖金及其他津贴在内的所有工资收入。如果学校拖欠教师工资报酬,教师可以找当地教育行政部门解决,教育行政部门拖欠教师工资报酬,教师可以找当地人民政府,人民政府拖欠教师工资报酬,教师找上一级人民政府。③教师有权享受国家规定的各种福利待遇,包括医疗、住房、退休方面的待遇和优惠政策以及寒暑假期的带薪休假。另外,《义务教育法》中也对教师的报酬待遇权进行了具体的补充,例如,各级人民政府保障义务教育教师工资福利和社会保障、义务教育教师的平均工资水平不得低于当地公务员、义务教育阶段的特殊教育教师享有补助津贴。

(5)参与管理权。教师的参与管理权是公民民主权利在教师特定职业下的具体化。《教师法》第七条第五款规定,教师拥有"对学校教育教学、管理工作和教育行政部门的工作提出意见和建议,通过职工代表大会或其他形式,参与学校的民主管理"的权利。教师的参与管理权有两个方面的具体含义:①教师应正确行使批评建议权,不得歪曲事实,进行人身攻击。②教师有权通过教职工代表大会、工会或其他方式参与学校管理,民主讨论决定学校重大事项,维护教师合法权益。教师是举办教育事业的重要力量,教师参与教育教学管理和学校民主管理充分体现了教师主人翁地位,有利于调动教师工作的积极性,提高教师工作效率,也有利于推进学校民主化建设进程。

(6)进修培训权。教师的进修培训权是教师职业权利中最具代表性的一项。《教师法》第七条第六款规定,教师享有"参加进修或者其他方式培训"的权利。教师进修培训权有三个方面的具体含义:①教师有参加进修或者其他方式培训的权利,任何组织和个人不得干涉。②教师进修权的行使必须在完成本人教育教学工作的前提下,根据学校或者教育行政主管部门的安排,有计划、有组织地进行。有关部门应采取措施,保证教师进修培训的权利。③学校或者其他教育机构以及教育行政部门应采取各种措施,保证教师进修培训的权利,以提高教师的素质,促进教育事业的发展。

(二)教师的义务

教师的义务,是指教师依照《教育法》、《教师法》、《未成年人保护法》及其他有关法律、法规,从事教育教学工作而必须履行的责任,表现为教师在教育教学活动中必须做出一定行为或不得做出一定行为。从表现形式上看，教师的义务表现为三种形式：教师贯彻教育方针，完成教育教学工作的义务，是积极性义务；教师不得体罚学生的义务是教育法律规定的禁止性义务；当教师不顾教育法律的规定，对学生实施体罚经教育不改的，有关机关将对其进行相应的处罚并强制其履行相应的义务。

教师的义务可以分为两个部分：一是作为公民应承担的义务；二是作为教师应承担的义务。这两部分既有联系，又有区别。教师作为公民应承担的一部分义务体现在教师特定的义务中，教师作为专业教育教学人员的职业义务有一部分是公民义务的具体化、职业化。两者也各有一部分是独立的，互不重复。

1. 教师作为公民的基本义务

依照我国《宪法》的规定，教师作为普通公民，应当履行如下义务：

①教师具有维护国家统一和全国各民族团结的义务。②教师具有保守国家秘密，爱护公共财产，遵守劳动纪律，遵守公共秩序，尊重社会公德的义务。③教师具有维护国家安全、荣誉和利益的义务。④教师具有保卫祖国和依法服兵役的义务。⑤教师具有依法纳税的义务。

2. 教师作为专业教育教学人员的义务

根据教师的职业特点，结合《教育法》和《教师法》的有关规定，教师作为专业教育教学人员应当承担六项基本义务。

（1）遵纪守法。教师遵纪守法的义务有三个方面的具体含义：①教师作为中华人民共和国公民，在日常工作、生活中应遵守宪法和法律；教师作为承担教育教学职业的专业人员，更应模范遵守宪法和法律，在教育教学领域起到模范示范作用；同时，教师在教育教学工作中，应主动培养学生遵纪守法。②教师必须遵守职业道德规范。我国2008年修订的《中小学教师职业道德规范》明确规定了六个方面的规范内容，这不仅是教师职业道德规范，也是教师的法定义务，教师必须严格遵守。③教师承担着教书育人，培养社会主义事业建设者和接班人、提高民族素质的使命。教师要从情操、言行、衣着上严格自己，成为学生的师表。教师要以人格魅力和学识魅力教育感染学生，做学生健康成长的指导者和引路人。

（2）履行教育教学职责。教育教学工作是教师的本职工作，也是教师的基本义务。《教师法》第八条第二款规定，教师应当“贯彻国家的教育方针，遵守规章制度，执行学校的教学计划，履行教师聘约，完成教育教学工作任务”。该义务有三个方面的具体含义：①教师在教育教学工作中，必须坚持教育教学为社会主义现代化建设服务，必须与生产劳动相结合，培养德、智、体等方面全面发展的社会主义事业的建设者和接班人。必须坚持教育教学的社会主义方向，对学生进行社会主义教育，不能有违背社会主义方向和党的政策的任何言论和教育内容。②教师除遵守法律、法规外，还必须遵守学校的规章制度，按照教学计划和课程标准的要求进行教育教学活动，不得任意该表教学计划，不得无故缺勤、旷工，保证学校教育教学工作的有序进行。③教师应按照聘任合同的约定，履行教育教学职责，完成聘任合同约定的工作任务。

（3）对学生进行思想政治教育。《教师法》第八条第三款规定，教师有“对学生进行宪法所确定的基本原则的教育和爱国主义、民族团结的教育，法制教育以及思想品德、文化、科学技术教育，组织、带领学生开展有益的社会活动”的义务。该义务有四个方面的具体含义：①教师应根据自己的教育教学情况，自觉对学生进行思想教育和品德教育。②教师在对学生进行思想政治教育时,应坚持德育为先,把社会主义核心价值体系融入国民教育全过程。③教师在对学生进行政治教育时,要突出爱国主义、民族团结和法制教育。④教师应有目的有组织地带领学生参加有益的社会活动,培养学生的情感,体现教育与实践相结合的要求,陶冶学生的情操,扩展学生的视野。

(4)爱护尊重学生。《教师法》第八条第四款规定,教师应"关心爱护全体学生,尊重学生人格,促进学生在品德、智力等方面的全面发展"。该义务有三个方面的具体含义:①教师应关心、爱护全体学生;应公平对待学生,不能歧视个别学生。②关心爱护学生应以尊重学生人格尊严为前提,应该把学生看作发展、成长的人。不应把学生看成一个不懂事的孩子,不能以关心、爱护学生为借口,侵犯学生的人格尊严。③教师应促进学生德、智、体全面发展,不能只关注学生的智力和学业成绩,忽视学生德育和体质的发展。

(5)保护学生合法权益.《教师法》第八条第五款规定,教师有"制止有害于学生的行为或者其他侵犯学生合法权益的行为,批评和抵制有害于学生健康成长的现象"的义务。教师履行本项义务是有特定范围的。该义务有两个方面的具体含义:①教师履行该项义务的范围限于在学校教育教学工作中,在这个范围内对有害于学生健康成长的行为或者侵犯学生合法权益的行为有制止的义务,超出该范围不属于教师的法定义务。②一般意义上教师作为公民有批评和抵制有害于学生健康成长的现象的义务。

(6)提高水平。《教师法》第八条第六款规定,教师有"不断提高思想觉悟和教育教学业务水平"的义务。该义务的具体含义是:教师的首要职责是搞好教学、教好功课、完成知识教学任务,因而教师就必须锐意进取,刻苦学习。要使学生学好知识,教师首先必须学好知识。"不断提高思想觉悟和教育教学业务水平"这项义务实际上是国家对教师不断提高自身素质的基本要求。目前,我们正处于新旧交替的关键时刻。历史发展到今天,竞争已成为时代的特征,竞争的核心是人才的竞争,作为培养人才的教师队伍,决定着跨世纪人才的质量,只有高水平的教师,才能培养出高质量的人才。《教师法》是从提高教师素质的迫切性这一角度,提出作为人民教师应有的"不断提高思想觉悟和教育教学业务水平"的义务。

第二节　学　生

学生是教育的最基本的要素之一,是教师工作的对象。作为教师,从事教育教学实践,必须以科学、全面地认识学生为前提。

一、学生的本质属性

(一)学生是人

学生是人,具备一切人皆有的共同属性,主要包括以下几个方面。

1. 学生是完整的人

与一般意义上的人一样,学生是既具有进行新陈代谢的生理生命,又具有意识活动的价值生命的完整生命体。在教育活动中,学生不是单纯的学习者,而是体验着全部的教育生活。如果不能从完整人的意义上认识学生,教育活动就容易脱离学生实际,造成学生人格的分裂和生命的缺损。把学生作为完整的人来对待,就必须反对那种割裂人的完整性的做法,还学生完整的生活世界。现在教育以促进学生的全面和谐发展为目标就是对学生完整生命意义的追寻。

2. 学生是具有能动性、主体性的人

人的生命与动物的生命不同,动物只有一种本能的生理生命,但人的生理生命只是人生存的生物前提,人的生命更在于他的意识性活动。人不是被动地生活在现实生活中,人总是以其自身特有的能动性、主动性创造和满足自己的物质需要和精神需要,并用以发展自己的身心。因此,教育不能把学生当作消极被动地接受教育影响的人,而是把他们当作认识的主体、发展的主体、学习的主体。教育不是压制他们的主体性,而是为他们主体性的发挥创造条件,从而使他们自觉参与到教育过程中来,促进他们精神的主动发展。

3. 学生是具有生命独特性的人

人之所以是他自己而非他人就在于他自身的独特性。既然学生是具有独特性的人,就要求教育者承认并尊重学生的个性差异,注意保护学生的良好个性,并为学生良好的个性发展创造条件,而不是去遏制、压抑和抹杀这种个性和独特性,要求千人一面。

(二)学生是发展中的人

说学生是发展中的人,就是要求教育者把学生作为未成年人来看待,不能以成年人的标准来要求学生。

1. 学生是具有发展潜能的人

作为正在发展中的未成年人,学生从入学到毕业期间,身心都处于发展的阶段,处于一个从不成熟趋于成熟的时期,具有极大的发展潜能,表现出极强的可塑性。教育得法就可以使他们获得最佳的发展。从某种意义上来讲,教育的任务就是挖掘学生的潜能,促成其发展。教育必须以发展的、动态的眼光来对待学生,相信学生的生命潜能是发展的。即便是处于落后的学生,这种落后也是暂时的,是可以改变的。

2. 学生是具有发展需要的人

作为正在发展中的未成年人,学生的身心都还没有成熟,处于发展的过程中,在许多方面还有待完善。因此,在其发展的过程中不可能尽善尽美,总是伴随着各种各样的问题。这都是正常的,是其不成熟的表现,也正是因为这种不成熟,才使其更需要发展。学生的发展是需要时间和过程的,不是一蹴而就的。理解了这一点,教育者才能正确对待学生发展过程中的错误和不足,才能在教育中给予学生耐心的指导,促进学生的发展。

3. 学生是需要成人给予发展指导的人

作为正在发展中的未成年人,学生的身心皆不成熟,其判断是非的能力还比较差,因此,需要成人给予发展的引导。因此,现代教育提倡尊重儿童,并不是纵容儿童,放任儿童,而是要以一种负责任的态度在其需要的时候给予应有的指导,积极发挥教育的作用。只有在教育的关怀、帮助、引导下,儿童的发展才是自觉的。

(三)学生是以学习为主要任务的人

以学生为主,这是学生质的规定性,是学生区别于社会上其他人的根本特点。无视这一特点,就会从根本上取消学生这一角色。以学习为主的特点,规定了学生的行为方式,赋予了他接受教育的社会义务和学生感,以及不断地促进自身发展的意愿和责任。

1. 学生以系统学习间接经验为主

知识的获得有两种途径:一种是直接经验的探索;另一种是间接经验的学习。学生要在有限的时间内获得系统的尽可能多的知识,间接学习是有限途径。以间接经验为主要内容的学习,可以使学生不受个体的时间和空间的限制,从而大大提高了认识的起点,缩短了对客观世界的认识过程。教学是解决个体经验和人类文化知识之间矛盾的强有力工具。教学作为专门传递人类知识经验的活动,可以简捷高效地将人类的文化知识转化为学生个体的精神财富,缩短二者的差距,使他们在短时间内达到人类已有的认识水平。

2. 学生在教师的指导下学习

学生的学习需要教师给予一定的引导。这是学生与日常生活中从事学习活动的其他学习者的区别。教师的指导可以使学生少走弯路,最大限度地排除人们在探索知识过程中可能出现的一切偶然性和盲目性。教师对教学内容的加工、组织,对教学活动的策划、实施、都可以大大缩短学生认识的过程,加快学习的速度,提高学习的效率。尤其是当代,知识量骤增并日益复杂,在有限的学校教育期间,要获得系统的知识,更需要教师的指导。教师的指导是学生有效学习的保证。学生的学习离开教师的指导,势必如一盘散沙。教师应该发挥其主导作用,适当地点拨、引导,促使其有效地学习。

3. 学生的学习是一种规范化的学习

学生的学习是在教师的引导下进行的,学习的方向要符合社会的要求。所以,学生的学习是有目的、有计划、有组织进行的,它是由一定的教育制度以及学校的各项规章制度所规定的。学生和教师都是相对稳定的,有固定的教育场所,有精心设计的系列教育活动。在教育过程中师生之间还有制度所规定的权利和义务。所有这一切都是为了使学生的学习规范化,为了有效地促进他们的发展。

4. 学生具有“学生感”

学生感是学生独特的心理特征以及对自己“以学习为主要任务”这一角色的认识。学生感有很多的表现,例如,知道自己的主要任务是学习,知道课堂认真听讲、课下认真完成作业是作为学生应该具有的责任和义务等。学生感作为一种心理特征,具有两个方面的特点:向师性和独立性。学生尤其是小学生,对教师怀有特殊的信赖感,充满着对教师的爱戴和崇敬,愿意听从老师的教导,着就是学生天然的向师性。同时,学生不仅具有向师性,还具有独立性,尤其是随着他们的成长、成熟、独立性越来越强,越来越显示出自己的主动性、自主性和创造性。学生是否具有“学生感”,对自己学生角色的认知在一定程度上影响着其学习行为。

二、学生的权利和义务

把学生作为学校社会中的一个成员,考察其地位和权利、义务,也是教师认识学生的重要侧面。学生作为社会成员,是权利的主体,应该享有自己的权利,履行相应的义务。

(一)学生是权利的主体

社会生活中的任何一个成员,都是平等的,都享有自己的权利。学生也不例外。学生作为未成年人,其权利和地位的争取是一个漫长的过程。古代社会,未成年人在家庭被父母视为隶属物,在学校被教师视为附属物,家长将其当成“不懂事的孩子”,教师把其当作“教训和管制的对象”。未成年人没有自己独立的地位和尊严。这种情况至今在一些家长和教师的观念中依然存在。

人类教育的发展对儿童的不断解放。19 世纪卢梭喊出了“把儿童当作儿童”,首次吹响了解放儿童的号角。20 世纪美国教育家杜威的进步主义教育进一步加速了儿童解放的步伐。社会发展的要求和思想家的呼唤，使儿童的权利终于在20世纪被成人社会承认。1924年《日内瓦儿童宣言》标志着成人社会第一次在世界范围内对儿童权利的正式确认。1959年联合国大会通过了《儿童权利宣言》，人类历史上第一次正式以国际组织的形式肯定了儿童的权利。1989年，《儿童权利公约》在联合国第44届大会上通过，这是国际社会第一个肯定儿童权利的法律文件。我国在1990年在《儿童权利公约》上签字，1992年《儿童权利公约》在我国生效。儿童权利的核心是“儿童优先”，《儿童权利公约》旨在保护儿童的合法权利不受侵害。《儿童权利公约》提出了儿童权利保护的原则：(1)儿童利益最佳原则；(2)尊重儿童尊严原则；(3)尊重儿童观点和意见原则；(4)无歧视原则。

（二）学生享有的权利

1. 生存的权利。我国《宪法》规定：“父母有抚养未成年子女的义务”(第49条)，《未成年人保护法》更具体地规定：“父母或其他的监护人应当依法履行对未成年人的救护职责和抚养义务，不得虐待、遗弃未成年人；不得歧视女性未成年人或者有残疾的未成年人；禁止溺婴、弃婴。”(第8条)

2. 受教育的权利。我国《宪法》第46条规定：“国家培养青年、少年、儿童在品德、智力、体质等方面全面发展。”《义务教育法》第4、5条规定：“国家、社会、学校和家庭依法保障适龄儿童、少年接受义务教育的权利。”

3. 受尊重的权利。《未成年人保护法》第15条规定：“学校、幼儿园的教职员应当尊重未成年人的人格尊严，不得对未成年学生和儿童实施体罚、变相体罚或其他侮辱人格尊严的行为。”第30、31和36条规定：“任何组织和个人不得披露未成年人的隐私”，“对未成年人的信件，任何组织和个人不得隐匿、毁弃；除对无行为能力的未成年人的信件由父母或者其他监护人代为开拆外，任何组织或者个人不得开拆”，“国家依法保护未成年人的智力成果和荣誉权不受侵犯”。《基础教育课程改革纲要(试行)》明确指出：“教师应对每位学生的考试情况作出具体的分析指导，不得公布学生考试成绩并按考试成绩排列名次。”

4. 安全的权利。《未成年人保护法》规定：“学校不得使未成年学生在危及人身安全、健康的校舍和其他教育教学设施中活动。”(第16条)“严禁任何组织和个人向未成年人出售、出租或者以其他方式传播淫秽、暴力、凶杀、恐怖等毒害未成年人的图书、报刊、音像制品。”

（三）学生的义务

《教育法》第四十三条指出受教育者应当履行的义务：

1. 尊重法律、法规

作为学生，他首先是社会成员，因而同所有公民一样，必须履行遵守国家法律、法规的义务。同时，作为受教育者，还必须履行遵守教育法律、法规的义务。

2. 遵守学生行为规范，尊敬师长，养成良好的思想品德和行为习惯

这是指遵守教育部颁发的《小学生日常行为规范》《中学生日常行为规范》《高等学校学生行为准则》。这三部规章制度，集中体现了国家对学生在政治、思想、品德等方面的基本要求。为此，学生应积极努力，自觉提高自身素质，养成良好的政治素质、道德品质、行为品质和心理素质。

3. 努力学习，完成规定的学习任务

这是学生特定义务。作为学生，要完成学校规定的学习任务，要充分发挥学习的主动性和积极性，刻苦学习，牢固掌握所学知识，成为社会主义现代化建设的有用人才。

4. 遵守所在学校或者其他教育机构的管理制度

这条义务是第一条义务的具体表现和延伸。学校或其他教育机构依照法律法规设立的管理制度，是建立正常的、规范的教育秩序所不可缺少的措施，学生有义务遵守学校的一切规章制度，成为自觉遵守学校规章制度的好学生。

三、学生的时代特点

生活在不同时代的人，不免被打上时代的烙印。学生也是如此。生活在当今开放、民主、信息化、全球化和物质条件极大改善时代的青少年学生也就表现出与过去时代不同的特点。

（一）生理成熟提前，心理成熟滞后

与过去相比，今天的中小学生生理发育普遍提前，表现在身高和性方面，以初一学生为例，现在学生的平均身高高于过去的学生；现在男女青少年性成熟比 50 年前要提早 1—2 年。可是，心理的成熟却是滞后的，这个阶段学生的心理仍是儿童的心理，做事凭感觉，不够冷静，容易冲动，行动不考虑后果。中小学生外在的成熟和内在的幼稚，形成了一对矛盾。从外貌上看，他们觉得自己已经是大人，自己什么都行，但在处理问题时的表现又不成熟。这不仅让教师和家长困惑，身处于矛盾之中的他们自身也有着强烈的冲突。

（二）信息获取渠道增多，视野开阔

今天的学生生活在信息化的社会之中，获得信息的渠道多种多样，互联网更是使学生坐在家中就可以知道天下事。因此，当代学生被称为“网上一代”，教师的权威地位已经动摇，书本已不再是知识的唯一来源。来自多种渠道的知识和信息丰富了他们的大脑，也开阔了他们的视野，使其知识广度和信息广度都有了相当大的提高，思维也因受到多种多样的刺激而愈趋活跃，对问题的思考也带有明显的复杂色彩。

（三）价值观念多元，自我意识增强

随着我国社会主义市场经济的发展，社会由同质的单一性向异质的多样性转化，当前学生的人生价值观呈现出复杂、多元的特点。网络技术的迅猛发展，使得他们有了丰富、便捷的接触不同文化、思想的机会和途径，他们不再盲目信从家长、老师的观点，对人生价值有了自己的观点和看法。与此同时，学生的自我意识较二十世纪七八十年代有了明显增强，对成年人的依赖感降低，主动交际的欲望有较大提高，相应地也使其社会交往能力得以提升，已具备了一定的社会交往能力。

当今学生的价值观总体是积极向上的。但由于学生身心发展的不成熟性，在复杂多元的社会背景下，其价值取向也难免出现偏差。这就要求学校、家庭、社会高度重视学生世界观、人生观、价值观的教育，努力营造有利于当代学生成长的环境，正确地保护学生的自我意识，充分发挥自我意识在其发展中的作用。

（四）心理问题增多

由于时代的急速变化以及学习压力的增大，中小学生的心理问题日益增多。中国科学院对近万名中学生的心理状况的调查表明，在心理平衡性方面存在心理问题的学生占 33.4%，学习压力方面存在心理问题的占 36.7%，在人际关系方面存在心理问题的占 31.4%，在情绪方面存在心理问题的占 35%。另据全国少工委办公室与中国青少年研究中心于 2005 年联合开展的“当代中国少年儿童发展状况”调查发现：42.8% 的少年儿童“经常感到泄气”，36.8% 的少年儿童“常常感到自己是别人的负担”，“碰到一个陌生人，我常常感到他比我强”的占39.7%,42.1%的少年儿童感到不被别人重视。心理问题有的是轻度的,有的是重度的。伴随着心理问题严重程度的增强,甚至一些人出现了轻生、自杀的现象。以上数据说明,当代中小学生存在自信心不足的心理倾向,有些孩子甚至产生了焦虑抑郁心理。加强中小学生的心理教育和生命教育,已经成为当务之急。

第三节　教师与学生的关系

师生关系是指教师和学生在教育、教学活动中结成的相互关系,包括彼此所处的地位、作用和相互对待的态度。它是一种特殊的社会关系和人际关系,是教师和学生为实现教育目标,以各自独特的身份和地位通过教与学的直接交流活动而形成的多质性、多层次的关系体系。学校中的教育活动,是师生双方共同的活动,是在一定的师生关系维系下进行的。师生关系既受教育活动规律的制约,又是一定历史阶段社会关系的反映。良好的师生关系,是提高学校教育质量的保证,也是社会精神文明的重要方面。

纵观教育发展史,人们对师生关系的探索可以分为三个不同的认识阶段:第一阶段,以德国赫尔巴特为代表的传统教育,片面强调教师的权威,视教师为凌驾于学生之上的主宰人物,学生成了被动的容器,由此形成了教师中心说。第二阶段,以美国杜威为代表的进步主义教育,竭力弘扬学生主体论,把学生当作教学活动的中心,教师只是“向导”,这就形成了学生中心说。第三阶段,以苏联和我国一些教育家为代表,认为教师处于主导地位,学生处于主体地位,教学过程中教师的主导地位和学生的主体地位是统一的,便有了主导主体说。人们对师生关系的认识是随着社会发展而发展的。

一、师生关系的表现形式

在教育活动中,教师与学生会形成三种关系:

(一)教育关系

教育关系是师生关系中最基本的表现形式,也是师生关系的核心。

师生之间的教育关系是为完成一定的教育任务而产生的。这种关系是从教育过程本身出发,根据对教师与学生在教育活动中各自承担的不同任务和所处的不同地位的考察,对两者关系作出的教育学意义上的解释。一般来说,在教育活动中,教师是促进者、组织者和研究者,而学生一般是参与者、学习者,同时又是学习的主人和自我教育的主体。这种关系形式,并不随教师和学生的主观态度而转移,而是由客观条件所决定,并且在教师和学生的积极活动中得以表现。教育关系的建立,首先取决于教师的教育水平,直接受制于教师的专业知识、教育技能和人格力量等。在教育关系中,教师与学生的活动中心都与教育目标有关,并体现着学校教育工作的任务与特点。这种关系既应符合教育科学规律,又应体现教育创造艺术,既能为师生双方提供最大的发挥主体力量的空间,又能使双方的力量形成有效合力,从而使学生获得和谐发展。

(二)心理关系

师生之间不仅有正式的教育关系,还有因情感的交往和交流而形成的心理关系。心理关系是师生为完成共同的教学任务而产生的心理交往和情感交流,这种关系能把师生双方联结在一定的情感氛围和体验中，实现情感信息的传递和交流。师生心理关系是伴随着教学活动的开展而自然形成的，是教学活动中一种客观而基本的师生关系，它受到教学过程和结果的直接影响。由于教育教学活动是师生之间的互动过程，所以师生之间的心理关系在教育教学活动中也起着举足轻重的作用，并贯穿于师生关系的全过程。师生心理关系对教学活动具有重要影响，是教学活动得以展开的心理背景，并制约着教学的最终结果。同时，良好的教学过程和教学结果，会促进师生情感关系更加融洽和谐，所以加强师生之间的相互理解和沟通，直接关系到学生的学和教师的教，甚至会对学生世界观、价值观的形成产生很大的影响。优化师生心理关系是师生关系改革的现实要求。

（三）伦理关系

教育作为一种特殊的社会活动，折射着社会的一般伦理规范，同时又反映着教育活动独特的伦理矛盾，因此师生关系也表现为一种鲜明的伦理关系。师生之间的伦理关系是指在教育教学活动中，教师与学生构成一个特殊的道德共同体，各自承担一定的伦理责任，履行一定的伦理义务。这种关系处于师生关系体系中的最高层次，对其他关系形式具有约束和规范作用。学生的道德观念有很大部分是从教师那里直接获得的，教师会潜移默化地对学生施以道德方面的影响。这就需要教师不仅有广博的知识，还应该有高尚的人格和正确的道德思想，而这正是建立良好的师生伦理关系的关键。

但是，长期以来师生伦理关系在教育理论上没有受到应有的重视。师尊生卑是古代社会师生伦理关系的特点，而在现代社会，师生互相尊重、人格平等成为师生伦理关系的基础。人的全面发展是现代社会的基本价值追求，人性解放、民主自由是现代伦理的基本精神，因而，只有充分体现现代伦理基本精神的师生关系才是真正意义上的现代师生伦理关系。作为现代教育伦理本性的具体化和集中表现，现代师生伦理关系应具有促进学生全面发展、体现教育崇善的基本特性，这也是师生伦理关系改革的方向所在。

二、现代师生关系的特点

（一）民主平等

教师与学生在教育过程中处于平等的地位，教师与学生的目标一致，利益一致，人格上完全平等，为了一个共同的奋斗目标完成各自的教授和学习任务。他们在工作关系、组织关系上是领导与被领导、教育与受教育的关系，这并不意味着他们个人关系上存在高低之分。教师要启发诱导学生，并虚心向学生学习；学生尊重教师，也可以提出自己不同的意见。

教师与学生除了工作关系之外，还存在着一般的人格交往关系。比如由于共同的兴趣使教师与某些同学增加了交往，在打球、下棋、音乐欣赏中建立了亲密的关系。这种平等的交往，使师生都体验到了极大的愉快，补充了正式的工作关系的不足，增进了师生关系的民主平等气氛。所以，教师应该努力增加工作关系之外的师生交往，促进民主平等师生关系的发展。

（二）尊师爱生

教师对学生关心、爱护，学生对教师尊敬、信赖，这是在民主平等基础上建立起来的师生情感，这种情感比起父母与子女或朋友之间的情感更加纯真而深刻。

教师对学生的爱，首先具有深刻的社会性。它不是出于个人私爱，而是以社会为目标建立起来的爱。其次具有普遍性。教师不能对少数学生私爱，而要把这种高尚的情感投给所有的学生,期望全体学生都能成才。最后具有稳定性。师爱之情不是一时的热情,而是伴随着长期的教育工作对学生持久的情感,贯穿于各项教育活动之中。

学生尊敬教师,幼年时以教师对自己的态度为依据。教师对学生的喜爱,对学生无微不至的关心,使学生无限信赖自己的老师。随着年龄的增长,中学生评价教师则主要依据教师的学识和人格,他们最尊敬的是课讲得好、品德高尚又平易近人、喜欢与同学交往的老师。

尊师爱生是师生情感交流的两个方面,爱学生第一,敬老师第二,教师对学生的爱的建立和发展在师生关系中起主导作用。教师首先要求自己热爱学生,才可以要求学生尊重自己,要用教师对学生的爱唤起学生对教师的尊敬,这种情感建立就起着双向的推动作用。

(三)教学相长

《学记》中指出:"学然后知不足,教然后知困。知不知,然后能自反也;困,然后能自强也。故曰:教学相长也。"这段话揭示了教学相长的客观规律。教师靠边教边学才能教好,学生靠教师引导也靠自己主动学习才能学好,这是古今中外的教学普遍存在的颠扑不破的真理。教学相长的规律要求教师注意向自己的教育对象学习。教师尽管是闻道在先,但终究不可能尽善尽美,更何况时至今日,学生接受信息的渠道多样化,发展中各有所长,教师就更加需要了解自己的学生,从学生中汲取智慧。同时,教师以虚心学习的态度对待学生,是发展师生关系的有利因素,使师生关系更加融洽,也给学生在学会处理人际关系方面以良好的影响。遵循教学相长的规律,教师应该善于培养超出自己水平的学生,"青出于蓝而胜于蓝"。学生超过自己的老师,社会才有发展和进步。教师要以培养出高出自己水平的学生为荣,鼓励学生超过自己,平时欢迎学生向自己质疑问难,以"吾爱吾师,吾更爱真理"的精神教导学生。

三、新型师生关系的建立

教师是教育过程的组织者,在全部教育活动中起主导作用。从根本上说,良好的师生关系首先取决于教师的教育水平,取决于教师的文化知识、思想道德、教育技巧等职业素质。师生关系的建立,离不开他们之间的直接交往,而且受交往程度和内容的制约。教师如果不积极主动地接近学生,了解学生,真诚的师生关系就很难建立,即使建立了也难以持久。要建立良好的师生关系,对教师的基本要求是:

(一)树立新型的师生观

随着计算机和网络技术在教育领域中的应用,我们即将迎来网络教育时代,教师和学生的角色和地位将发生很大的变化,对此,教师必须有清醒的认识。学生的学习突破时空的限制,获取信息渠道明显增多,获取知识的来源不再局限于教师;教师作为制度化教育的权威者、专制者的可能性将不再存在。在师生关系中,教师的权威将不再建立在学生被动和无知的基础上,而是建立在学生积极参与以促进其充分发展的能力之上,建立在对学生坦率的基础上。教师不是仅仅充当传递知识的简单工具,或是供学生利用的资料库,教师应当是帮助学生在自学的道路上迅速前进的向导,教会学生怎样学习。这是在教育过程中建立良好师生关系的思想基础。

(二)建立教师威信

师生之间的工作关系决定了教师是学生指导者的角色。如何把这种组织上、形式上的指导者转变为现实的、实际上的指导者,关键是教师必须有权威性。

教师威信的建立不能单靠行政手段来取得,单靠行政手段建立的教师威信是虚假的,不能持久。真正的教师威信的树立,受四种因素的制约:(1)教师的专业水平和教学技能;(2)教师的人格魅力;(3)教师与学生交往的能力;(4)教师对评价手段的运用。

总之,在现代教育条件下,教师只有不断提高自身各方面的素质,才能树立威信,这是良好的师生关系的根基。

(三)善于与学生交往

良好的师生关系是在交往中形成的,没有深入学生中间,不经常与学生交往就无从产生亲密感。一般师生之间的联系和交往要经历四步:接触—亲近—共鸣—信赖。师生初次接触难免有生疏感,学生难免有敬畏之心,教师应善于打破这种心理障碍,主动创造自然和谐的接触氛围;经过多次良好的接触,学生感到教师平易近人,从而产生愿意同教师亲近的感情;有了亲近感,在学习和生活中教师的诚挚关怀、耐心引导被学生理解,或教师在共同活动中激发起学生的浓厚兴趣,从而产生感情上的共鸣;师生之间有了感情上的共鸣,再坚持感情交流,把学生引上学习与进步的成功之路,学生必然信赖教师,师生之间心意相通,学生的心窗向他们信赖的教师敞开着。这种师生关系是教育成功的结果,也是成功地进行教育的重要条件。

(四)发扬教育民主,倾听学生的意见

教师对学生一视同仁,特别是教师能与学生心理换位,设身处地为学生着想,善于理解学生,是解决师生之间矛盾的关键所在。满足学生正当的要求,让学生感受到教师对他们的理解和支持,这就可以在更大范围内形成良好的师生关系。

同步练习

一、单项选择题

1. 个别教师对学生进行谩骂、体罚或变相体罚行为的属于侵犯学生的(　　)。

A. 人身自由权　　B. 身心健康权

C. 人格尊严权　　D. 名誉权

2. 个别教师随意宣扬学生的生理缺陷,属于侵犯学生的(　　)。

A. 隐私权　　B. 名誉权

C. 荣誉权　　D. 身心健康权

3. (　　)是学生最主要的权利。

A. 人身权　　B. 人身自由权

C. 身心健康权　　D. 受教育权

4. 学生发展的可能性和可塑性转变为现实性的条件是(　　)。

A. 正确的教学引导　　B. 社会环境作用

C. 个体与环境相互作用　　D. 个体能动性

5. 自然成熟理论的代表是美国心理学家(　　)。

A. 格塞尔　　B. 皮亚杰

C. 华生　　D. 班杜拉

6. 教师道德的核心是(　　)。

A. 热爱教育工作　　B. 热爱学生

C. 专业素养　　D. 心理素养

7. 教师在对教育本职工作理解的基础上形成的关于教育的观念和理想信念是对(　　)的定义。

A. 教育能力　　B. 教育素养

C. 研究能力　　D. 教育理念

8. 下列是教师中心论的代表的是(　　)。

A. 赫尔巴特　凯洛夫　　B. 赫尔巴特　卢梭

C. 卢梭　杜威　　D. 凯洛夫　杜威

9. 教师职业的最大特点是(　　)。

A. 负有传递社会传统道德、价值观念的使命

B. 负有传递人类文化知识的使命

C. 职业角色多样化

D. 既是传道者又是管理者

10. 学生是教育活动的(　　),具有主观能动性。

A. 主导者　　B. 内因

C. 外因　　D. 主体

11. 儿童从出生到成人的认知发展不是一个数量不断增加的简单积累过程，而是伴随同化性认知结构的不断重构，这一观点属于(　　)观点。

A. 自然成熟论　　B. 发生认识论

C. 发现论　　D. 环境—学习理论

12. 我国法律法规中对中小学生身份的定位是：中小学生是在国家法律认可的各级各类中等和初等学校及其他教育机构中接受教育的(　　)。

A. 儿童和青少年　　B. 公民

C. 未成年公民　　D. 社会成员

13. (　　)是教师道德修养的基本要求，也是搞好教育工作的基本前提。

A. 热爱教育工作　　B. 热爱学生

C. 自身修养　　D. 扎实的专业素质

14. 教师的(　　)是树立教师威信的基础，关系到教育工作的成效，也是体现教师劳动价值的重要保证。

A. 道德修养　　B. 知识渊博程度

C. 良好形象　　D. 素养

15. 师生在人格上是(　　)的关系。

A. 授受　　B. 民主平等

C. 领导　　D. 朋友

16.《儿童权利公约》的核心精神是(　　)。

A. 社会权利主体独立地位　　B. 社会权利客体独立地位

C. 社会权利主体非独立地位　　D. 社会权利客体非独立地位

17. 教师的言论行为，为人处世的态度等对学生具有耳濡目染、潜移默化的影响作用，体现出学生(　　)的特点。

A. 主体性　　B. 客体性

C. 向师性　　D. 屈从性

18. 教师的言行是学生最直接的学习和模仿的榜样，体现了教师的(　　)角色。

A. 传道者　　B. 示范者

C. 管理者　　D. 朋友

19. 教师的根本任务是(　　)，全面实现教育目的。

A. 教学　　B. 教书育人

C. 传道解惑授业　　D. 管理班级

20. (　　)不是教师所应扮演的职业角色。

A. 朋友角色　　B. 管理者角色

C. 服务者角色　　D. 示范者角色

二、填空题

1. 学生的________是指个体在身心发展过程中，各个不同年龄阶段所形成的一般的典型特征。

2. 格塞尔所做的________实验，证明了支配儿童心理的因素是成熟与学习。

3. 瑞士心理学家皮亚杰将认知发展分为四个阶段，即感知运算阶段、____阶段、具体运算阶段和________阶段。

4. 环境—学习理论强调环境和学习在儿童心理发展中的重要作用，主要代表人物有________和________。

5. 体现《儿童权利公约》精神的基本原则是________原则、________原则、尊重儿童观点与意见原则、无歧视原则。

6. 未成年学生享有的主要权利有________和________。

7. 对贫困学生和残疾学生减免学费、设立奖学金制度是维护学生的________。

8. 我国明确规定了学生应尽义务的内容的法律是《________》。

9. 教师是专业人员，教师职业是一种________，是促进________的职业。

10. 我国明确界定了教师职业的法律是《________》。

11. 教师的职业角色主要包括________角色，授业、解惑者角色，________角色，管理者角色，朋友角色，________角色。

12. ________曾说过，教师的职责时用自己的榜样教育学生，体现了教师职业角色的________角色。

13. 教师的职业道德素养包括________、________、________。

14. 教师的________是当代教师质量的集中体现。

15. 教师的专业素养包括教师的学科专业素养、________、________。

16. 教师的教育专业素养包括具有先进的________，具有良好的________，具有一定的________，掌握科学有效的、灵活的教学方法和教学艺术。

17. 教师的心理素养主要体现在________和________上。

18. 研究表明，教学效果同教师的智力、知识水平并无显著关系，其重要影响因素是教师的________。

19. ________ 是教育成功的条件。

20. 师生关系在本质上是一种__________关系，是人与人之间__________、__________、__________的社会互动关系。

三、简答题

1. 学生特有的本质属性表现在哪些方面？
2. 学生应尽的义务有哪些？
3. 教师的概念是如何界定的？这一界定包括哪些内容？
4. 在教育内容的教学上，如何理解教师与学生的关系是一种授受关系？

同步练习参考答案

一、单项选择题

1. C　2. A　3. D　4. C　5. A　6. B　7. D　8. A　9. C　10. D　11. B　12. C　13. A　14. D　15. B　16. A　17. C　18. B　19. B　20. C

二、填空题

1. 年龄特征
2. 同卵双生子爬梯
3. 前运算　形式运算
4. 华生　班杜拉
5. 儿童利益最佳　尊重儿童　尊严
6. 人身权　受教育权
7. 受教育权
8. 中华人民共和国教育法
9. 专门职业　个体社会化
10. 中华人民共和国教师法
11. 传道者　示范者　研究者
12. 夸美纽斯　示范者
13. 热爱教育工作　热爱学生　自身的道德修养
14. 专业素养
15. 宽厚的文化基础知识　教师的教育专业素养
16. 教育理念　教育能力　研究能力
17. 智力因素　非智力因素
18. 教学能力
19. 学生主体性的形成
20. “人—人”　思想交流　情感　沟通　人格碰撞

三、简答题

1. 答:学生特有的本质属性表现在:
(1)学生处于身心发展最迅速的人生阶段的人。
第一,学生具有发展的可能性和可塑性;
第二,学生发展的可能性和可塑性转变为现实性的条件是个体与环境的相互作用。
(2)学生的学习主体,是具有能动性的教育对象。
2. 答:《中华人民共和国教育法》中规定学生应尽的义务有:
(1)遵守法律、法规;

(2)遵守学生行为规范,尊敬师长,养成良好的思想品德和行为习惯;

(3)努力学习,完成规定的学习任务;

(4)遵守所在学校或者其他教育机构的管理制度。

3. 答:《中华人民共和国教师法》第一章第三条对教师的概念进行了全面、科学的界定:教师是履行教育教学职责的专业人员,承担教书育人、培养社会主义事业建设者和接班人、提高民族素质的使命。

这一界定包含了两个方面的内容:(1)教师职业是一种专门职业,教师是专业人员;(2)教师是教育者,教师职业是促进个体社会化的职业。

4. 答:教师与学生的关系是一种授受关系,应理解为:

(1)从教育内容的角度说,教师是传授者,学生是接受者;

(2)学生主体性的形成,既是教育的目的,也是教育成功的条件;

(3)对学生指导、引导的目的是促进学生的自主发展。

第六章 课 程

本章概要

课程作为实现学校教育目的和活动的载体，在人才培养中具有重要的地位和作用。本章对课程的基本概念、课程类型及理论流派进行详细的介绍，全面概述了课程目标、课程设计、课程实施、课程评价。

引导案例

随着新课程改革的深入实施，教师的角色在悄悄变化，学生的主体地位逐渐凸显，以培养学生"知识与能力、过程与方法、情感态度与价值观"的三个维度为目标的"自主、合作、探究"的学习方式正逐步走向教学前台。但是，从所听过、看过的教学观摩课中，我产生了一些疑惑，就此，谈谈自己对语文课教学的看法。

语文教学有自身的特点。《语文课程标准》指出："工具性和人文性的统一，是语文课程的基本特点。"然而，在实际教学中，语文在课程特性上出现了变异现象，具体表现在课堂教学内容上，如有的课堂教学注重知识内容的任意拓展，却忽视语文课的本体训练。

例如，一位教师教学《新型玻璃》一课时，设计了这样的读研专题："课文向我们介绍了五种新型玻璃，它们都有什么特点、作用呢？请自主选择一种，以学习小组为单位合作研读，然后向大家汇报。"学生没费多大力气就将五种新型玻璃的特点、作用罗列出来，至于课文是如何借助语言对这些特点、作用进行说明的，学生则根本没有去细细研读、体会。出现这种情况的原因在于教师为了体现所谓的新理念，专挑科技含量高、网上资料多的课文让学生研读，但在设计研读专题时，既不注意体现语文学科的特点，又不考虑学生的实际水平、年龄特征，结果失去了语文课应有的本色，"种别人的田，荒自家的园"，将语文课上成常识课，让课堂成为少数尖子生的"一言堂"。有的课堂热热闹闹、唱歌跳舞，学生的活动形式多，唯独读书不多，语文教学变成了艺术教学。

例如，一位教师在教学《家》时，是这样活跃课堂的：1. 白云、小鸟、鱼儿、种子的家都在哪里？它们的家是什么样子的？让我们张开想象的翅膀，当一回小画家，画一画它们的家吧。2.（学生画画、展示了十分钟后）让我们再来当一回小音乐家，唱一唱《娃哈哈》和《大中国》，边唱边做动作（学生刚入小学，不少人不会唱这两首歌，教师又是范唱又是让学生跟着录音机唱，再表演，花去近半节课时间）。

确实，让绘画、唱歌、表演走进课堂可以使语文课更轻松、更活泼，带给学生欢乐，使语文学习更快乐；注意教学内容的综合性，开阔了学生视野，体现了大语文观。但如果为追求课堂气氛而将语文课上成了艺术课，就失去了语文教学的本义。语文课程的教学应为"指导学生正确地理解和运用语文,丰富语言的积累,培养语感,发展思维"服务,并"致力于学生语文素养的形成和发展"。①

课程是学校中最活跃的内容,对人的影响系统而深远。教师教育学生,如同在一个知识的森林中行走,需要有一个整体的地图。不仅要有一个整体的地图,还要充分了解所教的学生,更要对所教的课程有一个清晰的认识。为此,我们应充分理解课程的重要内容,把握课程的基本改革和发展趋势,为进一步理解教学理论和实践教育教学奠定基础。

第一节 课程概述

课程是学校教育的基础,课程理论是教育科学体系中的重要分支。课程改革是教育改革的核心,课程研究与教学研究同样重要。课程论侧重研究提供哪些教育内容,怎样有效地组织这些内容,即"教什么";教学论侧重的是研究如何有效地教学这些内容的问题,即"如何教"。

随着西方课程理论的引进和我国课程理论与实践的不断发展,课程逐渐成为一个独立的研究领域,受到越来越多的重视和关注。伴随着新一轮基础教育改革的推进,理解课程的含义成为一个重要的理论和实践课题。

一、课程的一般概念

"课程"的原意是学习的范围与进程。宋代朱熹在《朱子全书·论学》中提到的"宽着期限,紧着课程""小立课程,大作功夫"就是这意思。在西方,"课程"一词的英语是"curriculum",来源于拉丁语"currere",意指"跑道"(racecourse),转义为"学习之道"(course of study)。

关于课程的科学含义,目前在国内外课程论专家中还没有统一的认识。

我国很多教育学教材都把课程界定为广义和狭义两种。广义的课程是指学生在校期间所学内容总和及进程安排,其中,不仅包括学校课程表中所规定的课程,还有配合课内教学所组织的全部课外活动,在整个学校生活中教师和学生集体的情感、态度、价值观以及行为方式等校园文化因素对学生的影响,如中学课程、小学课程。狭义的课程是指某一门学科,如语文课程、数学课程。我们所研究的课程是广义的,是各级各类学校为实现培养目标而规定的学习科目及其进程的总和。具体包括以下内容:

(1)是某一类学校中所要进行的德、智、体全部教育内容的总和。

(2)不仅包括各门学科、课内教学,也包括课外活动、家庭作业和社会实践活动。

(3)课程兼有计划、途径、标准的含义,不仅规定了各门学科的目的、内容及要求,而且规定了各门学科设置的程序和课时分配、学年编制和周学时的安排。

在我国,课程具体表现为课程计划、教学大纲和教科书。

课程,作为构成教学活动的基本要素,同样体现教育为社会发展服务,教育与个体发展

---

① 顾婷婷:《走进新课程案例分析》,http://blog.sina.com.cn/s/blog_758f3fb80100wxc5.html。

相适应的基本原理，是实现学校教育目标的蓝图，对保证学校教育功能的实现有着特殊的价值和意义。

二、课程的分类

课程分类是指课程的组织方式或设计课程的种类。

在我国，通常从不同角度对课程进行分类。以课程任务为依据进行分类，可分为基础型课程、拓展型课程、研究型课程；从课程制定者或管理层次的角度，可分为国家课程、地方课程、学校课程；从课程选修的角度，可分为必修课程和选修课程；根据课程的组织核心，可分为学科课程和活动课程，还有显性课程与隐性课程、分科课程与综合课程；从课程功能的角度，可把课程分为工具性课程、知识性课程、技能性课程、实践性课程；从教育阶段角度，可把课程分为幼儿园课程、小学课程、初中课程、高中课程等。现以下列标准为例，加以说明。

（一）根据课程的组织核心进行分类

1. 学科课程

学科课程，又称分科课程。它是以学科逻辑为中心编排的课程，各学科均有特定内容、一定的学习时数和学习期限。这是一种历史悠久又极具生命力的课程类型。我国古代的“六艺”和古希腊的“七艺”都属于古老的学科课程，近代学校的学科中心课程则是从文艺复兴后逐步形成的“百科全书式课程”，到19世纪，赫尔巴特和斯宾塞又分别从心理学和社会学的角度给予学科课程不断的完善。自此以后，学科课程一直是学校课程的基本形式。学科课程一般都含有两个内在假定：一是假定科目的内在逻辑符合学习者学习科目时的心理过程；二是假定这种组织能使学习者在将来的生活情景中更容易使用这些科目的内容。其优点在于：(1)它以其严谨的逻辑结构、系统性、简约性为特点，能最大限度地保证将人类千百年来积累下来的知识有效地传递给下一代；(2)它符合学校特定任务的要求。大多数教师都曾接受过学科的训练，适合教师组织教材的特长；(3)按科目组织课程易于编订教材，可以把学习材料清楚地列出，并且易于评价。但这种课程的缺点也十分明显：(1)学科在课程中逐渐形成传统之后，对纳入课程的新科目往往会抗拒或排斥，以至于对课程改革造成障碍；(2)因为重视教材的逻辑组织，课程的编制以学科为中心，只重视对成人生活的分析和准备，容易忽视儿童的需要和兴趣，常常会把非学科的知识排除在课程之外，在进行学习时，远离学习者的现实生活，不利于学生与实际的社会生活联系，不易唤起学习积极性，不利于培养学生的社会生活能力，阻碍了他们的全面发展；(3)学科课程把知识切割成为零碎而孤立的科目，忽视了生活是一个整体，使学习者很难理解知识在生活中的用途，不利于学生从整体上认识世界，也与当代科学高度分化又高度综合的特点不相适应；(4)它常常忽略学生和社会的实际需要，让学生在学习过程中习惯于被动的学习方式，偏重记忆而忽视理解，教师也习惯于采用灌输的教学方法，很少关注问题的解决和知识的获得过程。

2. 活动课程

活动课程，又称“经验课程”或“儿童中心课程”。它打破了学科逻辑组织的界限，是以儿童的需要、兴趣和能力为基础，以儿童自己组织的一系列活动为中心而实施的课程。其主要倡导者是美国实用主义教育家杜威。他主张儿童是教育的中心，教育是为未来生活做准备，“教育即生活”，“学校即社会”。这种课程最大的特色便是采用“工作单元”的形态来组织教材，而不是采用知识的分科，所谓“工作”即儿童的各种活动形式，如游戏、手工、实验等,通过这些活动,使儿童获得有关社会生活的经验,形成社会的和道德的精神态度。活动课程强调学习者的全面发展,认为课程有改善生活的功能。其优点在于:(1)它可以充分利用自然环境和社会环境,并关注学校生活和社会生活的联系;(2)课程题材的选择与组织在学习情景中进行,尊重学习者自身的需要和兴趣,课程编排灵活性大;(3)教学方法多采用以学生为中心的方法(如问题解决方式),强调发挥他们的主体意识,学生有较大的学习自主性,易于调动学生的学习积极性。这种课程的不足是:(1)以活动而不是教材为中心来组织课程,忽视了知识的逻辑顺序,不利于系统传授知识,学生学到的只是零散、片面的知识;(2)以学生为中心组织教学,有的学校的设备和条件不适宜实施活动课程,也不利于教师主导作用的发挥,使教学带有极大的偶发性和随意性,使儿童学习过程出现不衔接的情况,降低了教学质量;(3)课程缺乏明确的社会方向,完全的直接经验难以适应社会生活的新情况,难以适应社会需要,也难以使儿童为未来生活作好准备。学科课程和活动课程虽然教学观、课程观强调的重点和实施的方式存在明显的差异,但两者并不是截然对立的。学科课程虽然以社会为本位,但并非无视个人的发展和个别差异;活动课程虽然以学生为中心,也并非毫不理会社会需求。两者只是主张不一,有所偏重。正因为此,人们才开始探索使二者结合,取长补短,综合课程这种新的课程形式便应运而生。

3. 综合课程

综合课程,又称为广域课程。它是为了克服学科课程的封闭性和活动课程的随意性而通过合并相邻领域学科的办法,把若干门教材组织在一门学科中综合而成的。这种综合可大可小,既可以指对相邻两种学科的综合,也可以指对两种以上相邻学科的综合。但绝不是简单堆砌的"大拼盘",而是根据各学科内在的联系和学生的年龄特征而组成的有机体。目前,世界上许多国家都在中小学开设了一定的综合课程,如欧美一些国家开设的"社会研究"课,便是综合历史、地理、政治、经济、法学等学科内容而成。又如我国台湾中学开设的"地球科学课",也是综合天文、地理、生物和人类学的学科内容而成的。我国 2001 年启动的新一轮课程改革,小学除语文、数学和外语外,低年级的品德与生活、体育与健康、艺术,中高年级的思想品德与社会、科学、综合实践活动、体育与健康、艺术等均为综合课程;初中阶段以综合的课程为主如历史与社会、科学、体育与健康、艺术、综合实践活动等,均为综合课程。综合课程的主要优点是:(1)打破了旧有的学科界限,促进了知识的融合,有利于增强课程的内在联系,使学校课程更加贴近学生生活;(2)有利于学生开阔视野,从整体上去认知世界,形成科学的世界观和方法论;(3)有利于减少学科数目,减轻学习负担。其缺点是:教科书编写难度大,怎样有机地将几种学科知识综合在一起,颇费心思。而且,这种课程的逻辑体系比较松散,不利于学生获得某一门学科的系统知识。另外,对于教师的能力和水平也要求较高。

(二)根据课程任务的类型进行分类

1. 基础型课程

基础型课程是一种注重学生基础培养的课程,它的内容是基础的,以基础知识和基本技能为主,不仅注重知识、技能的传授,也注重思维力、判断力等能力的发展和学习动机、学习态度的培养。我国十分重视基础课程的教学,特别是义务教育阶段。基础型课程是必修的、共同的课程,无论哪个学生都要学习。基础型课程要求很严格,必须有严格的考试。基础型课程的内容是不断发展的,它随学段的不同而有所不同。

2. 拓展型课程

拓展型课程，注重拓展学生的知识与能力，开阔学生的知识视野，发展学生各种不同的特殊能力，并迁移到其他方面的学习。例如，注重加强学生文学、艺术鉴赏方面教育与拓展学生文化素质的文化素养课程和艺术团队活动的教育，注重加强学生科学素质教育、培养学生知识与社会实践相结合的能力课程，都属于拓展型课程。拓展型课程常常以选修课的形式出现，比起基础型课程来有较大的灵活性。

3. 研究型课程

研究型课程，注重培养学生的探究态度与能力。这类课程教师可以提供一定的目标，一定的结论，而获得结论的过程和方法则由学生自己组织，自己探索、研究，教师引导他们形成研究能力和创新精神；也可以不提供目标和结论，由学生自己确定目标、得出结论。课程从问题的提出、方案的设计到实施以及结论的得出，完全由学生自己来做，注重研究过程甚于注重结论。

基础型课程、拓展型课程、研究型课程三者之间的关系紧密，基础型课程的教学是拓展型、研究型课程的学习基础，拓展型课程的教学是研究型课程的学习基础，而从一定程度上来说，拓展型、研究型课程的学习，对基础型课程的教与学都起着至关重要的增益促效的基础作用。各类型、各科目课程在教育过程中虽然任务不同、层次要求不同，但都具有渗透性、综合性。从课程目标来说，基础型、拓展型、研究型课程，在不同层次的要求上功能互补递进，合力形成一个整体；三类课程在课程体系中有机地组成整体，在全面提高学生素质与发展学生个性特长方面起着十分重要的作用。

（三）根据课程制定者或管理层次进行分类

1999 年颁布的《中共中央国务院关于深化教育改革全面推进素质教育的决定》第二部分第 14 条规定：调整和改革课程体系、结构、内容，建立新的基础教育课程体系，试行国家课程、地方课程和学校课程。

1. 国家课程

国家课程，是指中央教育行政机构编制和审定的课程，其管理权属于中央级教育机关，是国家一级课程。它编订的宗旨是保证国家确定的普通教育的培养目标和普通教育的世界先进水准，规定学生应掌握的基础知识和基本能力。这类的课程计划、教学大纲和教材由国家统一审定，未经批准，地方不得随意变动。国家课程的编制往往采用研制—开发—推广的开放模式，实施“中央—外围”即自上而下的政策，以确保一个国家所实施的课程能够达到统一的质量。

2. 地方课程

地方课程，是指省、自治区、直辖市教育行政机构和教育科研机构编订的课程，属二级课程。二级课程的编订权在省、自治区、直辖市，县、校不经批准无权变动。省市级课程编订的宗旨是补充、丰富国家级课程的内容或编订本地区需要的教材。

3. 学校课程

学校课程，是指在具体实施国家课程和地方课程的前提下，通过对本校学生的需求进行课程评估，充分利用当地社区和学校的课程资源而开发的多样性的、可供学生选择的课程。其目的在于尽可能满足各社区、学校、学生之间客观存在的差异性，因而具有一定的适应性和参与性，通常以选修课或特色课的形式出现，学校课程的开发可分为新编、改编、选择和单项活动设计等。

（四）从课程选修的角度进行分类

1. 必修课程

必修课程，是指同一学年的所有学生必须学习的公共课程，是为保证所有学生的基本学力而开发的课程。

2. 选修课程

选修课程，是指依据不同学生的个性特点与发展方向，允许个人自由选择的课程，是为适应学生的个别差异而开发的课程。

必修课与选修课之间的关系实质上是共性发展和个性发展的关系。

（五）根据课程呈现方式进行分类

1. 显性课程

显性课程，也称为正式课程、公开课程，是指在学校情境中以直接的、明显的方式呈现的课程。

2. 隐性课程

隐性课程，也称为潜在课程、无形课程，可以看作隐含的、非计划的、不明确或未被认识到的课程，或看作学校情境中以间接的、内隐的方式呈现的课程。

显性课程和隐性课程的区别主要表现在以下三个方面：

（1）在学生的学习结果上，学生在隐性课程中得到的主要是非学术性知识，而在显性课程中获得的主要是学术性知识。

（2）在计划上，隐性课程是无计划的学习活动，学生在学习过程中大多是在无意中接受隐含于其中的经验，而显性课程则是有计划、有组织的学习活动，学生有意参与的成分很大。

（3）在学习环境上，隐性课程是通过学校的自然环境和社会环境进行的，而显性课程则主要通过课堂教学的知识传递进行。

三、制约课程的主要因素

课程是随社会的发展而演变的，受社会、知识和学生三大因素的制约。即课程反映一定社会的政治、经济的要求，受一定社会生产力和科学文化发展水平以及学生身心发展规律的制约。

1. 一定历史时期社会发展的要求对课程的制约

社会要求包括生产、经济、政治、道德、文化、科技等多方面。学校课程直接受制于教育目的和培养目标的规定。社会时代发展的状态与需要，是形成不同时代学校教育课程总体结构体系重大差别的重要原因。现代学校课程必须反映现代社会发展对人的要求以及内容、手段的更新变化。

2. 一定时代人类文化及科学技术发展水平对课程的制约

课程内容反映各门学科中那些具有高度科学价值和实践价值的基本理论、法则和基本要领。课程的编制应考虑学科体系的完整性、知识结构的内在逻辑性，反映现代科学技术发展的水平，以保证学校课程的科学性、系统性。

3. 学生的年龄特征、知识、能力对课程的制约

课程内容的深度、广度和逻辑结构，不仅要适合学生的年龄特征，符合学生身心发展的

一般规律，而且要正确处理需要与可能、现实与发展的关系，从而最大限度地促进学生身心和谐发展。

4. 课程理论对课程的制约

课程设置者的教育思想是影响课程的重要因素，建立在不同的教育哲学理论基础上的课程论及课程的历史传统，对课程产生重要的结构性影响。

第二节　课程流派

一、学科中心和活动中心课程论

在“如何进行教育”的问题上，有学科中心和活动中心两种课程观。学科中心论又称为知识中心论，它主张分科教学，是一种以传递各学科知识为中心任务的课程观。它的历史悠久，如中国古代的“六艺”和欧洲古代的古典“七艺”就是这种课程思想的反映。20 世纪以来流行一时的“要素主义课程论”和“结构主义课程论”则是学科课程论在当时的反映。20 世纪 30 年代兴起于美国的要素主义认为人类文化遗产中有着“一种知识的基本核心”，强调掌握“体系化了的人类经验的宝库”，主张恢复各门学科在教育过程中的地位，严格按逻辑系统编写教材。后来布鲁纳(J. S. Bruner)提出的在“学科结构”基础上的“发现学习”，其实质也在于通过学习者的学习，掌握各门学科的基本概念，并获得良好的迁移能力。学科中心论认为，学校教育的重要目的在于将人类长期以来积累的知识传递下去。而这些人类知识的精华就包含在各门学科里，每门学科的教材要按科学的系统性和连贯性编制。这种课程有利于学生学到系统的知识，但不易照顾到学生的兴趣和特长，不利于因材施教。与学科中心课程论相对立的是活动中心课程论，这是一种实用主义的课程价值观。代表人物是美国实用主义教育家杜威，他反对分科教学，认为分科教学是把一堆死知识强加于学生的心灵，忽视了学生的兴趣和需要，主张以儿童的兴趣、动机和需要为中心来组织课程。杜威曾写道：“学校课程中相关的真正中心，不是学科、不是文学、不是历史、不是地理，而是儿童本身的社会活动。”他认为教育即生活，而生活离不开活动，所以要求以活动为中心来开展课程，而不是知识的分科。它尊重了儿童的现时需要和兴趣，有利于培养学生的主体性和个性发展，但忽视了知识本身的逻辑顺序，不能帮助儿童学习系统的全面的科学文化知识，降低了教学质量。

二、人本主义与社会再造主义课程论

人本主义课程思想的代表，近代有卢梭、杜威等，20 世纪 50 年代以来，有马斯洛、罗杰斯等。

人本主义课程论主张：课程应有益于人的尊严、人的潜能在教育过程中得以实现和发展，课程的主要目标就在于培养理想的个人，课程的重要功能是使人真正具有人性，真正成为自我本性。为此，人本主义认为，课程的组织要有助于使学习者作为一个整体的个人在认知、情感和行为等方面达到统一。强调不能以成人的标准来评价儿童，只能以儿童的心理发展特点和要求来确定课程。尽管人本主义课程论反映了当代社会发展的需要，但由于所提供的课程方案过于零散，评价标准也很笼统，不利于系统地组织实施教学，有待进一步完善。

社会再造主义课程论的早期代表人物为斯宾塞，核心代表人物为赫尔巴特，当代代表人物有迪尔凯姆、帕森斯等。

社会再造主义课程论强调社会对教育的制约作用，主张根据社会的需要确定教育目的和课程活动，重视道德教育和社会权威的作用。课程的设置应由社会权威部门和权威人物决定，学生要努力适应课程。这种课程理论重视教育和社会之间的关系，强调课程在维护社会结构方面的作用，但对个体的主体意识不够重视。

三、形式教育论和实质教育论

形势教育论的倡导者是瑞士教育家裴斯泰洛齐。形式教育论认为，学校教育的任务和作用在于发展学生的智力，官能心理是其依据。它主张开设一些诸如拉丁文、希腊文、文法和数学等学科，认为它们对于训练和提高学生的智力有很大帮助。

实质教育论的代表人物是英国的斯宾塞。联想主义心理学是实质教育论的依据。实质教育论主张在学校开设诸如几何、物理、化学、生理学等学科课程，通过它们向学生传授实用知识，为他们将来从事某种职业打好基础。

进入 20 世纪以后，随着科学的发展和人们认识的深入，形式教育与实质教育的对立逐渐消失。课程的编制是一项复杂的工作，它受到学生、社会、学科等多种因素的影响和制约。我们既要充分了解和借鉴历史上曾经存在过的对学校课程编制产生过重大影响的理论，同时，又要注意防止理论上的片面性、局限性对我们在课程设置上可能产生的不良影响。

第三节　课程目标

课程目标，是指课程本身要实现的具体目标和意图。它规定了某一教育阶段的学生通过课程学习后，在发展品德、智力、体质等方面期望实现的程度，它是确定课程内容、教学目标和教学方法的基础。

一、课程目标的分类

（一）课程目标的垂直分类

1. 教育目的

教育目的指国家或社会对教育所要造就的人的质量规格所作的总体规定与要求，根据一定社会的政治、经济、生产、文化科学技术发展的要求和受教育者身心发展的状况确定，反映了社会对受教育者的要求，是教育工作的出发点和最终目标，也是确定教育内容、选择教育方法、检查和评价教育效果的根据。教育目的不同于培养目标、专业培养规格和教育方针，它往往是抽象的、概括的，而非具体的、特殊的。

从国家或整个社会的角度来看，教育目的只能是总体性的、高度概括性的，而不可能是具体的，在实现同一教育目的上，不同地区和不同学校会有不同的做法。造成这种差异的原因，除了由于各地区、各学校、各学科的实际情况有所不同之外，也不能否认是由于一些教育工作者对教育目的理解上的差异造成的。所以，为了确保教育目的得到正确的贯彻落实，就需要根据各级各类学校的实际情况予以具体化,即要明确培养目标。

2. 培养目标

培养目标是对各级各类学校的具体培养要求。它是根据国家的教育目的和自己学校的性质及任务,对培养对象提出的特定要求。所以,教育目的与培养目标没有实质性的区别,只是概括性程度不同。两者之间可以说是一般与个别的关系,或整体与局部的关系。教育目的是整个国家各级各类学校必须遵循的统一的质量要求;培养目标则是某级或某类学校的具体要求,后者是前者的具体化。即培养目标要根据教育目的来制定,而教育目的只有通过各级各类学校的培养目标来实现。

培养目标的实现,主要是通过学校所设置的课程而达成的。但培养目标通常不涉及具体的学习领域,因此,为了使课程编制工作切实有效,我们还必须使培养目标具体化,即要确定课程目标。

3. 课程目标

课程目标,是指导整个课程编制过程的最为关键的准则,是指特定阶段的学校课程所要达到的预期结果。它有五个方面的规定性:(1)时限性,即课程目标要同特定的教育阶段相联系,不是对所有教育阶段预期结果的笼统规定;(2)具体性,即课程目标要详细描述学生身心发展的预期结果,明确学生所要达到的发展水平;(3)预测性,即课程目标所描述的结果是预期性的,不是实际结果,是学生发展状态的理想性规划;(4)操作性,即课程目标是明确的,可以付诸实施,不是一般性的规划,与教育目标不同;(5)指导性,课程目标是具体的教育培养规格的实施,它要有较强的实用价值和指导作用。

4. 教学目标

教学目标,是课程目标的进一步具体化,是指导、实施和评价教学的基本依据,是师生在学科教学活动中预期达到的教学结果、标准。它具有以下特征:(1)具有可操作指标体系;(2)体现学生学习行为及其变化;(3)具体灵活性,教师可以根据教学实际情况进行调整。

总之,从国家制定的教育目的,教育行政部门确定的培养目标,到课程工作者所要明确的课程目标,以及教学工作者要考虑的教学目标,经历了一系列的转化。当然,这种转化不是一种简单的推演,而是要在对学生、社会、学科进行深入研究的基础上作出明智的抉择。

(二)课程目标的水平分类

一个完整的课程目标应当包括认知领域目标、情感领域目标和动作技能目标三个部分,每一个领域又可以进行更为详细的划分。认知领域目标可分为知识、领会、运用、分析、综合、评价等层次;情感领域目标可分为接受(注意)、反应、价值化、组织、价值与价值体系的性格化等层次;动作技能目标又可分为知觉、定向、有指导的反应、机械动作、复杂的外显反应、适应层次。

二、课程目标的依据

课程目标的依据主要有以下三个方面:

(一)对学生的研究

对学生的研究,就是要找出教育者期望在学生身上所要达到的预期结果。它通常包括三个方面的内容:(1)了解学生身心发展的现状,并把它与理想的常模加以比较,确认其中存在的差距;(2)了解学生个体的需要;(3)了解学生的兴趣和个性差异。

（二）对社会的研究

在课程领域里对社会的研究通常采用把社会生活分为若干有意义的方面，再分别对各个方面进行研究的方法。泰勒介绍的一种可行的分类是：健康、家庭、娱乐、职业、宗教、消费、公民。他认为这种分类有利于把整个社会生活分析成一些便于控制的方面，保证不遗漏任何重要的东西。

如何看待已有的社会研究的结果，是课程编制者面临的一个问题。另外，课程编制者还需要对"学校课程能够给予适当满足的社会需要"与"只有通过社会上其他各种机构的合力才能完成的社会需要"两者之间作出区分。例如，学生健康的问题，学校课程可以使学生活动必要的知识、习惯和态度，但这需要家长和社会各界的全力配合。这类目标不可能仅凭学校课程就达到。

（三）对学科的研究

由于不同的学科专家熟悉该领域的基本要领、逻辑结构、探究方式、发展趋势以及该学科的一般功能及其与相关学科的联系，所以，学科专家的建议是课程目标最主要的依据之一。事实上，大多数课程的教科书通常就是由学科专家编写的。

学生、社会、学科这三个因素是交互起作用的，对任何单一因素的研究结果都不足以成为课程目标的唯一来源。如果过于强调某一因素，就会走到极端。

三、三维课程目标

新课程改革倡导的三维课程目标包括知识与技能目标、过程与方法目标、情感态度与价值观目标。三维目标与布鲁姆所提出的认知、技能、情感三大领域的教育目标类型基本一致。

知识与技能目标强调基础知识和基本技能的获得，相当于传统的"双基教学"，是课程目标中的基础性目标。过程与方法目标突出的是让学生"学会学习"，使学生获得知识的过程同时成为获得学习方法和能力发展的过程。情感态度与价值观目标强调在教学过程中激发学生的情感共鸣吧，引起积极的态度体验形成正确的价值观。

第四节　课程设计

一、课程设计的概念和意义

（一）课程设计的概念

最狭义的课程设计是指制定某个课程的具体过程。最广义的课程设计几乎涉及所有形式的课程变化。总的来说，课程设计是一个有目的、有计划、有结构地产生课程计划、课程标准以及教科书等系统化活动。其中，课程计划、课程标准、教科书也是课程文件的三个层次。

（二）课程设计的意义

1. 从课程设计活动中可以产生全新的课程方案，从而导致对师生的双边活动具有深远意义的课程改革；

2. 课程设计可以对目前的课程进行一些修改或重新组织，其中并不增加新的东西，只是以更清晰的方式将课程中各要素联系起来。

二、课程内容的组织形式

（一）直线式与螺旋式

直线式是指把课程内容组织成一条在逻辑上前后联系的“直线”，前后内容基本不重复，即课程内容直线前进，前面安排过的内容在后面不再呈现。

螺旋式是指在不同单元乃至阶段或不同课程门类中，使课程内容重复出现，逐渐扩大知识面，加深知识难度，即同一课程内容前后重复出现，前面呈现的内容是后面内容的基础，后面内容是对前面内容的不断扩展和加深，层层递进。

直线式和螺旋式是课程内容组织的两种基本逻辑形式，它们各有利弊，分别适用于不同性质的学科、不同年级的学生。

（二）纵向组织与横向组织

纵向组织是指按照知识的逻辑序列，从已知到未知、从具体到抽象等先后顺序组织编排课程内容。

横向组织是指打破学科的知识界限和传统的知识体系，按照学生发展的阶段，以学生发展阶段需要探索的、社会和个人最关心的问题为依据，组织课程内容，构成一个个相对独立的专题。

（三）逻辑顺序与心理顺序

逻辑顺序是指根据学科本身的体系和知识的内在联系来组织课程内容。

心理顺序是指按照学生心理发展的特点来组织课程内容。

三、课程文件的三个层次

课程文件是根据课程设计的原理与方法而制定出的指导教学的各种规定，其中，教学计划、教学大纲（学科课程标准）、教科书是课程文件的三个层次。”改为“课程内容文本的一般表现形式有课程计划、课程标准、教材，这是课程内容文本的三个层次，是我国中小学课程的主要组成部分。

（一）课程计划

1．课程计划的概念

课程计划（又称课程计划）是指导和规定课程与教学活动的依据，是学校课程与教学活动的依据，也是制定分科标准、编写教科书和设计其他教材的依据。教学（课程）计划体现国家对学校的统一要求，是组织学校活动的基本纲领和重要依据。

我国义务教育的课程计划应当具备强制性、普遍性、基础性的特征。

第一，强制性。义务教育课程计划不是普遍的课程计划，它是国家实施义务教育的具体保障，其指定的依据是义务教育法，即义务教育课程计划体现了义务教育法的基本精神。因此，它具有强制性。1992 年制定的《义务教育全日制小学、初级中学课程计划（试行）》的实施要求中明确规定：“本课程计划国家安排课程规定的课程门类、教学内容、教学要求和课时分配，体现了国家对义务教育的基本要求，是各级教育部门和小学、初级中学组织安排教学活动的依据，是编定课程标准和编写教材的依据，也是督导、评价学校教学工作的依据。各省、市、自治区、直辖市教育委员会、教育厅（局）在本计划的指导下，可结合本地区的实际情况进行适当调整,并对地方安排课程的课程设置、课时分配等作出明确规定。调整后的课程计划,报国家教育委员会备案,各地学校必须严格执行。"

第二,普遍性。义务教育课程计划的适用范围要比普通的课程计划宽得多,它规定的培养目标和课程设置等,是针对全国绝大多数学校、地区和学生的,既不过高也不过低,坚持"下要保底,上不封顶"。

第三,基础性。义务教育课程计划的作用就在于充分保证为学生的各种素质全面和谐地发展打好基础。课程门类要齐全,不能重此轻彼,各门课程的课时比恰当。要彻底改变过去的应试教育或升学教育,使之真正成为素质教育,保证学生的思想素质、科学文化素质、健康素质、心理素质、劳动素质、职业素质等得到全面的提高。

2. 课程计划的构成

课程计划主要由课程计划设计的指导思想、培养目标、课程设置及其说明、课时安排、课程开设顺序和时间分配、考试考查制度和实施要求几部分构成。

在指导思想上,我国中小学的课程计划必须遵循教育要面向现代化、面向世界、面向未来的战略思想,坚持以素质教育作为教育的发展方向,对学生进行德育、智育、体育、美育和劳动技术教育,以全面提高基础教育的质量。

在培养目标上,各级各类学校是有同有异的。所谓"同",是指无论哪一类哪一级学校,它的培养目标必须同教育的总目的相吻合,不能偏离全面发展的教育目的。所谓"异",是各级各类学校必须根据自身在整个教育结构中所处的位置,为培养不同层次、不同类别、不同规格的人才,完成自身的任务。因此,各级各类学校的培养目标必须同中有异,重点突出,特点鲜明。

关于义务教育初中阶段的培养目标,在1992年修订的《义务教育全日制小学、初级中学课程计划(试行)》中有明确的规定:"初中阶段的目标:具有爱祖国、爱人民、爱劳动、爱科学、爱社会主义的思想情感,初步了解辩证唯物主义、历史唯物主义的基本观点,初步具有为人民服务的集体主义思想,具有守信、勤奋、自立、合作、乐观、进取等良好的品德和个性品质,遵纪守法,养成文明礼貌的行为习惯,具有分辨是非和自我教育的能力。""初步掌握锻炼身体的基础知识和正确方法,养成讲究卫生的习惯,具有健康的体魄。具有初步的审美能力,形成健康的志趣和爱好。""学会生活自理和参加力所能及的家务劳动,初步掌握一些生产劳动的基础知识和基本技能,了解一些择业的常识,具有正确的劳动态度和良好的劳动习惯。"

我国普通高中的培养目标是:(1)初步树立正确的政治方向,初步形成正确的人生观、价值观、世界观;热爱祖国,有理想、有事业心和社会责任感;具有求新创新、艰苦奋斗、团结协作的精神和公平竞争、效率、效益、遵纪守法的观念;形成良好的道德情操和自我教育的能力。(2)掌握较宽广的文化科学、技术的基础知识和基本技能,具有自觉的学习态度和独立学习能力,掌握一些基本的科学方法,形成必备的观察、分析和解决问题的能力,健康的审美观念和相应的审美能力。(3)具有健康的体魄和身心保健的知识和能力,初步形成健康的个性。(4)具有正确的劳动观点、职业观念和初步的择业能力,掌握一定的劳动技能和现代生活技能。

在课程设置上,作为课程计划的核心,是把教育目标与教学实践结合起来。普通中小学课程设置应根据各地区、各学校以及学生的实际情况,在国家宏观指导下,灵活做出安排,不能强求一致,形成“大一统”的课程发展模式。各地区可以在达到国家要求的前提下,做到有利于本地区儿童、青少年身心素质全面提高。

在基本内容上,课程计划主要是指教学科目的设置、学科顺序、课时分配及学年编制和学周安排。

(1)开设哪些科目是课程计划的中心问题。中小学的教学科目设置,基本以科学的分类为依据,我国中小学课程中的科目设置,大致包括六类:一是语文、数学等基础性科目;二是思想品德教育科目;三是社会基础知识科目;四是自然科学基础知识科目;五是体育、保健艺术审美科目;六是劳动技术教育科目。另外,还有外语、计算机等工具性科目。

(2)课程计划中设置的各门学科不能齐头并进,也不宜单科独进,一定要按年限、学科内容、各门学科之间的衔接、学生的发展水平,由易到难,由简到繁,合理安排,使先学的学科为以后学习的学科奠定基础,同时,所学的学科之间能相互沟通,并满足学生多方面发展的需要。

(3)课时分配包括各学科的总时数,每一门学科各学年(或学期)的授课时数和周学时等。应根据学科的性质、作用、教材的分量和难易程度,恰当地分配各门学科的授课时数。

(4)学年阶段的划分、各个学期的教学周数、学生参加生产劳动的时间、假期和节日的规定等,这是学校工作正常进行的保证。我国学校一般均为秋季招生与毕业,一学年分为两个学期,学期之间有寒假或暑假。

(二)课程标准

1. 课程标准的概念

课程标准又称学科课程标准,是课程计划中每门学科以纲要的形式编定的、有关学科教学内容的指导性文件。它规定了学科的教学目的与任务,知识的范围、深度和结构,教学进度以及有关教学法的基本要求。学科课程标准是编写教科书和教师进行教学的直接依据,也是衡量各科教学质量的重要标准。

2. 课程标准的构成要素

课程标准一般由以下两个基本部分构成:一是说明部分。扼要说明本学科开设的意义,规定教学的目的、任务和指导思想,提出教材选编的原则以及教学法的建议。二是本文部分。它系统地安排一门学科全部教材的主要课题、要目或章节,规定每个课题教学的要点和时数,并编有练习、实习、实验、参观等实际作业的要求以及其他教学活动的时数。

(三)教科书

1. 教材与教科书

教材是教师和学生据以进行教学活动的材料,包括教科书、讲义、讲授提纲、参考书、活动指导书以及各种视听材料。其中,教科书和讲义是教材的主体部分,故人们常把教科书与讲义简称为教材。教科书又称课本,它是依据课程标准(课程标准)编制的、系统反映学科内容的教学用书。

教科书不同于一般书籍,通常按学年或学期分册,划分单元或章节。它主要由目录、课文、习题、实验、图表、注释、附录等部分构成。课文是教科书的主体部分。

随着科学技术的发展,教学手段的现代化,教学内容的载体也多样化了。除教科书以外,还有各类指导书和补充读物,工具书、挂图、图表和其他教学辅助用具,教学程序软件包,幻灯片、音像磁盘等。

2. 教科书的编排

(1)教科书的编排形式要有利于学生的学习,符合卫生学、教育学、心理学和美学的要求。

(2)教科书的内容阐述,要层次分明;文字表述要简练、精确、生动、流畅;篇幅要详略得当。

(3)标题和结论要用不同的字体或符号标出,使之鲜明、醒目;封面、图表等,要求清晰、美观。

(4)字体大小要适宜,装订要牢固,开本大小、厚薄要合适,便于携带。

3. 教科书的作用

(1)教科书是学生在学校获得系统知识、进行学习的主要材料,它可以帮助学生掌握教师讲授的内容;同时,也便于学生预习、复习和做作业。教科书是学生进一步扩大知识领域的基础。所以,要教会学生如何有效地使用教科书,发挥教科书最大的作用。

(2)教科书也是教师进行教学的主要依据,它为教师的备课、上课、布置作业、学生学习成绩的检查评定提供了基本材料。熟练地掌握教科书的内容是教师顺利完成教学任务的重要条件。

(3)根据课程计划对本学科的要求,分析本学科的教学目标、内容范围和教学任务。

(4)根据本学科在整个学校课程中的地位,研究本学科与其他学科的关系,理论与实际相联系的基本途径和最佳方式,确定本学科的主要教学互动、课外活动、实验活动或其他社会实践活动,对各教学阶段的课堂教学和课外活动作出统筹安排。

4. 教科书编写应遵循的原则

(1)按照不同学科的特点,体现科学性和思想性。

(2)强调内容的基础性。在加强基础知识和基本技能的同时,注意贴近社会生活,并适当渗透先进的科学思想,为学生今后学习新知识奠定基础。

(3)在保证科学性的前提下,教材还要考虑到我国社会发展现实水平和教育现状,必须注意到基本教材对大多数学生和大多数学校的适用性。

(4)合理体现各科知识的逻辑顺序和受教育者学习的心理顺序。

(5)兼顾同一年级各门学科内容之间的关系和同一学科各年级教材之间的衔接。

第五节 课程实施

一、课程实施的概念

课程实施是指把课程计划付诸实践的过程,它是达到预期的课程目标的基本途径。

课程实施是二十世纪七十年代以来兴起的一个新的课程研究领域。它源于人们对二十世纪五六十年代美国进行的大规模课程改革运动的反思。当时美国投入巨资,编制了大量新课程,尽管当时这些课程在教育界被普遍看好,但结果却是没有得到实施,或者即使采用了,运作的程度也不够理想。因此人们开始转向研究课程实施的问题。

二、课程实施的结构

课程实施作为一个动态的序列化的实践过程，具有一定的运行结构。在课程实施过程中，至少要考虑七个方面的问题：

(1)安排课程表，明确各门课程的开设顺序和课时分配；

(2)确定并分析教学任务；

(3)研究学生的学习活动和个性特征，了解学生的学习特点；

(4)选择并确定与学生的学习特点和教学任务相适应的教学模式；

(5)对具体的教学单元和课的类型、结构进行规划；

(6)组织并开展教学活动；

(7)评价教学活动的过程与结果，为下一轮的课程实施提供反馈信息。

以上七个方面在运作过程中构成一个循环往复的动态结构，这便是课程实施的过程结构。

(一)安排课程表

时间安排对于课程实施将采取什么具体形态具有重要影响。一个好课程表，既能从学生全面发展的教育目标出发，又能体现出不同学科的性质和特点。通常情况下，课程表的安排应遵循以下几条原则：

(1)整体性原则。在安排课程表的过程中，学校要从全局着眼，统筹安排好课程计划所规定的每一门课程，使每一门课程都处于能发挥最佳效果的恰当位置，从而实现各门课程功能的协调化、整体化，产生最好的教育效果。

(2)迁移性原则。在安排课程表时要充分考虑各门学科之间相互影响的性质和特点，利用心理学的迁移规律，促使课程之间产生正迁移，从而可促进教育教学质量的提高。

(3)生理适宜原则。课程表的安排，还要考虑到学生的生理特点，使学生的大脑功能和体能处于高度优化状态。

(二)分析教学任务

教学任务通常包括三个方面：(1)学生所要掌握的基础知识和基本技能。(2)学生所要形成和发展的智力、能力和体力。(3)学生所要养成的情感、态度、品德和个性心理品质。

(三)研究学生的学习特点

学生的学习特点有四个方面的特性：

(1)独特性。由于每个学生的思维方式不同，在学习过程中容易产生较大的差别性。

(2)稳定性。思维方式和学习习惯的形成，往往是比较稳定、不容易改变的。

(3)发展性。学生正处在成长发展期，应有目的地培训学生的习惯。

(4)灵活性。教师应针对不同学生采用不同的指导方法。

学生的学习特点受三个方面因素的影响：

(1)基础因素。它包括学生的基础知识和技能水平、智能结构和心理品质、个性特征等。

(2)内部因素。它包括学生在学习过程中积累的学习经验、掌握的学习方法、学习动机和学习积极性等。

(3)外部因素。主要指学习内容、教师教学风格、社会传统、时代要求和教育环境等。

这三方面的因素相互联系、相互影响、相互制约,共同促进学习风格的形成和发展。

(四)选择并确定教学模式

教学模式是指在一定的教学思想或理论指导下,为完成特定的教学任务,实现预期的课程目标所形成的相对稳定的、系统化的教学活动的基本范型。为实现预期的课程目标,可以根据教学任务和学生学习特点选择各种各样的教学模式。教师选择哪种模式,取决于这种模式在帮助学生掌握课程内容、达到课程目标过程中的价值的大小。

(五)规划教学单元和课

教学单元通常是指某门课程的教材内容中的一个比较完整的部分。在对教学单元进行规划时,需要对教学单元中的主要原理、主要概念、技能、态度、诊断性测验和评价等方面加以考虑。课是教学单元的组成部分,所要解决的是课堂教学活动如何安排的问题。

(六)组织教学活动

组织教学活动是课程实施计划的展开过程。

(七)评价教学活动的过程与结果

这是课程实施的最后一项任务或环节。

三、影响课程实施的因素

(一)课程计划本身的特点

新课程计划往往是对原有课程的一种变革,而课程实施则是把新课程计划投入实践中去。因此,课程计划本身的特点就是影响课程实施的一个因素,这包括以下几个方面:第一是合理性,即指课程设计以及课程计划编写是否具有正确的指导思想和理论基础,是否确实改进了已有的课程。第二是和谐性,指课程计划于流行价值取向和行动方式之间是否一致,一致程度如何。即课程计划的制订不仅要考虑未来人和社会的发展,还应考虑当下人和社会的要求。第三是明确性。如果缺乏明确性,就容易造成使用者的混淆,以致增加困惑和挫折感。第四是简约性。过于复杂的课程设计可能导致课程不易被理解或无法被接受,导致实施困难。第五是可传播性和可操作性,即指课程计划向各地学校推行的难易程度以及实施、使用的方便程度。

(二)教师的特征

教师是课程实施成败的决定性力量,特别是在课堂教学层面,教师是课程实施的核心。教师的影响主要体现在以下几个方面:

第一,教师的参与。教师根据课程计划、课程标准设计教学活动,确定教学策略,在教学中实现课程实施。让教师参与课程计划、课程标准的拟定,就可以增强这种自觉性。

第二,教师的态度。采取封闭态度的教师对课程改革缺乏关注,不愿意投入,也不易接受新的理念和方法,对课程的实施会产生负面影响。采取开放态度的教师,关注改革的进程,乐意接受新课程、新方法,可能更加有利于课程计划的实施。

第三,教师所具备的能力。课程实施效果的差异除了取决于教师对课程的认识、态度以外,更重要的还是他们自身的个人背景、智力水平、学历层次所造成的能力差异。因此,课程的开发与设计首先应考虑教师所具备的能力素养,同时应尽可能加强对现有教师的培训。

第四,教师与其他参与者之间的交流与合作。既可能是教育决策者、课程设计者与教师之间的交流、合作,也可能是教师与教师之间的交流与合作。教育决策者、课程设计者可以把隐含在课程中的一些基本理念、价值取向传递给教师，也可以提供一些建议，从而能够帮助教师更好地理解和实施课程计划。教师之间的交流、合作，可以增加相互之间的理解、配合、支持，有利于课程计划的实施。

（三）学校的特点

第一，学校领导和行政部门的态度与工作。各级教育行政部门和学校领导对课程计划的实施负有领导、组织、安排、检查的职责。他们的态度和工作策略影响着课程计划的实施。

第二，学校的支持系统。一方面是经费上的支持、人力和活动上的支援，另一方面是加强师资培训。

第三，学校的环境。包括心理环境和物理环境。

第四，学生的学习。

（四）校外环境

校外环境包括政府机构和社会各界。政府机构是影响课程实施的重要力量，学校的课程计划于学校所在地的需要越一致，就越能得到当地政府的支持。国家和地方政府政策的倾斜、财政和物质资源的供给、技术援助等，可以使课程实施获得强大的政治经济保证。社会各界如新闻媒介、社会团体、学生家长的理解和支持，也可以成为推动改革的无形动力。

第六节　课程评价

课程评价是对课程实施的过程、质量和水平所作出的价值判断，对课程实施和教学操作具有重要导向和监控的作用。课程评价是实现课程目标的关键环节。同时，课程评价也是重要的教育手段之一，它及时地指导和帮助师生改进教和学的活动，不断提高教学质量。

一、课程评价的概念

课程评价是指检查课程的目标、编订和实施是否实现了教育目的，实现的程度如何，以判定课程设计的效果，并据此作出改进课程的决策。它应当是一个客观的过程，需要运用科学的手段如教育测验，对课程作出量的分析，即量的评价；根据观察学生的行为表现，作出质的分析、说明和鉴定，即质的评价。

二、课程评价的主要模式

下面是实践中几个常用的评价模式。

（一）目标评价模式

这一评价模式是以目标为中心而开展的，是针对20世纪初形成并流行的常模参照测验的不足而提出的，是在泰勒的“评价原理”和“课程原理”的基础上形成的。

该模式的评价原理可概括为七个步骤或阶段：（1）确定教育计划的目标；（2）根据行为和内容来确定每一个目标；（3）确定使用目标的情境；（4）设计呈现情境的方式；（5）设计获取记录的方式；（6）确定评定时使用的积分单位；（7）设计获取代表性样本的手段。

泰勒在这一评价原理的基础上，结合课程编制的实践，提出了更引人注目的“课程原理”。可概括为四个步骤或阶段：（1）确定课程目标；（2）根据目标选择课程内容；（3）根据目标组织课程内容;(4)根据目标评价课程。

其中,确定目标是最为关键的一步,因为其他所有步骤都是围绕目标而开展的。

目标评价模式强调要用明确的、具体的行为方式来陈述目标,并以预先规定的教育目标为中心来设计、组织和实施评价,从而确定学生通过课程教学所取得的进步,亦即确定学生达到教育目标的程度,找出实际结果与课程目标之间的差距,并利用这种信息反馈作为修订课程计划或更新课程目标的依据。由于这一模式虽然便于操作又容易见效,但是忽视了其他方面的因素,因而遭到不少人的批评。

(二)目标游离评价模式

目标游离评价模式是由美国学者斯克里文针对目标评价模式的弊端而提出来的。即主张把评价的重点从“课程计划预期的结果”转向“课程计划实际的结果”。评价者不应受预期的课程目标的影响,尽管这些目标在编制课程时可能是有用的,但不适宜作为评价的准则。

该评价模式对目标评价模式的批评是击中要害的。评价除了要关注预期的结果之外,还应关注非预期的结果。评价的指向不应该只是课程计划满足目标的程度,而更应该考虑课程计划满足需要的程度。但它也存在问题:如果在评价中把目标搁在一边去寻找各种实际效果,结果很可能顾此失彼,背离评价的主要目的。此外,目的完全“游离”的评价是不存在的。因为评价者总是会有一定的评价准则,游离了课程编制者的目的,评价者很可能会用自己的目的取而代之。而且,严格地说,目的游离评价不是一个完善的模式,因为它没有一套完整的评价程度。

(三)背景、输入、过程、成果(CIPP)评价模式

CIPP 是由背景评价(content evaluation)、输入评价(input evaluation)、过程评价(process evaluation)、成果评价(product evaluation)这几种评价名称的英文第一个字母的缩略语。该模式包括以下四个步骤。

(1)背景评价,即要确定课程计划实施机构的背景;明确评价对象及其需要;明确满足需要的机会;诊断需要的基本问题;判断目标是否已反映了这些需要。背景评价强调应首先根据评价对象的需要对课程目标本身做出判断,看两者是否一致。采用的方法主要是系统分析、调查、文献评论、倾听意见、会谈和诊断性测验等。

(2)输入评价,主要是为了帮助决策者选择达到目标的最佳手段,而对各种可供选择的课程计划进行评价。

(3)过程评价,主要是通过描述实际过程来确定或预测课程计划本身或实施过程中存在的问题,从而为决策者提供如何修正课程计划的有效信息。

(4)成果评价,即要测量、解释和评判课程计划的成绩,旨在帮助课程决策者决定课程计划是否应该终止、修正或继续执行。

CIPP 模式是一种力图摆脱传统的局限于目标的评价模式,其重点不在于引导一项个别研究的进行,而在为决策者提供信息;其目的不在证明而在改良,以更好地反映社会对评价提出的新的要求。它考虑到了影响课程计划的种种因素,可以弥补其他评价模式的不足,相对来说比较全面,但是这种模式实施过程比较复杂,所需要的投入相对也高,操作起来有一定的困难。

三、课程评价的过程

绝大多数课程评价模式在评价过程中都涉及一些需要解决的基本问题和一些需要把握的基本步骤。

(一)课程评价过程中的一些基本问题

1. 评价概念是否合适。这可以从概念的清晰性和适切性、变通性、可行性四个方面加以考虑。

2. 搜集和加工信息是否合适。这应该从可靠性、客观性、代表性、概括性四个方面进行考查。

3. 报告评价结果的信息是否合适。这里应考察报告的方法和报告的时间安排等是否能满足需求,以及评价结果的传播效果。

(二)课程评价的基本阶段

在课程评价中,评价者通常要经历以下几个步骤:

第一步,把焦点集中在所要研究的课程现象上。这个阶段评价者要确定评价的对象和方法。

第二步,搜集信息。评价者要确定什么是必不可少的信息,用什么手段和工具可以搜集到这些信息。

第三步,组织材料。评价者对搜集到的资料和信息进行组织,此时应当注意到信息编码、组织、储存和提取的手段。

第四步,分析资料。评价者根据评价的焦点或者重点选择、使用合适的分析技术。

第五步,报告结果。评价者根据报告的听众和用户,决定怎样报告所处理的信息。

第七节　基础教育课程改革

一、基础教育课程改革的历程

我国当前的课程改革是新中国成立以来的第八次(2001 年开始至今)规模较大的课程改革。

1999 年 6 月,《中共中央国务院关于深化教育改革,全面推进素质教育的决定》提出,要“调整和改革课程体系、结构、内容,建立新的基础教育课程体系”;2001 年 6 月出台的《国务院关于基础教育改革与发展的决定》,进一步明确了“加快构建符合素质教育要求的基础教育课程体系”的任务。同期,教育部颁布了《基础教育课程改革纲要(试行)》(以下简称《纲要》),规定了课程改革的目标、课程结构、课程评价和管理等内容,并陆续出台了各门课程的课程标准或指导纲要。

义务教育阶段的新课程已于 2001 年 9 月在全国 38 个国家级试验区开始了实验和实施。2002 年以来各区县分批分期开始实施新课程。2003 年 3 月,教育部又出台了《普通高中课程方案(实验)》,并于 2004 年秋季启动高中新课程,2007 年开始,全国范围内实施新课程。

二、基础教育课程改革的理论基础

新课程改革的理论背景有人的全面发展理论、建构主义理论及多元智能理论。其中主要的理论基础是建构主义的学习理论和多元智能理论。

建构主义者认为，学生是生活在社会之中的，因而是带着经验走进教室的，教学要从学生的兴趣和需要出发，教师要为促进学生理解而教；学习不是由教师向学生传递知识的过程，而是学生主动建构知识的过程。

以加德纳为代表的多元智能理论认为，人的智能是多元化的，人的发展具有多种可能性，每一种智能都有相适应的职业。因而，最好的教育是最适合学生的潜能开发，并能使学生获得最好发展和理想职业的教育。

三、基础教育课程改革的理念

（一）基本理念

第一，三维目标观，即教学的目标是知识技能、过程方法、情感态度价值观三维目标。

第二，综合课程观，即课程的设置要更加综合，体现整体性、开放性、动态性，培养学生综合的视角和综合的能力，以适应科学技术既分化又综合的现实。

第三，内容联系观，即课程内容的教学，要努力与社会生活相联系，与学生已有的经验相联系，加强教学内容的“生活化”，使学习更有意义。

第四，学习方式观，即强调自主、合作、探究的学习方式，培养学生的自主性、合作性、创造性，使学生适应社会发展的需要。

第五，发展评价观，即重视学习的过程评价，通过评价发挥促进学习的作用，而不是检查验收的作用。

第六，校本发展观，即从学校的实际情况和学生的实际情况出发，开发校本课程，增强学生的选择性，促进学校、教师、学生的特色发展。

（二）核心理念

新课程改革的核心理念是教育以人为本，即“一切为了每一位学生的发展”，具体体现在以下几个方面：

第一，关注每一位学生。每一位学生都是生动活泼的人、发展的人、有尊严的人；每一位学生都是教师应该关注的对象，关注的实质是尊重、关心、牵挂，关注本身就是最好的教育。

第二，关注学生的情绪生活和情绪体验。教师必须用“心”施教，不能只做学科体系的传声筒。用“心”施教体现着教师对本职工作的热爱，对学生的关切，体现着教师热切的情感。

第三，关注学生的道德生活和人格养成。教师不仅要充分挖掘和展示教学中的各种道德因素，还要积极关注和引导学生在教学活动中的各种道德表现和道德发展，从而使教学过程成为学生一种高尚的道德生活和丰富的人生体验。这样，学科知识增长的过程同时也是成为人格的健全与发展过程。

四、基础教育课程改革的目标

（一）新课程改革的总目标

《基础教育改革纲要（试行）》提出了新课程的培养目标："应体现时代要求，要使学生具有爱国主义、集体主义精神，热爱社会主义，继承和发扬中华民族的优秀传统和革命传统；具有社会主义民主法制意识，遵守国家法律和社会公德；逐步形成正确的世界观、人生观、价值观；具有社会责任感，努力为人民服务；具有初步的创新精神、实践能力、科学和人文素养以及环境意识；具有适应终身学习的基础知识、基本技能和方法；具有健壮的体魄和良好的心理素质，养成健康的审美情趣和生活方式，成为有理想、有道德、有文化、有纪律全面发展的一代新人。"

（二）新课程改革的具体目标

1. 实现课程功能的转变

改变过于重视知识传授的倾向，强调形成积极主动的学习态度，使获得知识技能的过程同时成为学会学习的过程和形成价值观的过程，即从单纯注重传授知识转变为引导学生学会学习，学会合作，学会生存，学会做人。

2. 体现课程结构的均衡性、综合性和选择性

改变课程结构过于强调学科本位、科目过多和缺乏整合的现状，整体设置九年一贯制的课程门类和课时比例，并设置综合课程，以适应不同地区和学生发展的需求。

3. 密切课程内容与生活和时代的联系

改变课程内容难、繁、偏、旧和过于注重书本知识的现状，加强课程内容与学生生活和社会发展的联系，关注学生的学习兴趣和经验，精选终身学习必备的基础知识和技能。

4. 改善学生的学习方式

改变课程实施过于强调接受学习、死记硬背、机械训练的现状，倡导学生主动参与、乐于探究、勤于动手，培养学生搜集和处理信息的能力、获取新知识的能力、分析和解决问题能力以及交流与合作能力。

5. 建立与素质教育理念相一致的评价与考试制度

改变课程评价过分强调甄别和选拔的功能，发挥评价促进学生发展、教师提高和改进教学的功能。

6. 实行三级课程管理制度

改变课程管理过于集中的状况，实行国家、地方、学校三级课程管理，增强课程对地方、学校和学生的适应性。

五、基础教育课程改革的实施状况

（一）课程结构的改革

1. 对课程类型的调整

（1）整体设置九年一贯的义务教育课程：小学阶段以综合课程为主；初中阶段设置分科与综合相结合的课程。

（2）高中以分科课程为主。

（3）从小学至高中设置综合实践活动并作为必修课程。

(4)农村中学课程要为当地社会经济发展服务。

2. 综合实践活动课

综合实践活动是国家规定的必修课,包括研究性学习、劳动技术教育、社区服务、社会实践四部分内容。开展综合实践活动旨在让学生联系社会实际,通过亲身体验进行学习,积累和丰富直接经验,培养创新精神、实践能力和终身学习的能力。学校要从实际出发,具体安排、确定综合实践活动各部分内容和组织形式。

研究性学习以学生的自主性、探索性的学习为基础,从学生生活和社会生活中选择和确定研究专题,主要以个人或小组合作的方式进行。通过亲身实践获取直接经验,养成科学精神和科学态度,掌握基本的科学方法,提高综合运用所学知识解决实际问题的能力。在研究性学习中,教师是组织者、参与者和指导者。

劳动技术教育主要对学生进行劳动观念和一般劳动技术能力的教育,进行现代职业意识、职业技能的培养和就业选择的指导。

社区服务主要通过学生在本社区以集体或个人形式参加各种公益活动,进行社会责任意识、助人为乐精神的教育,为社区的建设和发展服务。

社会实践主要通过军训和工农业生产劳动对学生进行国防教育、生产劳动教育,培养组织纪律性、集体观念和吃苦耐劳精神。学校可以结合实际,为学生走出学校,深入社会创造条件。

(二)课程内容的改革

1. 课程标准的制定

(1)义务教育阶段的课程标准体现出普及性、基础性和发展性的三个特征。

(2)普遍高中课程标准在坚持使学生普遍达到基本要求的前提下,有一定层次性和选择性,并开设选修课程,以利于学生获得更多的选择和发展机会,为培养学生的生存能力、实践能力和创造能力打下良好的基础。

2. 教材的编写

(1)教材管理由“国编制”转变为“国审制”,教材呈现方式具有多样性。

(2)适当降低了知识的难度,大量引进现代信息。

(3)密切联系生活,关注学生个体经验。

(4)重视活动设计,鼓励学生探究创造。

(5)尊重师生的个性,给师生广阔的发展空间。

(三)课程评价的改革

1. 新课程改革的评价理念

关于新课程改革的评价理念,在《基础教育课程改革纲要(试行)》这一文件中有明确的表述:

(1)改变课程评价过分强调甄别和选拔的功能,发挥评价促进学生发展、教师提高和改进教学实践的功能。

(2)建立促进学生全面发展的体系。评价不仅要关注学生的学业成绩,而且要发现和发展学生多方面的潜能,了解学生发展中的需求,帮助学生认识自我,建立自信。发挥评价的教育功能,促进学生在原有水平的发展。

(3)建立和促进教师不断提高评价体系。强调教师对自己教学行为的分析与反思,建立以教师自评为主,校长、教师、学生、家长共同参与的评价制度,使教师从多种渠道获得信息,不断提高教学水平。

2. 新课程评价的转变

(1)在评价功能上,要由侧重甄别和选拔转向侧重发展。

(2)在评价对象上,要从过去关注对结果的评价逐步转向关注对过程的评价。

(3)在评价主体上,要强调评价主体多元化和评价信息多源化,重视自评、互评的作用。

(4)在评价结果上,不仅要关注评价结果的准确、公正,更要强调评价结果的反馈以及被评价者对评价结果的认同和对原有状况的改进。

(5)在评价内容上,要强调对评价对象的各个方面情况进行全面综合考察。

(6)在评价方法上,要强调评价方式的多样化,尤其注重把质性评价与量化评价结合起来,以质性评价统整量化评价。

(7)在评价者与评价对象的关系上,要强调平等、理解、互动,体现以人为本的主体性评价的价值取向。

同步练习

一、单项选择题

1. 把课程用于教育科学的专门术语,始于英国教育家(　　)。
A. 斯宾塞　　B. 泰勒
C. 洛克　　D. 杜威
2. (　　)是学校教育的基础。
A. 教学内容　　B. 学科设置
C. 课程　　D. 教科书
3. (　　)是教育改革的核心。
A. 教学目标改革　　B. 教学大纲改革
C. 课程改革　　D. 素质教育
4. 课程有广义、狭义之分,我们所研究的课程是(　　)。
A. 广义的　　B. 狭义的
C. 两者都包括　　D. 两者兼而有之
5. 从课程任务的角度,课程可分为(　　)。
A. 国家课程、地方课程、学校课程
B. 必修课程、选修课程
C. 基础型课程、拓展型课程、研究型课程
D. 学科课程、活动课程
6. (　　)是由省、自治区、直辖市教育行政机构和教育科研机构编制的课程。
A. 国家课程　　B. 地方课程
C. 市级课程　　D. 校本课程
7. (　　)两种课程的关系实质上是“共性发展”与“个性发展”之间的关系。
A. 分科课程与综合课程　　B. 显性课程与隐性课程
C. 学科课程与活动课程　　D. 必修课程与选修课程
8. (　　)是一种最古老、使用范围最广的课程类型。
A. 必修课程　　B. 学科课程
C. 基础型课程　　D. 分科课程
9. 为了补充、丰富国家课程的内容,满足全国范围的地区差异,各地制定了(　　)。
A. 拓展型课程　　B. 地方课程
C. 学校课程　　D. 选修课程
10. 首次提出“隐性课程”这一概念的教育学家是(　　)。
A. 杜威　　B. 克伯屈
C. 杰克逊　　D. 泰勒
11. 提出“课程原理”和“评价课程”的教育家是(　　)。

A. 裴斯泰洛齐　　B. 洛克

C. 泰勒　　D. 赫尔巴特

12. 教育工作的出发点和最终目标是(　　)。

A. 教育目的　　B. 培养目的

C. 课程目标　　D. 教育目标

13. (　　)是修订课程方案的活动。

A. 课程改革　　B. 课程设计

C. 教学计划　　D. 课程评价

14. 规定学科的教学目的与任务,知识的范围、深度和结构、教学进度以及有关教学法的基本要求的指导性文件是(　　)。

A. 教学计划　　B. 教学目的

C. 教学大纲　　D. 教学目标

15. 泰勒提出的"课程原理"包含的四个阶段中,(　　)是最为关键的一步,且其他步骤都是围绕其展开的。

A. 确定课程目标　　B. 选择课程内容

C. 组织课程内容　　D. 评价课程

16. 主张把评价的重点从"课程计划预期的结果"转到"课程计划实际的结果"上来的课程目标评价的模式是(　　)。

A. 目标评价模式　　B. 目的游离评价模式

C. 背景评价　　D. 成果评价

17. 新课程改革要改变过去课程管理过于集中的状态,试行(　　)。

A. 国家、地方、校长三级管理　　B. 国家、学校、教师三级管理

C. 国家、地方、教师三级管理　　D. 国家、地方、学校三级管理

18. 制定课程计划的首要问题是(　　)。

A. 课时分配　　B. 学年编制和学周安排

C. 学科设置　　D. 课表安排

19. 在制订教学计划时,教学时间的安排要体现(　　)。

A. 以德育为先　　B. 以智育为主

C. 以课外活动为主　　D. 以上课为主

20. 学校组织教育和教学工作的重要依据是(　　)。

A. 教学大纲　　B. 课程计划

C. 教学目标　　D. 课程评价

二、填空题

1. 在我国的教育实际工作中,课程一般具体表现为________、________和________。

2. 学校课程又称________,通常以________或________的形式出现。

3. 学科课程最大的特点是________、________或________。

4. 分科课程是由________构成的课程,强调不同学科门类之间的________、强调一门学科逻辑体系的________。

5. ________、________和________ 是影响学校课程的三大因素。

6. 基础教育课程改革要以邓小平关于“教育要________”和江泽民同志________为指导，全面贯彻党的教育方针，全面推进素质教育。

7. ________是整个国家各级各类学校必须遵循的，统一的质量要求，________则是某级或某类学校的具体要求，两者没有实质性的区别，只是概括性的程度不同。

8. ________是指导整个课程编制过程的最为关键的准则，它有五个方面的规定性：时限性、________、________、操作性、________。

9. 课程文件的三个层次是________、________和________。

10. ________是否合情合理并具备较强的科学性，直接关系到课程设计和教育教学质量的全面提高。

11. 课程表的安排应遵循的原则有________、________和________。

12. 学生在学习过程中积累的学习经验、掌握的学习方法、学习动机和学习积极性等，都是影响学生学习特定的________因素。

13. ________是指在一定的教学思想或理论指导下，为完成特定的教学任务，实现预期的课程目标所形成的相对稳定、系统化的教学活动的基本范式。

14. 课程实施的最后一项任务或环境是________ 。

15. ________既是课程设计与实施的终点，也是课程设计与实施继续向前发展的起点，在整个课程系统中占有十分重要的地位。

16. 被称为“课程评价之父”的是________。

17. CIPP 评价模式包括四个步骤：________、________、________、________。

18. 教学大纲一般由________部分、________部分和其他附录等几个部分组成。

19. 学生学习的特点有四个方面，分别是________、________、发展性和________。

20. 制定课程目标的基本依据主要有三个方面，即对学生的研究、对________的研究和对________的研究。

三、简答题

1. 简述基础型课程的基本内容。
2. 制约课程的主要因素是什么？
3. 什么是课程设计？其意义如何？
4. 简述课程实施的过程结构。
5. 教科书的编排有哪些要求？

同步练习参考答案

一、单项选择题

1. A　2. C　3. C　4. A　5. C　6. B　7. D　8. B　9. B　10. C　11. A　12. A　13. B　14. C　15. A　16. B　17. D　18. C　19. D　20. B

二、填空题

1. 教学计划　学科课程标准　教科书
2. 校本课程　选修课　特色课
3. 逻辑性　系统性　简约性
4. 单一学科　相对独立性　完整性
5. 社会　知识　青少年儿童
6. 面向现代化，面向世界，面向未来　"三个代表"重要思想
7. 教学目的　培养目标
8. 课程目标 具体性　预测性　指导性
9. 教学计划　教学大纲(学科课程标准)　教科书
10. 教学计划
11. 整体性原则　迁移性原则　生理适宜原则
12. 内部
13. 教学模式
14. 评价教学活动的过程与结果
15. 课程评价
16. 泰勒
17. 背景评价　输入评价　过程评价　成果评价
18. 说明　正文
19. 独特性　稳定性　灵活性
20. 社会　学科

三、简答题

1. 答：基础型课程的基本内容有：

(1)基础型课程注重学生基础学力的培养，即培养学生作为一个公民所必需的"三基"(读、写、算)为中心的基础教养，是中小学课程的主要组成部分。

(2)它的内容是基础的，以基础知识和基本技能为主，不仅注重知识、技能的传授，也注重思维力、判断力等的发展和学习动机、学习态度的培养。

(3)基础型课程是必修的、共同的课程，无论哪个学生都要都要学习，要求很严格，必须有严格的考试。

(4)基础型课程的内容是不断发展的,它随学段的不同而有所不同。

2. 答:制约课程的主要因素是:

(1)一定历史时期社会发展的要求及提供的可能;

(2)一定时代人类文化及科学技术发展水平;

(3)学生的年龄特征、知识、能力基础及其可接受性;

(4)课程理论。

3. 答:(1)课程设计的概念:课程设计是有目的、有计划、有结构地产生教学计划、教学大纲以及教科书等系统化活动。

(2)课程设计的意义:第一,从课程设计活动中可以产生全新的课程方案,从而导致对师生的双边活动具有深远意义的课程改革。第二,可以对目前的课程进行一些修改或重新组织,其中并不增加新的东西,而只是以更清晰的方式将课程中各要素联系起来。

4. 答:课程实施作为一个动态的序列化的实践过程,具有一定的运行结构。

(1)安排课程表,明确各门课程的开设顺序和课时分配;

(2)确定并分析教学任务;

(3)研究学生的学习活动和个性特征,了解学生的学习特点;

(4)选择并确定与学生的学习特点和教学任务相适应的教学模式;

(5)对具体的教学单元和课的类型、结构进行规划;

(6)组织并开展教学活动;

(7)评价教学活动的过程与结果,为下一轮的课程实施提供反馈信息。

这七个方面在运作过程中构成一个循环往复的动态结构,这便是课程实施的过程结构。

5. 答:(1)编排形式要有利于学生的学习,符合卫生学、教育学、心理学和美学的要求。

(2)内容阐述要层次分明;文字表达要简练、精确、生动、流畅;篇幅要详略得当。

(3)标题和结论要用不同的字体或符号标出,使之鲜明、醒目。

(4)封面、图表、插图等,要力求清晰、美观。

(5)字体大小要适宜,装订要牢固,开本大小、厚薄要合适,便于携带。

第七章　教学(上)

本章概要

教学是教师的教与学生的学共同组成的双边活动。教学是学校教育中最基本的活动，在学校教育活动中居于中心地位。教育以促进学生德、智、体、美等全面发展为根本目的。教学过程是教师教学生认识世界的过程。在教学过程中，教师起主导作用，学生起主体作用。按照教学活动的不同认识任务，教学过程分为几个不同阶段。教学活动应该遵循一定的原则，并采取一定的方法，才能开展有效的教学工作。

引导案例

最近几年，我在小学高年级语文教学中对苏霍姆林斯基关于"不要让能力和知识关系失调"的论述进行了探讨和研究，有了较深的体会。

中小学教育是基础教育，而小学则是基础的基础。这不单是指小学生所学习的知识，还要考虑小学生在学习知识的过程中应培养的良好学习习惯和能力。也就是说，在教育过程中教师不但要考虑学生学会了什么，更应该深思学生掌握了哪些学习方法，是否为今后在中学或者更远时候的继续学习奠定了基础，铺好了路。苏霍姆林斯基说得好："教师在教学和教育工作中是首创精神的缔造者。小学面临着许多重要的任务，而其中占据首位的就是要教会儿童学习。教师主要操心的事情之一，就是在儿童应当掌握的理论知识分量跟实际技能技巧之间确定的相互关系。"①

我国基础教育的一线教师应该掌握多样的教学方法、教学组织形式、教学设计等，除了将所学习的书本知识传授给学生外，更重要的是在传授的过程中，培养学生的逻辑推理能力和发现创新能力，将理论知识与实际相结合，同时应用自身的能力去解决问题。

第一节　教学工作的意义和任务

一、教学的概念

教学，是在教育目的的规范下，通过教师有目的、有计划的引导和培养，学生积极主动地

① 陈旭远:《课程与教学论》,高等教育出版社 2012 年版,第 220 页。

掌握系统的文化科学知识和基本技能，促进身心全面发展的过程。由此可见，教学是通过“教书”来达到“育人”的目的的教育活动。

教学，是对学生进行教育的基本途径，是教师教、学生学的统一活动。它包含以下几个方面：

（一）教学以培养全面发展的人为根本目的

教学通过系统知识技能的传授和掌握，促进学生身心发展。教学与智育是两个相互关联又有区别的概念。一方面，教学也是德育、美育、体育等的途径；另一方面，智育也需要通过课外、校外活动等才能全面实现。

（二）教学由教与学两方面活动组成

教学是师生双方的共同活动，教学双方在活动中相互作用，失去任何一方，教学活动便不存在。

（三）教学具有多种形态，是共性与多样性的统一

教学与教育是部分与整体的关系。教育是个大概念，包括学校培养人的全部工作，而教学只是学校进行教育的一条基本途径。

教学不同于智育，教学是智育的一条主要途径。

二、教学的意义

教学是学校教育中最基本的活动，不仅是智育的主要途径，也是德育、体育、美育等的基本途径，在学校整个教育系统中居于中心地位。

教学的主要作用表现在以下几个方面：

（一）教学是社会经验得以再生产的一种主要手段

教学是解决个体经验和人类社会历史经验之间矛盾的强有力工具之一。教学，作为一种专门组织起来传递人类知识经验的活动，能快捷地将人类积累的科学文化知识转化为学生个体的精神财富，使他们在短时间内达到人类发展的一般水平。通过教学，不仅促进个体实现社会化的进程，而且使人类文化得到不断的继承发展。

（二）教学为个人全面发展提供科学的基础和实践

教学的作用直接地、具体地表现在对个人发展的影响上。（1）它使个体的认识突破时空局限及个体直接经验的局限，扩大了他们的认识范围，赢得了认识的速度；（2）使个体的身心发展建立在科学的基础上，结合科学知识的传授和学习，在一个统一的过程中实现德、智、体、美诸方面的和谐发展。

（三）教学是教育工作构成的主体部分，又是教育的基本途径

学校工作应坚持以教学为主，但是并不等于以智育为主，更不是教学的唯一。教学必须与其他教育形式结合，必须与生活实践加强联系才能充分发挥作用。因此，学校工作要在保证教学为主的前提下全面统筹、合理安排。

三、教学的一般任务

教学任务由人们追求的教学价值取向决定，它指明各教育阶段、各科教学应实现的目标要求。确定教学任务，要以教育目的、学生年龄特征、学科的特性以及教学的时空条件等因素为依据。教学以促进学生德、智、体、美等全面发展为根本目的。教学的一般任务如下：

(一)传授系统的科学基础知识和基本技能

教学的首要任务是引导学生掌握科学文化基础知识和基本技能。因为教学的其他任务都只有在引导学生掌握知识和技能的基础上才能实现。所以,只有扎扎实实完成这个教学任务,才能有条件完成其他教学任务,确保人才培养的质量规格。

(二)发展学生智力、体力和创造才能

发展学生的智力、体力和创造才能,不仅是顺利地、高质量地进行教学的必要条件,而且是培养全面发展的新人的要求,因而这是现代教学的一项十分重要的任务。

所谓智力,一般是指人们的认识能力,即认识客观事物的基本能力,是认识活动中表现出来的稳定的心理特征。智力主要包括注意力、观察力、记忆力、思维力和想象力,其中思维力是核心。体力,主要指身体的正常发育成长和身体各个器官的活动能力。学生的创造才能主要是指他们运用已有的知识和智能去探索、发现和掌握未知晓的知识的能力。

(三)培养学生的社会主义品德和审美情趣,奠定学生的科学世界观基础

世界观是对世界总的看法和态度。科学世界观的形成,必须建立在科学知识的基础之上。青少年的品德、审美情趣和世界观正处在急速发展、逐步形成的重要时期。教学在使学生形成科学的世界观、培养优良的道德品质方面起着重要的作用。原因在于,教学始终具有教育性。学生在教学中进行的学习和交往,是他们生活中认识世界和进行社会交往的组成部分。他们在掌握自然科学、社会科学知识和联系实际中,提高自己的道德修养和审美情趣;他们在班级的集体活动中,依据一定的规范和要求来调节自己的思想和行为,这都为学生形成科学的世界观奠定了坚实基础。

上述三项基本任务是相互联系相互促进的,其中传授和学习基础知识和基本技能是基础,发展智能是核心,发展体力是保证,思想品德教育是方向,而个性的全面和谐发展和可持续发展是理想目标,尽管这一理想目标未必能实现,或者说实现的程度会因人而异,但它始终是我们教育发展努力的方向并应贯穿于教学全过程。

(四)关注学生个性发展

一般来说,个性是指个体在发展和创造过程中所形成的个人的精神文化特性。广义的个性是指个人的一些意识倾向和各种稳定而独特的心理特征的总和。

现代教学论关注学生个性的发展。以马克思主义关于人的全面发展学说为指导,协调学生知识、智力、兴趣、情感、意志、性格等各方面的因素,追求教学与教育的统一,促进学生个性的发展。通过教学,可以激发每个学生的主观能动性。

第二节　教学过程

一、教学过程的基本概念

教学过程是教师根据教学目的、任务和学生身心发展的特点,通过指导学生有目的、有计划地掌握系统的文化科学基础知识和基本技能,发展学生智力和体力,形成科学的世界观,培养道德品质,发展个性的过程。

在教学过程中,教师和学生都是活动的主体,不过两者在教学过程中的地位有所不同。

在基础教育阶段，教师处于主导和引领地位，学生处于服从和选择性发展的地位，这是由教师的社会角色、资历和职能水平所决定的；活动的内容是师生在课程教学中传授和学习对象，也是学生得以发展的中介和工具；活动的条件和方式包括教学的时空条件、教学的组织形式、教学的手段和方法等。

如何选择教学过程诸多因素的优化组合模式，取得教学过程的整体最佳效果，是教学过程理论研究的中心问题，也是切实有效提高教学质量的关键。

教学认识活动的本质表现在以下两个方面：

（一）教学过程是一种认识过程

这里的认识不等于“认知”，是一个层次高于心理学中的认知的哲学概念，即人脑对于客观世界积极的反映，概括着心理学上认知、情感、意志以及个性心理品质形成等全部活动和过程。教学过程首先主要是一种认识过程，是学生在教师指导下，借助教材或精神客体的中介，掌握科学认识方法，以最经济的途径认识现实世界并改造主观世界、发展自身的活动过程。教学认识的主体是学生，学生是在教师指导下进行学习活动的主体，具有发展性和可塑性。教学认识的客体以课程教材为基本形式，是人类社会历史经验凝聚的精神客体，既是学生认识的对象，又是他们认识和发展自身的工具，具有中介性。

教学过程是教师教学生认识世界的过程，教学过程包括教师教学与学生学这两个既有区别又有联系的有机统一的活动。其内部发展动力是教师提出的教学任务同学生完成这些任务的需要、实际水平之间的矛盾。

教学过程同样受一般认识过程普遍规律制约，也就是说，认识的普遍规律为揭示教学过程的规律指明了总的方向和根本线索。教学规律可以分为以下四种：

一是共有规律，如教学的教育性规律。正如赫尔巴特所指出的，不存在无教学的教育，也不承认有无教育的教学。

二是由共有规律派生出来的派生规律。教学的教育性规律告诉我们，教学不仅培养着学生的智能，而且还培养着学生多方面的兴趣，因为人的追求是多方面的，所以教育者所关心的，也应当是多方面的，只有这样才能促进人的多方面的和谐发展。由此，我们可以推断出人的全面发展的教育理念，派生出德智交织的教学规律。

三是共有规律和派生规律在各个不同的社会形态、专业领域中应用而形成的特殊规律。教学的教育性和德智交织规律，要求教师应该是经师和人师的统一，要形成教师权威。教师权威则是教学成功的重要保障。

四是技巧性规律，也就是一种解决特定问题成功有效普遍适用的策略。如教师权威的建立，就得从首次角色行为如第一句话、第一件事、第一节课和第一次班会活动抓起。首因效应是建立教师权威的一条技巧性规律。

（二）教学过程是一种特殊的认识过程

教学过程是认识的一种特殊形式，其特殊性在于，它是学生个体的认识，是由教师领导未成熟的主体通过学习知识间接认识世界。学生认识的特殊性表现在以下方面：

（1）认识的间接性。学生学习的内容是已知的间接经验。并在教学中间接地去认识世界。教学基本方式是“掌握”，是一种简约的经过提炼的认识过程，同样以教学实践活动为基础。要利用和激发学生原有的以生活经验和感性认识为核心的直接经验，激活旧知识，引出新知识。

(2)认识的交往性。教学活动是教师的教和学生的学组成的双边活动。教学活动是发生在师生之间的一种特殊的交往活动。学生的认识如果离开了师生在特定情境和为特殊目的进行的交往,教学活动的概念就可以扩大到生活教育的领域。

(3)认识的教育性。教学中学生的认识既是目的,也是手段,认识是发展,认识中追求与实现着学生的知、情 、行、意的协调发展与完善人格的养成。

(4)有领导的认识。学生的个体认识始终是在教师的指导下进行的。教师要促进学生由导学阶段向学导阶段转化,要促进学生由“教”到“悟”再到“化”,从而真正促进学生的主体发展。

二、教学过程的特点

教学过程内部的各种因素相互依存、相互作用,形成了一些稳定的、必然的联系。按照上述对教学过程的理解,教学过程主要有以下几个方面的特点。

(一)间接经验与直接经验相结合

教学认识活动不同于科研活动,后者以探索未知为主,而教学则以学习已知为主。教学内容的间接性特点,要求我们正确处理好直接经验与间接经验的关系,遵循和贯彻直观性教学的原则和要求。

1. 学生以学习间接经验为主

教学中学生学习的主要是间接经验,并且是间接地去体验。学生主要是通过“读书”“接受”现成的知识,然后再去“应用”和“证明”。这是一条认识的捷径。

2. 学生学习间接经验要以直接经验为基础

要使人类的知识经验转化为学生真正理解掌握的知识,必须依靠个人以往积累的或现时获得的感性经验为基础,学生学习的书本知识来自于前人实践经验,而非学生自身的实践与经验,且与人类实践活动中直接经验的获得方式不同。

(二)掌握知识与发展智力相统一

现代教学论认为,教学不仅要使学生掌握知识技能,而且要发展学生智力和能力,包括一般认识能力和特殊能力。

1. 掌握知识是发展智力的基础

学生认识能力的发展有赖于知识的掌握。只有在心智操作的活动中才能发展认识能力,这要求学生必须积极主动地进行认识、思考和判断等心智活动。

2. 智力发展是掌握知识的重要条件。学生具有一定的认识能力,是他们进一步掌握文化科学知识的必要条件。学生掌握知识的速度与质量,依赖于学生原有智力水平的高低。教学中教师应启发学生运用自己潜在能力,使学生在掌握知识的过程中发展认识能力。

3. 掌握知识与发展智力相互转化的内在机制

知识不等于智力,学生掌握知识多少并不完全表明其智力的高低,而发展学生的智力也不是一个自发的过程。必须探索二者之间的差异以及相互转化的过程和条件,以引导学生在掌握知识的同时,有效地发展他们的智力和认识能力。

知识与智力的相互转化,一般来说应注意以下条件:(1)传授给学生的知识应该是科学的规律性的知识。只有掌握了规律性的知识才能举一反三、触类旁通,才能实现知识的迁移。也只有规律性的知识,才需要理论思维的形式。(2)必须科学地组织教学过程。启发学生独立思考、探索和发现，鼓励学生选择不同的学习方法和认识策略去解决问题，学会学习，学会创造。(3)重视教学中学生的操作和活动，培养学生的参与意识与能力，提供学生积极参与实践的时间和空间。(4)培养学生良好的个性品质，重视学生的个别差异。

(三)教学过程中知、情、意的统一

教学具有教育性，这是由赫尔巴特率先明确提出的观点。在教学过程中，学生的知、情、意相互作用，同时介入，这就需要我们处理好学习知识与思想、情感、意志培养的关系问题。赫尔巴特认为，理性、情感和意志都是在知识的基础上产生的，而教学是形成人的品德的基本途径，主张把知识涵养和人格成长统一于教学过程之中。

教学活动是一种情知交融的活动。从教学活动本身看来，教学内容本身有情感，其确定的教学活动赖以展开的基调；主体交往有情感，为教学开展奠定基础。以观察力、注意力、记忆力、想象力和思维力等因素构成的认知操作系统是进行正常教学活动的前提和保证；而以兴趣、情感、意志、动机、性格、个性等因素构成的非智力因素则是动力系统，是催化剂，后者对教学活动起着调控作用。

近年来，人们十分关注"非智力因素"在教学中的作用，认识到情感、意志、兴趣等直接影响学生对知识的掌握和智力的发展。因此，教学中强调激发学生的学习兴趣和求知欲，调动学生学习的积极主动性，养成良好的学习习惯和刻苦勤奋的学习态度，不仅要学会学习，而且要学生生活，学会做人。

(四)教师主导作用与学生能动性结合

教学活动是教师的教和学生的学组成的双边互动，现代教学论强调教与学二者的辩证关系，教学是教师教学生去学，学生这个学习主体是教师组织的教学活动中的学习主体，教师对学生的学习起主导作用。

(1)教师在教学过程中处于组织者的地位，应充分发挥教师的主导作用。随着教学经验的不断积累和教学反思的同步发展，教师的主体意识和能力得到不断发展，专业水平得到同步提高，主体地位也得到加强。

(2)学生在教学过程中作为学习主体的地位，应充分发挥学生参与教学的主观能动性。随着学生受教育程度的提高和身心健康发展，独立发现问题、分析问题、解决问题的水平也在不断提高。学生的主体地位是在教师主导下逐步确立的。学生这个主体从依赖性向独立性发展，正是教师主导的结果。

(3)建立合作、友爱、民主平等的师生交往关系。教学过程是师生共享教学经验的过程，在此过程中，师生共同明确教学目标，交流思想、情感，实现培养目标。一方面，教师对学生的发展负有指导启发促进的责任，处于主导地位。教师主导作用的结果是促进学生主体的发展。另一方面，教师和学生在教学过程中的地位也是此消彼长、动态变化的过程。

对教学过程本质及规律的认识，随教育观的不同而不同。有关这方面的认识，在我国正在逐渐多元化和深化。

三、教学过程的基本阶段

教学过程是指在教师引导下学生掌握知识的活动。这个活动按照一定的操作程序展开，教学过程的结构就是指教学过程的操作程序或基本阶段。教学过程的展开、行进和发展的程式又受学科的性质、教学目的和学生的年龄阶段左右。因此，教学过程没有一成不变的

操作程序,而呈现多样综合的特点。根据教学活动中师生所要完成的认识任务,可以将教学过程划分为以下五个阶段:

(一)激发学习动机

激发学习动机,是指教师通过多种方法来调动学生对教学内容的兴趣,激发他们的求知欲,做好学习的心理准备,以便教学能顺利开展的阶段。

学习动机是学习者产生学习行为的一种内部驱动力。这种学习上的内部驱动力往往与学习者的兴趣、求知欲和责任感紧密相关。教学过程中,学习动机对学习者选择什么样的学习内容以及对学习内容的关注程度有很大的影响。因此,在教学过程中,教师应采取一定的方法和策略来激发学生的学习动机,这也是教学过程的一个重要阶段。它影响着教学过程能否展开以及展开的顺利程度。

在实际教学中,激发学习动机的方式有许多。例如,借助与教学内容紧密相关的故事、寓言或传说开讲,以激发学生的好奇心和学习兴趣;也可以从生产生活实际中选取一些与教学内容相关的具体生动的实例开讲,来激发学生的学习兴趣;还可以围绕教学目的由教师把实物或直观教具演示给学生观察,以此激发学生的学习兴趣。此外,设疑问难也是激发学习动机的一种很有效的方法。

(二)领会知识

领会知识是指学生在教师的引导下感知和理解教材。这是教学的中心环节,包括感知教材和理解教材两个阶段。

1. 感知教材

感知教材就是要求学生对所学教材内容获得感性认识。教材是经过精心挑选的书本知识,具有间接性、抽象性。学生要准确地理解教材内容就必须有感性认识和理性认识同时参加。学生对教材的感知主要建立在已有的生活经验和有关的感性知识的基础上。学生对教材感知得越全面越充分,就越容易形成表象和概念,理解教材也就越透彻。

在实际教学中,感知教材一般有三条途径:第一,针对教学内容,组织学生参观、实习、实验或调查,以此获得感性印象,形成表象;第二,充分利用各种直观教具,有目的地进行直观演示;第三,教师利用口语对所教内容进行生动形象的描绘。

2. 理解教材

理解教材就是指教师引导学生在感知教材的基础上,通过分析、判断、推理,揭示事物发展变化的规律。理解教材的主要目的是引导学生对教材内容进行思维加工,由表象上升到概念,由感性认识上升到理性认识。

在实际教学中,理解教材一般有如下两种方式:第一,引导学生对事物和现象进行分析与综合、抽象与概括、比较与对照、归纳与演绎,使学生逐步从具体形象向抽象逻辑思维过渡;第二,在上述思维活动的基础上,确定概念的内涵和外延,学会从间接经验中找到事物的本质属性,引导学生从已知认识到未知。

(三)巩固知识

巩固知识是指在理解的基础上,通过各种各样的复习,对学习过的教学内容进行再记忆并在头脑中形成巩固的印象。巩固知识往往渗透在教学的全过程,不一定是一个独立的环节,但作为理解教材后的一个必要阶段,又是值得我们始终注意的重要因素。在实际教学中,为了使学生熟记基本知识、防止遗忘,还需要做一些专门的巩固工作,这就是进行各种形式的复习。只有经过必要的复习,知识才能被牢靠地储存在大脑中,以备随时提取。

复习的主要目的是与遗忘作斗争,保持记忆,因此,在巩固知识这个问题上,教师要特别注意指导学生进行记忆。(1)讲明记忆目的,明确记忆任务,激发学生对记忆的兴趣,从而增强记忆的自觉性。(2)指导学生掌握记忆的方法,例如,善于在理解的基础上进行意义识记,也可以学习记忆术,把机械记忆与意义记忆结合起来进行记忆。(3)在阅读过程中,善于思考,把知识内化之后进行记忆。(4)指导学生把集中识记和分散识记相结合,学会正确分配复习时间。(5)指导学生动用多种方式回忆所学知识,比如联想、推论等。

(四)运用知识

运用知识就是运用所掌握的理论知识解决实际问题的过程,是教学过程中教师引导学生把知识转化为能力的阶段。学生运用知识两类,一是在教学过程中运用,二是在社会生活中运用。在教学过程中运用知识又可以分为两个阶段:一是最初运用阶段,这一阶段主要培养学生运用知识的准确性;二是熟练运用阶段,这一阶段主要培养学生运用知识的速度和效率。

在教学过程中运用知识主要通过教学性实践来实现。例如,进行课堂或课外的作业练习;课堂或课外的教学实验操作。在这些教学性实践活动中,教师应引导学生在简单的模仿后,学会改进和创新,逐步解决较为复杂的问题,培养学生的创新意识。

在社会生活中运用知识主要通过组织学生参加一些社会实践活动来实现。例如,参加现场社会调查、进行创造活动等。这类活动比较复杂,组织工作量较大,常常要求学生综合运用他们所学的各种知识。在这些社会实践活动中,教师应该引导学生独立思考,创造性地解决问题。

(五)检查知识

检查知识是指教师通过课堂提问、检查课内外作业和进行各种测验来检查学生知识、技能的掌握以及能力的发展情况,以调节和改进教师的教与学生的学。检查知识的目的是为了调整和改进教与学的内容、方法和进度,以便师生协调一致地把教学顺利地进行下去,从而提高教学质量。检查知识的手段分两类,一类为随堂检查,指课堂提问、课堂内外的作业检查以及随堂的小测试;一类为单元检查,一般是指一个课题或一个单元章节之后进行的专门检查(包括单元考试、期中考试、期末考试)。

以上介绍了教学过程的五个阶段。这五个阶段是根据学生认识过程的特点来划分的,表明了教学过程中学生认识活动的一般顺序。这对组织教学过程具有普遍的指导意义,但是要防止在运用过程中出现简单化和形式主义倾向。因此,在运用时要注意以下几点:

1. 视具体情况灵活运用。师生的教与学的过程是多种多样、生动活泼的过程。操作的程序不可能由一种方式和固定的五个阶段构成,实际教学中往往更多地采用"变式",即根据实际情况对基本方式作一些改变,灵活地加以运用,做到具体情况具体对待。例如,以教授为主的教学往往把重点放在巩固知识这一环节上。

2. 不要割裂阶段之间的内在联系。教学中的六个阶段是相互联系、相互依存的整体。因此,实际教学中就不能机械地先完成一个阶段然后再进行下一个阶段,在设计教学结构时应该依据学生掌握知识的规律性和学生在教学中的具体情况以及教师教学的风格来设计统一、和谐的教学程序,让学生感受到的不是一个个界限分明的教学阶段,而是一个愉快地掌握知识的过程。

3. 注重阶段对整体的功用。在具体的设计和组织教学过程中,我们可以根据教学任务对有些阶段进行删减。例如,当以复习为主要任务时,我们可以把感知教材、理解教材这两个环节去掉,把主要精力用在对知识的复习巩固上。但是,在教学的整个过程中,每个阶段都是必不可少的,因为每个阶段有每个阶段的功效,只有每个阶段的功效充分发挥后,我们的教学才是有效的。

三、关于教学过程的基本阶段理论

教学过程的基本阶段理论是研究教学工作活动程序的理论。在教学史上,中外教育家从不同角度对教学过程的阶段理论进行了系统的分析和研究,提出了多种多样的阶段理论。

(一)教学过程阶段理论的雏形

1. 孔子提出教学是学、思、行相结合的过程,“学而不思则罔,思而不学则殆”,强调学习的同时还必须“笃行”。

2. 荀子认为教学过程是闻见知行的过程。

3.《中庸》概括其为“博学之、审问之、慎思之、明辨之、笃行之”五个阶段。

4. 朱熹的学生则归纳出六条朱子读书方法——循序渐进、熟读精思、虚心涵泳、切己体察、着紧用力、居敬持志,也论及了教学过程的有关问题。

(二)教学过程阶段理论的建立

1. 捷克教育家夸美纽斯提出“感知—记忆—理解—判断”的教学过程理论。

2. 赫尔巴特根据统觉心理学理论,把教学过程分为明了、联想、系统、方法四个阶段。后来其学生席勒和莱茵在此基础上发展为五个阶段,为分析、综合、系统、方法(席勒);预备、提示、联合、总括、应用(莱茵)。“五段教学法”在19世纪下半叶曾风靡世界,至今仍有深远影响。

3. 杜威从实用主义哲学出发,反对赫尔巴特的以教师为中心的教学过程阶段理论,提出以“以儿童为中心”和“做中学”为基础的教学过程的阶段理论。

(三)我国关于教学过程阶段理论的探索

我国关于教学过程的阶段理论理论,有三个分支:一是主要继承赫尔巴特,凯洛夫学派的思想,如“四阶段说”和“六阶段说”;二是对以杜威为首的进步主义教育思想和程序教学论的改造与发展,如卢仲衡的“自学辅导”的教学;三是对我国多年的教学传统和经验的反思,并结合当前教育教学的实际加以改造,如李吉林的“情境教学法”、魏书生的“六步教学法”和黎世法的“六课型单元教学法”。

第三节　教学原则

教学原则是根据一定的教学目的和对教学过程规律的认识而制定的指导教学工作的基本原则。教学原则既指导教师的教,也指导学生的学。教学原则贯穿于各项教学活动之中,它的正确和灵活运用,是提高教学质量的重要保证。

教学原则是从人们的教学实践中总结出来的。如我国古代《学记》中便总结了“教学相长”“启发诱导”“藏息相辅”“长善救失”等教学的宝贵经验,这些都属于教学原则的范畴,只不过未加以科学论证。随着科学与教学实践的发展,教育界对教学原则的探讨便日益深入。夸美纽斯在《大教学论》中,提出了37条教学原则,并试图给予论证。此后,各国教育家如裴斯泰洛齐、赫尔巴特、第斯多惠、乌申斯基等都对教学原则做过研究。这样,到了近代,在教学理论中,逐步形成了直观性、系统性、巩固性、可接受性、教育性等传统的基本原则。

今天,人们对教学原则的研究更加深入,不仅进一步充实与完善了传统的教学原则,而且依据哲学、心理学、系统论、控制论等科学提出了一些新的教学原则,或构思新的原则体系。如美国的布鲁纳基于心理学提出了动机原则、结构原则、程序原则、反馈原则。苏联的赞科夫着眼于儿童发展提出了教学的高难度、教学的高速度、理论知识起主导作用、使学生了解学习的过程等原则。苏联的巴班斯基运用系统论的整体观点提出了13条原则。这些研究都值得借鉴和吸取。

人们一般都根据教学过程的规律来阐述教学原则。但教学原则与教学规律的关系很复杂。在教学规律与教学原则的关系上,教学规律是教与学内部矛盾运动的客观规律,人们只能去发现它,掌握它,但不能制造它,而教学原则是人们在认识教学规律的基础上制定的一些教学的基本准则,它反映教学规律。人们对教学规律的不断发现和掌握,使教学原则不断得到发展和完善。

现阶段我国中小学的教学原则主要有:科学性与思想性统一原则、理论联系实际原则、直观性原则、启发性原则、循序渐进原则、巩固性原则、可接受性原则、因材施教原则等。

一、科学性与思想性统一原则

科学性与思想性统一原则,是指教学要以马克思主义为指导,授予学生科学的知识,并结合知识教学对学生进行社会主义品德和人生观、价值观、世界观教育。

科学性与思想性统一原则,是培养德智体美全面发展的人才的要求,是建设社会主义物质文明和精神文明的要求,体现了我国教学的根本方向和质量标准。

科学性与思想性统一原则,也是知识的思想性、教学的教育性规律的反映。知识是人们认识和改造世界的劳动成果,是他们的思想和世界观的结晶。它本身既有科学性,又蕴含思想性。这就为这个原则奠定了基础。

贯彻科学性与思想性统一原则的基本要求如下:

(一)保证教学的科学性

在教学中,教师要以马克思主义的观点和方法来分析教材,选择和补充教学内容,反映现代科学成果,传授给学生的知识及其方法、过程都应该是科学的、正确无误的、富有教益的。对中小学生来说,一般不宜将尚有争议的、不可靠的知识当作科学基础知识传授给他们。为了扩大知识面,对中学高年级学生,可以结合教材中的基础知识,向他们介绍一些不同的观点和学说。但应该在讲清楚基本知识的基础上进行,以免造成思维混乱,妨碍基本概念和基本观点的建立。讲授文学和科学知识,都应当深入浅出、通俗易懂,生动有趣。而且,表述要力求准确,计算还要注意精确。在讲授中不可因追求通俗有趣而影响科学性。一旦发现自己讲授演算或实验中有错误,应当及时纠正。

(二)发掘教材的思想性,注意在教学中对学生进行思想品德教育

社会科学具有鲜明的思想性,如语文、历史、政治等都是提高学生思想修养、进行人生观

教育的重要教材;自然科学本身没有阶级性,但它所揭示的客观规律渗透着唯物思想和辩证法,是培养学生辩证唯物主义思想的重要知识基础。由于各学科都有丰富的思想性,因而在教学中,如能深入发掘教材内在的思想性,结合知识的传授,联系实际,有的放矢地对学生进行思想教育,就能有力地感染学生,收到潜移默化的教育效果。

在教学中,如果教师脱离教学的具体内容,空泛地向学生道德说教或节外生枝、生拉硬扯地进行思想教育,那么不仅会打乱和削弱传授知识的系统性,影响学生对知识的理解,而且往往会引起学生的反感。在结合教学内容进行思想教育时,要注意各学科的特点。如果对所有学科都不加区分,一律按政治课的要求来教,也是错误且有害的。

在教学中,教师除了通过教学内容讲授进行思想教育外,还要通过教学活动的各个方面,包括坚持课堂纪律,进行练习、作业、辅导、考试和评分等,向学生提出严格的要求,结合他们的现时表现、优点、缺点、成绩和问题,有针对性地进行教育,引导他们长善救失,养成各方面的良好品德。

(三)教师要不断提高自己的专业水平和思想修养

列宁指出:“在任何学校里,最重要的课程是课程的思想政治方向。这个方向由什么来决定呢?完全只能由教学人员来决定”[①]。教师必须不断充实与更新知识,提高文化水平、理论水平和思想修养,才能确保教学的科学性和思想性的统一。

二、理论联系实际原则

理论联系实际原则,是指教学要以学习基础知识为主导,从理论与实际的联系上去理解知识,注意运用知识去分析问题和解决问题,达到学懂会用、学以致用。

理论联系实际是人类进行认识或学习应遵循的一个重要原则,也是教学应遵循的重要原则。我国古代教育家十分重视知与行关系的研究,不过他们所讲的知行侧重在道德修养方面。在西方,古希腊智者派认为,没有实践的理论和没有理论的实践都没有意义。裴斯泰洛齐很重视“知识与知识的应用”,他指出:“你要满足你的要求和愿望,你就必须认识和思考,但是为了这个目的,你也必须(而且能够)行动,知和行又是那么密切地联系着,假如一个停止了,另一个也随之而停止。”[②]乌申斯基也指出:“空洞的、毫无根据的理论是一点用处没有的……理论不能脱离实际,事实不能离开思想。”[③]

毛泽东多次强调学以致用,尖锐地批评那些教条主义者是“古董鉴赏家”,这对教学有重要指导意义。由于学生学得的知识大多为书本知识、间接经验,故教学更应注意理论联系实际,这样才能解决好教学中的间接经验与直接经验、感性知识与理性知识、讲与练、学与用的关系,使学生学以致用。

(一)书本知识的教学要注重联系实际

教学一定要引导学生学好理论,以理论为主导,因为没有理论就谈不上去联系与指导实际,对学生来说尤其如此。为了使学生能自觉掌握各学科的基本知识与原理,教师就必须注意联系实际进行知识的讲授:一是联系学生的生活经验、已有的知识、能力、志趣、品德的实

---

① 《列宁全集》第十五卷,人民出版社 1984 年版,第 438 页。

② 张焕庭:《西方资产阶级教育论著选》,人民教育出版 1964 年版,第 191 页。

③ 转引自曹孚:《外国教育史》,人民教育出版社 1962 年版,第 91 页。

际；二是联系科学知识在生产建设和社会生活中的运用实际；三是联系当代最新的科研进展和科学成就的实际等。只有注重理论联系实际，教学才能生动活泼，使抽象的书本知识易于被学生理解、吸收，转化为他们的精神财富，而不至于造成学生囫囵吞枣、食而不化，掌握的是一大堆无用的空洞死板的概念。

（二）重视培养学生运用知识的能力

与西方比较，我国中小学生甚至大学生动手能力弱的原因，恐怕与我国重知识传授、轻知识运用的教学传统息息相关。所以，我们必须转变传统观念，注重学以致用，激励学生勤于动手，掌握解决问题的能力。

首先，要重视教学实践，如练习、作业、实验、参观和实习等。这是在教学过程中培养学生运用知识的主要方面。它对学生掌握与运用知识、形成技能与技巧以及培养学生对学科的兴趣起着关键作用。

其次，为了克服从书本到书本、理论与社会实际脱节的弊病，还要重视引导学生参加实际操作和社会实践。教师应当根据教学的需要，组织学生进行参观、访问、社会调查，参加一些课外学科或科技小组的实际操作活动或组织他们从事一些科学观察、实验与发明以及生产劳动等。

（三）正确处理知识教学与技能训练的关系

学生的理论联系实际、学以致用的能力，并不是通过一次认真听讲、理解就能弄清，或做几道作业便可轻易获得。它是一个需要经过反复领悟与运用、总结与提高才能逐步形成的过程。这个过程，不仅要求学生理解所学的知识，而且要使他们能将当前所学知识与以往所学知识联系起来，融会贯通，用于解决面临的有关实际问题，通过多次的锻炼，才能使他们形成综合运用知识的能力。在教学中，只有将知识教学与技能训练两者结合起来，学生才能深刻理解知识，掌握技能，达到学以致用。

（四）补充必要的乡土教材

这是使学校教学与社会息息相通的重要措施。由于我国幅员辽阔，南方与北方、沿海与内地在自然条件、经济和文化发展等各方面都有很大差异；即使在一个省内，城市与乡村、平原与山区、富裕地区与贫困地区在很多方面都有差别；何况每个地方都有它特有的历史文化、物产资源、风土人情。因此，在使用统一的教材时，必须适当补充乡土教材，使教学不脱离地区实际，能为地区的经济建设服务。

三、直观性原则

直观性原则，是指在教学中要通过学生观察所学事物，或教师语言的形象描述，引导学生形成所学事物、过程的清晰表象，丰富他们的感性知识，从而使他们能够正确理解书本知识和发展认识能力。

直观性教学原则反映了学生的认识规律。它给学生以感性的、形象而具体的知识，有助于提高学生学习的兴趣和积极性，减少学习抽象概念的困难；它可以展示事物的内部结构、相互关系和动态发展过程，有助于学生掌握观察与分析事物的方法和能力。贯彻直观性原则的基本要求是：

（一）正确选择直观教具和现代化教学手段

在教学中要根据教学的任务、内容和学生年龄特征正确选用直观教具。直观教具可分三类:一是实物直观,包括各种实物、标本、实验、参观;二是模像直观,包括各种图片、图表、模型、幻灯片、录像带、电视和电影等;三是多媒体教学,它是运用计算机和网络技术以及课件、软件进行直观的教学,营造一种良好的学习情景。不论使用哪种直观教具都要注意其典型性、代表性,符合教学要求,能有助于学生形成清晰的表象。所以,在制作、改进或运用直观教具时,要注意放大所学部分,用色彩突出所要观察的部位,用动态来揭示事物的运动、变化,以获得最佳的直观效果。直观是教学的一种手段而不是目的,不是直观得越多越好,不能为直观而直观,而要根据教学需要来直观。过多的直观浪费时间、分散注意力,影响学生抽象思维的发展。

(二)直观要与讲解相结合

教学中的直观不是让学生自发地看,而是要在教师的指导下有目的地观察,教师通过提出问题,引导学生去把握事物的特征,发现事物之间的联系,并通过讲解以解答学生在观察中的疑难,获得较全面的感性知识,从而更深刻地掌握理性知识。

(三)重视运用语言直观

教师用语言作生动的讲解、形象的描述、通俗的比喻,能够给学生以感性知识,形成生动的表象或想象,也可以起直观的作用。语言直观的特点是不受实物或模像直观所需要的设备和条件的限制,但它必须借助于学生已有的相关经验和知识,通过教师的语言把学生这些有关经验按教学需要重新组织起来,以建构他们头脑中新的表象。由于高年级学生知识与经验较多,故语言直观运用较多。但是,语言直观也不是万能的,如果学生对所学对象毫无经验或找不出他们已有的相似经验,企图用语言描述来代替直观是徒劳的。

四、启发性原则

启发性原则是指在教学中教师要承认学生是学习的主体,注意调动他们的学习主动性,引导学生独立思考,积极探索,自觉地掌握科学知识和提高分析问题、解决问题的能力。

启发性原则反映了学生的认识规律性。学生的认识过程是在教师指导下进行的能动认识过程,教师的引导、启发、点拨固然很重要,但学生才是学习的真正主体。有成效地理解和运用知识,掌握学习方法和发展自己的智能与情操,毕竟要靠学生个人主动地探究与反思,要通过个人的经验不断地改组、改造和提高才能实现。

启发性原则注重引发学生的主动探究、领悟、融会贯通与觉醒,让学生能动地、创造性地获得知识、智能与品性的全面发展。故这个原则也可称探究性原则,或启发与探究相结合原则,更能反映时代的精神。

很多教育家都很重视启发教学。孔子提出了“不愤不启,不悱不发”的著名教学要求,这是“启发”一词的来源。后来,《礼记·学记》又发展了孔子的启发教学思想,提出“道而弗牵,强而弗抑,开而弗达”的教学要求,阐明了教师的作用在于引导、激励、启发,而不是硬牵着学生走,不是强迫和代替学生学习,而要注重调动学生的学习主动性和积极性。

在西方,苏格拉底在教学中十分重视启发,他善于用问答方式来激发和引导学生自己去寻找正确答案,这种苏格拉底方法被称为“产婆术”,意指教师在引导学生探求知识过程中起着助产的作用。第斯多惠在提倡启发教学上很出名,他的名言是:“一个坏的教师奉送真理，一个好的教师则教人发现真理”①。当代倡导的“发现法”或“探究学习”，都传承与弘扬了启发教学的思想。所有这些，都表明启发性原则在教学中的作用。贯彻启发性原则的基本要求是：

（一）调动学生学习的主动性

调动学生内在的学习主动性是启发的首要问题。学生学习的主动性受许多因素影响，如学生的好奇心、兴趣、爱好、求知欲，获得优良成绩或得到表扬、奖励的动机、决心、愿望、理想以及学好功课与本领的责任感等，都可以成为学习的动力。教师要善于因势利导，机智地运用各种方法，使学生许多一时的欲望和兴趣，汇集和发展为推动学习的持久动力。在培养学生的学习主动性上，最主要的是充分发挥教材本身的吸引力，它的情趣、奥妙、意境、价值，在社会生活、生产、科研以及人类发展中的巨大作用，以激发学生的求知欲和积极性。

（二）启发学生独立思考，发展学生的逻辑思维能力

常有这种情况，学生在学习中提不出问题，深入不下去。如何才能打破这种困境，这就有赖于教师的启发诱导。首先，教师要注意提问、激疑，启发他们的思维，只要提问切中要害，引人深思，脑子一开窍，学生的思想一下便活跃起来，课堂上将出现令人兴奋、紧张、有趣的生动局面。然后，教师因势利导，使学生认识逐步深入，以获取新知，并使他们的思维能力得到真正地锻炼与提高。教师在启发学生思考的过程中，要有耐心，给学生以思考时间；要有重点，问题不能多，也不能蜻蜓点水、启而不发；要深入下去，善于提出补充问题，引导学生去获取新知；不仅要启发学生理解知识，而且要启发学生理解学习的过程，掌握获取知识的方法，领悟人生的价值。

教师要鼓励学生多问。问必有疑，疑的过程是学生动脑思考的过程，也是求解的过程，这是学生求知欲的表现。教师要鼓励学生多问，并在回答问题中使学生的思维能力得到提高。

（三）启发学生将知识创造性地用于实际

启发不仅要引导学生动脑，而且要引导他们动手。学生掌握知识有一个逐步深化的过程，懂了不一定会做，会做还不一定有创造性。所以，教师要善于启发诱导学生将知识创造性地用于实际，向他们布置由易到难的各种作业，或提供素材、情境、条件和提出要求，让他们去独立探索，克服困难、解决问题，别出心裁地完成作业，以便发展创造才能。

（四）发扬教学民主

发扬教学民主，创造宽阔、和谐、民主、平等、坦率、活跃的课堂教学氛围，这是贯彻启发式教学原则的重要条件。它包括：建立民主平等的师生关系和生生关系，创造民主和谐的教学气氛，鼓励学生发表不同见解，允许学生向教师提问质疑等。

五、循序渐进原则

循序渐进原则是指教学要按照学科的逻辑系统和学生认识发展的顺序进行，使学生系统地掌握基础知识、基本技能，形成严密的逻辑思维能力。

我国古代教学注重按一定的顺序进行。《礼记·学记》要求“学不躐等”“不陵节而施”，提出“杂施而不孙，则坏乱而不修”。如果教学不按一定顺序、杂乱无章地进行，学生就

① 张焕庭：《西方资产阶级教育论著选》，人民教育出版社1964年版，第367页。

会陷入紊乱而没有收获。朱熹又进一步提出:“循序而渐进,熟读而精思”,在我国第一次明确提出了循序渐进的教学要求。在国外,夸美纽斯主张:“应当循序渐进地来学习一切,在一段时间内只应当把注意力集中在一件事情上。”①另外,乌申斯基、布鲁纳等都很强调系统知识的学习。这个原则在西方常称系统性原则。

循序渐进原则的必要,首先是被科学知识本身的严密系统性决定的,其次还由于学生的认识是一个由简单到复杂的逐步深化的过程。只有循序渐进,才能使学生有效地掌握成体系的有用知识,而不是零散杂乱的无用知识,才能发展学生严密的逻辑思维能力,而不是粗浅、浮躁、杂乱的认识能力。

贯彻循序渐进原则的基本要求是:

(一)按教材的系统性进行教学

按教学大纲、教科书的体系进行教学是为了保证科学知识的系统性和教学的循序渐进性。但这不是要教师照本宣科,而是要求教师深入领会教材的系统性,结合学生认识特点和本班学生的情况,编写一个讲授提纲或教学活动计划,以组织、指导教学的具体进程。

(二)注意主要矛盾,解决好重点与难点的教学

教学循序渐进并不意味着教学要面面俱到,平均使用力量,而要求区别主次、分清难易、有详有略地教学。注意重点,就是注意把基本概念、基本技能当作课堂教学的重点,把较多的时间和精力放在重点上,围绕重点对学生进行启发诱导,开展对话、议论、讨论,进行作业的讲评,以保证学生正确掌握基本概念和基本技能。

难点不一定是重点,难点是针对学生感到困难而言的。不同的学生有不同的难点,每个难点都有不同的形成原因。所以,突破难点,要针对学生的困难采取措施,如:学生基础差要为他另做辅导或补课;原理或技能本身过于复杂的,则要分解难点,各个突破,如分成几个层次、部分或步骤,一步一步掌握,化难为易;难点过于集中,教学时可以适当分散。

(三)由浅入深,由易到难,由简到繁

这是循序渐进应遵循的一般要求,是行之有效的宝贵经验,符合学生认识规律,不可违反。无数实践证明,教学不可“躐等”“跃进”。如果不顾学生认识的循序性,一味搞突击、求速成、跳跃前进,那必定是“欲速则不达”,以学生接受不了而失败告终。如果采用循序渐进教学,学生的基础打好了,认识能力提高了,学习进度就会加快,效率就会提高。

(四)将系统连贯性与灵活多样性结合起来

教学是一种复杂的艺术。为了使学生掌握系统而精确的学科知识,教师必须认真备课,吃透教材的重点与难点,确定教学的具体目的与任务,写好讲授纲要,以便系统而有效地进行教学。但课堂情况复杂,充满变数,若教师不顾实际情况的变化,死死抱住既定教案不放,机械死硬执行,则必将使课堂教学陷于被动、沉闷、低效的局面。因此,在课堂教学中,教师应当将教学的系统性、连续性与灵活性、多变性机智地结合起来。既掌握全班学生的兴趣、欲求与动向,又始终注意知识的系统,并突出重点,着力完成教学的主要任务。

六、巩固性原则

巩固性原则,是指教学要引导学生在理解的基础上牢固地掌握知识和技能,长久地保存

① 曹孚:《外国教育史》,人民教育出版社1979年版,第91页。

在记忆中,能根据需要迅速再现出来,以利知识技能的运用。

历代许多教育家都很重视掌握知识的巩固问题。孔子要求“学而时习之”“温故而知新”;夸美纽斯提出了“教与学的彻底性原则”,他形容只顾传授知识而不注意巩固,就等于“把流水泼到一个筛子上”;乌申斯基认为,复习是学习之母。他形象地把学习中不注意巩固知识的现象,比喻为醉汉拉货车,边拉车、边丢货,到家时只剩下一辆空车。广大教师更应认识到巩固的重要。

巩固性原则是小学教学必不可少的指导性原则。在教学过程中,学生在短时期内集中地学习大量未经自己亲身感受的间接知识与经验,又不能立刻地、全部地运用于实践,遗忘的可能性是很大的,因此,加强对学生所学知识的巩固工作就显得特别重要。巩固掌握知识是学生接受新知识、顺利进行学习的基础,是学生熟练地运用知识的条件,是教学有效性的表现。要使学生的学习有坚实基础,要提高学生的能力和创造性必须要求学生牢固而熟练地掌握知识。有的人把知识巩固和呆读死记混为一谈,以为提倡巩固性不利于理解知识和发展能力,是非常错误的。他们不懂得,没有知识的巩固就没有知识的储存与积累,就无法进行复杂的、创造性的思维,就不能积聚学生的智慧,提高学生的能力。我们反对死记硬背,但要求学生牢记基本概念与原理。

贯彻巩固性原则的基本要求是:

(一)在理解的基础上巩固

理解知识是巩固知识的基础。要使学生知识掌握得牢固,教师首先要在传授时使学生深刻理解,留下极深的印象。在教学中,要引导学生把理解知识和巩固、记忆知识联系起来,当然,强调理解记忆,并不否定在教学中要求学生对一些知识作机械记忆。

(二)重视组织各种复习

复习就是重温已学过的知识。它可以使知识在记忆中强化、熟练,加深学生对知识的理解,提高学生的再造与创造能力。为了组织好复习,教师要向学生提出复习与记忆的任务,力求具体、明确;要安排好复习的时间,及时进行,不要为考试而复习;要注意复习方法的多样化,灵活运用提问,讲授,作业,看幻灯片、电视、电影,进行实验等各种方法进行复习;要指导学生掌握记忆方法,学会通过整理编排知识、写成提纲、口诀帮助记忆,养成默而识之的习惯。

(三)在扩充改组和运用知识中积极巩固

复习是通过反复学习领悟已学知识来防止遗忘和进行巩固的。它是巩固的主要方法,但不是唯一的方法。在教学中,许多教师非常重视引导学生通过努力学习新知识、扩大加深改组原有知识和积极运用所学知识于实际来巩固知识。这种方法与复习相比较来看,是一种更为积极的巩固。它不是要求学生原地踏步、反复温习,而是在前进中巩固,在学习新知识的过程中不断联系、复习已有知识,在运用知识中不断巩固和深化已有的知识和技能。

七、因材施教原则

因材施教原则是指教师要从学生的实际情况、个别差异出发,有的放矢地进行有差别的教学,使每个学生都能扬长避短、长善救失,获得最佳的发展。

我国古代的孔子善于根据学生的不同特点,有针对性地进行教学,以发挥他们各自的专长。宋代朱熹把孔子这一经验概括为“孔子施教,各因其材”。这就是“因材施教”的来源。

学生的身心发展各有其特点,尤其在智力方面更具多样性。美国心理学家霍华德·加德纳(Howard Gardner)提出并阐明的"多元智能理论",区分了8种智能,对认识儿童的天赋甚有帮助,也有力地说明了应当针对学生的个性特征进行因材施教。其实,许多科学天才、体育明星等有特殊禀赋和才能的人,早在少年儿童时期便已开始显露,这是因材施教的依据与基础。每个教师有责任去发现人才、培养人才。因材施教不仅能提高教学质量,而且能为国家更好地培养专门人才。

贯彻因材施教原则的基本要求是:

(一)针对学生的特点进行有区别的教学

了解学生个别特点是搞好因材施教的基础。教师应当了解每个学生德、智、体、美以及综合实践能力等各方面发展的特点,包括各学科学习的情况与成绩,有何兴趣、爱好与擅长以及不足之处,然后有目的地因材施教。如对反应迟钝的学生,要激励他们积极进行思考,勇于回答问题和敢于进行争辩;对能力较强而态度马虎的学生,要给他们一点难度较大的作业,并严格要求他们注意精益求精;对语言表述缺乏条理的学生,要多让他们在课堂上做复述和发言,以克服其不足;对注意力不集中、学习不专心的学生,要多暗示、提醒、提问,培养他们的自控能力;对视力、听力不好的学生,要照顾他们坐在比较适合的地方;对学习感到很轻松或很困难的学生,要区别对待,采取一些特殊措施。

(二)采取有效措施,使有才能的学生得到充分的发展

现行的班级上课注重面向全体,往往大家齐步走而难于照顾到学生的特点,使许多学生的才能发展受到局限。而现代科技的发展,国际上各个领域的竞争加强,都要求学校教学应注意从小培养有特殊才能的人。现代教学要重视探索和采用一些特殊措施或制度,以保证早出人才、快出人才。如对有特殊才能的学生,请有关学科的教师或校外专家进行特殊的指导和培养,让他们参加一些有关的课外小组和校外活动;在有条件的学校试行按能力分班或分组教学;开设一些选修课,以照顾学生的兴趣与爱好;允许成绩优异的学生跳级,使他们的才能与品行都能获得充分的发展。

八、可接受性原则

可接受性原则,是指教学的内容、方法、分量和进度要适合学生的身心发展,是他们能够接受的,但又要有一定的难度,需要他们经过努力才能掌握,以促进学生的身心发展。

我国古代墨子很重视学习上的量力而为。他提出:"夫智者必量其力所能至而如从事焉。"①西方文艺复兴后,许多教育家都重视教学的可接受性问题。夸美纽斯认为:"要去观察能力发展的次第,要使我们的方法依据这种顺序的原则。"②

第斯多惠讲得更清楚,他说:"教学必须符合受教学生的发展水平"③,"从学生的发展水平出发开始教学,并且循序渐进地……继续教下去"④。显然,人们从经验中懂得,教学中传授的知识只有符合学生的接受能力才能被他们理解,进而顺利地转化为他们的精神财富。

---

① 《墨子·公孟》。
② 张焕庭:《西方资产阶级教育论著选》,人民教育出版社1964年版,第361页。
③ 张焕庭:《西方资产阶级教育论著选》,人民教育出版社1964年版,第361页。
④ 张焕庭:《西方资产阶级教育论著选》,人民教育出版社1964年版,第356页。

近年来，随着科学的发展，人们对这个原则的解释有新的重大进展。不是单纯强调教学要适应学生发展的一面，而是重视教学要适当走在学生发展前面，促进学生发展的一面。赞科夫就力主这一观点，他以自己进行的小学教学改革试验和所做的理论阐述，充分证实了教学应当促进学生发展的可行性。赞科夫强调高难度和高速度的教学原则，给学生布置足够分量的创造性作业，引导学生积极进行认识活动。显然，如果学生不进行高度紧张的智力活动，不克服一定的困难，便不能富有成效地学习。

贯彻可接受性原则的基本要求如下：

（一）了解学生的发展水平，从实际出发进行教学

第斯多惠指出："学生的发展水平是教学的出发点。"教师在教学之前或教学过程中随时都要了解学生的发展水平、已有的知识与能力状况。这是教学的基点，是学生知识的生长点、可接受点。教学只有符合学生发展水平，才能被他们理解、接受。

在班级教学中，学生的发展水平应当是指班上大多数学生的发展水平。在确定学生发展水平时，通常要考虑两个方面：一方面对学生的发展不能估计过低，降低教学要求，放慢教学进度，使学生"吃不饱"，抑制了他们的学习积极性，低效率地教学，影响了质量；另一方面也不能估计过高，以致教学内容过难、分量过重、进度过快，学生"吃不了"，超越了他们可接受的限度，食而不化，也同样影响教学的质量与进度。教学中的难与易、深与浅、快与慢、多与少之间的问题应以什么作为标准来确定较合适呢？这个标准是，教学应当对学生有一定的难度，但这个难度是他们通过努力能够克服的，即符合学生的最近发展区，有助于调动他们的学习积极性。

（二）考虑学生认识发展的时代特点

由于人们生活水平提高、科技迅猛发展、网络媒体的普及使用，学生从小获得的信息量大大扩充。他们与新中国成立前或新中国成立初期的同龄学生比较，知识面较广，思维较敏捷，爱探索、思考问题，接受能力有明显提高。故对学生发展水平的估计，不能永远停止在过去几代人曾确定的水平上，要考虑学生认识发展的时代特点。因此，要适当增加教学给学生的信息量，充实现代生活、生产和科技发展方面的新知识；要注意以理论为指导，引导学生从小注意掌握和使用基本概念；要加强教学的启发性、探索性，培养他们独立思考与独立作业能力；要指导他们的课外阅读，包括浏览电影、电视、网络信息，利用学科课外获得的知识来为教学新知识服务，更好地促进学生的发展。

第四节　教学方法

一、教学方法概述

教学方法是随着社会的发展、教学实践和理论的发展而发展的。古代教学主要传授文化知识、采用问答（谈话）、背诵、串讲、练习等方法。到了近现代，随着自然学科的增加、教学与社会实际联系日益密切，教学上又增加了演示、实验、实习作业、讨论、研究（发现）等新的方法。在长期的教学实践中，由于受不同理论和经验的影响，还形成了一些具有不同特点的教学方法组合（或称教学模式），如传授—接受教学、问题—发现教学等。这样，经过继

承、改造,逐渐形成了现代教学方法体系。

(一)教学方法的概念

教学方法是为完成教学任务而采用的办法,它包括教师教的方法和学生学的方法,是教师引导学生掌握知识技能、获得身心发展而共同活动的方法。

过去,把教学方法只看作教师为完成教学任务、传授知识技能、指导学生学习的方法,则难免失之偏颇。在一个相当长的时期里,我们的教学实践只重教而不重学;只重视教法的研究而忽视学法的探讨;只重视教师的主导作用而忽视学生的主体作用,在一定程度上与这种认识有关。事实上,教学方法始终包括教师与学生共同进行的教与学双方的活动,这是教学方法的重要特点。例如,教师讲授要求学生聆听、思考,教师演示要求学生观察、分析,教师示范要去学生模仿、练习;学生讨论、研究、作业则需要教师辅导、检查、批改。可能在特定的情况下,只以一方面为主,但另一方面总是必不可少的。所以,从强调教学方法是教师的教法发展到是在教师引导下师生配合进行教学的方法,这是教学方法在理论和实践上的重大进展。

教学方法一般都是按教学活动的外部形态区分来命名的。如讲(讲授)、谈(谈话、问答)、看(演示)、练(练习、作业)、议(讨论)、操作(实验、实习作业)等,都体现一种教学活动,具有独特的教学功能,不可能用其他方法来代替。它们是进行教学活动的基本方法。

为了有效地教学,在运用教学方法时,还要考虑采用的方式和各种方法之间的组合。所以,要掌握教学方式、教学方法组合等概念。

教学方式是构成教学方法的细节,是教师和学生进行的个别智力活动或操作活动。例如,运用讲授法,教师可以用提问的方式讲,也可以不用提问的方式讲,可以用演绎推导的方式讲,也可以用归纳概括的方式讲;而学生既可以聚精会神地听,也可以边听边在课本上做些记号与说明或边听边记笔记。这些方式表现在不同学科和不同的师生身上各有特点。可见,教学方法是一连串的有目的的活动,它能独立完成某些教学任务。而教学方式只被运用于方法,并为完成教学方法所要完成的教学任务服务,它本身不能独立完成一项教学任务。但不能因此否定教学方式的独立意义,因为同样的教学方式,可以被运用于不同的教学方法中。不过,教育学主要研究教学方法,只是在研究如何运用方法时才具体考虑应采用什么样的方式为好。

教学模式(教学方法组合)是指在一定教学思想指导下,在长期的实践过程中形成的具有稳定特点的教学活动模式。如传授—接受教学、问题—发现教学等,就是现代教学中最具有代表性的两种教学模式。它们的构成离不开教学的基本方法。但每一种教学模式都有自己的指导思想,具有独特的方法结构和教学功能。它们对教学方法的运用,对教学实践的发展有很大影响。可以说,上述两种教学模式在运用中的互相排斥、相互渗透和自我完善,推动了教学的发展和提高。故近年来,教学论不仅研究教学方法,而且重视研究教学模式。

此外,为了增强教学方法的作用,在运用方法时常结合使用一些教学手段。教学手段是指为提高教学方法效果而采用的一切器具和设施。它包括:教学用书(教科书、参考书、工具书)、直观教具(各种实物、图片、标本、模型、仪器)、现代化视听工具(幻灯片、录音机、电视机、电脑、投影仪等)以及专用教室。现代教学在运用教学方法时,必须考虑教学手段,特别要注意运用现代化教学手段,以增强教学效果。

（二）教学方法的选择

要有成效地完成教学任务，必须正确选择和运用教学方法。常有这种情况，有的教师教学效果不太好，并不是因为他没有水平，而是由于教学不得法，特别是在部分教师思想中，还存在着重教学内容、轻教学方法的倾向。所以，我们应当注意教学方法的选择与运用。

现代教学对教学方法的要求日益提高，提倡以系统的观点为指导来选择教学方法和教学手段，以便使教学过程优化，发挥出它的最佳整体功能。一般说来，教学方法和手段的选择主要依据如下几个方面：(1)教学目的和任务；(2)教学过程规律和教学原则；(3)本门学科的具体内容及其教学法特点；(4)学生的可接受水平，包括生理、心理、认知等；(5)教师本身的条件，包括业务水平、实际经验、个性特点；(6)学校和地方可能提供的条件，包括社会条件、自然环境、仪器设备等；(7)教学的时限，包括规定的课时与可利用的时间；(8)预计可能取得的真实效果等。

教学是一种创造性活动，选择与运用教学方法和手段要根据各方面的实际情况统一考虑。万能的方法是没有的，只依赖于一两种方法进行教学无疑是有缺陷的。常言道："教学有法，但无定法"。每个教师都应当恰当地选择和创造性运用教学方法，表现自己的教学艺术和形成自己的教学风格。

二、中小学常用的教学方法

我国中小学常用的教学方法有：讲授法、谈话法、读书指导法、练习法、演示法、实验法、实习作业法、讨论法、研究法等。

（一）讲授法

讲授法是教师通过口头语言系统连贯地向学生传授科学文化知识、思想理念，并促进他们的智能与品德发展的方法。

由于语言是传递经验和交流思想的主要工具，故讲授法是教学的一种主要方法，运用其他方法，都需要配合一定的讲授法。讲授法可分讲述、讲解、讲读、讲演四种方式。讲述是教师向学生描绘学习的对象、介绍学习的材料、叙述事物产生变化的过程。讲解是教师对概念、原理、规律、公式等进行解释说明和论证。讲读是读（教科书）与讲的结合，边读边讲，也称串讲。讲演则是教师在中学高年级采用的一种教学方法，它要求教师不仅要全面系统地描述事实，而且要通过深入分析、推理、论证事实来归纳、概括科学的概念或结论。讲述、讲解各有侧重，但在教学中常结合使用。

讲授法的基本要求是：

1. 讲授内容要有科学性、系统性、思想性。既要突出重点、难点，又要系统、全面；既要使学生获得可靠的知识，又要使学生在思想上有提高。

2. 注意启发。在讲授中，要善于提问并引导学生分析和思考问题，使他们的认识活动积极开展，自觉地领悟知识。

3. 讲究语言艺术。力求做到语言清晰、准确、简练、形象、条理清楚、通俗易懂；讲授的音量、速度要适当，注意音调的抑扬顿挫；以姿势助说话，提高语言的感染力。

（二）谈话法

谈话法也叫问答法，它是教师按一定的教学要求向学生提出问题，要求学生回答，并通过问答对话的形式来引导学生思考、探究、获取或巩固知识，促进学生智能发展的方法。

谈话法特别有助于激发学生的思维,调动学生的积极性,培养他们独立思考、与人交往和语言表述的能力。谈话法可分复习谈话和启发谈话两种。复习谈话是根据学生已学教材向学生提出一系列问题,通过师生问答形式以帮助学生复习、深化、系统化已学的知识。启发谈话则是通过向学生提出未解决过的问题,一步一步引导他们去深入思考和获取新知识。

谈话法的基本要求是:

1. 要准备好问题和谈话计划。在上课之前,教师要根据教学内容和学生已有的经验、知识,准备好谈话的问题、顺序,如何从一个问题引出和过渡到另一个问题。

2. 要善问。向学生提出的问题要具体、明确、有趣味性、有启发性,能引起思维兴奋、激活与深化学生的思考,即富有挑战性和启发性,问题的难易要因人而异。

3. 要善于启发诱导。当问题提出后,要善于启发学生利用他们已有的知识、经验或对直观教具观察获得的感性认识进行分析、思考,研究问题或矛盾的所在,因势利导,让学生一步一步地去获取新知。

4. 要做好归纳、小结。当问题基本解决时,教师要及时归纳或小结,使学生的知识系统化、科学化,并注意纠正一些不正确的认识,帮助他们准确地掌握知识。

(三)读书指导法

读书指导法是教师指导学生通过阅读教科书、参考书和课外读物获取知识、培养独立阅读能力的教学方法。

读书指导法包括指导学生预习、复习、阅读参考书、自学教材等。指导预习,要向学生提出要求,进行启发,扫除某些阅读障碍,使学生通过阅读能初步了解课文,为学新课做好准备。指导复习,要提出明确任务,布置作业,以便加深对课本知识的理解和巩固。指导阅读参考书,要指定适合的读物或限定内容,因材施教,因人而异地提出要求,并给予知识上和方法上的指导,逐步培养学生的自学能力。指导学生自学教材,是在教师启发和辅导下学生以自学的形式来学习新课,它有助于调动学习的主动性和培养、提高学生的自学能力。

读书指导法的基本要求如下:

1. 提出明确的目的、要求和思考题。让学生带着任务、问题学,才能提高学生的学习自觉性、积极性,自主地掌握学习的方向、要求和质量,自主地调节自己的行为去实现学习的目的。

2. 教给学生正确的读书方法。引导学生掌握朗读、默读和背诵的方法,浏览、通读与精读的方法,学会利用读物本身的目录、序言、注释、图表和工具书来帮助理解,学会做记号、提问题、做眉批、做摘要、摘录、写提纲和读书心得等。

3. 加强辅导。指导学生阅读,特别是指导学生自学教材,他们在阅读过程中必然会碰上困难、发现问题、产生疑问,需要教师及时指点、解决,他们写的心得,做的作业也需要教师及时检查、批改,所以要加强辅导。否则,自学便流于形式。

4. 适当组织学生交流读书心得。在个人阅读的基础上,可以适当组织学生开展讨论、笔谈、办学习园地或交流心得体会,以巩固和增强读书收获,培养学生读书的兴趣爱好。

(四)练习法

练习法是学生在教师指导下运用知识去反复完成一定的操作,或解决某类作业与习题,以加深理解并形成技能、技巧的方法。

练习的目的是为了学以致用,并在运用中加深理解,形成技能与技巧,培养解决实际问题的初步能力。各年级、各学科都需进行一些不同的练习。练习必须通过一定数量的活动才能有成效，但绝非要求学生做机械训练，只重数量、不讲质量。练习的种类很多，按培养学生不同方面的能力分为各种口头练习、书面练习、实际操作练习，按学生掌握技能、技巧的进程分为模仿性练习、独立性练习、创造性练习。

练习法的基本要求是：

1. 提高练习的自觉性。任何练习都要掌握一定的程序、规范、要领和关键。只有使学生明确练习的目的与要求，掌握练习的原理和方法，这样才能防止练习中可能产生的盲目性，从而提高练习的自觉性，保证练习的质量。

2. 循序渐进，逐步提高。在练习的质量、难度、速度、独立和熟练程度、综合应用和创造性上，对学生都应有计划地提出要求，精选练习材料，适当分配题量、次数和时间，练习的方式要多样化，循序渐进，由易到难，逐步提高、熟练与完善。

3. 严格要求。无论是口头练习、书面练习还是操作练习，都要严肃认真。要求学生一丝不苟、刻苦训练、精益求精，达到最高的水平，具有创造性。

（五）演示法

演示法是教师通过展示实物、直观教具、进行示范性实验或采取现代化视听手段播放有关教学内容的软件、特制的课件等，指导学生认识事物、获得知识或巩固知识的方法。

演示的特点在于加强教学的直观性，不仅是帮助学生感知、理解基本知识的手段，也是学生获得知识、信息的重要来源。

演示法的基本要求是：

1. 做好演示前的准备。演示前，要根据教学需要，做好教具准备，选择典型的实物、教具，放大需要认真观察的部分，最好用色彩把易忽略的地方突出。还要考虑好运用教具进行演示的过程，特别是演示实验，应先试做一遍。此外，用以演示的对象要有典型性，能够突出显示所学材料的主要特征。

2. 要使学生明确演示的目的、要求与过程。让学生知道要看什么、怎样看，需要考虑什么问题，主动、积极、自觉地投入观察与思考。

3. 讲究演示的方法。演示要紧密配合教学，及时进行，过早拿出直观教具或用完后迟迟不收藏好都会分散学生的注意力。演示过程中，教师要向学生提出问题或做适当讲解、指点，使所有的学生都能清楚、准确地感知演示对象，引导他们边看、边听、边思考、边议论，在感知过程中进行综合分析，以获取最佳效果。

（六）实验法

实验法是学生在教师的指导下，利用一定的仪器设备，通过条件控制引起实验对象的某些变化，从观察这些变化中获得知识的方法。一般在物理、化学、生物等自然科学的教学中运用得较多。实验法不仅有利于学生掌握知识，而且有利于培养学生的动手能力和科学的、严谨的学习态度。

实验法的基本要求是：

1. 明确目的，精选内容，制订详细的实验计划，提出具体的操作步骤和实验要求。

2. 重视语言指导，重视教师示范的作用，教师可以在实验前示范，也可以在学生试验后总结性示范。

3. 要求所有学生都亲自操作；及时检查结果，要求学生按照规定写出实验报告。

（七）实习作业法

实习作业法是学生在教师的指导下进行一定的实际活动以培养学生实际操作能力的方法。

实习作业法在自然学科教学中是必不可少的。如数学的实地测量、地理的地形测绘、物理与化学的生产技术实习、生物的植物栽培和动物饲养，都是很有价值的实习作业。

进行实习作业与练习、实验一样，都是为了运用知识于实际。但实习作业的实践性、独立性、创造性都更强，能使学生学到书本上学不到的知识。

实习作业法的基本要求是：

1. 做好实习作业的准备。教师要制定好实习作业计划，确定好地点，准备好仪器，编好实习作业小组。

2. 做好实习作业的动员。使学生明确实习作业的目的、任务、程序、组织领导、制度、纪律和注意事项，提高自觉性。

3. 做好实习作业过程中的指导。要认真巡视，掌握全面情况，发现问题和经验，及时进行交流和辅导，以保证质量。

4. 做好实习作业的总结。由个人或小组写出全面的或专题的总结，以巩固实习作业的收获。

（八）讨论法

讨论法是学生在教师指导下为解决某个问题而进行探讨，辨明其是非真伪，以获取知识的方法。

讨论法的优点在于能更好地发挥学生的主动性、积极性，有利于培养学生的独立思考能力、口头表达能力，促进学生灵活地运用知识。讨论法的种类有很多，既可以是整节的课堂讨论，也可以是几分钟的短暂讨论；或是全班性的，或是小组讨论，还可以将小组讨论与全班讨论结合起来进行。

讨论法的基本要求是：

1. 讨论的问题要有吸引力。抓好问题是搞好讨论的前提，问题要有吸引力，能激起学生的兴趣，有讨论、辨析的价值。

2. 在讨论中对学生进行启发、引导。要启发他们独立思考，勇于发表自己的见解，围绕中心议题发言。要把大家的注意力集中到讨论的主题和争论的焦点上，以引导讨论向纵深发展，研究关键问题，使问题逐步得到深化、解决，切忌暗示问题的结论。

3. 做好讨论小结。讨论结束前，教师要简要概括讨论情况，使学生获得正确的观点和系统的知识，纠正错误、片面或模糊的认识。对疑难和有争论的问题，教师要尽力阐明自己的看法，但要允许学生保留自己的意见。

（九）研究法

研究法是学生在教师的指导下通过独立的探索，创造性解决问题，获取知识和发展能力的方法。一般说来，学生要解决的问题都是社会和科学上已经解决了的问题，大部分问题所包含的原理都作为基础知识列入教材中。不过，这对学生来说尚是新的。在教师不作讲解而只提供一定素材、情境的条件下，解决这些问题则需要学生进行创造性的研究活动，即需要通过分析研究所提供的资料、情境，提出问题，作出假设，进行试验和验证等一系列活动，来获取科学知识。

研究法的特点是由学生完成比较复杂的课题或独立作业。所以,它有突出的优点,能使学生在研究和解决问题的过程中得到极大的锻炼和提高,逐步掌握研究问题的方法和形成创造性地分析问题和解决问题的能力。

研究法的基本要求是:

1. 正确选定研究课题。课题有一定难度和研究价值,需要创造性运用已学的多方面的知识,经过多种假设、尝试才能解决。

2. 提供必要的条件。自然学科的研究课题一般需要仪器设备、药品、素材、资料等。社会学科的课题则需有必要的图书资料、调查研究的对象,还要为学生提供必要的条件。

3. 让学生独立思考与探索。在研究活动中应以学生为主,放手让学生独立思考,探索与研究,并在这个过程中得到锻炼提高。教师不可越俎代庖,必要时才适当给予启发引导。

4. 循序渐进,因材施教。一般要从半独立研究逐步过渡到独立研究;从对单一问题的研究过渡到对复杂问题的研究;从参与局部的研究过渡到掌握全过程的研究。

三、国内外主要的教学模式

在任何教学过程中,教师绝不可能始终只用一种方法,而是根据一定的教学指导思想与习惯的经验,将若干种方法组合起来运用,即运用教学模式。由于教师有不同的教学指导思想和经验模式,因而在教学实际中存在着各种不同的教学模式。

国内外的教学模式创新与发展相当活跃,并出现学派林立的局面。在此,我们仅对至今仍在各国教育中发挥重要影响力的教学模式加以介绍。

(一)传授—接受教学

传授—接受教学,是指教师通过语言传授和示范操作使学生接受、掌握系统知识和技能的教学。

这一模式源于赫尔巴特的“五段教学”(预备—提示—联系—总结—运用),后经过苏联凯洛夫等人改造并传入我国,又对其作了适当的调整和修改。它的基本程序为:激发学习动机—感知理解教材(复习和新授)—巩固运用—检查评价。通过教师传授使学生对所学的内容由感知到理解,达到领会,然后再组织学生练习、巩固所学的内容,最后检查学生学习的效果。具体操作如下:

1. 讲授新教材:讲授新课是教学的核心,在这个过程中主要以教师的讲授和指导为主,学生一般要遵守纪律,跟着教师的教学节奏,按部就班地完成教师布置给他们的任务。

2. 巩固新教材:是学生在课堂上对新学的知识进行运用和练习解决问题的过程。

3. 布置课外作业:是为了促进学生课外对教材内容的掌握。

这种教学模式之所以被我国中小学普遍采用,成为我国基本的教学模式,是因为它有下列优点:(1)它能使学生在单位时间里较为迅速有效地获得更多的知识信息,是人类传播系统知识经验最经济的模式之一。(2)它能有效地发挥教师的主导作用,易于达到预期的教学目标。这一模式主要适用于学科课程的书本知识的教学,适用于加强基础知识和基本技能的训练,适用于班级授课制的课程教学。其不足之处在于:(1)学生处于被动接受的地位,不利于学生学习主动性的充分发挥,容易出现死记硬背的倾向;(2)以教师为中心,教师讲得多,学生活动少,容易出现注入式教学。因此该模式多年来受到各方面的批评。

(二)问题—发现教学

问题—发现教学,是指在教师引导下,学生通过对问题的独立研究来发现、获取知识的教学。

随着社会的发展,生产、生活发生着巨大的变革,社会的发展要求改变死读书、脱离实际和压抑学生的传统教学,特别是科学研究用实验解决问题的方式启发人们将科学实验运用于教学实践。这样,就逐步形成了通过学生对实际问题进行研究的教学方式。当时被称为问题教学,杜威和当时的学者们对这种教学方法进行过探索,提出了问题教学的五阶段论(意识到问题的存在—识别出问题—提出假设—接受或拒绝试探性的假设—形成和评价结论)。

后来,许多学者对其进行过研究,问题教学也不断得到改进,特别是当代各国对培养具有创新意识和进取精神的人才的迫切要求,使人们对问题教学越来越重视。

美国心理学家布鲁纳提出了以发展探究性思维为目标,以学科的基本结构为内容,以再发现为学习步骤的教学方法综合方式,以研究法为主,将实验、考察、讨论、自学进行综合,强调学生是发现者,参与知识的建立过程,关心学习过程甚过关心学习结果。学生通过自己的探索学习,发现事物的变化及内在联系,从而获得规律性的知识。这一教学模式被称为“问题—发现教学”。

问题—发现教学的一般步骤包括四个环节:

1. 教师创设问题情境,提出要解决的课题;

2. 学生利用提供的结构性材料,对课题进行思考加工,提出解决问题的设想;

3. 学生验证假设,相互交流初探成果;

4. 得出原理或概念,并检验核实。

问题—发现教学的优点:(1)能充分调动学生思维的积极性,挖掘智慧潜力;(2)能促学习由外在动机向内在动机转移;(3)能培养学生探索的能力和习惯;(4)能帮助学生理解记忆,形成迁移能力。

问题—发现教学的局限:(1)对教师要求高,教师不仅要有深厚的知识,同时还要有较强的动手操作和科研能力;(2)对学生而言,获取知识的时间过多。按这一综合方法进行教学,要注意充分发挥学生的主动性、积极性,不断改进,并引导学生在闲暇时间独自研究。

(三)程序教学

程序教学,是一种使用程序教材并以个人自学形式进行的教学。

美国著名的教学心理学家 F·斯金纳通过动物实验建立了操作行为主义的学习理论,并据此提出了程序教学论及其教学模式,曾给 20 世纪 50 年代的美国和世界的中小学教育带来广泛影响。60 年代以后,许多国家都进行了程序教学的研究。目前,它已经发展为在一定的教学原理指导下的教学模式。

1. 程序教学的类型

根据程序化教材的载体,程序教学可以分为以下几种:(1)机器教学,指通过机器呈现程序化了的教材;(2)课本式程序教学,指通过课本来呈现程序化了的教材;(3)计算机辅助教学(CAI),指通过电子计算机来呈现程序化了的教材。

根据程序化教材的结构形式,程序教学可以分为直线式程序、分支式程序、莫菲尔德程序。(1)直线式程序是斯金纳首创的一种教学程序,是经典的程序教学模式。在这一流程里，教师把材料分成一系列连续的小步子，每一步一个项目，内容很少。系列的安排由浅入深，由简到繁。(2)分支式程序，是由美国人A·克劳德提出来的一种可变程序模式。这一模式同样把学习材料分成小的逻辑单元，但每一步比直线式程序的步子要大，每个项目的内容也较多。学生掌握一个逻辑单元之后，要进行测验。测验用多重选择反应进行，根据测验结果决定下一步的学习。(3)莫菲尔德程序，是美国心理学家凯(Kay·H)在莫菲尔德大学任教时提出的，它是直线式程序和分支式程序的结合。这一模式遵循的始终是一个主序列，它与直线式不同的是，只有一个支序列来补充主序列；它与分支式不同的是，学生通过支序列的学习不再回到原点，而是可以前进到主序列的下一个问题上，这样有利于学习效率的提高。

2. 程序教学的原则

(1)积极反应原则。在程序教学过程，必须使学生始终处于一种积极学习的状态。也就是说，在教学中使学生产生积极反应，然后给予强化或奖励，以巩固这个反应，并促使学习者作进一步反应。

(2)小步子原则。程序教学所呈示的教材学习是被分解成一步一步的，前一步的学习为后一步的学习作铺垫，后一步学习在前一步学习后进行。由于两个步子之间的难度相差很小，所以学习者的学习很容易得到成功，并建立起自信。

(3)即时反馈原则。程序教学特别强调即时反馈，即让学生立即知道自己的答案正确，这是树立信心、保持行为的有效措施。一个学生对第一步(学习的前一个问题)能作出正确的反应(回答)，便可立即呈示第二步(第二个问题)，这种呈示本身便是一种反馈：告诉学生，你已经掌握了第一步，可以展开第二步的学习了。

(4)自定步调原则。程序教学允许学习者按各人自己的情况来确定掌握材料的速度。这与传统教学在课堂传授中一般以“中等”水平的学习者为参照点的教学法不同，传统教学法使掌握快的学生被拖住，而学习慢的学生又跟不上，致使班级学生之间学习水平差距越来越大。程序教学法相对显得比较“合理”，每个学生可以按自己最适宜的速度进行学习。由于有自己的思考时间，学习较容易成功。

3. 程序教学的特点

(1)教材编制充分考虑学生的接受能力和学科的知识体系、内在逻辑结构；

(2)学习时学习者手脑并用；

(3)能及时地反馈学习结果，便于自我调节，掌握学习速度。

4. 程序教学的优点与不足

优点：(1)目的要求明确，便于学生掌握预定的系统知识和技能；(2)便于学生个人的学习，适应因材施教，提高学生的学习效率；(3)能及时强化学习的动力。

不足：(1)不利于培养学生的创新意识和主动学习的习惯；(2)师生之间、同学之间的信息交流和人际交往较少。

(四)范例教学

范例教学理论是由德国的M.瓦根舍因和克拉夫基等人提出的。第二次世界大战后，西德的教育在“跟上现代科学技术发展步伐”的口号下，不断扩充教学内容，学生负担加重，学习主动性受到限制。范例教学论者认为，要克服传统教学的弊端，就要重构教学内容，选择学科材料中最典型的材料，形成认识的稠密区。在稠密区里，各科知识汇集、交融，学生通过对这个稠密区的探究、思考,形成一种整体的认识结构,从而达到把握其他各种材料的目的。

在范例教学中,教师首先要对教材结构进行分析,找到关键性的问题,并对它进行实例分析和研究,通过范例来引导学生理解学科的知识结构,帮助他们选择未来的生活。适用于范例教学的教材注重分析带有普遍意义的重点内容,比如,对学生智力活动的作用、对学生未来的意义、课题的内容结构和课题的特点等,范例教学一般由"个—类—规律和范例—获得经验实施教学"这一途径进行。

1. 范例教学模式操作的基本程序:

第一阶段,解释作为范例的个别事物,用典型事物阐明事物的本质特征。

第二阶段,解释范例的"类"或"属",根据第一阶段获得的"个"的知识进行归类,推断、认识一"类"事物的普遍特征。

第三阶段,对通过第一、第二阶段获得的认识进一步探究,得出规律性认识,掌握事物发展的客观趋势。

第四阶段,获得相关经验,认识更为抽象的规律。

2. 范例教学的特点:

(1)基本性。强调教学内容应选择一门学科最基本的知识,即基本概念、基本原理、基本规律等,反映学科的基本结构。

(2)基础性。指教学要从学生基础出发,适应学生的知识水平和智力的发展水平。

(3)范例性。教给学生的知识必须是经过精选的,能起范例作用的,有助于学生迁移和应用。例如教力学原理时,以"杠杆"为实例,推导出力的公式。

3. 范例教学的优点和不足

优点:(1)有利于学生掌握知识结构体系;(2)有利于照顾学生的个性差异,便于因材施教;(3)重视基础知识的学习,便于学生对知识进行广泛的迁移和运用。

不足:(1)当今时代,知识更新频率加快,科学技术发展迅速,难以准确把握学习将来所需要的知识;(2)教学中不能很好地培养学生的自主意识和创新精神。

(五)暗示教学

暗示教学,指运用暗示手段,激发个人的心理潜力,提高学习效果的方法。这种教学理论是保加利亚的心理治疗医生乔治·洛扎诺夫(Georgi Lozanov)在二十世纪六七十年代创立的,又称"洛扎诺夫教学法",它主要用于语言教学。

1. 暗示教学理论出发点:(1)愉快:在心理上的放松和没有紧张的状态下(如害怕、紧张、疲劳、厌烦或激动)学习;(2)有意识和无意识的统一:以语言和非语言交流、浅皮层和深皮层活动、生理和心理作用、理性与情感等结合的方式;(3)暗示作用:通过消除学习障碍的暗示和激发学习潜能的暗示达到师生之间相互影响。

2. 暗示教学的原则:(1)学生要有自信心,愉快而不紧张;(2)情感调节理智,无意识调节有意识;(3)设置情景,采用交际性练习,短期内学习大量材料;(4)借助母语翻译对比;(5)师生相互信任和尊重。

3. 暗示教学过程主要分为三个阶段:

(1)准备阶段:在介绍新材料之前,教师先营造一种有利于学习的气氛,如沉着、期待的姿态,满怀热情的讲话,目的是通过教师权威、有感染力、诚实坦率的形象进行积极的暗示,克服暗示性的障碍,唤醒学生的潜意识。

(2)讲授阶段(即实质性暗示阶段):这个阶段包括主动性暗示(或称主动音乐课)和被动性暗示(虚拟音乐课或被动音乐课)。

(3)练习阶段:教师复述课文之后,进行一些问答、讨论活动或游戏。

4. 暗示教学的优点与不足:

优点:(1)有利于学生在愉快的情绪体验中从事学习活动;(2)有利于激发学生的学习热情;(3)有利于调动学生的各种潜能参与学习,特别是传统教学不容易注意到的非智力因素,从而促进学生的发展。

不足:(1)对教师素质要求较高,要求教师具有一定的医学知识和较丰富的心理学知识,教学中还要求合理利用音乐、舞蹈、戏剧等单项或综合艺术形式进行配合,势必要求教师要有这些方面的知识和技能;(2)准备比较烦琐,对环境要求较高,特别是诱发学生学习潜力的外部环境设置难度大;(3)推广的难度较大。

第五节 我国当前的教学改革

观念是行动的灵魂,教学观念对教学行为起着导向和统帅的作用。任何教学改革都必须以教学观念率先革新为前提。启动于2001年的我国基础教育课程改革不仅仅是有关课程的改革,这场改革同样也对教学提出了新的要求。与传统的教学相比,新课程对教学的要求发生了重大的变化,它要求人们从习以为常的传统教学观念中解放出来,实现教学理念和行为的转向。教学改革的主题是素质教育,基本策略是整体改革,重心是建立合理的课程结构。

一、我国当前教学改革的主要观点

(一)全面发展的教学观

全面发展的教学观突出表现在以下两个方面:

1. 结论与过程的统一

结论与过程的关系反映的是学科内部知识、技能与过程、方法的关系。从学科本身来讲,过程体现该学科的探究过程与探究方法,结论表征该学科的探究结果(概念原理的体系),二者是相互作用、相互依存、相互转化的关系。从教学角度来讲,所谓教学的结论,即教学所要达到的目的或所需获得的结果;所谓教学的过程,即达到教学目的或获得所需结论而必须经历的活动程序。毋庸置疑,教学的重要目的之一,就是使学生理解和掌握正确的结论,所以必须重结论。但是,学生如果不经过一系列的质疑、判断、比较、选择,以及相应的分析、综合、概括等认识活动,即如果没有多样化的思维过程和认知方式,没有多种观点的碰撞、论争和比较,结论就难以获得,也难以真正得到理解和巩固。更重要的是,没有以多样性、丰富性为前提的教学过程,学生的创新精神和创新思维就不可能培养起来。所以,不仅要重结论,还要重过程。基于此,新课程把过程与方法本身作为课程目标的重要组成部分,从而从课程目标的高度突出了过程与方法的地位。

2. 认知与情意的统一

学习过程是以人的整体的心理活动为基础的认知活动和情意活动相统一的过程。认知因素和情意因素在学习过程中是同时发生、相互作用的,它们共同组成学生学习心理的两个不同方面,从不同角度对学习活动施予重大影响。如果没有认知因素的参与,学习任务不可能完成;同样,如果没有情意因素的参与,学习活动既不能发生也不能维持。

(二)交往与互动的教学观

教学是教师的教与学生的学的统一,这种统一的实质是交往。据此,现代教学论指出,教学过程是师生交往、积极互动、共同发展的过程。没有交往、没有互动,就不存在或未发生教学,那些只有教学的形式表现而无实质性交往发生的"教学"是假教学,把教学本质定位为交往,是对教学过程的正本清源。它不仅在理论上超越了历史上的"教师中心论"和"学生中心论"、现实中的"学生特殊客体论"和"主导主体论",而且在实践上具有极其重要的现实意义。

教学中的师生交往具有以下属性:师生交往的本质属性是主体性,交往论承认教师与学生都是教学过程的主体,都是具有独立人格价值的人,两者在人格上完全平等,即师生之间只有价值的平等,而没有高低、强弱之分。

师生交往的基本属性是互动性和互惠性。交往论强调师生间、学生间动态的信息交流,通过信息交流实现师生互动,相互沟通、相互影响、相互补充,从而达成共识、共享、共进,这是教学相长的真谛。交往昭示着教学不是教师教、学生学的机械相加。交往还意味着教师角色定位的转换——教师由教学中的主角转向"平等中的首席",从传统的知识传授者转向现代的学生发展的促进者。可以说,创设基于师生交往的互动、互惠的教学关系,是新课程教学改革的一项重要任务。

以交往与互动为特征的教学,常常要借助"对话"来实现。按照雅斯贝尔斯的说法,"对话是真理的敞亮和思想本身的实现",是一种"在各种价值相等、意义平等的意识之间相互作用的特殊形式"。① 它强调的是双方的"敞开"与"接纳",是一种在相互倾听、接受和共享中实现"视界融合"与精神互通,共同去创造意义的活动。可以说,教学对话是师生基于互相尊重、信任和平等的立场,通过言谈和倾听而进行的双向沟通、共同学习的过程。

(三)开放与生成的教学观

开放,从内容角度讲,意味着科学世界(书本世界)向生活世界的回归,生活世界是科学世界的基础,是科学世界的意义之源,教育必须回归生活世界、回归儿童的生活。传统教育把学生固定在"书本世界"或"科学世界"里,教育与人的"生活世界"分离,难以体现教育全部的生活意义和生命价值,教育在"生活世界"的意义失落中艰难前行,不能为学生建立起有价值的生活秩序和生活方式。教育是人的教育,是科学教育与生活教育的融合。只有植根于生活世界并为生活世界服务的教育,才具有强大的生命力。回归生活世界的主张并不是否定科学书本世界存在的合理性,而是在两个世界之间保持一种紧张的张力,使科学教育不致因遗忘生活世界而丧失其存在的意义。

开放,从过程角度讲,人是开放性的、创造性的存在,教育不应该用僵化的形式作用于人,否则就会限定和束缚人的自由发展。人是未完成的非终极的存在,教育不应该把培养中的中点当作终点,以目标取代目的,否则就会阻隔人的发展。人是不可限定的,教育也不能限定人,只能引导人全面、自由、积极地生成。为此,课堂教学不应当是一个封闭系统,也不

---

① 雅斯贝尔斯著,邹进译:《什么是教育》,生活·读书·新知三联书店1991年版,第46页。

应拘泥于预先设定的固定不变的程式。预设的目标在实施过程中需要开放地纳入直接经验、弹性灵活的成分以及始料未及的体验,要鼓励师生互动中的即兴创造,超越目标预定的要求。

开放的最终目的是为了生成,每节课都要让学生有实实在在的认知收获,同时也要有或多或少的生命感悟。课堂教学应该关注在生长、成长中的人的整个生命。对智慧没有挑战性的课堂教学是不具有生成性的,没有生命气息的课堂教学也不具有生成性。从生命的高度来看,每一节课都是不可重复的激情与智慧综合生成的过程。从心理学角度看,课堂生成往往表现为"茅塞顿开""豁然开朗""悠然心会""深得吾心",表现为"怦然心动""浮想联翩""百感交集""妙不可言",表现为心灵的共鸣和思维的共振,表现为内心的澄明与视界的敞亮。

从生成的内容来看,课堂生成既有显性生成,又有隐性生成。显性生成是直接的、表层的,隐性生成是间接的、深层的。从生成的本义来说,生成主要指隐性生成,隐性生成最具有发展的功能。

从生成的主体来看,课堂生成有学生生成,也有教师生成,即课堂教学不仅要成全学生,也要成全教师。课堂教学要成为教师自我提高、自我发展、自我完善、自我实现、自我欣赏的一种创造性的劳动,这是教学相长的真实写照。

二、新课程背景下教学理念的重建

(一)教学与课程的关系

在新课程改革中,课程不再是仅仅由教材、课程标准或课程计划等文字资料组成,而是由这些文字资料和教师与学生对课程的体验和感悟共同组成,并且教师与学生的体验和感悟将占课程的主体地位。"教学过程因此成为课程内容持续生成与转化、课程意义不断构建与提升的过程"。因此,在新课程中,教学与课程是一种动态的、生成性的、互相促进和相互作用的关系。

(二)教与学的关系

在新课程的教学中,"教学是教与学的交往、互动,师生双方相互交流、相互沟通、相互启发、相互补充,达成共识、共享、共进,实现教学相长和共同发展"。可见,在新课程下的教与学是一种交流的、互动的和融合的关系。真正地做到在"教"中"学",在"学"中"教",教师与学生将组成一个"学习共同体",在这个共同体中,没有教与学的明显区分,只有共同的学习目标。

(三)学科与学生的关系

学科与学生之间的关系其实是教育价值观方面的问题,即教学是应该关注学科,还是应该关注学生。新课程倡导的教学是一种学生本位论。它的特点是:(1)关注每一位学生;(2)关注学生的情绪状态和情感体验;(3)关注学生的道德与人格培养。

(四)师生关系

新课程改革的师生关系是一种建立在相互尊重基础上的动态的、平等的对话关系。首先是建立在教师与学生相互尊重的基础上的,这种相互尊重在要求教师尊重学生的同时,也要求学生尊重教师,不能走极端。其次,这种关系是建立在教师与学生地位平等的基础之上的,在相互尊重与地位平等的基础之上,教师与学生之间是一种动态的对话关系。

(五)教学目标

新课程要求建立新的教学目标体系,必须充分体现素质教育的思想。素质教育为教学提出的第一个要求就是认知与情意的统一。融认知与情意为一体,两者相辅相成、相互促进。素质教育为教学提出的第二个要求是结果与过程的统一。在上述两个指导原则的指导下,素质教育的教学目标应该具有以下特点:

1. 情意性。即在素质教育教学目标体系中,由认知发展目标与学生的情感、态度以及价值观的发展目标共同组成。

2. 过程性。素质教育要求教学目标应该是教学情境的产物和问题解决的结果。

3. 个性化。素质教育要求发展学生的个性,追求学生反应的多元性,而不是同质性。

(六)教学环境

新课程背景下的教学环境包括人文环境和物理环境两种:

1. 人文环境的开放主要表现在打破教与学的界限,打破教师与学生之间的那种束缚与被束缚的关系,解放学生的学习等方面。

2. 所谓教学的物理环境指的就是教室。教室作为教学的场所,其功能与作用在新课程改革当中也要有所转变,要从封闭走向开放。

教室的开发主要包括以下几个方面:首先,它为学生与学生之间、学生与教师之间以及学生与社会之间的交流提供条件。其次,教室的空间定义在新课程的教学中也有所改变,可以是将社会引进教室,也可以是将教室设于社会之中。这里的教室已经不是传统意义上的教室,而是真正地成了一种教学环境。

(七)教学组织形式

在新课程的实施中,教学的组织形式应该具有以下几个特征:

1. 多样化。新课程改革要求建立多种教学组织形式,它可以包括个别教学、小组教学、集体教学、学生自学等多种形式。

2. 综合化。教学要根据不同的情境采取不同的教学组织形式。

3. 社会化。教学组织形式必须逐步地走向社会化,充分利用社会的资源来完善我们的教学。

(八)教学评价

新课程所倡导的教学评价具有以下几个特点:

1. 由甄别走向发展。新课程教学评价应该承认学生的差异性,关注学生的各方面发展,促进每个学生的发展。

2. 由单一走向多元。教学评价的多元化主要体现在:(1)实现评价主体的多元化;(2)实现教学评价指标的多元化;(3)评价方法与评价手段的多元化。

3. 由重结果走向重过程。在新课程中,教学评价重视学生的学习过程,根据不同学生的学习经历作出不同的评价,使评价具有针对性。总之,在新课程中,教学评价将由简单的静态的结果性评价走向动态的形成性评价,走向结果与过程评价的统一。

(九)教学效果

新课程下的教学改革要达到的效果主要有两个方面:一方面是提高质量,另一方面是个性化。新课程改革中所追求的“高质量”是一种对每个人的高质量发展的追求,要求每个人都要成为对自己满意的人。

实现个性化的教学有两个方面的含义:一是教学要以促进学生的个性发展为宗旨;二是教学本身要实现个性化。

全面发展的教学观是从教学目的的角度提出来的,交往与互动的教学观是从师生关系的角度提出来的,开放与生成的教学观是从教学过程与教学结果的角度提出来的,这三种教学观虽是从不同角度提出来的,但彼此间是相互联系、相辅相成的。我们必须从整体的高度把握每一种观念的精神实质,唯有如此,才能正确引领新课程的教学改革。

三、我国当前教学改革的趋势

当前我国的教学改革正以20世纪80年代以来教学改革所取得的显著成效为基础,在一个更高、更深、更全面的层次上展开。

(一)实施素质教育是我国当前教学改革的主题

围绕这一主题,我国将对教学诸多方面作出新的调整,主要包括:

1. 面向结果的教学与面向过程的教学并重。面向结果的教学是指教师在教学活动中,以使学生取得令人满意的结果作为教育的直接意义,是传统强调的教学形式。面向过程的教学则是教师在教学活动中重视引导学生对知识形成过程的理解,并在理解中体验知识得以产生的基础以及与其他知识的联系等,它会给学习主体带来一种更高的价值。

2. 智力因素与非智力因素并重。在教学中,智力因素和非智力因素在传授和学习知识经验过程中是相互统一的,但两者所发挥的作用及各自的发展并不是自发地齐头并进的。两者的真正统一,需要在教学过程中作出专门的努力。

3. 教师指导与学会学习并重。现代教学中的教师指导,必须是把学生导向学会学习的境地,这不仅是终身教育的要求,而且从确立学生主体地位来看也是重要的,只有学会学习,学习主体才会真正具有参与到教学过程中去的能力。

4. 一般能力培养与创造品质形成并重。在促进学生一般能力较全面提高的同时,教师应对学生创造力的发展给予特别关注,因为创造性已成现代人素质结构中最重要的成分。此外,调整内容还包括科学文化基础形式与品德培养并重、接受学习与探究学习并重、理论学习与实践活动并重、课内与课外并重等。

(二)坚持整体教学改革和实验是我国当前教学改革的基本策略

所谓整体教学改革和实验,是指在一个总的统一而明确的改革目标和实验假说的指导下进行的对教学系统中各种因素、各门学科的协调统一、相互渗透的调整和变革,以实现对教学系统的综合改革。我国当前的整体教学改革和实验便应抓住以下两个主要问题:

1. 运用整体性观点,进行教材、教法、学法、考试、教学环境等的全面改革和实验,使各种教学因素有机地统一协调起来,形成最佳的组合,只有这样,才能产生"整体功能大于部分功能之和"的教学效益。

2. 提高整体教学改革和实验的可操作性。在改革和实验中,必须显示出较高的易为他人所仿效的可操作性,即抓住教学系统中有关课程内容、教学方法、教学组织形式等实质性问题进行变革和调整。

(三)建立合理的课程结构是我国当前教学改革的重心

更新课程内容和形式,建立合理的课程结构是我国当前教学改革的重心。在课程内容更新上应注意两点:

1. 协调好基础文化课程、劳动技术课程和职业课程之间的关系

基础文化课程一直是学校课程内容的主干,这一点仍要坚持。但直至今日,劳动技术课程和职业课程的性质和地位依然不够明确,大多数学校实际上把它们看作单纯的劳动教育。20世纪90年代劳动技术课程和职业课程在普通教育中引起了人们的高度重视。其中,劳动技术课程主要是使学生了解现代生产的基本过程和原理,了解科技和现代生产的关系,掌握基本的生产技术;而职业课程则主要是实现学校教育与当地经济文化发展的结合,对学生进行实用知识和技能方面的训练。

2. 协调好内容要求的统一性与多样性的关系

各地区、各学校、各民族,课程内容应有所不同,应体现出多样性,这样统一性和多样性才能很好地协调起来。当前课程形式的发展,将主要围绕三个方面进行,基本思路是:(1)有效地实现必修课、选修课和课外活动的结合。减少必修课时,课程少而精;选修课时要占一定比例,并增设选修学科;课外活动得到加强,使之更好地配合必修、选修课的教学。(2)提高综合课程、活动课程和问题课程在课程体系中的地位。这三门课程能解决吸收新学科、新知识,课程内容的更新,联系社会实际等问题。(3)强化隐性课程对显性课程的积极作用。即把隐性课程纳入有计划的教学内容中来,在课程方案和课程标准中要有提示,使两者相互补充、相互促进。

同步练习

一、单项选择题

1. 教学与教育的关系是(　　)的关系。

A. 普遍与特殊　　B. 个别与一般

C. 整体与部分　　D. 部分与整体

2. 智力的核心是(　　)。

A. 思维能力　　B. 想象力

C. 记忆力　　D. 观察力

3. 教学过程中的主要矛盾的实质是(　　)。

A. 主客体的矛盾　　B. 教与学的矛盾

C. 学生认识过程的矛盾　　D. 客观存在与意识的矛盾

4. 学生认识的主要任务是学习(　　),其学习必须以学生个人的(　　)为基础。

A. 直接经验　间接经验　　B. 间接经验　直接经验

C. 感性知识　理性知识　　D. 理性知识　感性知识

5. 教师采用各种图片、图表、模型、幻灯片、录像带、电视和电影片等进行教学,符合(　　)直观原则。

A. 实物　　B. 模像

C. 语言　　D. 图像

6. 教师采用各种实物、标本、实验、参观等形式进行教学,符合(　　)直观原则。

A. 实物　　B. 模像

C. 语言　　D. 图像

7. 苏格拉底"产婆术"教学与下列(　　)采用的原则相同。

A. 学而时习之　　B. 杂施而不孙,则坏乱而不修

C. 不愤不启,不悱不发　　D. 循序而渐进,熟读而精思

8. 掌握启发性原则教学的首要问题是(　　)。

A. 发扬教学民主　　B. 启发学生独立思考

C. 调动学生学习的主动性　　D. 让学生动手,培养独立解决问题的能力

9. "学而时习之""温故而知新"符合(　　)的教学原则。

A. 启发性　　B. 巩固性

C. 循序渐进　　D. 理论联系实际

10. 我国幅员辽阔,各地的差异很大,为了使教学不脱离实际,必须补充必要的乡土教材,这体现了(　　)的教学原则要求。

A. 直观性　　B. 循序渐进

C. 因材施教　　D. 理论联系实际

11. 在有条件的学校实行按能力分班教学,允许成绩优异的学生跳级,这符合(　　)的

教学原则。

A. 启发性　　B. 循序渐进

C. 因材施教　　D. 理论联系实际

12. 实际教学中,最常用也是最传统的教学方法是(　　)。

A. 教授法　　B. 讨论法

C. 演示法　　D. 练习法

13.《学记》中要求"学不躐等""不陵节而施",提出"杂施而不孙,则坏乱而不修",这阐明了(　　)教学原则。

A. 启发性　　B. 巩固性

C. 循序渐进　　D. 因材施教

14. 实质教育论的代表人物是(　　)。

A. 洛克、裴斯泰洛齐　　B. 洛克、赫尔巴特

C. 赫尔巴特、斯宾塞　　D. 洛克、斯宾塞

15. 教学的教育性规律是指(　　)。

A. 掌握知识与发展智力相统一的规律

B. 知、情、意相统一的规律

C. 教师的主导作用与学生的主体地位相统一的规律

D. 间接经验与直接经验相结合的规律

16. 教学过程的中心环节是(　　)。

A. 引起学生的学习动机　　B. 引导学生领会知识

C. 巩固知识　　D. 检查知识

17. 实质教育论认为教学的主要任务是(　　)。

A. 培养思想品德　　B. 传授知识

C. 发展智力　　D. 发展个性

18. 以个体认识论为基础提出教学理论的教育家是(　　)。

A. 夸美纽斯　　B. 赫尔巴特

C. 孔子　　D. 昆体良

19. "授人以鱼,不如授人以渔"说明教学中应该重视(　　)。

A. 知识的传授　　B. 发展学生的能力

C. 调动学生的积极性　　D. 培养良好的品德

20. 教学原则是依据(　　)制定的。

A. 教学内容　　B. 国家宪法和法律

C. 教学目的和教学过程的基本规律　　D. 教学目的

二、填空题

1. ________是学校教育的根本,________直接决定学生的发展水平。

2. ________是社会经验得以再生产的一种重要手段。

3. 以教学为主,要求大部分时间用于教学,在内容上以________为主,在组织形式上以________为主,发挥________的主导作用。

4. 教学的首要任务是引导学生掌握________和________。

5. 智力是认识活动中表现出来的认知能力系统,包括________、________、________和________。

6. 早在两千多年前,我国伟大的教育家孔子就把学习过程概括为________的统一过程,这是最早的教学过程思想。

7. 19 世纪德国教育家赫尔巴特试图以心理学的“________”来说明教学过程,认为教学过程是新旧观念的联系和系统化的过程。

8. 教学过程的特殊性表现在三个方面:间接性、________、________。

9. 关于掌握知识和发展智力的关系问题,教育史最典型的是________和________之争。

10. ________是智力活动的内容和手段,是发展智力的基础。

11. ________是教与学内部矛盾运动的客观规律,________是制定的一些教学基本准则,后者反映前者。

12. 直观手段一般可分为________、________和________。

13. 常用的教学方法有讲授法、________、________、演示法、________和实验法等。

14. 循序渐进原则要求教学按照________和________发展的顺序进行。

15. 在教和学的协同活动中,________是学习的主体,________在教学中发挥着主导作用。

16. ________是学校的中心工作,学校工作必须坚持________、全面安排的原则。

17. ________是教学的基本理论,是组织教学活动的理论依据。

18. 马克思主义认为,人类活动包括实践活动和认识活动两种类型,教师“教”的活动属于________,学生“学”的活动属于________。

19. 教学认识的客体是________,学生通过对其认识最终认识客观世界。

20. 间接经验是他人的认识成果,主要指________________;直接经验是学生亲身获得的________。

三、简答题

1. 教学的作用是什么?
2. 怎样理解掌握知识与发展智力相统一的规律?
3. 为什么说教学过程是一种特殊的认识过程?表现如何?

同步练习参考答案

一、单项选择题

1. D　2. A　3. C　4. B　5. B　6. A　7. C　8. C　9. B　10. D　11. C　12. A　13. C　14. C　15. B　16. B　17. B　18. A　19. B　20. C

二、填空题

1. 教学　教学水平
2. 教学
3. 学书本知识　课堂教学　教师
4. 科学文化基础知识　基本技能
5. 观察力　记忆力　想象力　思维能力
6. 学、思、行
7. 统觉理论
8. 引导性　简捷性
9. 形式教育论　实质教育论
10. 知识
11. 教学规律　教学原则
12. 实物直观　模像直观　语言直观
13. 谈话法　讨论法　练习法
14. 学科的逻辑系统　学生认识
15. 学生　教师
16. 教学　以教学为主
17. 教学过程的理论
18. 实践活动　认识活动
19. 形式教育论　实质教育论
20. 书本知识　感性认识

三、简答题

1. 答:(1)教学是社会经验得以再生产的一种主要手段;

(2)教学为个人全面发展提供科学的基础和实践;

(3)教学是教育工作构成的主体部分,又是教育的基本途径。

2. 答:掌握知识与发展智力相互依存、相互促进,二者统一在教学活动中。

(1)掌握知识是发展智力的基础。学生认识能力的发展有赖于知识的掌握。

(2)智力发展是掌握知识的重要条件。学生具有一定的认识能力,是他们进一步掌握文化科学知识的必要条件。学生掌握知识的速度和质量,依赖于学生原有智力水平的高低。

(3)掌握知识与发展智力相互转化的内在机制。知识与智力的相互转化,应注意以下条件:

第一,传授给学生的知识应该是科学的规律性的知识。

第二,必须科学地组织教学过程。

第三,重视教学过程中学生的操作与活动,培养学生的参与意识与能力,提供学生积极参与实践的时间和空间。

第四,培养学生良好的个性品质,重视学生的个别差异。

3. 答:教学过程是认识的一种特殊形式,其特殊性在于,它是学生个体的认识,是由教师领导未成熟的主体通过学习知识间接认识世界。学生认识的特殊性表现在以下方面:

(1)认识的间接性。学生学习的内容是已知的间接经验,并在教学中间接地去认识世界。

(2)认识的交往性。教学活动是教师的教和学生的学组成的双边活动,教学活动是发生在师生之间的一种特殊的交往活动。

(3)认识的教育性。教学过程中的认识与追求实现着学生的知、情、行、意的协调发展与完善人格的养成。

(4)有领导的认识。学生的个体认识始终是在教师的指导下进行的。

第八章　教学(下)

本章概要

教学是一项十分复杂的工作,但现代教学还是遵循着一定的程序而展开。教师进行教学工作的基本环节是备课、上课、作业的布置与批改、课外辅导、学业成绩的检查与评定。教学总是以一定的组织形式进行的,在教学史上先后出现的影响较大的教学组织形式有个别教学制、班级授课制、分组教学和道尔顿制等。教学策略是实施教学所采用的方案,可分为内容型、形式型、方法型和综合型四种类型。

引导案例

《镇定的女主人》课堂实录片段

师:今天,我们上《镇定的女主人》。(半数课题)

生:齐读课题。

师:我请学生找"镇定"的反义词。

生1:慌张。

师:那把"慌张"放入课题,这课题应怎么读?

生1:是"慌张的女主人"。(学生哄堂大笑)

师:你才是一个"慌张"的小姑娘呢!(大家笑得更欢了)

生1:(害羞地吐了一下舌头,连忙改口)应该是"不慌张的女主人"

师:真不错,说对了!

……

师:谁来给"姆"组词?

生2:"养母"的"姆"。(学生哗然)

师:(笑着示意学生安静下来)你们别急,他没说错,只是没说完!(耐心地启发学生)你说得对,是"养母"的"母"……

生2:(连忙说)"养母"的"母"加上一个女字旁,就是"保姆"的"姆"了。

案例中教师的管理方法能使我们受到启发。针对生1的错误回答,教师没有以"错了!请坐。""不对!谁再来。"这些语言去否定学生,而是运用诙谐幽默的语言帮助学生自己纠正了错误,这样既保护了发言学生的积极性,又控制了课堂局面。针对生2的错误,教师更是不动声色,运用巧妙、机智的语言引导学生走出尴尬,走向正确,维护了学生的尊严。[①]

---

① 黄超文:《教育教学基本技能》,北京教育出版社2009年版,第212页。

课堂是育人的场所，是学生成长的土壤。肥沃的土壤是充满关爱、尊重、安全、信赖、民主、平等的，在这种土壤里，学生求知欲强烈、学习热情高涨、思想活跃、师生关系友好和谐、配合默契，师生都具有满意、愉快、互谅、互助等积极态度和情感体验，因此，这样的土壤有利于学生的健康成长，有利于学生的全面发展，有利于教学目标的实现。

第一节　教学工作的基本环节

教学是一个系统过程，由一个个相互联系、前后衔接的环节有机构成。若从学生的角度来看，教学工作包括预习、听课、课后复习、练习和系统小结等基本环节；若从教师教的角度看，教学工作的基本环节包括备课、上课、作业的布置与批改、课外辅导、学业成绩的检查与评定。由于教师的教在教学过程中起主导作用，所以，我们着重分析教的环节。

一、备课

所谓备课，就是教师根据课程标准的要求，结合学生的具体实际，对上课进行计划安排和设计准备的工作。备好课是上好课乃至做好整个教学工作的基础。

（一）备课的意义

备好课是上好课的前提。教师在课堂教学中如何传授知识，选择怎样的教学方法，怎样使教学适应学生年龄特征及个别差异，如何组织教学活动等，都有赖于课前备课。教学实践证明，备课的好坏直接关系到上课质量的高低。同样的教学内容，课备得好，则教学效果好，教学进展顺利；课备得差，教学效果就不好，教学进展就不太顺利。

同时，备课的过程也是教师学习的过程。现代社会，科技发展日新月异，新学科、新知识不断涌现，并且随着信息媒介的增多，学生知识面也日益宽广。在这种情况下，教师要上好课，就必须首先通过备课这条途径来丰富自己的知识，更新自己的知识结构，即“教育者必须先受教育”。

另外，备课的过程也是教师形成教学能力的过程。在备课中，教师实现了以下三个转化：

1. 通过熟悉教材，把教材中的知识转化为教师自己的知识；

2. 通过钻研课程标准和教材，掌握教学目的、要求和重点，并转化为教师教学活动的指导思想；

3. 通过研究教学目的、教学内容和学生实际情况的内在联系，找到使教学内容适应学生接受能力、促进学生智力发展、实现教学目的的途径，并转化为教师所掌握的教学方法。

正是在这三个转化中教师形成了教学的能力。

（二）备课的方法

概括地讲，备课要做好三项工作，制订好三种教学计划。三项工作就是钻研教材、了解学生、选择教法；三种计划就是学期（或学年）教学进度计划、课题（或单元）教学计划、课时教学计划（教案）。

1. 做好三项工作

一是钻研教材。钻研教材包括研究本学科的教学计划、课程标准、教科书及有关的教学参考资料。钻研教学计划和课程标准应着重于了解本学科的教学目的和要求、教材选编的原则及教学方法的要求等。教科书是教师备课的主要依据。钻研教科书首先要求教师通读整本教科书,对教科书的内容有个大概的了解,作出通盘的考虑;其次教师要深入钻研,弄懂弄通教科书每章、每节、每课题的内容,不能似是而非。最后,教师还要尽可能通览课本的插图、习题、练习、实验、注释、附录等,对教科书有一个全面而完整的了解。教学参考书给教师提供了一些应用材料,提供了解决难点内容的方法和必要的资料。通过阅读教学参考书,教师可以进一步理解教材,掌握教材。

教师对教材内容的钻研要做到"懂""透""化"。"懂"是指教师要理解教材的基本结构、基本内容、基本概念,甚至每一个字、每一句话;"透"是指教师对教材内容不仅要懂得,而且要很熟悉,对教材内容融会贯通、运用自如,使之成为自己的知识体系;"化"的含义是教师的思想感情和教材的思想性和科学性融合在一起,达到了"化"的境界。教师只有达到"化"的境界,才算完全掌握了教材。

二是了解学生。教师劳动的对象是学生,教师只有全面、深入地了解教育对象,才可能使自己的教学切合实际、有的放矢。教师要了解每一个学生的个性特点、兴趣爱好、思想状况、学习方法、学习习惯、知识基础及身体健康状况等,并在对全班每一个学生了解的基础上对其进行分类,清楚全班优等生、中等生和后进生的分布情况,从而为教学确定起点、宽度、难度和深度,确定贯彻教学原则的具体方式,确定相应的教学方法与运用方式,确定具体教学活动的安排,为因材施教奠定基础。

三是选择教学方法。教师要根据教学内容和教学对象实际选择适当的、可行的教学方法。教师在为学生接受教学内容选择教学方法时,应从多方面考虑,例如:如何提出问题、创设情境、激起疑问、启发思考、调动学生学习的积极性;如何利用直观教具,搞好演示实验,为学生感知新教材创造条件;如何利用学生已知的知识,启发学生自己经过思考,推导出新的结论,获得新知识;如何通盘设计好整个教学活动过程,遵循教材内容的逻辑系统和学生认识事物的顺序,安排好整个教学活动过程,使学生循序渐进地掌握知识技能,发展智力,形成正确的思想观点,等等。

2. 写好三种计划

一是写好学期(或学年)教学进度计划。这个计划要在开学前制订出来,目的在于明确整个学期教学工作的范围和完成的任务,对全学期的教学工作通盘安排。它的主要内容有学生情况的简要分析、教学改革的大体设想,以及教学要求、章节或课题内容及教学时数和时间的具体安排等。

二是写好课题(或单元)教学计划。本计划在开学前制定出来,它是指将教材性质相近、有内在联系的、且有相对独立性的部分划分为单元,教师对教科书的每一单元作通盘考虑,并制订出单元教学计划。其内容主要包括课题名称、教学目的、课时划分、课的类型、主要教学方法、教具以及教改活动安排等。

三是写好课时教学计划(教案)。这个计划要在每节课上课前写好,它是教师备课工作中最深入、具体的一步。因为教学工作是通过一个个的课时来进行的。一个完整的课时计划一般包括以下项目:班级、学科名称、授课时间、课题、教学目的要求、课的类型、教学重点和难点、教学方法、教具、教学过程、备注。其中,教学过程是课时计划的主要组成部分,应写得详细具体,它包括一节课教学内容的安排、教学方法的具体运用和各部分时间分配等。

二、上课

上课是教师按照课程标准的要求，根据教科书的内容，向学生系统地传播科学文化知识，发展学生的智力和能力，增强学生的体质，对学生进行思想道德教育的一个有计划、有组织、有领导的活动过程。上课是整个教学工作的中心环节。要保证课堂教学的质量，需要了解课的类型与结构，并遵循课堂教学的基本要求。

（一）课的类型

课的类型是指根据教学的主要任务而划分的课的种类。课的类型划分有两种标准：一是以课内采用基本教学方法为依据，分为观察课、讲授课、讨论课、实验课等；二是以一堂课完成任务的多少为依据，分为单一课和综合课。

1. 单一课

单一课，是指在一节课内主要完成一项教学任务的课。单一课又可分为以下几种类型：

传授新知识的课。在一节课里，绝大部分时间用来向学生传授新的知识，组织学生学习新教材。目的主要在于让学生感知、理解和掌握新的教材内容，增加新的知识要素。有时也会有复习、巩固的内容，但它是为掌握新知识这一主要任务服务的。

巩固知识的复习课。一节课的时间主要用来复习已学过的知识。目的主要在于使学生加深知识的理解，掌握本质，并将知识网络化、系统化，予以巩固记忆。比如学习完一个单元后或期中、期末考试前所上的复习裸，就属此类。

培养技能、技巧的课。包括练习课，实验课、实习课等。这类课的时间主要用于组织学生运用所学的知识进行实际操作，反复练习，掌握基本技能形成熟练技巧。如语文的作文课，数、理、化的独立作业，实验课，生物的实习课等，都属此类。

检查知识和技能、技巧的课。用整节或连续两节课的时间检查学生对已学知识和技能、技巧的掌握程度。目的在于了解学习情况，对每个学生的成绩给以评价，并针对存在的问题，进行弥补。各门学科教学中所进行的不同形式的测验课、考试课，即属此类。

自学课。这是近年来在强调培养学生自学能力中所创造的一种课型。其形式是在教师指导下，主要通过学生自己阅读、思考和独立作业，积极主动地获得知识和技能。

单一课由于内容集中，几乎运用课的全部时间完成某项单一任务，结构上变化不多，因此多在中学高年级采用。

2. 综合课

综合课，又称混合课，是指一节课内要完成几项教学任务的课。综合课的内容包括复习旧的知识；学习新教材内容，对新学教材予以巩固，并适当进行练习，培养基本技能、技巧；甚至还要检查知识的掌握程度。

综合课所要完成的几项任务并不是处于同等重要的地位，一般是侧重于新知识的传授，结合进行巩固复习和技能、技巧的培养。由于综合课方式灵活，结构富于变化，适应儿童难以在较长时间内从事单项活动的心理特点，故在中学低年级和小学被普遍采用。这样，多项活动交叉进行，更能激发学生的学习兴趣，取得好的效果。

（二）课的结构

课的结构是指一堂课的基本组成部分，各部分间的相互联系与相互作用，以及安排的顺序与时间分配等。课的类型不同，其结构就不同。同一类型的课，由于学生年龄特点与运用的教学方法不同,其结构也有所差异。

综合课的结构一般由五部分组成,通常被称为课的五个步骤。其安排的次序和时间的分配大体如下:

1. 组织教学。组织教学是上课开始教师所采取的必要手段。目的在于安定课堂秩序,集中学生注意,唤起学习情绪,使学生在精神上、物质上做好听课的一切准备,以保证课堂教学有个良好的开端,并有秩序地、顺利地进行下去。组织教学是任何类型的课所不可缺少的教学步骤,一般占用1—2分钟。认真组织教学并坚持始终,不仅能够很快地集中学生的注意,调动学生渴求知识的情绪,而且久而久之可以培养学生自觉遵守纪律和良好的学习习惯。组织教学不只是上课开始的必要步骤,还要注意贯彻全课的始终。

2. 检查复习,又叫导入新课。组织教学后,不是立即讲授新课,而是进行检查提问,复习已学过的知识。通过检查提问,了解学生对所学知识的掌握程度,课外作业完成的情况等。复习提问的目的,一方面在于督促学生及时复习和完成作业,巩固已学的知识,培养按时完成学习任务的责任感和良好的习惯,并借此了解教学效果,发现问题,及时补救;另一方面更主要的在于加强新旧知识的联系,为顺利导入新课、学习新知识打下基础。因此,复习提问的内容可以是上节课学习过的,也可以是以前学习过的。通常的做法是,尽量复习提问与本节课讲授内容有内在联系的问题,以便在复习后顺利地导入新课,也为学生接受新课内容提供认识基础。

检查、复习占时不宜过长,一般在5—10分钟完成。提问方式可以灵活多样,或口头回答,或黑板演算,或书面回答,或几种方式并行。检查作业可以全面查阅,也可部分抽查。值得注意的是,检查提问后,一定要给学生以公正的评定,肯定优点,指出不足。

3. 讲授新教材。这是综合课结构中的中心部分,目的在于向学生传授新的知识,并在传授知识的过程中发展学生的认识能力。讲授新课是教师进行逻辑推理,进行比较、分析、综合、概括的过程。要抓住重点,巧破难点,揭示本质,要精练地将知识的基本要素展现出来。讲授中要全面贯彻教学原则,体现启发式教学思想,善于根据教材和学生的特点选择最灵便、最有效的讲授方法,既发挥教师的主导作用,又积极地引导学生主动地探求知识。为此,讲授开始,要向学生简要说明学习新课的目的、意义和要求,以便学生从总体上有所把握,引起学习的愿望与动机。讲授结束时要进行小结,归纳、概括讲授要点,使学生获得系统、完整的印象。

讲授新课是综合课要完成的主要课题,对一堂课的成败起决定性的影响。经验证明,导课固然要好,讲授内容更要明晰,生动有趣,一板一眼,皆非虚设,一钉一铆,都在实处。这样才能把课讲得生动活泼,学生学得积极主动。

4. 巩固新教材。综合课,在传授新知识后,一般都要随堂进行复习巩固,目的在于使学生对本节课所教的知识能当堂消化理解,加深巩固。没有巩固,就不能发展记忆,不能形成技能、技巧。随堂复习巩固不仅可以判明学生理解与掌握新知识的程度,有针对性地纠正错误,弥补遗漏(如属普遍未理解的主要问题,还需安排在下节课中重新讲解),而且可以通过初步运用新知识的练习,形成一定技能,为顺利完成课外作业打下基础。

随堂巩固新知识的方法多种多样,可以依据教材特点灵活运用,如由教师复述讲授的要点,并进行归纳总结;或由学生复述讲解重点内容;或组织学生反复诵读课文,划出重点;而更多的是设计适量的课堂作业,让学生独立完成,教师随堂检查指导,并列举典型问题,集体进行分析,等等。

5. 布置课外作业。上课结束前,一般都要留下两三分钟布置课外作业,目的是使学生独立运用知识于实际,形成技能、技巧;通过练习,加深对知识的理解,培养独立分析和解决问题的能力。课外作业的内容要体现讲授重点,分量适当,难易适度,富于启发性,避免让学生完全机械地重抄课文。

布置课外作业应向学生提出要求,指出须注意的问题和完成的时限。对于难度较高的习题,必要时还可以作一些启发性的提示,指明思考范围,排除学生练习时的障碍。学生完成作业后,应及时检查,认真批改、评阅。

(三)上课的基本要求

1. 教学目的明确

课堂教学的目的是一堂课的指导思想,是本学科总教学目的的具体体现。教学目的是一堂课的纲,教师只有紧紧抓住这个纲,才能使教学按预定的目的有计划地进行,从而避免教学的盲目性,达到提高教学质量的目的。正是从这个意义上讲,衡量一堂课好坏的标准是看这堂课的教学进程对教学目的的达成度。达成度高,则表明上课的质量好;达成度低,则表明上课质量差。目的明确有三层含义:一是教学目的要完整,应该包含知识传授、能力培养和思想教育等若干方面;二是教学目的必须具体、明确,避免大而无当、空泛含糊;三是课堂上师生的一切活动都必须紧紧围绕教学目的进行。

2. 教学内容正确

讲课时做到内容正确,这是一堂好课最基本的要求。内容正确有两方面的含义:首先,教师的讲授要保证教材内容的科学性和思想性。任何一门学科都是由一系列的基本概念和基本原理构成,教师必须完整地、准确地理解和讲授这些基本概念和基本原理,并充分挖掘知识体系中所蕴藏的思想道德教育因素,把德育渗透到学科教学中去,充分体现科学性和思想性的统一。其次,教师的教学要注意教材的重点和难点,并以重点和难点为突破口,带动学生掌握课题的基本内容。

3. 教学方法得当

教学方法对实现教学目的、提高教学质量起着桥梁作用。在课堂教学中,要使教学方法得当,必须做到三点:一是所采用的方法能保证教学目的的实现和教学任务的完成;二是所采用的教学方法富有启发性,能充分调动学生学习的积极性,达到师生配合默契;三是把多种教学方法有机地结合起来。

4. 教学组织严密

一堂课的结构可以划分为课的开始、课的进行和课的结束三个阶段。教学组织严密一是要求教师不仅要组织好每个阶段的活动,而且要使这三个阶段前后衔接、安排合理、环环紧扣;二是要求教师要有较强的组织能力和时空感,能控制节奏,有张有弛、有序进行,为此要求教师有较强的随机处理各种偶发事件的教育机智;三是要求建立一定的教学常规,使学生在课堂上的一言一行都有一定的规范和要求。

5. 教学语言清晰

语言是教师在课堂上传导信息、表达思想感情的重要工具。因此,教师要掌握好语言的艺术:说话要清楚、准确、鲜明、有条理;讲授要通俗易懂、深入浅出、生动形象、富有启发性;语速语音语调快慢适中、高低恰当、抑扬顿挫、富有情感。

6. 双边活动积极

双边活动积极是指在课堂教学中既要充分发挥教师的主导作用，又要充分激发学生学习的主动性和积极性，达到师生关系融洽、双边活动默契、教学交融共鸣、思维碰撞共振、课堂气氛热烈、师生教学相长。可以说，双边活动积极是一堂好课的外在标志。

三、课外作业布置与批改

（一）课外作业布置与批改的意义

课外作业就其内容而言，包括各种口头作业、书面作业和操作作业等。课外作业的布置与批改是教学过程的一个有机组成部分，它是课堂教学的继续和补充。组织学生作业的目的在于，巩固和消化所学的知识，并使知识转化为技能技巧。组织好学生作业，对于培养他们独立工作的能力、发展他们的智力和创造能力都有重要意义。课外作业的布置与批改不仅对学生有多方面的发展功能，而且也是检查和衡量学生学习状况和水平的一条有效途径，也能较好地反映教师的教学水平和效果。通过作业的批改，教师能不断获取教学反馈信息，并据此对自己的教学进行调控。

（二）课外作业布置与批改应注意的问题

1. 作业的内容。首先，作业的内容要符合课程标准和教科书的要求以及学生的学习水平，布置的作业要有利于帮助学生巩固和加深所学的知识，并形成相应的技能和能力。其次，作业类型要具有代表性和典型性，做到少而精，使学生通过作业达到触类旁通、举一反三的效果。

2. 作业的质和量。作业的质和量应该适度。具体地说，布置作业的分量应根据本学科上课与自学时间的比例来确定。各门学科的教师在布置作业时要相互协调，防止学生因作业分量多而造成学业负担过重的情况。同时，作业自身的广度和难度、作业的类型和梯度，既要从学科的基础知识、基本技能出发，又要考虑学生的一般水平（知识、能力、思想等）和学生的认识规律，由易到难、由具体到抽象、由浅到深。总之，布置的作业既要有统一的要求，又要因人而异，对优等生、中等生、后进生布置的作业应有所区别，使每个学生通过作业都能得到提高。

3. 对作业的要求。教师对布置的作业应有一个明确的要求，具体规定完成作业的时间。由于学生主要是在家里完成课外作业的，因此教师有必要通过家访或开家长会等方式了解学生在家里完成作业的情况，并同家长配合使学生养成按时完成作业的习惯。另外，教师也可对作业中的一些难点和疑点作一些启发式的讲解，但不能代替学生自己独立思考。

4. 作业的批改和讲评。教师要经常检查批改学生的课外作业。教师通过检查和批改学生课外作业，一方面可以了解学生的学习态度和学习情况，并以此作为自己改进教学工作的依据；另一方面也可对学生的学习起督促作用，有助于培养学生养成良好的学习习惯。因此，教师经常批改和检查学生的课外作业对提高教学质量有着重要的意义。教师批改学生课外作业的方式是多种多样的，主要有：全收全改、全收部分改、轮流批改、抽样批改、学生相互批改、教师当面批改等。

教师批改作业，不能为批改而批改，而要把批改和讲评、辅导结合起来。教师要针对全班学生作业中出现的典型的、带倾向性的问题和不同类型学生作业的状况，做好全班讲评和个别的指导。

四、课外辅导

现行班级教学的一个弊端是按固定的模式培养学生，强调学生齐步走、平均发展。然而在现实中，每个学生由于遗传、环境和教育的影响不同，其身心发展存在着个别差异，表现在学习动机、态度、方法及效果等方面都各不相同。课外辅导、答疑对于克服传统教学的弊端、贯彻因材施教的原则有着重要的作用，它是课堂教学的有益补充，是教学个性化的一种形式。

课外辅导的内容一般包括以下几个方面：给学生解答疑难问题，指导学生做好课外作业；对学习基础差的学生作必要的补充讲授；对因病、因事缺席的学生及时补课；给成绩优秀的学生作个别辅导，介绍补充参考书，扩大其知识领域；在学习方法上给学生以指导；对学生进行学习目的和学习态度的教育。

课外辅导、答疑分为集体和个别两种形式。教师要搞好课外辅导和答疑须注意以下几个方面的问题：要全面深入地了解全班学生的情况，这是做好课外辅导和答疑的基本前提；辅导和答疑要目的明确，采用启发式，充分调动学生学习的积极性；要加强思想教育和学习方法的指导，以提高辅导的效果；处理好课外辅导、答疑和课堂教学的关系。既要防止轻视课外辅导、答疑的现象，也要避免以课外辅导、答疑代替课堂教学的情况。

五、学业成绩的评价

（一）学生学业成绩评价的概念

学生学业成绩的评价是教学工作的一个重要环节。所谓学业评价，是指以国家的教育教学目标为依据，运用恰当的、有效的工具和途径，系统地收集学生在各门学科教学和自学的影响下认知行为上的变化信息和证据，并对学生的知识和能力水平进行价值判断的过程。

学校通过对学生学业成绩的评价，可以检查教学的完成情况，从检查中获得反馈信息，可以用来指导和调节教学过程和学习过程，从而改善教学，提高质量。具体来讲，首先，对教师来说，评价学生的学业成绩，教师可以了解自己的教学效果，总结教学经验，改进教学工作，也可增强教师对教学工作的责任感；其次，对学生来说，能促使学生复习功课，加深理解和巩固所学的知识和技能，使学生了解自己学习上的进步和缺陷，明确努力方向；再次，对学校领导来说，可以了解教师教学情况和学生的学习情况，从而进一步提高对教学活动的指导；最后，对学生家长来说，可以使家长及时了解子女的学习情况，更好地和学校配合，共同来帮助学生提高学习成绩。

科学合理地评价学生的学业成绩，对教学可以起积极的促进作用；反之，则不仅不利于教学，而且会加重学生负担，挫伤学生学习的积极性，阻碍学生的发展。

（二）学生学业成绩评价的方法

1. 观察法

观察是直接认知被评价者行为的最好方法。它适用于在教学中评价那些不易量化的行为表现（如兴趣、爱好、态度、习惯与性格）和技能性的成绩（如唱歌、绘画、体育技巧和手工制成品）。但被观察者知道他被人观察时，他的行为便不同于平常，因而观察的结果并不完全可靠。为了提高观察的可靠性与精确度，一方面应使观察经常化，用日志或报告形式记录一些学生的行为，使评价所依据的资料更全面；另一方面可采用等级量表，力求观察精确。

行为日志或报告,一般都用来记录学生有意义的或异常的行为表现。要重事实,如实描述行为的发生经过,并可以作简要的解释、说明。行为日志,可以由教师为全班学生专备一个本子,每个学生占若干页,以记录其突出的行为表现。

2. 测验法

测验主要以笔试的形式进行,是考核、测定学生成绩的基本方法。它适用于对学生学习文化科学知识的成绩评定。测验的优点是能在同一时间内用同一试卷测验众多的对象,收集大量可供比较研究的宝贵资料,它不仅简便易行、运用广泛,而且结果也比较可靠。但测验也存在局限性,如难以测定学生智力、能力和行为技能等。

(1)测验的质量指标

主要有信度、效度、难度与区分度。信度是指测验结果的可靠程度。如果一个测验在反复使用或以不同方式使用都能得出大致相同的可靠结果,那么这个测验的信度就高;否则,信度则较低。影响信度的因素很多,主要有测验的长度、测验的时间、受试者的身心状态、测验的标准等。效度是指测验达到测验目的的程度,即是否测出了它所要测出的东西。一个测验的效度总是对一定的测验目标而言的,故不能离开特定的目标笼统地判断这个测验是否有效度。难度是指测验包含的试题难易程度。试题过难或过易都不能准确测出学生的真实成绩,所以,一张试卷总的来说难易要适中,即它的试题既要有较难的题,又要有较易的题。区分度是指测验对考生的不同水平能够区分的程度,即具有区分不同水平考生的能力。区分度与难度有关,只有在试卷中包含有不同难度的试题,才能提高区分度,拉开考生得分的差距。

(2)测验的种类

常用的测验种类有:论文式测验、客观性测验、问题情境测验和标准化测验。

论文式测验是通过少量的论述题要求学生系统回答以测定他们的知识和能力水平。论文式测验的优点是能有效测定学生运用已有知识来分析和认识问题的能力;缺点主要是阅卷任务重,评分缺乏客观性,易受评卷者主观因素影响。所以,论文式测验又称主观性测验。

客观性测验是通过给出一系列客观性试题要求学生回答来测定他们的知识与能力水平的测验。客观性测验的优点在于取样广泛,命题的知识覆盖面广,答案明确,不易受评卷人主观态度影响,能有效地测出学生的知识掌握情况;缺点在于编制测验试卷任务繁重,难于测定受试者的能力。

问题情境测验是通过设计出一种问题情境或提供一定的条件要求学生完成具有一定任务的作业来测定学生知识与能力水平的测验。问题情境测验的优点在于能够测定学生创造性地运用知识解决实际问题的能力,包括操作能力,但其知识覆盖面过窄。

标准化测验是一种具有统一标准、对误差作了严格控制的测验。标准化测验是相对于教师自编试题的测验而言的,是经过专家精心编制的。标准化测验的特点是:试卷大量采用客观性试题,题型多样,知识覆盖面广;测试的实施必须按明确规定的“测验指导”去做,评分按严格的评分标准进行;对分数的解释也必须一致,并报告其常模;其结果可以与国内的同类测验进行比较。

3. 调查法

调查法是了解学生的学习情况,为进行学生成绩评定收集资料的方法。要了解学生的学习态度、方法和习惯,就需要调查,但调查易带主观性,掌握的情况也可能不全面,其结果常有误差,所以调查时对资料要认真分析,并只能把它作为辅助的方法。

调查一般通过问卷、交谈等形式进行。问卷是通过预先设计好的调查题要求学生笔答以获取有关评价资料的方法。问卷要简明扼要,只提出问卷者希望知道的问题;进行问卷调查要给答卷人对所问之题以自由评论和自由选择的条件;问卷所获的资料要经过统计和分析才能科学地利用。交谈是了解学生学习的兴趣、需要、态度和课后学习情况的一个重要方法。交谈需要安排一定的时间,交谈要有准备,即使短促交谈也要有的放矢。

4. 自我评价法

顾名思义,自我评价法就是自己对自己的评价。自我评价可以帮助学生更好地理解教学目标,正确地评价自己,认识自己的优点与缺点,肯定成绩,明确努力方向,不断提高自我评价的能力,从而自觉地改进学习。

自我评价的主要方法有:(1)运用标准答案。有助于培养学生对作业的自我检验和自我评价的良好习惯;(2)运用核对表。论文式作业与绘画、手工等技能性作业,无法制定标准答案,一般采用核对表进行评定;(3)运用录音机、录像机等。在教师引导下由学生对自己作出评价,认识自己的优、缺点,以便自我纠正和提高。

(三)学生学业成绩评价的方式

1. 考查

考查,一般是指对学生的学习情况和成绩进行的一种经常的小规模或个别的检查与评定。安排考查,可以由教师自拟计划,自己确定时间,自行命题和规定答案,并作出评定。其目的侧重于了解学生的学习情况与质量,使师生都能及时获得反馈信息,以便改进教学。

考查的方式主要有:(1)口头提问,这是课堂教学中常用的一种检查学生学习情况的方法。教师通过口头提问,可以当堂了解学生知识掌握情况,及时给予口头评价,指出其优、缺点,激励、教育和督促他们继续勤奋学习。(2)检查书面作业,这是教师了解和检查学生学习最常用的方法。通过作业检查与评分,教师可以了解学生理解和运用知识的质量和存在的问题,有助于改进教学,学生也可以了解自己的学习情况,更加自觉努力。(3)书面测验,这是一种在课堂教学中进行的小型考试。可以在较短的时间里检查全班学生的学习质量。学校对各种小型测验要加以调节和控制,测验的次数不能过多,安排不能过于集中,以免负担过重;教师阅卷后,要及时向学生宣布分数,分析学生掌握知识的优、缺点,以便改进。

2. 考试

考试,一般是指对学生学业成绩进行的阶段性或总结性的检查与评定。考试由学校或上级教育行政部门统一组织,有的还统一命题和统一组织阅卷、评分。其目的侧重于对学生的学习质量作出全面检查与评价。考试的方式通常有:期中考试、学期考试、学年考试、毕业考试等。

3. 考查与考试的结果

考查与考试的结果一般都量化为分数显示出来,分数表示学生的学业成绩。为了能对学生考查和考试的成绩准确地评分,就必须熟练地掌握评分标准和计分法。

评分标准一般要注意下述方面:学生掌握知识的广度和深度;运用知识的能力,包括语言和文字表达能力,在口头、书面回答和实际操作中所犯错误的数量与性质等。

由于学科的特点不同,考试方法和试题的性质不同,教师在进行每一次考查和考试时,还要根据一般评分标准制定出本次考试的具体评分标准,这样才能准确评分,减少误差。

常用的计分法有百分制和等级制两种。百分制计分法,即在编制试卷时,要根据各试题的难易程度分配分数,标明各试题的分数,并规定各题的计分和扣分的方法。等级制计分法可分为上、中、下三级,优、良、中、劣四级,五、四、三、二、一五级和及格、不及格两级等多种。

第二节　教学组织形式

教学总是以一定的组织形式进行的。教学组织形式是指为完成特定的教学任务,教师和学生按照一定的要求组合起来进行活动的结构。教学组织形式主要研究教师是如何把学生组织起来进行教学活动、如何分配教学时间、如何利用教学空间等问题。

随着社会政治经济和科学文化的发展及其对培养人才要求的不断提高,教学组织形式也不断发展和改进。在教学史上先后出现的影响较大的教学组织形式有个别教学制、班级授课制、分组教学和道尔顿制、特朗普制等。

一、个别教学制

个别教学制是指教师分别对个别学生进行传授与指导的教学组织形式。它是历史上最早出现的教学组织形式,古代中国、埃及和希腊的学校教学基本上采用这种个别教学的形式。当时,由于受教育的人数少,且年龄层次和知识水平悬殊,教师只能根据不同学生的水平分别施教。在这种组织形式中,教师虽然与一群学生接触,但学生不属于一个固定的班级,在同一时间内,学生所学的内容不相同,进度也不一致;学生入学、毕业都是不固定的,可以随入随学,也可以随时结业。

个别教学最显著的优点就在于教师能根据学生的特点因材施教,使教学内容、教学进度适合于每一个学生的基本状况。但也正是由于这种师生之间一对一的教学组织方式,使教师无法在有限的时间内有效地影响更多的学生,使得个别教学只能处于低效率、小规模、慢速度的状态;并且学生之间难以相互观摩、共同成长。这种个别教学形式在古代学校的普遍采用是与古代社会生产力发展水平较低的状况相适应的。

二、班级授课制

班级授课制简称"班级教学",是指将学生按大致相同的年龄和知识程度编成人数固定的班级,教师根据各门学科教学大纲规定的内容和固定的教学时间表进行教学的组织方式。

(一)班级授课制的产生与发展

班级授课制是人类社会发展到一定阶段的产物。在古代教育中,无论在东方还是西方,教学组织形式主要是个别教学制。到文艺复兴时期,在欧洲的一些国家出现了班级授课制的萌芽,这种萌芽在工业革命和普及义务教育条件下迅速地发展起来,并且很快成为世界范围内最重要、最通行的教学组织形式。大体上说,班级授课制的发展经历了三个阶段。

第一阶段,以夸美纽斯为代表的教育家从理论上进行总结和论证,使它基本确立下来。

第二阶段,以赫尔巴特为代表,提出教学过程的形式阶段理论,明了—联想—系统—方法,对班级授课的教学过程进行了阐述,明确了班级教学过程的设计与安排的问题。

第三阶段,以苏联教育学为代表,提出了课的类型和结构的概念,使班级授课制这种组织形式进一步完善。

经历了这三个阶段，班级授课制从理论到实践基本形成了完整的体系。

我国最早采用班级授课制是在1862年清政府在北京设立的京师同文馆。1902年，清政府颁布《钦定学堂章程》后，班级授课制在全国广泛推广。直至现在，班级授课制仍是我国各级各类学校教学的基本组织形式。

（二）班级授课制的特征和优缺点

1. 班级授课制的特征

与个别教学组织形式相比，班级教学具有以下基本特征：

第一，以“班”为人员单位，把学生按照年龄和知识水平分别编成固定的班级，即同一个教学班学生的年龄和学习程度大致相同。

第二，以“课时”为单位，把每一“课”规定在统一而固定的单位时间里进行，教师同时面对全班学生上课。

第三，以“课”为活动单位，把教学内容以及传授这些内容的教学方法、教学手段综合在“课”上，把教学活动划分为相对完整且互相衔接的各个教学单元，从而保证教学过程的完整性和系统性。

2. 班级授课制的优缺点

班级授课制的优点：

（1）有利于经济有效地、大面积地培养人才。在班级授课的条件下，一个教师按照预定的教学计划，同时对一个班级的学生进行教学。

（2）有利于发挥教师的主导作用。教师可以根据课程标准，选择适宜的教学内容和教学方法，合理组织教学，指导学生掌握系统的科学知识。

（3）有利于发挥班集体的教学作用。班级是按照学生的年龄和文化程度编成的，有利于他们在共同的学习目标与学习活动中，通过互动、交流等方式彼此互相启发、共同成长。

班级授课制的缺点：

（1）不利于因材施教，难以照顾到学生的个别差异。在班级授课制中，教师的教学面向的是全体学生，课程无法照顾到所有学生，特别是对学困生的关注不够。

（2）不利于学生独立性与自主性的培养。学生在课堂中主要获得间接经验，实践性和探究性的学习比较缺乏。

（3）教学形式缺乏灵活性。

三、分组教学

为了解决班级授课制不易照顾学生个别差异的弊病，19世纪末20世纪初，分组教学在一些国家出现。所谓分组教学，就是按学生的能力或学习成绩把他们分为水平不同的组进行教学。分组教学也是集体教学的一种形式，根据教学或学习的需要，把全班学生再分成若干个人数较少的小组，教师根据各小组的共同特点，分别于各小组进行接触，进行教学或布置他们共同完成某项学习任务，各组在学习内容和进度上不尽相同。这种组织形式较班级授课制更加个别化，又不重复共同的问题，可以增强小组成员合作学习、相互激励的能力。一般可分为两类：外部分组和内部分组。

（一）外部分组

外部分组是指打乱传统的按年龄编班的做法，而按学生的能力或学习成绩编班。外部分组主要有两种形式:学科能力分组和跨学科能力分组。

学科能力分组是根据某一年级的学生对某门学科的学习能力和成绩,分成不同的A、B、C组。由于同一学生各科的成绩和学习能力不同,因此在不同学科中可能被分入不同的水平组。这种分组一般只在较难学的学科中进行,如数学、外语、自然科学等,其余仍在原班进行教学。

跨学科能力分组是把一个年级的学生,按智力的高中低分成成绩好、中、差或分成平行A、B、C若干组,对不同的组授以不同的课业,对A组授以较高深的课业,对B组授以普通课业,对C组授以最基础的课业。

(二)内部分组

内部分组是指在传统的按年龄编班的班级内,按学生的能力或学习成绩等编组。内部分组也有两种:

1. 不同学习内容和不同学习目标的分组,即在经过一定时间的学习后,对学生进行"诊断测验",根据结果把学生分成甲、乙、丙、丁组。甲组学生自学补充教材,乙组学生由教师上附加课,丙、丁组学生由不同的教师上基础复习课。经过一段时间的教学后,对甲、乙组学生进行附加课测验,对丙、丁组进行复习课测验。然后各组又合并为原来的班级,重新学习新课。经过一定时间后再分组。这样不断分组,不断合并,直到学期结束。这种形式的教学可以使优等生扩大知识面,能力得到充分发展。

2. 学习目标和学习内容相同而采取不同方法和媒体的分组,即经过一定时间的学习后,根据不同情况,把学生分成若干小组。一部分学习借助视听工具进行自学;一部分学生组成学习小组,其中有优等生,也有差等生,让优等生辅导差等生;另外再把一些特别差的学生编成一组,由教师专门辅导。教师还可以给各组布置不同分量的作业,加强教学的针对性。

分组教学最显著的优点在于它比班级授课更切合学生个人的水平和特点,便于因材施教,有利于人才培养。但是,它仍存在一些较严重的问题:一是很难科学地鉴别学生的能力和水平;二是在对待分组教学上,学生、家长和教师的意愿常常与学校的要求相矛盾;三是分组后造成的消极影响很大,往往使快班学生容易产生骄傲情绪,使普通班、慢班学生的学习积极性普遍降低。

四、道尔顿制

1920年,美国的H. H. 伯克赫斯特在萨诸塞州道尔顿中学创立了一种新的教学组织形式,人们称之为道尔顿制。

按照道尔顿制,教师不再上课向学生系统讲授教材,而只为学生分别指定自学参考书,布置作业,由学生自学和独立作业,有疑难时才请教师辅导,学生完成一定阶段的学习任务后向教师汇报学习情况和接受考查。由于每个学生的能力和志趣不同,他们各自的学习任务和内容当然就不同,甚至彼此不相干;学习任务按月布置,完成后在接受新的学习任务。

道尔顿制最显著特点在于重视学生自学和独立作业,良好的条件有利于调动学生学习的主动性,培养他们的学习能力和创造才能。这种教学形式曾得到杜威的赞赏,并一度在美国流行。但是,大多数青少年学生尚不具备独立学习和作业的能力,如果没有教师的系统讲解,他们往往在摸索中白白浪费了时间而无多大收获,学不到系统的知识;况且,道尔顿制要求有较好的教学设施和条件,如较多的作业室、实验室、图书馆和仪器,这都是一般学校不具备的。虽然道尔顿制存在的时间不长，但它注重学生自学和独立作业的意向，对后来的一些教学形式和教学改革有很大的影响。

五、特朗普制

特朗普制，又称“灵活的课程表”，这是20世纪后半叶在美国一些学校进行实验的一种教学组织形式，由教育学教授劳伊德·特朗普提出。其基本做法是，把大班上课、小班讨论、个别作业三种教学组织形式结合起来。首先是大班上课，把两个或两个以上的平行班合在一起上课，运用现代化教学手段，由最优秀的教师任教；然后是小班讨论研究，每个小班20个人左右，由教师或优秀学生负责，研究和讨论大班上课的材料；最后是个别作业，其中部分作业由教师指定，部分作业由学生自选，以此促进学生的个性发展。这三种形式的时间分配大致分别：大班上课占40%，小班研究讨论占20%，个别作业占40%。不难看出，这种教学组织形式是一种综合的教学组织形式，它试图将班级教学、分组教学和个别教学的优点结合起来，既能集体上课，又有一定的研究讨论，还能够进行独立钻研。这种教学组织形式目前仍在使用。

总之，教学的组织形式是在实践中不断发展的。每一种教学组织形式都有它的优点和缺点，都只能在一定条件下和范围内发挥作用。虽然，每一种形式的作用与运用范围有大小之别，但没有一种教学组织形式是万能的，也不可简单否定任何一种曾流行的教学组织形式。我们应当全面掌握各种教学组织形式的性质与功能，综合加以利用，使之有主有辅地结合起来，更好地发挥作用，改进和提高教学质量。

六、现代教学的辅助组织形式和特殊组织形式

在现代教学的组织形式中，辅助教学组织形式有个别辅导和现场教学。

（一）个别辅导

个别辅导是教师在课堂教学的基础上针对不同学生的情况进行个别指导的教学组织形式。个别辅导一般是学生在已有学习的基础上，通过复习、预习和对自己感兴趣的问题的深入学习，发现自己还不明白的问题，然后向老师请教，教师针对学生的具体情况进行个别指导。

个别辅导主要是通过个别答疑、对个别学生的课外作业和课外阅读进行指导等方式来进行的。它既可以在课内实施，也可以在课外进行。

个别辅导根据其内容的不同大体可以分为两大类：一是对教材的复习和预习中发现的问题的辅导，目的是让学生打下坚实的基础；二是对学科内容相关学习中的疑难问题的辅导，目的是拓宽学生的视野，发展学生的思维。

（二）现场教学

学校除了课堂教学之外，还要让学生通过自然或社会实践获得必要的直接经验，验证或运用理论知识，借以开阔眼界，拓展知识，激发学习热情，培养独立工作的能力，陶冶品德。这种在自然和社会现实活动中进行教学的组织形式，便是现场教学。

现场教学不仅是课堂教学的必要补充，而且是课堂教学的继续和发展，是与课堂教学相联系的一种教学形式。

根据现场教学的目的和任务，可以将现场教学分为两大类：一种是根据学习某种学科知

识的需要,组织学生到有关现场进行教学;另一种是由于学生为了从事某种实践活动,需要到现场学习有关知识和技能。

现场教学有利于学生获得直接经验,深刻理解理论知识,在某种程度上弥补课堂教学的不足;现场教学可以增强教学的趣味性,使教学、生活更为丰富;现场教学不仅让学生在轻松、愉快的环境下掌握知识、技能,而且还感受自然、社会,丰富学生的情感空间;现场教学还可以提高学生解决实际问题的能力。

现代教学的特殊组织形式是复式教学。

复式教学是把两个或两个以上年级的学生编在一个班级里,由一个教师分别用不同程度的教材,在同一节课里对不同年级的学生采取直接教学和自动作业交替的办法进行教学的组织形式。它可以节约师资力量、教室和教学设备等。复式教学是由于一定地区的教育条件和经济条件落后或不平衡而产生的,它利于普及教育。

复式教学的特点是直接教学和学生自学或做作业交替进行。由于学科种类多、讲课时间少、教学任务重、备课复杂,对教学过程的组织、教学时间的分配和教学秩序的处理等有更多的要求。

七、新型教学组织形式

(一)翻转课堂

翻转课堂就是在信息化的环境中,教师提供以教学视频为主要形式的学习资料,学生在上课前完成对新学视频等学习资料的观看和学习,师生在课堂上一起完成作业答疑、写作探究和互动交流等活动的新型教学组织形式。

翻转课堂有如下的步骤:

(1)创建教学视频。首先,应明确学生必须掌握的目标,以及视频最终需要表现的内容;其次,收集和创建视频,应考虑不同教师和班级的差异;第三,在制作过程中应考虑学生的想法,以适应不同学生的学习方法和习惯。

(2)组织课堂活动。内容在课外传递给了学生,课堂内更需要高质量的学习活动,让学生有机会在具体情境中应用其所学内容。包括:学生创建内容,独立解决问题,探究式活动,基于项目的学习。

(二)微课

微课是指按照新课程标准及教学实践要求,以视频为主要载体,记录教师在课堂内外教育教学过程中围绕某个知识(重点、难点、疑点)或教学环节而开展的精彩的教与学活动全过程。

微课的主要特点:

(1)教学时间较短。微课的时长一般为 5 ~8 分钟左右,最长不宜超过 10 分钟。

(2)教学内容较少。微课主要是为了突出课堂教学中某个学科知识点(如教学中的重点、难点、疑点内容)的教学,或是反映课堂中某个教学环节,教学内容精简。

(3)资源容量较小。

(4)资源构成“情境化”。

(5)主题突出,内容具体。

(6)草根研究,趣味创造。

(7)成果简化,多样传播。

(8)反馈及时,针对性强。

(三)微格教学

微格教学是一个有控制的实践系统,它使师范生和在职教师有可能集中解决某一特定的教学行为,或在有控制的条件下学习,它是建立在教育理论、试听技术的基础上,系统训练教师教学技能的方法。

从操作方式上来说,它是指以少数的学生为对象,在较短的时间内(5 ~20 分钟),尝试小型的课堂教学,可以把这种教学过程摄制成录像。这是训练新教师提高教学水平的一条重要途径。

(四)慕课

慕课(MOOC)是新近涌现出来的一种在线课程开发模式,它发端于过去的那种发布资源、学习管理系统以及将学习管理系统与更多的开放网络资源综合起来的旧的课程开发模式。通俗地说,慕课是大规模的网络开放课程,它是为了增强知识传播而由具有分享和协作精神的个人组织发布的、散布于互联网上的开放课程。

慕课的主要特点:

(1)大规模的、不是个人发布的一两门课程。"大规模网络开放课程"(MOOC)是指那些由参与者发布的课程,只有这些课程是大型的或者大规模的,它才是典型的 MOOC。

(2)开放课程。尊崇创用共享(CC)协议;只有课程是开放的,它才可以称为 MOOC。

(3)网络课程,不是面对面的课程,这些课程材料散布于互联网上。人们上课地点不受局限。不论你身在何处,都可以花最少的钱享受美国大学的一流课程,只需要一台电脑和网络连接即可。

(五)跨越式教学

跨越式教学是何克抗教授提出的一种新的教育实验,它指教师根据学生身心发展的水平,需要与可能超越知识积累的某些固定的程序,跳过某些知识序列,打破某些知识的顺序,大跨步式引导学生学习那些对于他们来说较重要和较新的知识的一种教学方式。跨越式教学可分为两种:一种是压缩式跨越,"三步并作两步走",每一个阶段都经过,但快速完成,提前进入新知识领域;另一种是跳过式跨越。学习序列出现中断,留下一段未曾问津的"空白"。

跨越式教学比较适合语文学科。教师先用二分之一的时间完成基础知识教学,再用四分之一的时间进行课外阅读,最后用四分之一的时间进行写话训练,就是通常说的"211"教学模式。

第三节 教学策略

一、教学策略的含义和特征

(一)对教学策略的基本理解

所谓教学策略是指为达到某种预测效果所采用的多种教学行为的综合方案,也就是在教学目标确定以后,根据已定的教学任务和学生的特征,有针对性地选择与组合有关的教学内容、教学组织形式、教学方法和技术,以便形成具有效率意义的特定的教学方案。

(二)教学策略的基本特征

1. 综合性。选择或制定教学策略必须对教学内容、媒体、组织形式、方法、步骤和技术等要素加以综合考虑。

2. 可操作性。教学策略是可供教师和学生在教学中参照执行或操作的方案,有着明确具体的内容。

3. 灵活性。教学策略根据不同的教学目标和任务,并参照学生的初始状态,选择最适宜的教学内容、教学媒体、教学组织形式、教学方法、将其组合并有效实施,完成特定的教学任务。

二、教学策略的主要类型

通过分析目前国内外教学策略的研究现状可以将教学策略的构成因素分出内容型、形式型、方法型和综合型四种主要类型。

(一)内容型策略

教学过程中如何有效地提供学习内容是教学策略的核心内容,具体来说,可以有两条途径:结构化的策略和问题化的策略。结构化的策略强调知识结构,主张抓住知识的主干部分,削枝强干,建构简明的知识体系。结构化策略在教材的排列方面还可以分为:

1. 直线式,是按照教学内容的内在逻辑顺序,将其划分为几个相互密切联系的阶段或步骤,教学活动是一个一个阶段由浅入深地进行。

2. 分支平行式,是把教学内容分为若干个平行的单元,针对这些平行的单元分别采用相应的教学媒体,逐一开展教学活动,最后进行总结。

3. 螺旋式,是根据不同年龄阶段学生的特点,分阶段设计教材,螺旋式地扩展和加深。

关心未来教育的学者在20世纪80年代初就认为,未来的学习着重于考虑、发掘问题,及时培养问题求解能力。近年来,美国、英国、日本有不少人提出了“问题解决作为学校教育的中心”这一观点。显然,它不是仅指培养学生的解题能力,而是一种带有全局性的教学指导思想,有着根本性的创新意义。但人们渐渐意识到不能太偏激,因为问题解决与结构化的知识具有不可忽视的互补关系,知识的运用必须以系统化的知识为其坚实的内核。

(二)形式型策略

形式型策略就是以教学组织形式为中心的策略。美国教学设计专家肯普提出下列三种形式:集体教/学的形式,个别学习的形式和小组教/学的形式。英国教育技术学波西瓦尔则提出两种基本策略:以教师/学校为中心的策略和以学生为中心的策略。以教师/学校为中心的策略主要指的就是过去的班级授课制,它的主要优缺点已在教学组织形式中作了详细说明。相对而言,以学生为中心的策略是一条理想的出路。以学生为中心的策略,就是为适应学生个人学习方式而提供高度灵活的学习系统。在这个策略中,教师和学校是起支持或辅助的作用,而不是决定性的作用。

(三)方法型策略

方法型策略是以教学方法和技术为中心的策略,这是一个包含着各种各样方法、技术、程序和模式的领域。

科学分类的基础首先是对分法。例如,在概念、公式或原理的教学中,归纳法和演绎法是常见的一对。至于学生的学习,接受式和发现式是相对的两端,另外还有全习法(学生一次反复学习全部教材)和分习法(学生分别学习教材的各部分,达到一定标准后归纳成整体)、集中学习法和分散学习法之分。从教师、学生之间的信息传递关系看,可分为无交流传递和有交流传递两类。通常的课堂教学采用讲解的方式,以教师的说明和解释为主来达到教育目的,在这种方式中信息为无交流传递,没有对学生的反应作出反馈,所以不能考查反映的强化作用和学生的理解程度。正因为如此,现在大都重视有交流传递,这种传递又可分为提问式、程序学习式、小组学习式和讨论式等多种。

(四)综合型策略

综合型策略与前面所述的三种策略不同,它不是以教学过程的某个构成因素为中心,而是直接从教学目标、任务出发,综合开展的教学策略。近年来,综合型策略的改进出现了两个主要的取向。其一是融合行为主义与认知派学习理论的教师主导取向,或称指导教学,即从旧经验引导新学习,系统地讲解教材内容,及时练习与反馈校正。其二是体现人本主义与认知结构理论的学生自学取向,即在教师引导下发现学习,在合作学习中追求新知,寓求知于生活的教学活动。研究表明,两个取向各有优点,而且对于不同的学科、不同的年级各有其不同的适合程度。教师应该根据实际教学情况选择教学策略。

第四节　教学评价

一、教学评价的概念

教学评价是指以教学目标为依据,通过一定的标准和手段,对教学活动及其结果给予价值上的判断,即对教学活动及其结果进行测量、分析和评定的过程。其目的是对课程、教学方法以及学生培养方案作出决策。

教学评价有诊断功能、反馈功能、导向功能、激励功能、鉴定功能等。

二、教学评价的基本内容

教学评价主要包括对学生学习结果的评价和对教师教学工作的评价,也可以划分为学生学业评价、课堂教学评价和教师评价。

(一)学生学业评价

学生学业评价是指以国家的教育教学目标为依据,运用恰当的、有效的工具和途径,系统地收集学生在各门学科教学和自学的影响下认知行为上的变化信息和证据,并对学生的知识和能力水平进行价值评判的过程。

(二)课堂教学评价

课堂教学评价是以一定的教学观为依据,运用可操作的科学手段,按照一定的价值标准,对课堂教学的各个要素及其发展变化进行价值判断的过程。

(三)教师评价

教师评价即根据学校的教育目标和教师的工作任务,运用恰当的评价理论和方法手段对教师个体的工作进行价值判断,进而促进教师的发展。教师评价的主要方法有领导评价、学生评价、同行评价、自我评价等。

三、教学评价的种类

(一)根据实施功能的不同,可分为诊断性评价、形成性评价和总结性评价

1. 诊断性评价

诊断性评价是在学期开始或一个单元教学开始时,为了了解学生的学习准备状况及影响学习的因素而进行的评价。功能:①检查学生的学习准备程度;②决定对学生的适当安置;③辨别造成学生学习困难的原因。

2. 形成性评价

形成性评价是在教学过程中为改进和完善教学活动而进行的对学生学习过程及结果的评价。功能:①改进学生的学习;②为学生的学习定步;③强化学生的学习;④给教师提供反馈。

3. 总结性评价

总结性评价是在一个大的学习阶段、一个学期或一门课程结束时对学生学习结果的评价,也称为终结性评价。功能:①评定学生的学习成绩;②证明学生掌握知识、技能的程度和能力水平以及达到教学目标的程度;③确定学生在后继教学活动中的学习起点;④预言学生在后继教学活动中成功的可能性;⑤为制订新的教学目标提供依据。

(二)根据运用的标准不同,可以分为相对性评价、绝对性评价和个体内差异评价

1. 相对性评价

相对性评价又称为常模参照性评价,是运用常模参照性测验对学生的学习成绩进行的评价。它主要依据学生个人的学习成绩在该班学生成绩序列或常模中所处的位置来评价和决定他的成绩的优劣,而不考虑他是否达到教学目标的要求。

2. 绝对性评价

绝对性评价又称为目标参照性评价,是运用目标参照性测验对学生的学习成绩进行的评价。它主要依据教学目标和教材编制试题来测量学生的学业成绩,判断学生是否达到了教学目标的要求,而不以评定学生之间的差异为目的。

3. 个体内差异评价

个体内差异评价是对被评价者的过去和现在进行比较,或将评价对象的不同方面进行比较。

(三)根据评价主体,可以分为外部评价、内部评价

1. 外部评价

外部评价是被评价者之外的专业人员对评价对象进行明显的统计分析或文字描述。

2. 内部评价

内部评价也就是自我评价,指由课程设计者或使用者自己实施的评价。

同步练习

一、单项选择题

1. 上好课的前提和关键是(　　)。

A. 熟悉教学大纲　　B. 备好课

C. 查阅参考书　　D. 要求学生课前预习

2. 考试的核心环节是(　　)。

A. 命题　　B. 监考

C. 阅卷　　D. 公布答案

3. 一个测验经过多次测量所得结果的一致性程度,以及一次测量所得结果的准确性程度指的是(　　)。

A. 信度　　B. 效度

C. 区分度　　D. 难度

4. (　　)是指测验达到测验目的的程度,即是否测出了它所要测出的东西。

A. 信度　　B. 效度

C. 区分度　　D. 难度

5. 古代一般采用(　　)教学组织形式。

A. 个别教学　　B. 班级授课

C. 分组教学　　D. 集体教学

6. 教育家(　　)最早从理论上对班级授课制作了阐述,为班级授课制奠定了理论基础。

A. 赫尔巴特　　B. 克伯屈

C. 桑代克　　D. 夸美纽斯

7. 我国最早采用班级授课制是在(　　)。

A. 16 世纪　　B. 1632 年

C. 1762 年　　D. 1862 年

8. 最能发挥教师在教学中的主导作用的教学组织形式是(　　)。

A. 个别教学制度　　B. 班级授课制

C. 分组教学制　　D. 道尔顿制

9. 道尔顿制是由美国教育家(　　)提出的。

A. 道尔顿　　B. 赫尔巴特

C. 夸美纽斯　　D. 伯克赫斯特

10. 关于未来教育的学者在 20 世纪 80 年代初就认为,未来的学习着重于考虑、发掘问题,及时培养问题求解能力,于是(　　)策略越来越受人们的关注。

A. 内容型　　B. 问题化

C. 形式型　　D. 方法型

11. 以教学组织形式为中心的策略是(　　)策略。

A. 内容型　　B. 综合型

C. 方法型　　D. 形式型

12. 以教师学校为中心的策略就是过去的(　　)。

A. 班级授课制　　B. 设计教学法

C. 形式型策略　　D. 分组教学制

13. 主张抓住知识的主干部分,削枝强干,建构简明的知识体系的策略是(　　)。

A. 结构化策略　　B. 问题化策略

C. 形式化策略　　D. 方法型策略

14. 根据教学任务划分,课分为(　　)。

A. 基础课和拓展课　　B. 新授课和巩固课

C. 单一课和综合课　　D. 讲授课和练习课

15. 教学过程中最基本的部分是(　　)。

A. 组织教学　　B. 检查复习

C. 讲授新教材　　D. 布置课外作业

16. 教学工作重要的反馈环节是(　　)。

A. 作业的布置与批改　　B. 课外辅导

C. 学业成绩的检查与评定　　D. 上课

17. 一次考试中,学生的成绩普遍偏低,说明此次考试命题的(　　)。

A. 信度大　　B. 有效度高

C. 区分度大　　D. 难度大

18. 适合测量较高层次的认知目标(综合、评价),并能很好地洞察学生的认识结构、分析推理水平以及解决问题的策略的试题类型是(　　)。

A. 主观性试题　　B. 客观性试题

C. 附加试题　　D. 论述题

19. 按学生的智力或学习成绩的分组形式是(　　)。

A. 按不同学习内容分组　　B. 按不同学习目标分组

C. 能力分组　　D. 兴趣分组

20. 通过实验性的比较和分析,提示所有方法的共同要素和每一种方法各自具有的特点,建立起(　　)策略的体系。

A. 综合型　　B. 方法型

C. 形式型　　D. 内容型

二、填空题

1. 钻研教学内容包括钻研________、________和有关的参考书。

2. ________是教学的基本依据,其钻研一般要经过“________”三个阶段。

3. ________是开展学科教学工作的指导性文件。

4. 常见的教案有________、________和________三种。

5. 根据使用的主要教学方法来划分,课的类型主要有________、演示课、________、实验课、复习课。

6. 一般说来，构成课的基本组成部分有________、__________、__________、________、__________。

7. 上好课的基本要求有：________、内容正确、方法得当、表达清晰、________。

8. ________是课堂教学的辅助形式，重点集中在________的学生身上。

9. 学业成绩的检查与评定的根本依据是________。

10. 考查的主要方式有________、________、________等。

11. 考试主要包括________、________、________三个阶段。

12. 考试命题的质量指标主要有________、________、________和________。

13. 主观性试题包括__________、__________等，客观性试题最常见的有___________、__________、填空题等。

14. 学业成绩的评定可以采用________和________两种形式。

15. 教学组织形式有个别教学制、________、分组教学制、________和________等。

16. 外部分组是指打破传统的按________的做法，改由按学生的________或________来编班。

17. 内部分组的两种具体做法：按________进行分组，________采用不同的方法和手段进行分组。

18. 设计教学法是美国教育家________于________年创立的一种教学组织形式，道尔顿制是由美国教育家________于________提出的。

19. 夸大学生的主观能动性，降低了教师的作用的教学组织形式是______和______。

20. ______是为达到某种预测效果所采用的多种教学行动的综合方案，包括________、________、________和________四种主要类型。

三、简单题

1. 教师布置作业应注意什么？

2. 简述教学策略的基本特征。

3. 教师怎样才能上好一堂课？

同步练习参考答案

一、单项选择题

1. B　2. A　3. A　4. B　5. A　6. D　7. D　8. B　9. D　10. B　11. D　12. A　13. A　14. C　15. C　16. C　17. D　18. A　19. C　20. B

二、填空题

1. 课程标准　教科书
2. 教科书　　懂、透、化
3. 课程标准
4. 讲义式　提纲式　综合式
5. 将授课　练习课
6. 组织教学　检查复习　讲授新教材
7. 目的明确　气氛热烈
8. 课外辅导　学习差
9. 教学目标
10. 口头提问　检查书面作业　书面测验
11. 命题　监考　阅卷
12. 信度　效度　区分度　难度
13. 作文题　论述题　选择题　是非题
14. 计分　评语
15. 班级授课制　设计教学法　道尔顿制
16. 年龄编班　学习能力　学习兴趣
17. 不同学习内容,不同学习目标　相同学习内容和学习目标
18. 克伯屈　1918　柏克赫斯特　1920
19. 设计教学法　道尔顿制
20. 教学策略　内容型　形式型　方法型　综合型

三、简单题

1. 答:(1)作业的内容要符合教学大纲和教科书的要求,并要有代表性;

(2)作业量要适当,难度要适度;

(3)布置作业要向学生提出明确的要求,并规定完成的时间;

(4)教师应经常检查和批改学生的作业。

2. 答:(1)综合性。选择或指定教学策略必须对教学内容、媒体、组织形式、方法、步骤和技术等要素加以综合考虑。

(2)可操作性。教学策略不是抽象的教学原则,也不是在某种教学思想指导下建立起

来的教学模式，而是可供教师和学生在教学中参照执行或操作的方案，有着明确具体的内容。

(3)灵活性。教学策略根据不同的教学目标和任务，并参照学生的初始状态，选择最适宜的教学内容、教学媒体、教学组织形式、教学方法，并将其组合起来，保证教学过程的有效进行。

3. 答：(1)目标明确。是指教师上课时明白这堂课要使学生掌握一些什么知识和技能，养成什么行为方式和品格，要有怎样的态度，要学会什么方法等，也就是要明确学习目标。

(2)内容正确。是指教师教授的知识必须是科学的、确凿的、符合逻辑的，教师教学技能或行为要符合规范，并且要求学生做出的反应同样是正确的，如果不正确，要及时加以纠正。

(3)方法得当。是指教师根据教学任务、内容和学生的特点选择较佳的方法进行教学，力求使教学取得较好的效果。

(4)表达清晰。是指教师上课要坚持用普通话，声音要响亮，言语表达的速度要适合学生可接受的程度，语言要流畅、生动、明白易懂；板书要规范、准确、清楚。

(5)组织严密。是指课的进程次序分明、有条不紊、进行紧凑，不同人物变换时过渡自然，课堂秩序良好。

(6)气氛热烈。是指课应该自始至终在教师的指导下充分发挥学生的积极性。教师注意因材施教，使每个学生都能积极动脑、动手、动口，课堂内充满民主的气氛，形成生动活泼的教学局面。

第九章　德　育

本章概要

德育是全面发展教育的一个重要组成部分，对学生进行德育是学校的一项重要工作。本章以德育为主线，围绕德育的概念、意义、目标、内容，对德育相关的内容进行概述；进而对德育过程的结构和矛盾及其规律进行阐述；明确德育的原则、途径和方法；介绍当代最具影响力的德育模式，为开展德育工作提供实践方式。

引导案例

家长会上，我向家长们通报学生在校的情况。当我想让大家看看一直贴在教室后面、记录学生各方面表现的“操行表现一览表”时，才惊异地发现这张表已经不翼而飞了。此事令我十分愤怒，这分明是无视班级纪律，有意干扰、阻挠班级的正常工作。我决定尽快查清“作案者”。种种迹象表明：是鲁方同学所为。该生学习成绩较好，但纪律观念不强，经常迟到，且个性偏执，疑心很重，曾经在周记上发牢骚，还曾在黑板和班级日志上乱写乱画。因此这件事发生后，我第一个想到的就是他。

第二天中午放学后，我将鲁方留下来谈话。原以为我的判断无误，事情能很快解决，没有想到，我费尽口舌跟他讲了很多道理，他就是不承认。

下午再谈时，由于已经打通了“证人”，鲁方的态度变得更加强硬。尽管我严正指出这一错误的严重性，表明追查到底的坚决态度，但仍没有奏效，谈话只好又告一段落。

有人替我担心：搞不好，你难下台。

我反思后认识到，眼前的局面是自己准备不够充分、急于求成的结果，是工作上的一个失误，但如果这件事不了了之，会助长歪风邪气；如果不从思想上解决问题，也达不到教育其本身的目的。于是，我决定将情况了解清楚一些，再作处理。

晚上，我分别找了几个平日与鲁方关系较好的学生谈话，了解到：鲁方在他们面前已经默认这件事是他干的，只是不愿意向我承认，他认为我对他有偏见，是有意跟他过不去。

这次调查使我找到了解决问题的切入点，那就是用诚意消除鲁方的敌对情绪，突破他的心理防线，用迂回策略打开他的心锁。

第三天上午，我与鲁方进行了第三次谈话。刚一开始，他很不耐烦，情绪非常激动：“你说是我就是我，行了吧！”等他冷静下来后，我耐心地跟他摆事实、讲道理……慢慢地，他不再辩解，最后终于低下头小声地说：“那你说该怎么办？”见此情形，我知道横在他心里的那道障碍已经松动……

下午放学时，他终于按照要求交来了一份颇为深刻的“认识书（检讨书）”。①

此案例的教师在经过反思之后发现了很多问题：这样的结局是最完满的吗？在这件事的处理上自己真正做到公平了吗？为什么只重视事情的结果而不重视事情发生的原因？同一个教师面对同一件事件，前后认识和观念出现如此大的差异，主要是和处理问题的心态有关。要想开启学生的心锁，教师首先要用理智和勇气打开自己的心锁。

第一节 德育的概念、意义、目标和内容

德育是学校工作中不可或缺的重要组成部分，在学校工作中居于首要地位。德育活动是为完成德育任务、达成德育目标而进行的教育实践活动。实践离不开理论的指导，没有理论的实践是盲目的实践。作为教育工作者，应该掌握一定的德育理论知识和德育方式和手段，才能做到有的放矢、科学育人。

一、德育的概念

德育是教育者依据特定社会的要求和德育规律，有目的、有计划、有组织地对受教育者的政治、思想、道德等方面施加积极的影响，培养受教育者特定的政治思想意识和道德品质的活动。德育相对于体育、智育而言，是政治教育、思想教育和道德教育的总称，而不是道德教育的简称或政治教育、思想教育的代名词。德育有家庭德育、学校德育、社会德育等形式。德育是我国全面发展教育的重要组成部分。

在阶级社会，历来的统治阶级都需要通过德育塑造社会成员的思想品质，以维护和巩固本阶级的利益。可见，德育是各个社会共有的社会、教育现象，具有社会性，与人类社会共始终；德育随着社会发展变化而发展变化，具有历史性；在阶级和民族存在的社会，德育具有阶级性和民族性。在德育历史发展过程中，其原理、原则和内容、方法等存在一定的共同性，因此，德育具有继承性。

二、德育的意义

德育作为一种教育，是人的全面发展教育的重要组成部分，对人的全面发展和社会的稳定与发展都具有十分重要的意义。

（一）德育是社会主义现代化建设的重要条件和保证

《中共中央关于社会主义精神文明建设指导方针的决议》指出，要“从总体布局的高度，正确认识社会主义精神文明建设的战略地位”。同样，德育的重要性也要从总体布局的高度来认识。德育，既是建设社会主义精神文明的一个重要方面，决定着精神文明的社会主义性质，又渗透在整个物质文明建设之中，体现在经济、政治、文化、社会生活的各个方面，为物质文明的发展提供精神动力及有力的思想保证。

学校德育在建设社会主义精神文明中担负着特别重大的责任。全国在校学生占全国人

① 陈建筠：《用真诚和睿智开启心锁——同一德育案例的两次反思》，《班主任》2007 年第 5 期。

口近1/5,如果对他们加强共产主义思想教育,提高他们的社会主义觉悟,培养他们的优良道德风尚和品质,不仅可以保证学校教育的社会主义方向,而且对改变社会风气也会产生积极的影响,尤其对21世纪提高中华民族的政治素质、树立良好的道德风尚产生深远的影响。

从长远看,在复杂的国际形势和改革开放的形势下,学校德育具有战略意义,因为现在的中小学生是新世纪初的一代,把他们培养成为有社会主义思想道德的一代新人,将对我国未来的社会风气、民族精神和社会主义现代化建设产生决定性影响。

(二)德育是青少年儿童健康成长的条件和保证

德育在青少年的全面发展教育中,起着定向的作用。它所包括的政治态度、道德品质、世界观及思想等方面的教育,是解决"为谁服务"问题的。它保证人的各方面发展沿着一定的政治方向前进。社会主义社会的德育,目的就是要使受教育者朝着社会主义方向发展,能够坚定为社会主义建设服务的正确方向。

青少年儿童正处在长身体、长知识的时期,思想道德品质形成发展的阶段,他们思想单纯,爱学习,追求上进,充满幻想,富于理想,可塑性强,但知识经验少,辨别是非能力差,容易接受各种思想道德影响。因此,必须运用正确的思想和方法对他们进行教育,以使他们形成良好的品德,增强抵制错误思想道德影响的能力,引导他们沿着社会主义要求的方向发展,促使他们健康成长。

(三)德育是实现教育目的的条件和保证

社会主义的教育目的是培养德、智、体、美等全面发展的社会主义的建设者和接班人。我国《宪法》规定:"国家培养青年、少年、儿童在品德、智力、体质等方面全面发展。"人的德、智、体等是相互联系、影响、制约、促进的辩证统一体。德育能促进青少年儿童的品德发展,进而可为他们体、智等的发展提供保证和动力。

三、德育的目标

德育目标是教育目标的重要组成部分,是教育目标的具体化。它是开展德育活动的行动指南,是评价德育效果的主要依据。德育目标不是人们随意制定的,有它内在的规定性。

(一)德育目标的概念

德育目标是通过德育活动在受教育者品德形成发展上所要达到的总体规格要求,亦即德育活动所要达到的预期目的或结果的质量标准。

德育目标的制定不是人们的随意行为,应该按照一定的依据进行。制定德育目标的主要依据是:(1)时代与社会发展的需要;(2)国家的教育方针和教育目的;(3)民族文化及道德传统;(4)受教育者思想品德形成、发展的规律及心理特征。

德育目标是德育工作的出发点,它不仅决定了德育的内容、形式和方法,而且制约着德育工作的基本过程。

德育工作者不仅要了解德育目标的意义和作用,更要清楚德育目标的内涵和结构,才可能真正依据德育目标去开展德育活动。

(二)我国中小学德育目标的总要求

德育目标的科学与否,决定了德育工作的正确与否,因此,制定德育目标时,必须有充分的依据,准确定位,才能发挥德育目标的导向和激励作用。制定德育目标一般应符合社会需要、学生身心发展特点、现代教育理论、法律政策依据等。

我国历来重视学校德育工作，把德育工作放在学校各项教育工作的首位。1988年，《中共中央关于改革和加强中小学德育工作的通知》中提出我国中小学的德育目标：“把全体学生培养成为爱国的具有社会公德、文明行为习惯的遵纪守法的好公民。在这个基础上，引导他们逐步确立科学的人生观、世界观，并不断提高社会主义思想觉悟，使他们中的优秀分子将来能够成长为坚定的共产主义者。”

1996年，《中共中央国务院关于深化教育改革全面推进素质教育的决定》中又指出：“各级各类学校必须更加重视德育工作，以马克思列宁主义、毛泽东思想和邓小平理论为指导，按照德育总体目标和学生成长规律，确定不同学龄阶段的德育内容和要求，在培养学生的思想品德和行为规范方面，要形成一定的目标递进层次。要加强辩证唯物主义和历史唯物主义教育，使学生树立科学的世界观和人生观。要有针对性地开展爱国主义、集体主义和社会主义教育，中华民族优秀文化传统和革命传统教育，理想、伦理道德以及文明习惯养成教育，中国近代史、基本国情、国内外形势教育和民主法制教育，把发扬民族优良传统同积极学习世界上一切优秀文明成果结合起来。”

（三）中小学德育目标的要求

中小学德育工作要求，遵循中小学生身心特点和成长规律，整体规划中小学德育，培养学生良好的行为习惯、道德品质和健全人格，促进学生成人成才，为学生终身发展和幸福生活打好基础。

小学阶段德育目标：教育帮助学生初步培养爱祖国、爱人民、爱劳动、爱科学、爱社会主义的情感；树立基本的是非观念、法律意识和集体意识；懂得做人做事基本道理和社会生活基本常识教育，养成良好的行为习惯。

初中阶段德育目标：教育帮助学生初步认识国情，初步树立中国特色社会主义理想信念，树立民族自尊心、自信心和自豪感，树立爱祖国、爱家乡的情感；强化行为规范教育和法纪教育，养成良好的学习生活行为习惯，逐步形成诚实守信、自强不息、敢于担当的良好心理品质，逐步形成公民意识、法律意识和科学意识。

高中阶段德育目标：教育帮助学生树立中国特色社会主义理想信念，树立民族自尊心、自信心、自豪感；逐步形成法律意识、科学意识以及诚实正直、积极进取、自强自立、坚毅勇敢等心理品质，培养学生自主学习、自强自立和适应社会的能力，为学生全面发展和终身发展奠定良好的思想道德基础。中职学校还要加强职业道德、劳动纪律、职业规范教育和健全人格、自信自强、创业精神教育。

四、德育的内容

德育内容是指实施德育工作的具体材料和主体设计，是形成受教育者品德的社会思想政治准则和道德规范的总和。

德育内容关系到用什么道德规范、政治观、人生观、世界观来教育学生的重大问题。从理论上说，德育目标确定了培养人的总体规格和要求，但在实践中，必须落实到德育内容上，唯有选择合适的内容并进行科学的课程设计，才能进行有效的德育活动，达到预期的目标。

通常选择德育内容的依据有三点：一是德育目标，它决定德育内容；二是受教育者的身心发展特征，决定德育内容的深度和广度；三是德育所面对的时代特征和学生思想实际，决定了德育工作的针对性和有效性。同时，选择德育内容还应考虑文化传统的作用。

德育内容总是随着时代的发展而变化,因不同国家社会性质、发展水平和文化传统而各显特色。

(一)政治教育

政治教育是培养学生具有正确的国家、民族、政权、社会制度等方面的立场、观点、态度、理想、信念。

政治教育主要是按照特定国家的政治观和社会对公民的一般要求,对公民进行系统的政治理论教育和法制教育以及社会行为规范教育。我国的政治教育主要包括马克思主义基本理论教育、阶级教育、世界观教育和社会科学教育。现阶段主要学习社会主义核心价值体系的理论、学习国家政策法规,开展爱国主义教育。我国新时期爱国主义的主要内容是:“加强社会主义现代化建设,争取实现包括台湾在内的祖国的统一,反对霸权主义,维护世界和平。”

(二)思想教育

思想教育是培养学生具有正确的世界观、人生观、价值观以及相应思想观念方面的教育,包括辩证唯物主义和历史唯物主义世界观和人生观教育、革命理想和革命传统教育、劳动教育、自觉纪律教育。

世界观是人们对世界的根本看法和态度。人生观是世界观的一部分,是人们对待人生问题的根本观点和态度。辩证唯物主义和历史唯物主义是人类历史上最进步最科学的世界观。无产阶级人生观又称为共产主义人生观、革命人生观,它是人类历史上最高尚最科学的人生观。革命理想教育和革命传统教育能帮助学生树立远大的人生理想,继承和发扬优良的革命传统,为人类美好未来和共产主义而奋斗。在社会主义社会,劳动是每一个公民的权利和义务。每一个有劳动能力的人都应该以自己的辛勤劳动为社会主义现代化建设做出贡献,并以自己的诚实劳动获取应得的劳动报酬,以维持自己及其家庭的生存和发展。纪律是一定社会或阶级的产物。社会主义社会提倡自觉纪律,即建立在个人与集体、国家利益基本一致基础上的、人们自觉遵守的纪律。

属于思想教育的内容有:辩证唯物主义和历史唯物主义基本观点的教育。坚持辩证的观点,学会全面地看问题,实事求是,按客观规律办事;集体主义教育,关心热爱集体,自觉维护集体的荣誉和利益;价值观教育,正确认识人生的意义和价值。

(三)道德教育

道德教育注重培养受教育者的良好个性,包括有关道德知识学习、传统美德教育、审美及情操教育、社会公德教育,以及道德思维能力、道德情感、信念以及良好的行为习惯等。

道德知识和传统美德教育是青少年人格发展的内容。审美及情操教育能净化人的灵魂,使青少年的情操获得良好的体验和升华。社会公德是维护正常人际关系的行为习惯,是一个民族进步的重要标志。它首先要求培养学生有关相互尊重的人际意识,懂得社会公德的重要性,从而养成文明礼貌的行为举止。道德认知、道德情感、道德意志的养成也是道德品质教育的重要内容。

属于道德教育的内容有:基础道德教育,养成良好的行为习惯,会以尊重、信任、平等的态度去处理人际关系,主动帮助弱者,敢于和不良行为斗争,自觉遵守社会道德规范;劳动教育,热爱劳动,培养良好的劳动习惯,养成艰苦奋斗、勤俭节约的品德。

(四)心理健康教育

心理健康教育是指通过对学生进行心理健康知识的教育和训练,培养学生良好的心理素质,预防心理障碍和心理疾病的发生,促进学生身心全面和谐发展。

《中共中央关于进一步加强和改进学校德育工作的若干意见》(1994 年 8 月 31 日)已将学生心理健康教育正式列入其中。该《意见》第 9 条指出,"要积极开展青春期卫生教育,通过多种方式对不同年龄层次的学生进行心理健康教育和指导,帮助学生提高心理素质,健全人格,增强承受挫折、适应环境的能力。"

心理健康教育工作的内容主要有:掌握正确的人际关系准则和方法,建立正常、积极的情绪生活,使学生正确地认识自我、评价自我、控制自我;青春期教育,性生理、性心理基本知识教育,树立正确的友谊观、爱情观。

心理健康教育的基本任务是:(1)对大多数心理健康的学生而言,心理健康教育的目标是培养学生良好的心理素质,预防心理障碍的发生,促进学生心理机能、人格的发展与完善。(2)对有心理障碍的学生而言,心理健康教育的目标是排除学生的心理障碍,预防心理疾病的发生,提高学生的心理健康水平。(3)针对少数有心理疾病的学生,进行心理咨询和治疗。

心理健康教育的内容主要分三个方面,即学习辅导、生活辅导和择业辅导。随着社会的发展,心理问题的增多,人们对心理健康教育越来越重视。现在有一种趋势,即把心理健康教育独立于德育之外,成为青少年儿童教育的一个重要内容。

随着社会的发展,有越来越多的内容进入德育之中。如廉洁教育、防止艾滋病教育、安全教育、禁毒教育等。这就需要德育工作者对德育内容进行梳理,依据德育目标,把各种教育内容整合成有序的体系,这样才能使德育工作真正收到实效。

第二节 德育过程

开展德育活动,离不开德育理论的指导,而德育过程论是德育的基本理论,是揭示德育过程的本质和规律的,是进行德育活动的客观依据,是制定德育原则的理论基础。正确理解和掌握德育过程,有助于科学理解和运用德育原则和方法,使德育活动更具实效性。

一、德育过程的概念

(一)德育过程的概念

德育过程是教育者和受教育者双方借助于德育内容和方法,进行施教传道和受教养的统一活动过程,是促使受教育者道德认识、道德情感、道德意志和道德行为发展的过程,是个体社会化与社会规范个体化的统一过程。准确地把握好德育过程,就可以保证学生德育工作科学有序地进行。

德育过程是由教育者、受教育者、德育内容和方法四个相互制约的因素构成,在德育过程中,它们都有各自的特殊地位和作用,相互间存在着复杂的关系。

(二)德育过程与品德形成过程的关系

德育过程引导、培养和促进学生品德的发展,因而,德育过程与品德形成过程既相互联系又相互区别。德育过程是教育者的一种施教过程,是促进学生思想品德形成的外因和条件。学生品德的形成过程,是在教育和环境等外部条件影响下,个体内部矛盾运动的过程。

从联系来说，德育只有遵循人的品德形成发展规律，才能有效地促进人的品德形成发展，而人的品德形成也离不开德育因素的影响；从受教育者角度看，德育过程是受教育者个体品德形成与发展的过程，只不过是在教育者有目的、有计划、有组织、有系统的影响下，受教育者形成教育者所期望的品德的过程，是培养和发展受教育者品德的过程。教育者根据社会发展提出的要求，依据学生的特点，以适当的方式调动受教育者的主观能动性，从而将相应的社会规范转化为学生的品德，不断提高学生的道德水平，而品德的形成过程是受教育者思想道德结构不断建构完善的过程。品德形成过程属于人的发展过程，影响这一过程实现的因素包括生理的、社会的、主观的和实践的等多方面。

德育过程实质上是在教育者的指导下主体间双向互动、交互作用、实现“转化”的一个统一的过程，是教师施教过程与学生品德形成过程的有机统一。

二、德育过程的结构和矛盾

德育过程的结构是指德育过程中不同质的各种要素的组合方式。它有一定数量的要素（或成分、组成部分），各要素之间有质的区别，各要素在德育过程中的地位、作用各不相同，彼此以一定方式相互联系、相互作用，构成有组织的系统。德育过程通常由教育者、受教育者、德育内容和德育方法四个相互制约的要素构成。

教育者是德育活动的组织者、领导者，是一定社会思想和道德要求的实施者、示范者和体现者，在德育活动中起主导作用。教育者包括直接的和间接的个体教育者和群体教育者。

受教育者是德育的对象，既是受教的客体，又是道德实践的主体，是影响德育效果的内在因素。受教育者包括受教育者个体和群体。

当他作为德育对象时，他是德育的客体；当他接受德育影响、进行自我品德教育和对其他德育对象产生影响时，他便成为德育主体。

德育内容是用以形成受教育者品德的社会思想政治准则和法纪道德规范，是受教育者学习、修养和内在化的客体。学校德育的基本内容是根据学校德育目标和学生品德形成发展的规律确定的，它具有一定范围和深浅层次。

德育方法是教育者施教传道和受教育者受教修养的相互作用的活动方式的总和，它凭借一定的手段进行。教育者借助一定的德育方法将德育内容作用于受教育者，受教育者借助一定的德育方法来学习、修养、内化德育内容并将其转化为自己的品德。

德育过程中的各要素，通过教育者施教传道和受教育者受教修养的活动而发生一定的联系和相互作用，促使受教育者的品德发生预期变化的矛盾运动过程。其中的主要矛盾是教育者提出的德育要求与受教育者已有品德水平之间的矛盾。由于这一矛盾的不断产生和解决，社会思想政治准则和法纪道德规范才不断转化为受教育者个体的品德，从而实现德育内容，达到德育目标。这是一定社会思想道德个体化过程和受教育者在思想道德方面社会化或再社会化过程，是社会思想道德遗传和继承相统一的过程。

三、德育过程的基本规律

德育过程是教育者和受教育者共同参与的教育过程，是形成受教育者某种品德或完整结构体系的过程，学生品德形成过程是外部影响和个体力量相互作用的结果。一般说来，德育过程具有以下几大规律：

（一）学生的知、情、意、行诸因素统一发展的规律

1. 德育过程是培养学生品德的过程。学生品德是由思想、政治、法纪、道德方面的认识、情感、意志、行为等因素构成的。这几个因素简称为知、情、意、行。构成品德的知、情、意、行的几个因素既是相对独立的，又是相互联系的。

知，即道德认识，是指人们对一定社会道德关系及其理论、规范的理解和看法，包括人们通过认识形成的各种道德观，包括对是非、善恶、美丑的认识、判断和评价，以及在此基础上形成的道德识辨能力，也是人们确定对客观事物的主观态度和行为准则的内在依据。

情，即道德情感，是指人们对事物的爱憎、好恶的态度。它一般在认识基础上形成，是运用一定的道德评价自己和他人的品行或某种事物而产生的一种内心体验和主观态度。道德情感是一种巨大的力量，它伴随品德认识而产生发展并对品德认识和品德行为起着激励和调节作用。判断积极或消极情绪体验好坏的标准，是看它跟何种品德认识相联系以及它在“长善救失”中的地位和作用。

意，即道德意志，是指人们为了达到某种道德目的而产生的自觉能动性，是人们通过理智权衡，解决思想道德生活中的内在矛盾与支配行为的力量。它常常表现为意志活动，为实现人们确定的道德目的而严格约束自己使其不随意冲动并能够克服种种困难的行为，即用理智战胜欲望、用果断战胜犹豫、用坚持战胜动摇，排除来自主客观的各种干扰和障碍，按照既定的目标把品德行为坚持到底。

行，即道德行为，是指人们在一定道德认识或道德情感支配下采取的行动，是人的内在的道德认识和情感的外部行为外部表现。在衡量人们品德的道德规范的活动中，人们才能深化道德认识和情感，锻炼道德意志和增强道德信念，从而使自己的品德得到发展，道德水平得到提高。道德行为受道德认识、情感和意志的支配、调节，同时又影响道德认识、情感和意志。

2. 知、情、意、行之间的关系及其发展

德育过程的一般顺序可以概括为提高道德认识、陶冶品德情感、锻炼品德意志和培养品德行为习惯。有的班主任根据自己的经验将德育工作总结概括为晓之以理、动之以情、持之以恒、导之以行四句话。其中，“知”是基础，“行”是关键。

一般来说，德育过程是沿着知、情、意、行的顺序形成和发展的。但是，知、情、意、行在发展方向和水平上常处于不平衡状态，这就要求我们注意德育过程的多端性。在德育具体实施过程中，可以根据学生品德发展的具体情况，或从导之以行开始，或从动之以情开始，或从锻炼品德意志开始，最后达到使学生品德在知、情、意、行等方面的和谐发展。总之，德育过程可以从培养知、情、意、行的任何一方面开始，这就是德育过程的多端性。

（二）学生在活动和交往中形成思想品德规律

1. 学生的思想品德是在社会交往活动中形成的，没有社会交往，就没有社会道德。社会交往是个体社会生活的基础。学生的思想品德是在积极的活动和交往过程中逐渐形成发展起来和表现出来并接受其检验的，形成一定品德的目的，也是为了更好地适应和参与社会新生活的创造。因此，教育者应该把组织活动和交往看作德育过程的基础。活动和交往的性质、内容、方式不同，对人的品德影响的性质和作用也不同。

2. 德育是促进个体道德自主建构的价值引导活动，它有别于一般的认知活动和技能训练，这就决定了德育过程有其自身的特点。(1)具有引导性，目的性和组织性。(2)不脱离

学生学习这一主导活动和主要交往对象的教师和学生。(3)具有科学性和有效性,是按照学生品德形成发展规律和教育学、心理学原理组织的,因而能更加有效地影响学生品德的形成。

(三)学生思想内部矛盾转化规律

1. 德育过程既是社会道德内化为个体的思想品德的过程,又是个体品德外化为社会道德的过程。要实现这"两化"必然伴随着一系列的思想矛盾和斗争。一是外部世界对个体的道德要求转化为主体自身的需要动机。二是个体内部的道德冲突,即道德因素中正确与错误的斗争,道德主体的"内化"与"外化"正是通过无数次矛盾向积极方向转化而实现的。

2. 要实现矛盾向教育者期望的方向转化,外因是条件,内因是根据,外因是通过内因而起作用的。教育可以作为一种外部力量,教育力量集中体现在使内部矛盾向着积极方面转化。教育者要为受教育者创造良好的外因,还要了解受教育者的心理矛盾,促使其积极接受外界的教育影响,有效地形成新的道德品质。

3. 德育过程也是教育和自我教育的统一过程,教育者要注意提高受教育者的自觉能动性和自我教育的能力。

(四)学生思想道德形成的长期性和反复性规律

1. 任何一种道德观念、行为习惯的形成,都有一个长期的由量变到质变的过程。一个人的良好思想品德的提高和不良品德的克服,都要经历一个反复的培养教育或矫正训练的过程,是一个无止境地认识世界、认识自我的过程。特别是道德行为习惯的培养,是一个长期的渐进过程。

2. 在德育过程中,教育者既要注意受教育者的思想品德形成与变化,坚持长期抓反复抓;又要注意受教育者思想品德形成过程中的反复性,注意抓反复。

德育过程是一系列复杂的过程,学生思想品德的发展受到多种因素的共同作用。学校教育要发挥主导作用,主动同家庭和有关社会机构取得联系,共同研究德育问题,学校要联合家庭和有关社会机构,有目的、有计划地控制、调节环境对学生的影响,消除不良环境的影响。

第三节　德育的原则、方法和途径

一、德育的原则

(一)德育原则的概念

德育原则是根据德育目的、德育目标和德育过程规律提出的指导德育工作的基本要求。德育原则对制定德育大纲、确定德育内容、选择德育方法、运用德育组织形式等具有指导作用。

(二)我国中小学德育的基本原则

1. 知行统一原则

这一原则是指对学生进行思想品德教育,既要重视对学生进行系统的理论知识教育,又要重视对学生进行实践训练,把提高学生的思想认识和培养学生的道德行为结合起来,使他们成为言行一致的人。

贯彻知行统一原则的基本要求：

（1）要组织学生系统地学习社会主义理论和道德规范，使学生能对社会、对人生、对道德有一个正确的看法。掌握明辨是非的标准，以指导和评价自己的行为。

（2）组织学生参加各种社会实践活动，训练道德行为，养成良好的行为习惯。具体包括学习实践、生产劳动、社会公益活动、文体活动、科技活动等，使学生在这些实践活动中深化认识，增加情感体验，磨炼意志，养成社会所需要的道德行为习惯。

（3）教师要以身作则，言行一致。教师言传身教的榜样作用对学生的影响非常大，教师以身作则，并以自己的模范行为去影响教育学生，能比言教发挥更大的作用。教师的言行一致，对学生知行统一具有重要的引导作用。

2. 导向性原则

导向性原则是指进行德育时要有一定的理想性和方向性，以指导学生向正确的方向发展。导向性原则是德育的一条重要原则，因为学生正处在品德迅速发展的关键时期，可塑性强，但他们又年轻，缺乏社会经验与识别能力，易受外界社会的影响。学校德育要坚持导向性原则，为学生的品德健康发展指明方向。

贯彻导向性原则的基本要求：

（1）坚持正确的政治方向。学校德育必须目的明确，方向正确，引导学生把平时的学习、劳动和生活同实现社会主义现代化建设的目标联系起来。

（2）德育目标必须符合新时期的方针政策和总任务的要求。德育工作只有植根于实际，才能落到实处。新时期党的方针政策和总任务反映了这一时期社会发展的方向和要求。德育工作要依此制定目标，使学生具有社会发展所需要的品德，并树立建设中国特色社会主义的理想。

（3）要把德育的理想性和现实性结合起来。德育工作既要用共产主义思想体系教育学生，又要从社会主义初级阶段的现实出发，同时还要结合学生现有的思想水平，不能以对先进分子的要求作为评价一般学生道德行为的标准。把德育的思想方向性与现实可能性结合起来，使德育工作既充满理想，为社会发展指明方向，又切合实际，落到实处。

3. 疏导原则

疏导包括疏通和引导两个环节，疏导原则是指进行德育时首先要从提高学生认识入手，要循循善诱，以理服人，从而调动学生的主动性，使他们积极向上。

贯彻疏导原则的基本要求：

（1）讲明道理，疏导思想。对青少年的教育，要注重摆事实，讲道理，做深入细致的思想工作，启发他们自觉认识问题，自觉履行道德规范。即使学生品德上有了缺点、毛病，行为上出现了过失、错误，也要注重疏通思想，提高认识，启发自觉。对于学生的思想认识问题，只能疏导，不宜压制。压制往往带来反抗，不利于学生的进步；而疏导才能使学生心悦诚服，自觉改进。

（2）因势利导，循循善诱。青少年学生活泼好动，精力旺盛，兴趣广泛，积极参加自己喜爱的活动。德育要善于把学生的积极性和志趣引导到正确方向上来。

（3）以表扬、激励为主，坚持正面教育。青少年学生积极向上，有自尊心、荣誉感。对他们表现的积极性和微小进步，都要加以肯定，多赞许、表扬和激励，引导他们逐步向前，以培养他们的优良品德。

4. 尊重学生与严格要求学生相结合的原则

这一原则是指进行德育要把对学生个人的尊重和信赖与对他们的思想和行为的严格要求结合起来，使教育者对学生的影响和要求易于转化为学生的品德。苏联教育家马卡连柯也说，“尽量多地要求一个人，也要尽可能地尊重一个人。”

贯彻这一原则的基本要求：

(1)爱护、尊重和信赖学生。爱护、尊重与信赖学生是一个优秀教师的基本品德，也是教好学生、获得所期望的良好效果的重要条件。皮格马利翁效应正是充分证明了这个道理。

(2)严格要求学生。教育对学生提出的要求，要做到合理正确、明确具体和严格适度，以利于学生健康成长；教育者对学生提的要求，要认真执行，坚定不移地贯彻到底，督促学生切实做到。

5. 教育的一致性与连贯性原则

这一原则是指进行德育应当有目的、有计划地把来自各方面对学生的教育影响加以组织、调节，使其相互配合，协调一致，前后连贯地进行，以保障学生的品德能按教育目的的要求发展。

贯彻这一原则的基本要求：

(1)要统一学校内部各方面的教育力量，按照一致的培养目标和方向，统一教育的计划和步骤。

(2)要统一社会各方面的教育影响，学校应与家庭和社会的有关机构建立和保持联系，形成一定的制度，共同努力，来控制环境对学生的不良影响。

(3)对学生进行教育要有计划、有系统地进行，做好衔接工作，使学校对学生的教育前后连贯。

6. 因材施教原则

因材施教原则是指进行德育要从学生的思想认识和品德发展的实际出发，根据他们的年龄差异和个性特征进行不同的教育，使每个学生的品德都能得到最好的发展。我国古代教育家孔子提出了“视其所以，观其所由，察其所安”的了解学生的有效方法，并根据学生特点进行有区别的教育。

贯彻因材施教原则的基本要求：

(1)深入了解学生的个性特点和内心世界。这是进行德育的前提和基础，也是正确地因材施教的前提和基础。

(2)根据学生个人特点有的放矢进行教育。学校德育要采用不同的内容和方法因材施教，努力做到“一把钥匙开一把锁”。

(3)根据学生的年龄差异有计划地进行教育。学生思想认识与品德的发展有明显的年龄差异，因而进行德育有必要研究和弄清每一个年级学生的思想特点。

7. 集体教育和个别教育相结合原则

集体教育和个别教育相结合原则是指在德育过程中，教师要善于组织和教育学生集体，并依靠集体教育每个学生；同时，通过对个别学生的教育来促进集体的形成和发展，从而把集体教育和个别教育有机结合起来。

一方面，学生集体既是教育的对象，也是受教育的主体，具有巨大的力量，所以，应充分地利用集体的力量来教育学生。另一方面,集体是由个人组成的,学生个体之间及师生之间的行为往往不是"纯粹的私人行为",而是可能折射出些许"集体化"的影子,这种互动反过来能够对集体产生影响,所以在加强集体教育的同时,还必须加强个别教育。

贯彻集体教育与个别教育相结合原则的基本要求:

(1)要努力建立健全的学生集体。在建立集体的过程中,教师不仅要注意集体的组织和管理,还要注意面向个体,点化、润泽生命,培育集体意识、集体积极舆论、集体精神。

(2)要充分发挥学生集体的教育作用。教师要把集体当作教育的主体,先向集体提出要求,然后通过集体教育学生个体。其中,最重要的是要发挥学生干部的作用,并通过学生干部把教师的教育意图转变成为集体的要求。同时,要组织学生开展丰富多彩的集体活动,引导学生参与,在活动中培育其集体主义观念和情感。

(3)要处理好教育集体与个人的关系。教师要把集体教育与个别教育结合起来,要在集体教育的基础上,加强个别教育,优化学生个体素质,增强集体的生机和活力,使集体教育与个别教育相互促进,相互影响。

8. 发扬积极因素,克服消极因素原则

这一原则是指在德育过程中,教师要善于将学生自身的积极因素作为教育的"支点",调动学生自我教育的积极性,克服消极因素,以达到长善救失的目的。

学生素质结构中往往既存在着积极因素,又存在着消极因素。这两种因素动态变化,不断扭结或牵扯,在一定条件下可以相互转化。学生正确思想品德的形成过程就是积极因素不断增长、消极因素不断克服的过程,就是学生思想经历破旧立新,迎正气、去邪气,追求进步、摆脱落后的过程。

贯彻发扬积极因素,克服消极因素原则的基本要求:

(1)教师要一分为二的辩证思维方式,全面分析、了解并理解学生,正确客观地评价学生的优点和不足。教师既要看到学生积极的一面,也要看到其消极的一面;无论是对优秀学生还是对后进生,都要保持客观公正的态度和评价,只有这样,才能使每个学生发扬长处和克服不足,促进他们的发展。

(2)教师要善于观察学生,寻找学生的闪光点,敏锐捕捉教育契机后有意识地创造条件,因势利导,扬长避短,促使学生思想中的消极因素转化为积极因素。特别对后进生,更要注意发现他们身上的闪光点,给予及时鼓励和表扬,促使他们向积极的方面转化。

(3)要引导学生进行自我教育,提高修养水平。学生的进步离不开教师的帮助教育。所以,教师要帮助学生提高自我认识、自我评价、自我教育能力,启发他们自觉发扬优点,克服缺点。

二、德育的方法

德育方法是为达到德育目的,实现德育内容,在德育过程中所采用的一系列方法措施,是教师的教育与学生的自我教育活动方式的总和。在德育实践中,教育者主要是根据德育目标和内容、德育对象的实际以及德育原则来选择德育方法。

中小学常用的德育方法主要有以下几种:

(一)说服教育法

说服教育法是通过摆事实、讲道理,使学生明辨是非善恶,以培养学生道德认知的方法。

它重在提高学生的认识，培养学生明辨是非、善恶、美丑的能力。说服教育的具体方式包括讲解、谈话、报告、讨论、参观、访问等。运用说服教育法，内容要有针对性，材料要有真实性，说服过程要有感染力。

运用说服法要注意以下几点要求：

1. 明确目的性。说服要从学生实际出发，针对要解决的问题，有的放矢；切中要害，启发和触动他们的心灵；切忌一般化、空洞冗长。

2. 富有知识性、趣味性。说服要注意给学生以知识、理论和观点，使他们受到启发，获得提高。

3. 注意时机。说服的成效，往往不取决于花了多少时间，讲了多少道理，而取决于是否善于捕捉教育时机，拨动学生心弦，引起他们的情感共鸣。

4. 以诚待人。教师的态度要诚恳、深情、语重心长、与人为善。打开学生心灵的门户，使老师讲的道理易被学生接受。

（二）榜样示范法

榜样示范法是教育者借助榜样人物的高尚思想、优秀品质、模范行为或英勇事迹来教育学生、感染学生的方法。青少年都喜爱并且善于模仿，生动典型的事例对他们具有很强的激励作用，使他们把道德规范的要求与现实生活结合起来。运用榜样示范法的关键是要使学生在情感上受到感染，并鼓励学生把对英雄人物的学习落实到行动上。榜样示范法是开展中学德育工作的有效方法。

运用榜样示范法应注意以下几点要求：

1. 选好学习的榜样。选好榜样是学习榜样的前提。教师应根据时代需要和学生实际出发，指导他们选择好学习的榜样，获得明确的前进方向与巨大动力。

2. 激起学生对榜样的敬慕之情。要使榜样能对学生产生力量，推动他们前进，就需要学生了解榜样。榜样人格具体、生动、形象，对学生具有巨大的感染力和说服力，易于为学生所领会和模仿。

3. 引导学生用榜样来调节行为，提高修养。引导学生向榜样人物学习，决不能仅仅停留在故事情节的介绍上或学生一时的情感冲动上。要及时地把学生的情感、冲动引导到行动上来，把敬慕之情转化为道德行动和习惯，逐步巩固、加深这种情感。

（三）情感陶冶法

情感陶冶法是教育者通过创设和利用有教育意义的情景，组织有教育意义的活动，使学生在直观感受中潜移默化地形成思想品德的一种方法。良好的环境、气氛对人的身心发展、品德发展有着重要的作用。情感陶冶法的重点在于让受教育者生活在积极的情感气氛中，因而要求教育者善于创设自然情景，而且不断深化对学生的情感陶冶。

运用情感陶冶法要注意以下几点要求：

1. 创设良好的情境。包括美观、朴实、整洁的学习和生活环境，团结、紧张、严肃、活泼、尊师爱生、民主而有纪律的班风和校风。

2. 与启发说服相结合。通过创设情境陶冶学生，不仅与教师对学生的说服教育不矛盾，而且为了更有效地发挥情境的陶冶作用，不能只让创设的情境自发地影响学生，还需要教师配合以启发、说服。

3. 引导学生参与情境的创设。良好的情境不是固有的自然存在的，需要人为地创设。

但这决不能只靠教师去做，应当组织学生为自己创设良好的学习与生活的情境。

（四）实践锻炼法

实践锻炼法是指有目的地组织学生进行一定的实际活动，以培养他们的良好品德的方法。锻炼的方式主要是学习活动、社会活动、生产劳动和课外文体科技活动。实践锻炼法包括练习、制度、委托任务和组织活动等。

运用实践锻炼法要注意以下几点要求：

1. 坚持严格要求。有效地锻炼有赖于严格要求，进行任何一种锻炼，如果不严格遵守一定的规范和要求，就不可能使学生得到锻炼和提高。

2. 调动学生的主动性。只有激发学生的主动性，积极性，使他们内心感到锻炼是必要的、有益的、有价值的，他们才能获得最大的锻炼效果。

3. 注意检查和坚持。良好的习惯与品德的形成必须经历一个长期的反复的锻炼过程。所以对学生的锻炼，要强调自觉但又不能放松对他们的督促、检查，还要引导他们长期坚持下去。

（五）自我修养法

自我教育法，也称为品德修养指导法，是教育者指导、启发学生在自我意识发展的基础上，根据品德规范进行自我认识和自我评价的方法。自我教育是学生思想进步的内部动力，是一种自我修养的方法。苏联教育家苏霍姆林斯基曾说过："只有促进自我教育的教育才是真正的教育。"运用自我教育法时，教师一定要使教育活动与学生的自我教育结合起来，启发学生制定自我教育计划，培养学生的自我道德评价能力。

运用自我修养法的基本要求：

1. 抚志养气。志，即"尚志"；气，即"浩然之气"。孟子说："夫志，气之帅也。气，体之充也。夫志至焉，气次焉……志一动则气，气一则动志。"要把持志和养气结合起来，就是强调道德修养中理智与情感的统一。

2. 锻炼意志。朱熹认为："论先后，知为先，论轻重，行为重。"没有学生的"躬行"，就没有真正的德育。锻炼意志必须有决心、信心、恒心、经历内心冲突，排除各种阻难。孟子说："必先苦其心志，劳其筋骨，饿其体肤，空乏其身，行拂乱其所为，所以动心忍性，增益其所不能。"

3. 改过迁善。人一生不犯过错是不可能的，关键在于改过迁善。孟子说："古之君子，其过也如日月之食，民见之；及其更也，民皆仰之。"培养知耻、改过、迁善的态度，对于学生自我修养的提高是极为重要的。

（六）品德评价法

品德评价法是教育者根据德育目标的要求，对学生的品德水平给予肯定或否定的评价，以促进学生发扬优点，克服缺点，逐步培养其良好品德的方法。品德评价法的功能在于使学生从肯定或否定的评价中了解、看到自身的长处与不足，明确今后的努力方向；强化学生的积极因素，矫正和克服消极因素；增强学生的是非观念和荣辱感，激发学生的上进心，对学生思想认识和行为具有一定的控制、调节作用。

品德评价法包括奖励、惩罚、评比、操行评定和成长档案袋。奖励是对学生品行的肯定性评价，以激励学生继续发扬其积极因素。惩罚是对学生不良品行的否定性评价，旨在帮助学生克服其消极因素。评比是奖励进步、督促落后的措施。操行评定是在一定阶段对学生的思想、行为等方面所作出的全面评价，目的在于使学生全面了解自己。成长档案袋主要是通过教师记录学生评价的有关材料，包括学生的作品、获奖、成绩等，还有其他相关的材料，以此来评价和督促学生的品德发展。

运用品德评价法，应注意以下几点要求：

1. 明确目的，长善救失。评价应以学生的发展为最终目标，着眼于培养合格公民、完整的"人"，本着与人为善、平等、信任和关怀的态度对待被评价的学生。评价学生要有针对性，就事论事，避免盲目性、随意性。

2. 实事求是、公正合理。教师在行使其惩罚权利时应尊重学生的人格，能根据学生的年龄差异和个性特征灵活运用各种评价方式，既区别对待又公平公正，还要用全面、发展的观点看待学生，要一分为二，防止盲目性，防止片面性。

3. 发扬民主、激发参与。品德评价的对象是学生，教师要充分发扬民主，让学生参与品德评价，重视发挥集体舆论的作用。在制定惩罚的管理规则时，要遵循主体权利平等的原则，将学生视为权利主体和参与主体，鼓励与支持学生的参与。

4. 奖惩必须得到广大学生的支持，被奖励的品德应是得到大多数学生认可的，被惩罚的不良品德应是遭到集体舆论谴责的，这样奖惩才更富有教育意义。评价要实事求是，抓住学生思想的主流，充分肯定成绩，同时指出主要缺点，指明努力方向。

5. 奖惩适量，把握时机。品德评价有肯定性评价和否定性评价，在教育过程中应以肯定性评价即表扬和奖励为主，而慎用或少用否定性评价即批评和惩罚。同时，奖惩在内容、方式、手段、结果等方面都应该合乎法律规定、道德规范。出现问题应及时处理，防止时过境迁，只有及时才能获得强化激励功能的最佳效果，不产生负面影响。

(七)学校心理咨询法

学校心理咨询法，是指在德育中学校中富有经验的咨询员对学生开展咨询工作，缓解他们的紧张心理，解决他们的心理困扰，消除他们的心理障碍，为其品德的正常发展打下基础。

学校心理咨询的方式包括预防和矫治。预防，是通过心理卫生与心理健康教育，引导学生正确对待挫折，帮助学生解决心理压力，提高心理适应力的方法；矫治，是帮助有不良品德心理的学生分析不良品德产生的心理原因，并为他们提出矫正措施的方法。

运用学校心理咨询法应注意以下几点要求：

1. 坚持保密原则。为咨询对象保守秘密，即对来访者陈述的隐私或相关的人与事都应保密。

2. 坚持平等关系原则。这是指在整个咨询过程中，咨询员与来访者应始终处于平等地位。这种平等，是一种心理上的完全平等。

3. 坚持价值中立和心理疏导原则。它要求遵循咨询员在价值判断上保持一种"中立"的态度，不用自己的价值标准去评论来访者心理问题的好坏，更不能将自己的价值标准强加给来访者。这就要求咨询员通过启发诱导帮助来访者找到问题的症结所在，然后采用心理疏导的方法进行矫治。

三、德育的途径

德育途径是教育者对学生实施德育影响的渠道，是实现德育目标的组织形式。我国中学德育途径有很多，其中教学是完成教育任务的基本途径，主要包括思想政治课与其他学科的教学活动,因此应充分发挥教学过程中德育因素的作用。组织课外活动、校外活动,包括开展科技活动、团队活动都是德育的途径。

我国学校德育主要有以下几条实施途径:

(一)政治课与其他学科教学

教学不仅是学校实施全面发展教育的基本组织形式,也是学校德育最基本、最经常、最实用的形式。通过教学实施德育主要是通过传授和学习文化科学知识实现的。各科教材中包含着大量的德育内容,只要充分发掘教材本身所具有的德育因素,把教学的科学性和思想性联系起来,就能在传授和学习文化科学知识的同时,使学生受到科学精神、人文精神的熏陶,形成良好的品德。

教学方法、教学组织形式和教师的榜样作用等都具有教育意义。教师在教学中要教育学生明确学习目的、端正学习态度,培养学生的责任感,养成他们勤奋刻苦学习的习惯。

(二)课外、校外活动

课外、校外活动是由学校以外的教育机关组织和领导的学生课余教育活动。课外、校外活动是学校教育体系中的必要组成部分,是进行全面发展教育的一个重要途径,也是学校实施德育的要求,组织学生参加各种形式的社会实践活动,是学校德育的重要途径。

(三)共青团、少先队、学生会组织的活动

学校共青团、少先队和学生会是学校里学生的集体组织,他们组织开展的活动不仅有利于发挥学生的主体作用,调动他们的积极性和主动性,培养他们自我教育和自我管理的能力,而且是实施道德教育、达成德育目标的有效形式。

(四)班主任工作

班主任工作也是学校实施德育的重要途径。对学生进行品德教育是班主任的重要职责。班主任要做好学生德育工作必须全面深入地了解研究学生,尊重信任学生,并争取其他任课教师、团队组织、社会有关方面和学生家长的配合,共同对学生进行教育。班主任特别要精心组织、培养健全的班集体,并通过集体对学生进行教育。班主任要把集体教育和个别教育结合起来。

(五)劳动

这是学校进行德育,尤其是劳动教育的重要途径。组织学生参加的劳动可以是工农业生产劳动、社会公益劳动、自我服务性劳动、勤工俭学劳动等。通过劳动,学生容易产生对劳动、科学与技术的兴趣与爱好,激发出巨大的热情和力量,经受思想与行为上的严峻磨炼,看到自己的才能和成果,能够培养学生爱劳动、勤俭朴实、艰苦顽强等品德。所以,劳动在德育上有着特殊的功效,往往是后进生发生根本性转折的一个重要途径。

(六)德育的潜在课程

德育课程必须涵盖学生全部时空,才能促进德育目标达成,因此,需要有能发挥正向功能的德育的显在课程和潜在课程有机组合。潜在课程又被称为隐性课程、非正规课程、无形课程等,是相对显在课程而言的课程形态,一般指学校里除了正规课程之外的对学生产生影响的因素,如校风、教风、学风、班风、学校建筑、物理环境、墙报以及带有封闭性和制度化色彩的人际交往空间等。这些因素有意或无意地传递给学生潜在的教育影响。潜在课程以长期、间接、暗示、无意识的方式,影响学生的认知、情感、意志,调整学生的行为。德育的潜在课程是指发挥德育功能的潜在课程。但是,德育的潜在课程既可能有利于德育,为有效德育提供便利,又可能阻碍德育实施,抵消德育的显在课程实施效果。所以,必须精心建构德育的潜在课程,使其发挥认识导向功能、情感陶冶功能、行为规范功能。

以上几条德育途径各有自己的特点和功能,相互联系,相互补充,构成了德育途径的整体,学校应全面利用各个德育途径的作用,使其科学地配合起来,以便发挥德育途径的最大的整体功能。

四、德育的形式

培养现代合格公民是学校德育的有效形式,包括生存教育、生活教育、生命教育、安全教育、升学就业指导等教育形式。

(一)生存教育

1. 生存教育的内涵和意义

内涵:生存教育就是通过开展一系列与生命保护和社会生存有关的教育活动和社会实践活动,向受教育者系统传授生存的知识和经验,有目的、有计划地培养学生的生存意识、生存能力和生存态度,树立科学的生存价值观。

意义:通过生存教育,使学生认识生存及提高生存能力的意义,树立人与自然、社会和谐发展的正确的生存观;帮助学生建立合适个体的生存追求,学会判断和选择正确的生存方式;学会应对生存危机和摆脱生存困境,争取面对生存挫折,形成一定的劳动能力;能够合法、高效地解决安身立命的问题。

2. 生存教育的基本途径

生存教育是一项整体性强、关联度高的系统工程。因此,要确立下移重心、面向全体、高标准、低起点、严要求,循序渐进,由表及里、虚实结合、从低到高的工作思路,多层次、多角度、多形式地来实施。概括来说,要以家庭教育为基础,学校教育为主干,社会教育为保障,通过专题式教育和渗透式教育两大途径来实施。专题式教育可分为组织开展以生存教育为主题的专题活动和以综合课程的思路开设此类课程两个方面。渗透式教育可分为学科课程渗透和活动课程渗透两种。要及时地有机地渗透到各项教育管理服务工作中,要在充分研究和实践的基础上,再组织编写教材和开设课程。

(二)生活教育

1. 生活教育的内涵及意义

内涵:生活教育是以教育家陶行知的教育思想为基石,主要包括生活即教育、社会即学校、教学做合一三个方面,主张教育同实际生活相联系,提倡珍视生活,了解生活常识,掌握生活技能,养成良好的生活习惯,关心他人和集体,树立正确的生活目标。其教育目标是注重培养学生的创造力和独立工作的能力。

意义:通过生活教育,使学生认识生活的意义,热爱生活、积极奋斗;帮助学生提高生活能力,培养学生的良好品德和行为习惯,培养学生的爱心和感恩之心,培养学生的社会责任感,形成立足现实、着眼未来的生活追求;让学生理解生活是由物质生活和精神生活、个人生活和社会生活、职业生活和家庭生活等组成的复合体;教育学生学会正确比较和选择生活,理解生活的真谛,处理好收入与消费、学习与休闲、工作和生活之间的关系。

2. 生活教育的基本途径

(1)生活教育要强调教育以生活为中心,反对传统教育脱离生活而以书本为中心,教育者在进行德育的认知教育时,在教材内容的选择和组织方面,引导学生从实际生活中发现并提出问题,应避免过去从知识体系出发的做法。

(2)在教学中,教师要提供丰富的源于生活的感性材料,以理论联系实际为根本,以激发和调动学生学习的主动性、积极性为基础,以人文精神和科学精神的融合为核心,以加强实践环节、促进知行统一为关键,不断创新具体教学方法。

(3)积极探索课堂教学与班、团活动和专题讲座、小组学习、个人自学等相结合的有效形式,着力实现课内学习与课外学习、校内教育与校外教育、学校生活与家庭生活、教师指导与学生自学、认知教育与行为事件的有机统一;要调动学校教育、家庭教育和社会教育的力量,鼓励、引导受教育者成为生活教育的主体,把教育过程和受教育者主动积极地进行认知和行为实践的过程统一起来,培养和提高学生的自我教育、自我管理、自我服务、自我发展能力,使学生实现自身的教育利益。

(三)生命教育

1. 生命教育的内涵及意义

生命教育是帮助学生认识生命、尊重生命、珍爱生命,促进学生主动、积极、健康地发展生命,提升生命质量,实现生命的意义和价值的教育。让青少年认识生命和珍惜生命成为这一活动的重中之重。生命教育既是一切教育的前提,同时还是教育的最高追求。因此,生命教育应该成为指向人的终极关怀的重要教育理念,是在充分考察人的生活本质基础上提出来的,符合人性要求,它是一种全面关照生命多层次的人本教育。

生命教育使学生认识人类自然生命、精神生命和社会生命的存在和发展规律,认识个体的自我生命和他人的生命,认识生命的生老病死过程,认识自然界其他物种的生命存在和发展规律,最终树立正确的生命观,领悟生命的价值和意义;以个体的生命为着眼点,在于自我、他人、社会、自然建立和谐关系的过程中,促进生命的和谐发展。

2. 生命教育的基本途径

生命教育的实施途径通常有以下几种:(1)加强行为示范教育;(2)多学科渗透生命教育;(3)开展专题生命教育;(4)结合综合实践活动;(5)单独开设生命教育课程;(6)结合日常生活与管理。

(四)安全教育

1. 安全教育概述

中小学生的生命安全和健康成长,涉及亿万家庭的幸福和教育、教学活动的正常开展与实施。保障他们的安全,是家庭和教育工作的首要职责,也是全社会的共同责任,是构建社会主义和谐社会的重要基础,责任重于泰山。开展公共安全教育,培养学生的社会安全责任感,可以使学生逐步形成安全意识,掌握必要的安全行为的知识和技能,了解相关的法律法规常识,养成在日常生活和突发安全事故中正确应对的习惯,最大限度地预防安全事故发生和减少安全事件对中小学生造成的伤害,保障学生健康成长。

加强学生安全教育意义深远,具体体现在以下几个方面:(1)加强学生安全教育,可以提高学生的自我防护能力;(2)加强学生安全教育,是向全社会普及安全知识的重要环节;(3)加强学生安全教育,可以培养专业的后备安全防范队伍。

2. 安全教育的基本途径

(1)切实提高对中小学生安全教育工作重要性的认识;(2)充分调动各方面力量开展宣

传教育活动,形成齐抓共管的局面;(3)突出重点,注意提高教育实效;(4)组织学生积极参与学校的安全管理工作;(5)争取相关部门协作,整治校园周边环境,优化育人环境。

综上所述,对中小学生进行安全教育是一项系统工程,在外部,需要社会、学校、家庭紧密配合;在内部,需要学校的各个部门通力合作、齐抓共管,组织学生积极参与,这样才能达到对中小学生进行安全教育的目的。

(五)升学就业指导

1. 升学就业指导概述

升学就业指导是教师根据社会的需要指导学生树立正确的职业观,帮助他们了解社会职业,进而引导他们按照社会需要和自己的特点为将来升学选择专业与就业选择职业,在思想上、学习上和心理上做好准备。

升学就业指导对于学生具有重要意义。无论是初中生还是高中生,都面临着多条升学就业途径。他们考入什么学校,学习什么专业,在很大程度上,决定了他们将来的职业范围和生活出路。因此,升学就是间接的职业选择。面对这种人生的第一次选择,相当多的中学生处于盲目被动状态。

2. 升学指导的基本途径

升学指导是一个长时间的过程,在具体操作上,要注意两个问题:一是指导内容问题;二是工作阶段问题。在指导内容问题上,要注意多方协调、全面指导,即以正确的思想指导为灵魂,保证其方向;以知识复习指导为中心,提高其水平;以心理准备指导为辅佐,发挥其潜能。在工作阶段问题上,要在全面指导的前提下,适当划分工作阶段。

升学指导的具体途径主要包括以下几个方面:(1)加强思想指导;(2)加强复习指导,一是要指导学生制定切实可行的复习计划;二是要做好各任课教师的联络协调工作;三是要指导学生进行解题技能训练,四是指导学生合理安排作息时间;(3)加强心理指导,一是指导学生进行自我心理调控;二是要指导学生适应考场;(4) 要加强考试阶段的指导。

3. 就业指导的基本途径

(1)加强就业意识指导。就业意识是指学生对职业对象的认识,以及由此产生的对职业对象的意向和态度。

(2)加强就业准备的指导。主要包括以下内容:督促学生扎实地抓好对基础知识和基本技能的学习和一般职业技能训练;重视对学生的职业道德教育;要加强对学生的职业心理训练。

(3)加强就业具体指导。教师不仅应向学生介绍各行各业对人才的需求情况,还要通过一些心理测验(兴趣、气质、能力等)帮助学生正确认识自己。在此基础上,再有的放矢地指导学生择业。与此同时,教师应从教育要求出发,针对学生的具体特点,培养学生具备适合有关职业需要的职业兴趣、能力等。

第四节　德育模式

德育模式实际上是在德育实施过程中道德与德育理论、德育内容、德育手段、德育方法、德育途径某种组合方式。当代最具影响的德育模式有认知模式、体谅模式、社会学习模式等。大体上说，认知模式重知，体谅模式重情，社会学习模式重行。在一个价值多元的社会里如何促进学生道德判断力和道德敏感性发展，是当代学校德育亟待解决的难题，而道德教育的认知模式、体谅模式、社会学习模式恰好为我们解决这类难题提供了思路。

一、认知模式

道德教育的认知模式是当代德育理论中流行最为广泛、占据主导地位的德育学说，它是由瑞士学者皮亚杰提出，而后由美国学者科尔伯格进一步深化的。前者的贡献主要体现在理论建设上，后者的贡献则在于从实践上提出了一种可以操作的德育模式。

（一）皮亚杰的道德认知论

皮亚杰是第一位系统考察儿童道德发生发展规律的心理学家，他采用“对偶故事法”，从道德判断入手，通过讲故事的形式，让被试者判断研究者所设计的那些行为类型，从儿童对特定行为的评价去分析他们的道德认知，研究道德认知发展的规律。

皮亚杰用这一方法研究了 5 至 13 岁儿童的道德认知发展，取得了重要研究成果：第一，儿童的道德判断发展划分为两级：一级是他律水平，儿童根据自身以外的价值标准进行道德判断，具有客体性；一级是自律水平，儿童根据自己主观的价值标准进行道德判断，具有主体性。第二，儿童的道德判断发展遵循从他律到自律的发展程序，进而提出儿童道德发展的四个年龄阶段。

皮亚杰的研究开了现代道德认知发展学派的先河，20 世纪 50 年代后期，美国发展心理学家科尔伯格继承皮亚杰的研究传统，系统地充实和扩展了皮亚杰的理论和方法，逐渐形成了现代道德认知发展学派，成为近代心理学史上最有影响的一种道德理论。

（二）科尔伯格道德认知论

科尔伯格继承皮亚杰的观点，把儿童的道德发展看作整个认知发展的一部分，儿童的道德成熟过程就是道德认知的发展过程。按照科尔伯格的观点，道德认知是对是非、善恶行为准则及其执行异议的认识，并集中在道德判断上。道德判断可以从其结构和内容两个维度加以界定。对道德发展阶段的划分是根据道德判断的结构，而不是根据道德判断的内容。科尔伯格在多年研究基础上提出了道德发展的三水平六阶段模型。

1. 理论假设

（1）道德发展论

科尔伯格的道德发展理论确切地说是道德判断理论，关于道德判断他提出了如下重要假设：道德判断形式反映个体道德判断水平，道德判断有内容与形式之别。所谓道德判断内容就是对道德问题所作的“该”或“不该”“对”或“错”的回答；所谓道德判断形式指的是判断的理由以及说明过程中所包含的推理方式。冲突的交往和生活情境最合适于促进个体道德判断力的发展。道德的发展是学习的结果，这种学习不同于知识和技能的学习。道德的发展有赖于个体的道德自主性。道德不可能从外部强加于人，而是个体内部状态与外界交互作用的产物。冲突的交往和生活情境最适合促进个体道德判断力的发展。

（2）道德教育论

道德教育旨在促进道德判断的发展及其与行为的一致性。该模式强调道德教育的目的,首先在于促进学生的道德判断不断向更高水平和阶段发展,其次在于促进学生道德判断与行为的一致性。

道德教育奉行发展性原则,即学生的道德水平可以通过引导、教育来提高。根据发展性原则,认知性道德发展模式实施德育的方法和策略包括:了解学生当前的道德判断发展水平;运用道德难题引起学生的意见分歧和认知失衡;向学生揭示比他们高一阶段的道德推理方式;引导学生在比较中自动接受比自己原有的道德推理方式更为合理的推理方式;鼓励学生把自己的道德判断付诸行动。

2. 围绕道德两难问题的小组讨论

(1)道德两难问题及其设计

所谓道德两难,指的是同时涉及两种道德规范、两者不可兼得的情境或问题。它除了可以用于测量儿童的道德判断的发展水平,还具有非常特别的教育意义。①道德两难问题可用于促进儿童的道德判断力的发展。②道德两难问题可用于提高学生的道德敏感性,使他们更加自觉地意识到自己的道德规范在现实生活中可能存在的矛盾和冲突。③道德两难问题可用于提高学生在道德问题上的行动抉择能力。④道德两难问题可用于深化学生的各种道德规范的理解,提高学生的道德认识。

根据道德两难问题的特点及学生实际情况,道德两难情境的设计必须遵循一定的要求。①设计的情境必须是真实的或者是可信的,尤其对学生而言,还必须是学生能够理解的。②设计的情境必须包含两条道德规范,而且只包含两条道德规范。③涉及的两条道德规范在设计的情境中必须发生不可避免的冲突。

道德两难问题的素材一般有三种来源:①虚构的道德两难故事。②以学科内容为基础的道德两难问题。③真实的或实际发生的道德两难问题。

道德两难问题的提问方法策略。围绕道德两难问题的小组讨论可分为起始阶段和深入阶段,与之相应,教师的提问也可分为“引入性问题”和“深入性提问”。

(2)道德讨论中的引入性提问

引入性提问的策略把师生引进对道德争端的讨论,并不断地发展学生的道德意识。

教师在讨论引入阶段的作用有:确保学生理解所要讨论的两难问题或难题;帮助学生正视难题所固有的道德成分;引导学生阐明自己所作判断的基本理由;鼓励学生相互交流各自不同的理由。

在引入性提问中,教师可采用的策略有:突出道德争端;询问“为什么”;使情境复杂化。

(3)道德讨论中的深入性提问

深入性提问的策略重在可能引起道德推理结构性变化的讨论因素。当学生阐明自己对道德两难问题的立场和理由之后,小组讨论才有可能真正开始。为了使学生深入地进行讨论,提问的策略应当作出相应改变,促使学生努力对付各种相互竞争的主张和相互对立的理由。有四种深入提问的策略:升华性问题、突出相邻阶段的论点、澄清与总结、角色扮演问题与策略。

3. 简要的评论

(1)认知模式的缺陷:①太过于强调认知力的作用,忽视了对道德行动的研究,而后者对德育来说才是最重要的;②强调了道德判断的形式而忽视了内容的作用;③阶段理论有缺陷;④在批评传统德育靠机械重复训练的做法时却完全排斥了道德习惯的作用。

(2)认知模式的特色及对我国学校德育改革的启示

该模式的特色在于:①提出以公正观发展为主线的德育发展阶段理论,通过实证研究,作出了完整的理性阐述;②建构了较为科学的道德发展观,提出智力与道德判断力关系的一般观点;③通过实验建立了崭新的学校德育模式,如新苏格拉底德育模式、新柏拉图德育模式等,提出课堂道德讨论法,公正团体法等一系列可操作性德育过程,重新确立了人的主体性和学校德育的功能。

对我国学校德育改革的启示:①科尔伯格对于道德判断发展六个阶段的界定未必合乎我们的国情,但研究方法和研究结果总的说是可信的,值得进一步研究和发展,在实际应用中应不断对科尔伯格的研究进行修正;②发展性原则在我国学校的知识教学中已经得到广泛认可和应用,但在德育上还没有更多的研究和展开;③我国学校在系统地传授道德知识方面颇有心得的,但在提高学生道德思维能力方面缺少行之有效的办法,认知性道德发展模式可以提供有益的借鉴。

二、体谅模式

与认知性道德发展模式强调道德认知发展不同,体谅模式把道德情感的培养置于中心地位。该模式假定与人友好相处是人类的基本需要,满足这种需要是教育的首要职责。它以一系列的人际与社会情境问题启发学生的人际意识与社会意识,引导学生学会关心,学会体谅。按照麦克费尔的观点,道德教育的任务应当建立在体谅的基本核心之上。这种基本核心是所有的人自然具有的,而且“根据经验可以证实,人的相似之处是深刻的,人的不同之处是表面的”。对于道德发展来说,给机会表达隐藏于心中的敏感点,是至关重要的。

该理论的特征有:(1)坚持性善论,主张儿童是德育的主体,德育必须以儿童为中心,尊重儿童发展需要;(2)坚持人具有一种天赋的自我实现趋向,德育的关键是人的潜能得到充分自由的发展;(3)把培养健全人格作为德育目标,把培养主动的、集体的、创造性的丰富人格作为现代德育的任务,并据此建构起各自的德育理论体系;(4)大力倡导民主的德育观,主张教师要采取中性立场,虚心接纳儿童的思想情感,以促进者和引导者的身份出现,倡导平等民主的师生关系。

(一)理论假设

1. 与人友好相处是人类的基本需要,帮助学生满足这种需要是教育的职责。因此,创设一种道德教育课程最令人信服的理由,就是学生们需要这种课程。

2. 道德教育重在提高学生的人际意识和社会意识,引导学生学会关心,学会体谅。麦克费尔在调查的基础上总结出:关心人和体谅人的品性是道德的基础和核心;以关心和体谅为核心的道德行为是一种自我强化;道德教育的重点在于提高学生的人际意识,培养自我与他人相互关系的一种个人的一般风格。

3. 鼓励处于社会试验期的青少年试验各种不同的角色和身份。

4. 教育即学会关心。麦克费尔坚信,行为和态度是富有感染力的,品德是感染来的而非直接教来的。因此,学校在引导学生关心人、体谅人的人际意识中,他特别强调以下两点:(1)营造相互关心、相互体谅的课堂气氛,使猜疑、谨小慎微、提心吊胆、敌意和忧虑在课堂生活中逐渐销声匿迹;(2)教师在关心人、体谅人方面起着道德表率作用。教师引导学生学会关心人的最佳办法,就是教师自己去学会关心人。

(二)围绕人际—社会情境问题的道德教育

1. 设身处地

设身处地的目的在于发展个体体谅他人的动机,所用的教材和教学策略的特点或要求有:教材具有情境性,调动学生参与的积极性;所提问题一般涉及实践而不涉及理论思考;围绕学生所提出的行动方针的角色扮演和戏剧性表演,一般比班组更有可能促进情感和理性的投入,因而促进对人类行为更加现实的鉴赏和理解;鼓励青少年进行社会试验的自然倾向;教材使用中提供的体谅人的基本动机,是回报性反馈引起的体谅的倾向;可以列出事件一览表,但它只表示师生所能做的事情,并非固定不变;尽可能让学生自行选择情境;设身处地的情境不得用作惩罚性的作业。

2. 证明规则

证明规则的一般目的在于给学生以机会,“以设法解决当他们试图取得成年人的地位并在与其他成年人平等的基础上生活和工作时发生的各种常见的问题”。具体目的在于帮助青少年学生形成健全的同一性意识,并把自己视为对自己的共同体做出贡献的人。

3. 付诸行动

付诸行动的目的在于回答“如果是你,会怎样做”的问题。

(三)简要的评论

1. 体谅模式在理论上的缺陷

其一,麦克费尔对于青少年学生的需要和特点的描述带有鲜明的人本主义色彩,可他关于道德感染、道德表率、观察学习和社会模仿的观点又有明显的行为主义倾向。怎样用如此不同甚至对立的理论作为同一德育模式的理论基础,西方评论家对此表示非常疑惑。

其二,麦克费尔关于青少年期是人生“社会试验期”的假设,暗示《生命线丛书》只适用于中学德育,这套教材本来也是为中学设计的。但实践证明,它也十分适合小学德育,这一方面表明该丛书生命力强,另一方面表明麦克费尔的理论假设不可靠,也许人生的“社会试验期”早在少年期来临时就已经开始了。

2. 体谅模式的特色及对我国学校德育改革的启示

体谅模式的特色在于:有助于教师较全面地认识学生在解决特定的人际—社会问题的各种可能反应;有助于教师较全面地认识学生在解决特定的人际—社会问题时遭遇到的种种困难,以便更好地帮助学生学会关心;它提供了一系列可能的反应,教师能够根据它指导学生围绕大家提出的行动方针进行讲座或角色扮演的主题。

我国的一些学校正在开展这方面的试验和研究,体谅模式对于我国学校德育的改革有一定启示:(1)如果“把学会关心”视为学校德育的一个重要方面,那么这个总的教育目的应当分解成层层推进的目标体系:从培养学生对他人需要、目的、利益的敏感性,到培养较为丰富的人际意识,直到培养比人际意识更为复杂的社会意识。(2)目标体系应当通过一套精心设计的、内容逼真的、包含人际—社会问题情境的教材体现出来。(3)应当与各学科的教学结合起来使用,大量使用有助于提高学生人际意识的教学方法,如角色扮演、创作、小组讨论等。

三、社会学习模式

社会学习模式主要是美国的班杜拉创立的,该模式吸取了认知发展论的某些观点,与行为主义的合理内核相结合，创立了新的认知—行为主义学说。在德育上，该模式不同意旧行为主义学说把人看成由环境消极被动决定的传统观点，认为人与环境是一个互动体，人既能对刺激作出反应，也能主动地解释并作用于情境。人的行为不仅可被现实经验规定，也受未来预期所影响，该模式既不赞成发展阶段论的观点，认为阶段论过分夸大认知结构的内在发展，而低估了学习的作用和人的学习能力，也不赞成人本主义学说提出的自知自明、自现、自我发展、自我完善的观点，认为低估了环境影响和学习。

（一）理论假设

该理论认为，学习并非刺激—反应（S—R）的结果，而是相当复杂的过程，S—R 说既不能说明新行为的产生，也无法解释人的完整行为和复杂行为系统的完整模式，更不能说明学习后要延续时间行为才会出现等问题。为此，该理论主张用替代性学习概念，建立观察学习的理论体系来说明个体对刺激的反应和对行为体系的建构。认为人类不必事事经过直接反应，亲身体验强化，而只需要通过观察他人在相同环境中的行为，从他人行为获得强化的观察中进行体验学习，所以建立在替代基础上的观察学习是人类学习的重要形式，是品德教育的主要渠道。

该理论强调观察学习是行为获得的基本学习方法，通过观察、模仿，再经认知过程进而形成人的复杂行为；注重强化的学习意义，利用外部直接强化和替代性强化和自我内在强化的交互作用，使学生提高学习效果；强调建立起有利于学习的道德环境和心理调节机制，个体可对自己行为的可能结果进行积极预期的这种自我效能来寻找更大的学习目标。教师应引导学生建立良好的自信心、道德品质和健全的情感等促进自我期望的发展，形成良好的人生心态。

（二）围绕社会学习论的道德教育

（1）人类学习必须有个体品德参与才能完成。社会学习论认为，人类的学习既包含品德学习的内容，也必须有个体品德的参与才能完成。

（2）道德判断取决于社会学习而没有固定发展阶段。社会学习论认为，儿童的道德发展是个体社会化的结果：儿童道德行为、道德判断是通过社会学习获得的，同样也可通过社会学习加以改变。综合运用榜样替代性奖励可以改变或提高道德判断。

（3）道德教育应从人的人格形成出发。该理论强调：道德教育的人格特征，即关心人格的整体性，而不是简单的某种行为反应；教学中的德育意义，例如师生互动的道德因素、教师的人格形象等；潜在课程的作用，尤其是校园文化的熏陶。

（4）榜样对品德的作用。榜样示范是道德教育的主要手段，儿童的发展不仅是一个内部成长的自发的发现过程，而且是由社会示范的呈现和社会实践、训练来实现的。

（5）提出环境、行为和人的交互作用论。主张德育应当在引导学生领悟道德真谛的过程中，把获得的认识付诸行动，在改变环境的实践中发展道德水平。

（三）简要的评论

1. 社会学习模式在理论上的缺陷

社会学习论为当代学校德育提供了一种有启迪的新理论和新的教育方法，使它与各派之间建立起重要的联系，但作为一种新理论，它还有许多不完善之处：（1）理论拼凑的痕迹还很明显，缺乏深入细致持之以恒的贯穿力；（2）许多观点尚缺乏进一步的论证，一些实验的信度也尚存疑问；（3）在德育实验中缺乏具体的教育策略，很难在学校德育中实施，等等。

2. 社会学习模式的特色及对我国学校德育发展改革的启示

社会学习论对学校德育提出了独特的新见解，其主要贡献表现在：（1）在吸收其他学派的基础上,发展了行为主义,使之对人的道德行为作出更合理的阐释,对德育工作有很大意义;(2)在文化环境与人的道德发展的相互作用方面有重要的成果,系统论述了示范榜样对道德发展的内在作用机制以及影响道德行为的各种形式和途径;(3)自我评价和自我评价能力,建立认知调节基本过程,把环境的示范和个体的发展与认知调节机制的互动表达出来,从中可以看到学生是如何内化外部作用,从而逐渐发展成自我评价能力的;(4)注重理论与实践相结合。其值得借鉴的地方在于:(1)在探讨道德教育与行为形成方面,社会学习理论的许多成果也值得借鉴,对我们加强道德知识教育和行为习惯培养有较大启迪作用;(2)强调自我效能感,注重个体自我评价能力的培养,努力引导学生学会自我强化。这些对我国学校德育工作者有借鉴意义。

同步练习

一、单项选择题

1. 狭义的德育是指(　　)。

A. 政治教育　　B. 思想教育

C. 道德教育　　D. 素质教育

2. (　　)是实现教育目的的条件和保证。

A. 德育　　B. 智育

C. 美育　　D. 体育

3. 教育目标在人的思想品德方面的总体规格要求是(　　)。

A. 教育目标　　B. 德育目标

C. 思想教育　　D. 德育原则

4. 知、情、意、行四个基本要素中,(　　)是关键。

A. 知　　B. 情

C. 意　　D. 行

5. 学生品德发展程度的一个重要标志是(　　)。

A. 自我评价能力　　B. 自我激励能力

C. 自我调控能力　　D. 自我教育能力

6. “一把钥匙开一把锁”是指学校德育的(　　)。

A. 导向性　　B. 疏导

C. 因材施教　　D. 尊重学生与严格要求相结合

7. 当代德育理论中流行最为广泛、占据主导地位的教育学说是(　　)。

A. 认知模式　　B. 体谅模式

C. 社会学习模式　　D. 情景模式

8. 学者(　　)的(　　)理论认为,冲突的交往和生活情境最适合于促进个体道德判断能力的发展。

A. 皮亚杰　道德发展　　B. 皮亚杰　道德教育

C. 科尔伯格　道德发展　　D. 科尔伯格　道德教育

9. 道德两难问题是由(　　)提出的。

A. 皮亚杰　　B. 科尔伯格

C. 麦克费尔　　D. 班杜拉

10. 体谅模式由德育学家(　　)和其同事所创,并风靡于英国和北美。

A. 皮亚杰　　B. 科尔伯格

C. 麦克费尔　　D. 班杜拉

11. 社会学习模式主要是美国的(　　)创立的。

A. 皮亚杰　　B. 科尔伯格

C. 麦克费尔　　　　　D. 班杜拉

12. (　　)模式的理论认为建立在替代基础上的观察学习是人类学习的重要形式，是品德教育的主要渠道。

A. 认知　　　　　B. 体谅

C. 社会学习　　　　　D. 社会

13. 德育是各个社会共有的社会、教育现象，具有(　　)。

A. 社会性　　　　　B. 历史性

C. 世界性　　　　　D. 继承性

14. 进行自我教育的认识基础是(　　)。

A. 自我调控能力　　　　　B. 自我激励能力

C. 自我评价能力　　　　　D. 自我认识能力

15. (　　)原则是指进行德育要循循善诱，以理服人，从提高学生认识入手，调动学生的主动性，使他们积极向上。

A. 导向性　　　　　B. 疏导

C. 教育的一致性和连续性　D. 因材施教

16. 通过参观、访问、调查等形式进行德育的方法称为(　　)。

A. 说服教育法　　　　　B. 榜样示范法

C. 实际锻炼法　　　　　D. 陶冶教育法

17. 通过表扬奖励、批评处分、评比和操行评定等方式进行德育的方法称为(　　)。

A. 自我教育法　　　　　B. 品德评价法

C. 陶冶教育法　　　　　D. 说服教育法

18. 通过创设良好的环境，潜移默化地培养学生品德的方法是(　　)。

A. 说服教育法　　　　　B. 榜样示范法

C. 陶冶教育法　　　　　D. 自我教育法

19. "其身正，不令而行；其身不正，虽令不从"这句话所体现的德育方法是(　　)。

A. 说服教育法　　　　　B. 榜样示范法

C. 品德评价法　　　　　D. 实际锻炼法

20. 德育的基本途径是(　　)。

A. 说教　　　　　B. 思想教育

C. 示范　　　　　D. 政治课与其他学科教学

二、填空题

1. ________是德育工作的出发点，它不仅决定了德育的内容形式和方法，而且制约着德育工作的________。

2. 德育目标是________的组成部分，德育目标的确立必须依据________、________中对学校德育要达到结果的总的规定和要求。

3. 1995年，________规定了我国中学的德育目标。

4. 我国中学的德育内容有四个方面：________、________、________、心理健康教育。

5. 德育过程通常由教育者、受教育者、________和________四个相互制约的要素构成。

6. 教育者包括直接的和间接的________和________。

7. 德育过程的基本矛盾是________。

8. 自我调控能力是在________基础上建立起来的、自觉调节控制自己思想与行为的能力。

9. 学校进行德育，尤其是劳动教育的重要途径是________。

10. 德育方法包括________方式和________方式。

11. 说服包括运用________进行说服的方式和运用________进行说服的方式。

13. ________是学习榜样的前提。

14. 实际锻炼法包括练习、________和________等。

15. 陶冶教育法包括人格感化、________和________等。

16. 自我修养建立在________的基础上，是人的主观能动性的表现。

17. 选择德育方法的依据有________、________、学生的年龄特点和个性差异。

18. 德育过程从本质上讲是________与________的统一过程。

19. "晓之以理，动之以情，持之以恒，导之以行"符合________的德育规律。

20. ________是学生品德形成的基础。

三、简单题

1. 心理健康教育的任务是什么？

2. 德育过程的基本规律有哪些？

3. 试述学生的知、情、意、行诸因素统一发展的规律。

4. 简述学生思想内部矛盾转化规律。

同步练习参考答案

一、单项选择题

1. C　2. A　3. B　4. D　5. D　6. C　7. A　8. C　9. B　10. C　11. D　12. C　13. A　14. C　15. B　16. A　17. B　18. C　19. B　20. D

二、填空题

1. 德育目标　基本过程
2. 教育目标　教育方针　教育目的
3.《中学德育大纲》
4. 政治教育　思想教育　道德教育
5. 德育内容　德育方法
6. 个体教育者　群体教育者
7. 社会通过教师向学生提出的道德要求与学生已有品德水平之间的矛盾
8. 自我评价
9. 劳动
10. 共青团和学生会
11. 教育者的施教传道　受教育者的受教修养
12. 言语　事实
13. 选好榜样
14. 委托任务　组织活动
15. 环境陶冶　艺术陶冶
16. 自我意识
17. 德育目标　德育内容
18. 个体的社会化　社会规范　个体化
19. 知、情、意、行诸因素统一发展
20. 活动与交往

三、简单题

1. 答:(1)针对大多数心理健康的学生而言,心理健康教育的目标是培养学生良好的心理素质,预防心理障碍的发生,促进学生心理机能、人格的发展和完善。

(2)就有心理障碍的学生而言,心理健康教育的目标是排除学生的心理障碍,预防心理疾病的发生,提高学生的心理健康水平。

(3)针对少数有心理疾病的学生进行心理咨询与治疗。

2. 答:(1)学生的知、情、意、行诸因素统一发展的规律。

(2)学生在活动和交往中形成思想品德规律。

(3)学生思想内部矛盾转化规律。

(4)学生思想品德形成的长期性和反复性规律。

3. 答:(1)知、情、意、行是构成思想品德的四个基本要素。

知,即道德认识,是人们对道德规范及其意义的理解和掌握,对是非、善恶、美丑的认识、判断和评价,以及在此基础上形成的道德辨识能力,是人们确定对客观事物的主观态度和行为准则的内在依据。

情,即道德情感,是人们对社会思想道德和人们行为的爱憎、好恶等情绪态度,是进行道德判断时引发的一种内心体验,对品德认识和品德行为起着激励和调节作用。

意,即道德意识,是为实现道德行为所做的自觉努力,是人们通过理智权衡,解决思想道德生活中的内心矛盾与支配行为的力量。

行,即道德行为,是人们在行动上对他人、社会、自然所作出的行为反应,是人的内在的道德认识和情感的外部行为表现,是衡量人们品德的重要标准。

(2)知、情、意、行之间的关系及其发展。

德育过程的一般顺序可以概括为提高道德认识、陶冶道德情感、锻炼道德意志和培养道德行为。知、情、意、行四个要素是相互作用的,知是基础,行是关键。在德育具体实施过程中,具有多种开端,即不一定恪守知、情、意、行的一般教育培养顺序,而可根据学生品德发展的具体情况,确定从哪里开始。

4. 答:(1)德育过程既是社会道德内化为个体的思想品德的过程,又是个体品德外化为社会道德的过程。要实现这“两化”,必然伴随着一系列的思想斗争。

(2)要实现矛盾向教育者期望的方向转化,必须给受教育者创造良好的外因,还要了解受教育者的心理矛盾(内因),促使其积极接受外界的教育影响,形成新的道德品质。

(3)德育过程也是教育和自我教育的统一过程,教育者要注意提高受教育者自我教育的能力。

第十章　班级管理

本章概要

班级是学校教育活动的基本单位。班级管理是学校管理的基本要素，有班级常规管理、班级平行管理、班级民主管理、班级目标管理等模式。当前在班级管理中，存在着管理方式过于专断、学生参与班级管理程度低等现象，为此，应建立以学生为本的班级管理机制。为有效开展对班级的教育和管理，应注重对班集体的构建与培养。班主任是班级的组织者、领导者和教育者，班主任的工作内容整体而丰富，工作方式具有自主性和创造性。

引导案例

有一位小学班主任，在岗位建设和班干部培养方面努力为学生创造一片自主发展的天地，让他们愿做、能做、做好班级管理工作。在岗位建设初期，她引导学生量身定做，针对自己的特长和优点来任选岗位，以便于扬长避短，更好地胜任岗位，激发自信心；度过初级阶段后，她引导学生针对自己的弱项和不足，选择互补的岗位，扬长补短，实现全面均衡发展。

通过营造良好的氛围、推动团队合作、建设积极的评价体系，她指导的班级岗位工作不断取得新成效，并形成一系列的升级机制：第一阶段，岗位工作完成出色的可以去挑战管理岗；第二阶段，管理岗完成出色的可以去竞选班长岗位；第三阶段，班长岗位完成出色的可以升级做班主任助理；第四阶段，优秀的班主任助理可以升级做代理班主任，代理班主任为班级理事会核心人员；第五阶段，班主任助理和代理班主任可以参与级部管委会和校级管理，成为“娃娃校长”。

在上述工作的基础上，自五年级开始，班级内又实行师生结对，实行 A、B、C、D 班委制；一个月的四周，分别由四套班委进行班级日常事务的管理。每套班委由一名班主任助理即上学期评选出的优秀班长，进行工作上的指导、督促和协助。每周一总结，每月一评比，次次评比有记录，便于寻找工作的提升点。

到小学毕业时，全班同学人人都有担任班长的体验，36 名优秀班长成功出炉；在 1 名代理班主任和 4 名班主任助理的扎实培训中，他们当中有 16 名班长担任鸾娃“年管会”成员，有 14 名班长升级为学校的“娃娃校长”。这些学生都可以独当一面地开展工作。

这是一个实例。这一班级的学生于 2013 年 9 月开始初中生活。据 2013 年 12 月的统计，50 名学生在新的学校和班级中，通过竞选担任班长的有 14 人，副班长的有 8 人，其他班干部 4 人，还有 4 名同学婉言谢绝班长职务，将机会让给其他同学。

这一班级的学生，自 2009 年 9 月起，和班主任一起参加了华东师范大学领导的班级建设改革研究，开展了一系列的文化建设、主题活动、岗位建设、学科综合活动、社会实践活动等。在此过程中，学生得到大量发展机会；到小学毕业时，成为全校闻名的“超级六(4)班”；其发展状态获得家长、学生的高度认可。

学生发展的实现，正是借助上述整体综合且价值取向清晰合理的班级建设实践。学生在这些活动中实现发展；班级中的岗位、干部工作、主题班会等，都是学生成长的土壤，都是教育的构成部分。

就岗位建设而言，这个班级为每个学生提供了锻炼的机会；相关机制的建设，引导着学生不断提高自己的能力；真实的锻炼，促成了学生责任心、领导力、创新精神和实践能力的综合发展。

班主任工作就这样直接影响着学生的发展。有一个优秀的班主任，是学生和家长之幸；有一个不负责任、缺乏能力的班主任，是学生和家长之不幸！

对于经历过中国中小学教育的未来教师来说，一定不会陌生于班主任这一角色及其工作：是班主任安排班级里的座位，建立班级组织，开展日常管理，组织家长会，联系家长，开展个别教育等。

未来的教师们也有着担任班主任的可能性。学生在变、学校在变、时代在变，我们准备如何做班级管理工作？

第一节　班级管理概述

一、班级

(一)班级的概念

班级是学校为实现一定的教育目标，将年龄相近、身心发展水平相近、文化程度大体相同的学生按一定的人数规模建立起来的教育组织。

班级是学校教育活动的基本单位。它通常由教师、学生及环境组成，通过师生交互影响的过程实施教育教学活动，以实现教育教学目标。班级是学生在家庭之外进行学习、生活、开展集体活动、结交朋友的首属群体和主要场所，也是学校教育管理工作的基层组织。因此，它在满足学生的需求、促进学生的发展和矫正学生的行为等方面具有重要功能。

(二)班级组织的产生与发展

班级组织是历史发展的产物。16 世纪随着资本主义工商业的发展和科学技术的进步，教育对象范围的扩大和教学内容的增加，学校中需要有一种新的教学组织形式来代替当时的个别教学形式，这样适应大工业生产的班级组织应运而生。率先正式使用“班级”一词的是文艺复兴时期的著名教育家埃拉斯莫斯。从 16 世纪开始，在西欧一些国家创办的古典中学里出现了班级组织的尝试，运用班级的形式开展教学活动。

17 世纪捷克教育家夸美纽斯总结了前人和自己的实践经验，在其代表作《大教学论》中对班级组织进行了论证，从而奠定了班级组织的理论基础。此后，班级组织在欧洲许多国家的学校中逐步推广。

19 世纪初，英国学校出现了“导生制”，即根据儿童的年龄和发展水平划分等级，对进度相同的儿童系统性地开设科目，编制班级，实施同步教学；并且除教师之外，还配备“导生”，他们在教师的指导下对低年级的学生进行教学与管理。这一制度由于其经济而有效的特点，受到社会的欢迎，从而使班级教学的形式得到了发展。到19世纪中叶，班级授课的形式已成为西方学校教学的主要组织形式。

中国采用班级组织形式，最早的雏形始于1862年清政府开办的京师同文馆。20世纪初废科举、兴学校之后，全国各地的学校开始采用了班级组织的形式。

随着学校教育的不断发展，班级逐渐成为学校教育的基本单位，并对学生的发展产生越来越大的作用。与个别教学相比，班级授课教学效率高，一个教室能同时教几十个学生，比较适合学生身心发展的年龄特点和发挥学生之间相互影响作用，有助于教学质量提高。

二、班级管理

（一）班级管理的概念

班级管理是班主任为促进学生全面发展，按照一定的要求和原则，运用科学的方法和手段，对班级的构成要素及影响班级的因素进行组织、协调和控制，通过构成良好的班级集体，促进学生成长的综合性活动。

班级管理是一种有目的的活动，这一活动的根本目的是实现教育目标，使学生得到充分的、全面的发展；班级管理是一种组织活动过程，体现了教师与学生之间的双向活动，是一种互动的关系；班级管理的对象是班级中的各种管理资源，包括人、财、物、时间、空间、信息，而主要对象是人，即学生，班级管理主要是对学生的管理。

在班级管理中，最核心、最重要的是对人的管理。班级管理就是用人来影响人，用生命来塑造生命的过程。所以，班级管理必须遵循人的心理活动规律，在管理活动中，必须处理好人与人之间的关系。

班级管理是以班主任为主导，进行有目的、有组织的班级学生群体活动，容易带有“管”的色彩。当然，“管”也是必要的，是为了追求特定时空、特定活动的高效，并不是给学生拴上绳，你往哪儿拽，学生就往哪儿拐。班主任不是“官”，没有太多的权力，况且从促进学生发展的角度而言，也不应有太多的权力，因为学生自己才是发展的主体。所以，班级管理的效能要靠班主任的爱心、学识、人格魅力和职业修养来实现，即需要班主任运用非权力影响力来管理好自己的班级。

总之，班级管理是教师根据一定的目的和要求，采用一定的手段和措施，带领班级学生，对班级中的各种资源进行计划、组织、协调、控制，以实现教育目标的组织活动过程。

（二）班级管理的功能

班级管理对于班级活动的顺利进行，对于学生的健康成长和全面发展具有很大的影响。具体地说，班级管理的作用主要有以下几个方面：

1. 有助于实现教学目标，提高学习效率

班级组织产生的根本原因是为了更有效地实施教学活动，因此，运用教学技术手段来精心设计各种不同的教学活动. 以及组织、安排、协调各种不同类型学生的学习活动，是班级管理的主要功能。

2. 有助于维持班级秩序，形成良好的班风

班级是学生群体活动的基础，是学生交往的主要场所。因此，调动班级成员参与班级管理的积极性，共同建立良好的班级秩序和健康的班级风气，是班级管理的基本功能。通过班

级舆论、班风、传统以及班主任的作用感染学生，并通过诸如遵守班级规章制度等方式对学生进行道德规范教育和社会行为训练。这不仅可以规范学生的行为，调节学生的心境，而且可以使学生有强烈的归属感，激发学生关心集体、为集体负责的意识，从而使学生愿意并努力使自己成为对集体有所奉献的一员，在集体中追求个人的发展。

3. 有助于锻炼学生能力，让学生学会自治自理

培养学生自我管理、自我教育的能力是日益受到教育家重视的重要问题，也是我国当前教育改革工作的一个重要课题。班级组织是社会组织的雏形，它同样存在着最基本的人际交往和社会关系，存在着一定的组织层次和工作分工。因此，班级管理的重要功能就是不但要帮助学生成为学习自主、生活自理、工作自治的人，而且要帮助学生进行社会角色的学习，获得认识社会、适应社会的能力，这对于促进学生的人格成长是极其重要的。

第二节　班级管理的模式

班级既然是由一定人数规模的师生集合而成的、承担着有目标、有计划地执行管理职能任务的学生基层组织，那么班级管理就主要是对组成班级的学生的管理，属于一种微观的、具体的学校管理层次，具有自己特殊的管理模式。

模式是指事物发展过程中，在一定条件影响下逐步形成的由若干要素构成的具有某些典型特征的理论模型和操作式样。以模式概念为基础，班级管理模式可以从方法论和操作两个方面理解。就方法论而言，它是一种研究方法，可以对班级活动进行合理分类。就操作而言，它是班级管理者在具体管理活动中的基本框架和运行程序。这里主要从操作层面来理解并建构班级管理模式。班级管理模式，是指在一定价值观的指导下，管理主体和管理客体之间有关班级组织设计及其活动中表现出来的稳定而典型的模型和操作程序。解决“管理什么样的人”和“怎样管理”的问题，是班级管理实施过程中管理活动与管理理论、内容、方法、手段和途径等组成的某种组合方式。

围绕育人的教育目标，我国中小学班级管理主要有以下几种模式：

一、班级常规管理

班级常规管理是指通过制定和执行规章制度去管理班级的经常性活动。主要是通过制定和执行班级的规章制度以及贯彻落实上级行政部门和学校的规章制度来进行。它是班级管理的基本模式，是班级集体正常运行的保证，具有基础性、强制性和实际操作性等特点。

严格的规章制度是学生在学习、工作、生活中必须遵守的行为规范，是维护班级正常教育教学活动的保障，有一定的管理、控制和教育的作用。因为班级的一切教育教学活动是在师生的交往中进行的，而在师生的活动和交往中必然会形成一定的人际关系和组织系统及其相应的要求，而且学生能够清楚地知道应该怎么做、不应该怎么做、怎么做才是对的，从而使班级各项工作有章可循、有条不紊，以避免工作的随意性和盲目性以及学生行为表现的无规范性。通过严格的规章制度的贯彻，可以培养学生良好的思想品质、意志品德和行为习惯，协调人际关系，形成优良的班风、传统和正确的班级舆论，保证班级组织系统的管理工作得以正常有序地进行。

每一个班级都应制定和遵守规章制度，这是衡量和评价班级工作的基本标准。因此，开展以班级规章制度为核心的常规管理，是班主任工作的重要内容之一。一般来说，班级的规章制度主要由三部分组成：一是由教育行政部门统一规定的有关班集体与学生管理的制度，如学生守则、日常行为规范、体育锻炼标准等。我国教育部在1998年颁发并实施的《中小学德育工作规程》中对此作了详细规定。具体说来，主要有中小学校必须建立升降国旗制度；中小学校每年应当结合国家的重要节日、纪念日及各民族传统节日，引导学生开展丰富多彩的教育活动，并逐步形成制度；各级教育行政部门和中小学校应切实保证校会、班会、团(队)会、社会实践的时间；小学、初中、高中每学年应分别用1—3天、5天、7天的时间有计划地组织学生到德育基地、少年军校或其他适宜的场所进行参观、训练等社会实践活动；各级教育行政部门和中小学校要认真贯彻落实《小学生守则》《中学生守则》《小学生日常行为规范》《中学生日常行为规范》，形成良好的校风；中小学应实行定期评定学生品德行为和定期评选"三好"学生、优秀学生干部(中学)、优秀班集体的制度；中小学校应当严肃校纪。对严重违反学校纪律，屡教不改的学生应当根据其所犯错误的程度给予批评教育或者纪律处分，并将处分情况通知学生家长。受处分学生已改正错误的，要及时撤销其处分。二是由学校根据教育目标和上级有关指示制定的学校常规制度，如考勤制度、奖惩制度、课堂常规、作业要求等。三是由班集体根据学校要求和班级实际情况讨论制定的班级规范，如班规、值日生制度、考勤制度等。这些规章制度涵盖了班级常规管理的方方面面，是班级管理不可或缺的内容。

班级规章制度实质上是社会行为规范在学校生活中的具体表现形式，一个班集体是否形成并得到了有效的管理，主要就是看它是否具有并健全了班级成员共同遵守的严格的规章制度。因而制定和贯彻班级规章制度的过程，就是组织和引导学生共同学习和探讨在社会群体中生活所必需的基本规范，形成应有的社会角色意识、社会责任感和义务感。正因为如此，通过规章制度进行的班级常规管理必须注意两个方面的问题。

首先，制定规章制度要充分体现国家教育方针和学校管理的要求，要符合学生特点和班级实际。所以，班级规章制度既不能与国家的有关法规政策和学校的规章制度相违背，也不能与班级的具体情况和班级发展相矛盾。在整个制定过程中，要着眼于班级所有成员的发展，充分发挥师生的主动性和积极性，集体讨论，共同学习，反复酝酿。确定的内容要严肃、具体；提出的要求要科学、合理；表述的语言要简洁、易懂、易记又易行。

其次，规章制度一经制定，就应该组织学生认真学习，贯彻执行。通过检查督促，评比表彰等措施，使其成为学生的行动指南。既要避免形式主义，使规章制度成为贴在教室墙上的一纸空文，有"章"不依；又要避免朝令夕改，甚至以班主任的个人意志取而代之，使班级管理无"章"可循。有效的班级管理必须重视规章制度的严肃性和权威性。否则会使学生无所适从，班级秩序混乱，最终失去通过规章制度进行常规管理的意义。

二、班级平行管理

班级平行管理是指班主任既通过对集体的管理去间接影响个人，又通过对个人的直接管理去影响集体，从而把对集体和个人的管理结合起来，以增强管理效果的管理方式。

班级平行管理模式的理论基础源于苏联马卡连柯的"平行影响"的教育思想。马卡连柯辩证地分析了集体与个人的关系。他认为在集体中，个人和集体是相互依赖相互促进的，

“教育了集体,团结了集体,加强了集体,以后,集体自身就能成为很大的教育力量了”①,“不管用什么样的劝说,也做不到一个正确组织起来的自豪的集体所能做到的一切”②。因此,他强调教师要影响个别学生,首先要去影响这个学生所在的班级,然后通过这个学生集体与教师一起去影响这个学生,这样就会产生巨大的教育力量。

要使班级管理工作协调有序,班主任常常会面临诸多的关系和矛盾,而其中最主要的就是如何处理好学生个人和集体的关系,解决好对学生个人和集体的管理问题。只有善于处理对学生个人的管理与对学生集体的管理的相互关系,才能发挥集体的教育影响力,提高学生自我教育、自我管理的能力,实现班级管理的目标。因而,班主任在实施平行管理时,应该重视两个方面的工作。

首先,要充分发挥班集体的教育功能,使之成为真正的教育力量。

实践证明,一个好的班集体可以培养学生的优良品质,克服学生的不良习惯,甚至转化个别有品行问题的学生。班集体的这种巨大的教育影响力来自于各个方面,其中最关键的因素是良好的班风、正确的舆论、健全的组织、丰富的活动,融洽的师生关系等。正如马卡连柯所说:“儿童集体里的舆论的力量,完全是一种物质的、实际上可以感触到的教育因素”。“只有建立了统一的学校集体,才能在儿童的意识中唤起舆论的强大力量,这种舆论的力量,是支配儿童行为并使它纪律化的一种教育因素。”③当学生生活在班级集体中时,虽然可能每个人的表现各异,但势必都会在不同程度上受到集体的制约和影响,并且当集体处于健全完善的状态时,集体对个人的影响作用会更大、更充分。为此,班主任进行班级管理的第一步就是要花大力气组建并不断完善班集体。实际上,培养集体的过程本身就是教育学生的过程,班集体一旦形成,就成为相对于个体而存在并在个体一生中产生深刻影响的教育力量。

其次,要通过转化个别学生,促进班集体的管理与发展。

个别教育与集体教育是相辅相成的。“在教育集体的同时,必须看到集体中每一个儿童及其独特的精神世界,悉心地教育每一个儿童。个性的教育—这是一个与集体的教育紧密相连的过程。”④班主任在管理班级时,也要教育影响个人。尤其是对于与集体不协调、游离于集体之外甚至影响集体建设的特殊学生,班主任一方面要注意教育力度和情感方法,对症下药进行个别的教育转化工作,另一方面要认识到学生的思想转化是一个漫长而曲折的过程,更需要集体的力量。所以要把学生个体置于整个集体中,通过集体成员的帮助、督促和潜移默化,促进其转变。班集体只有不断转化后进学生,不断克服自身弱点,才能日益巩固、健全和完善,并发挥强大的教育影响力。总之,班主任要重视实施对班级集体与个别学生双管齐下、相互渗透的管理。

三、班级民主管理

班级民主管理是指班级成员在服从班集体的正确决定和承担责任的前提下,参与班级

---

① 《马卡连柯全集》(第五卷),人民教育出版社 1956 年版,第 228 页。

② 《马卡连柯全集》(第三卷),人民教育出版社 1957 年版,第 556 页。

③ 《马卡连柯全集》(第五卷),人民教育出版社 1956 年版,第 389—391 页。

④ 苏霍姆林斯基:《教育的艺术》,湖南教育出版社 1983 年版,第 204 页。

管理的一种管理方式。

班级集体是由师生共同组成的群体组织，因此，在班级管理中应该发扬民主精神，既发挥教师的主导作用，又尊重学生的主体地位，激发师生共同参与管理的热情，做好班级管理工作。班级民主管理的实质是在班级管理的过程中，调动学生自我教育的力量，发挥每一个学生的主人翁精神，使人人都积极主动地参与班级事务，让每个学生成为班级的主人。既要避免使学生产生缺乏自由、总被人“管着”的消极想法，又要避免任由班主任唱独角戏，学生或消极依赖，或漠不关心的局面产生。即在班级管理中，全体班级成员都同时具有管理者和被管理者的双重身份，他们的地位和权利平等，目标和行动一致，自主、积极地参与管理活动。

实施班级民主管理的核心是教师要引导学生形成对集体的主人翁意识和责任感。为此，班主任主要应从两个方面着手进行组织引导；一是组织全体学生参加班级全程管理，即在班级管理的计划、施行、检查、总结的各个阶段和环节，都大胆放手让学生参与进来，师生共同实施管理活动。班主任应该明确地意识到，在班级管理中，学生参与的活动愈多，参与中愈被信任，则参与的热情就愈高，自我教育的主动性和积极性也会愈强。不仅如此，更重要的是学生在参与管理中增强了集体荣誉感和主人翁的责任感，为将来走入社会，适应社会奠定了坚实基础。二是建立班级民主管理制度，如干部轮换制度、定期评议制度、值日生制度、值周生制度、定期召开民主教育活动制度等。通过这些制度，对学生提出具体要求，并提供“负责任”的机会，让他们各显所能，各司其职，认识到自己是集体中不可或缺的一员。同时，引导学生经常开展批评和自我批评，使学生集体和学生个人真正成为自我教育、自我管理的主体。

四、班级目标管理

班级目标管理是指班主任与学生共同确定班级总体目标，然后转化为小组目标和个人目标，使其与班级总体目标融为一体，形成目标体系，以此推进班级管理活动、实现班级目标的管理方法。

目标管理是“以目标为中心进行管理活动的一种现代管理方法”，由美国管理学家德鲁克在《管理的实践》一书中提出的，其理论的核心是将传统的他控式的管理方式转变为强调自我、自控的管理方式，是一种以自我管理为中心的管理，目的是为了更好地调动被管理者的积极性。“它强调以目标指导行动，以成果和贡献作为管理活动的重点，特别是强调目标实现的整体意识。具有向量性、整体性、时效性和激励性的特点。”①作为目标管理理论实际应用的班级目标管理立足于通过目标来调动和激发班级成员的主动性和积极性，十分重视班级管理的成果，强调以目标指导行动，以目标实现的程度表现成果状况，评价管理活动。因此，班级目标管理在班级管理中意义重大。

（1）班级目标管理能把整体任务分解为具体目标，使班级成员明确各自的目标、任务及其要求，以此指导和规范自己的行动。学生因此由“他控”变“自控”，由被动变主动，成为管理的主人，自主教育、自我管理。

（2）班级目标管理能够充分尊重和体现师生共同参与管理的意识，能够通过目标要求、

① 《教育大词典》第七卷，上海教育出版社 1990 年版，第 251 页。

目标意识、目标责任、目标评价，使人人都成为自觉的、有明确目标意识和责任感的主动的管理者，从而有利于发挥管理在学生成长中的教育作用。

(3)班级目标管理既有利于班主任掌握管理的主动权，发挥主导作用，又有利于学生积极进取，发挥主动性。目标管理强调以目标指导行动，使得目标的实现过程很明显且容易操作和评判。这样，一方面，班主任能够把握管理过程，及时调控，使管理工作有序运行；另一方面，班级每一个人都会关心目标是否达成及其达成的程度，重视管理的成果，从而激发管理班级的主动性、创造性和进取心。

在班级中实施目标管理，关键就是要围绕全班成员共同确立班级奋斗目标，将师生尤其是学生个体的发展与班级进步紧密联系起来；并在目标的引导下，实施学生的自我管理。在确立管理目标时要注意两个问题：其一，目标的确立要以学生的进取意识为心理基础，目标的内容要与社会的要求和学校的任务相一致，并充分考虑班级的主客观条件，经过班级全体成员的仔细酝酿和充分讨论，最终能使目标成为一种自觉的激励和调控条件，既能促进集体的成长进步，又能促进学生个人的和谐发展。其二，目标的实施尤其要重视发挥班主任的主导作用。班主任要精心做好组织、指导、协调和激励工作。既要充分发挥学生的主动性和积极性，使其各展所长，各得其所，各司其职，又要针对学生们在认识上和行动上同目标之间的差距，及时调整、调节和指导，进一步提要求、出主意，给予具体帮助。同时，班主任还要根据实施阶段的动态变化，随时协调关系，化解矛盾，减少“内耗”和“外耗”，增加教育合力。协调的内容包括：协调班内人际关系和各项工作；本班与其他班级、学校有关部门的关系和师生之间的关系等。其中，班主任同全班学生和本班任课教师的关系是协调上述各种关系的基础。总之，班级目标管理的过程就是班主任教育引导学生的过程。班主任要不断用“目标”激励学生、引导学生，使他们不断地对自己提出新要求，奔向新目标，做好班级的自我教育和自我管理。

五、其他班级管理模式

除了上述班级管理模式外，还有其他划分方法，分别是功能性取向模式、行为改变取向模式和人格互动取向模式。

功能性取向模式注重班级管理的标准，有选择地为教师寻找能帮助达到这些标准的行为规范，这种模式以目标导向理论为代表。

行为改变取向模式注重运用强制和处罚的手段来建立、维持或消除一些具体的行为，偏重行为的控制和纪律的维持。这种模式以果断纪律理论为代表。

人际互动取向模式注重教师行为对学生情意方面的影响，认为教师对学生的关注及师生在班级中的有效交流可以促进学生自我意识、自我调节和责任感的发展，促进班级组织的形成，从而实现更有效的班级管理。

第三节　班级管理中存在的问题

一、当前班级管理存在的问题

（一）由于受到分数压力和教师权威的制约，班主任管理班级的方式偏重于专断型

在程式化的教育教学工作中，教师往往最关心的是两件事：(1)如何使学生在考试中取得好成绩，确保班级的成绩在学校中的排名靠前或不落后。在应试教育模式下，分数在学校中是至高无上的，教师奖励与惩罚、教师在学校中的地位与其所在班级学生所取得的分数直接相关。学校把分数作为衡量教师工作业绩的主要尺度，教师则把分数作为衡量学生成就的主要指标。(2)让学生听从教师，以维护教师的权威不受损害。教师权威无疑是使学生服从教师指挥，从而控制学生各种行为的最便捷、最有效的手段。

在这样的背景下，班级管理无形中受到分数与教师权威的双重制约。由此形成班级管理的极为简单的因果关系：学得好的，受到鼓励，并越来越好；学得差的，受到批评，并越来越差；受到鼓励的，不断进步为好学生；受到批评的，逐渐退化为“双差生”。班级管理成为教师实施个人专断管理的活动过程。

（二）班级管理制度缺乏活力，学生参与班级管理的程度较低

在班级中设置班干部，旨在培养学生的民主意识和民主作风，学会自治自理。良好的班集体的建立在很大程度上取决于班干部队伍的数量和质量。然而，在当今的中小学存在着这样一些问题：班级干部相对固定，使一些学生养成了“干部作风”，不能平等地对待同学，而多数学生希望能为班级做点事，却缺少机会；学生在社会环境的影响下，常常把班干部身份看作荣誉的象征，并认为“荣誉”重于“责任”；只把班干部看作“老师的助手”，忽视干部是“群众的代表”；学生都想当干部、当个好干部，但缺乏“每个人都是班级小主人”“争取做合格的班级小主人”意识。这说明在班级管理中，班干部特殊化、多数学生在班级管理中缺乏自主性是比较普遍存在的问题。

班主任要善于在各项活动中发现品学兼优、关心集体、能起带头作用的积极分子以不断壮大学生干部队伍，同时要注意把最有威信、最有能力的学生推选出来。

二、建立以学生为本的现代班级管理机制

（一）以满足学生的发展需要为目的

传统的班级管理就是教师在班级中实施对人、事、物等因素的控制，它体现了教师对班级的预先期望及学生对教师的服从，纪律、秩序、控制、服从是传统班级管理所追求的目标。

在现代社会的学校教育中，班级活动完全是一种培养人的实践活动，在这一实践活动中，学生既是对象，又是目的。因此，满足学生发展的需要既是班级活动的出发点，又是班级活动的最终归宿。班级管理的实质就是要让学生的潜能得到尽可能的开发。例如，有的班主任往往把班级分成五个小组，以便于安排每周的值日等各项工作。小组的人员要合理搭配，使每个小组的力量均衡，以便于小组内的互相帮助和小组之间的竞赛、评比活动的开展。

（二）确立学生在班级中的主体地位

在传统的班级管理模式下，学生在某种程度上是教师的“附属物”，教师和学生的“人—人”关系降低为“人—物”的关系，学生的主体地位根本无法保障。现代教育的发展，从根本上促进了新型班级的建立，从而为以学生为本的班级管理提供了保障。班集体按照学校的要求，根据学生年龄特征以及身心发展的规律开展丰富多彩的活动，为学生个性的全面发展提供了条件。一方面，每个学生的聪明才智和特长在活动中得到充分表现和发挥；另一方面，班集体活动严格有序的要求，团结友爱的合作，使每个集体成员的个性受到教育和熏陶，使个性得到培养和发展。

（三）训练学生自我管理班级的能力

由于传统的班级管理模式是以教师为中心构建的，学生参与班级管理的机会有限，即使有，也只是教师意志的再现。但大多数学生从内心来说，是非常渴望参与班级管理的，但苦于不被教师赏识，以至于不少学生毕业以后不会自主，缺乏独立、主动、创新的精神。

班集体是学生形成集体意识，促进学生社会化的基地。例如，在家里许多学生更多地体验到别人为自己服务，但在班集体里自己成了主人，这就要求他们必须对集体尽自己的义务，承担对集体的责任，从而享受集体生活的权利。

以训练学生自我管理能力为主的班级管理制度改革的重点是：适当增加“小干部”岗位，适当进行“小干部”轮换；按照民主程序选举干部；使小干部从“教师的助手”变成“学生的代表”；把学生的注意力从当干部引向当“合格的班级小主人”；把以教师为中心的班级教育活动转变为学生的自我教育，即把班级集体作为学生自我教育的主体。

第四节　班集体的形成

班级是学校中开展各类活动的最基础的组织，是按一定的教育目的、教学计划和教育要求组织起来的学生群体。但一个班的学生群体还不能称为班集体。班集体有着鲜明的特征和重要的教育价值。

一、班集体的教育价值

要形成一个优秀的班集体，充分认识到班集体的教育价值，首先就必须了解班集体具有什么样的特征。

（一）班集体的基本特征

既然班级是学校教育教学的基层组织，是学生学习、生活、发展的直接环节，无疑一个优秀的班集体对学生的发展会产生极其深刻的影响。然而，优秀的班集体不是由一群学生简单集合而自发形成的，一般的学生群体尚不能称为班集体，班集体是班级发展的高级形式，它的建立是一个长期的过程。健全的班集体具有四个基本特征，即明确的共同目标、一定的组织结构、一定的共同生活的准则、集体成员之间平等和心理相容的氛围。

1. 明确的共同目标

当班级成员具有共同的目标定向时，群体成员在实现目标的过程中便会在认识上、行动上保持一致，相互之间形成一定的依存性，这是班集体形成的基础。班集体应以本班全体学生的全面发展为共同目标，在德、智、体、美等方面都有明确的目的和任务，并能为实现这一目标而进行共同的活动。

2. 一定的组织结构

马卡连柯曾经说过，集体是有目的的个人集合，参加这一集体的每一个人是被组织起来的，同时也拥有集体的机构。凡是有组织的地方，那里就有集体的机构，那里就有受集体委托的那些全权代表人的组织存在……班级是一个群体，更是一个有组织、结构化的群体。班级中的每个成员都是通过一定的班级机构组织起来的。班级中的每个成员都是通过一定的班级机构组织起来的。按照组织结构建立相应的机构，维持和控制班级成员之间的关系，从而完成共同的任务和实现共同的目标。一个真正的班集体一定有着管理功能和健全的各种组织机构。否则会是一盘散沙，或者充其量是一个群体而已。一定的组织机构是一个班集体所不可或缺的，它能增强学生的归属感和班级的凝聚力。

3. 一定的共同生活的准则

班级生活只有在一定的准则下运行才能保持有序，共同的生活准则是班集体的又一重要特征。健全的集体不仅要有一定的组织结构，而且受到相应的规章制度的约束，并把取得集体成员认同的、为大家自觉遵守的行为准则作为完成共同任务和实现共同目标的保证。在一个班集体中，准则可以是明文规定的，也可以是无形的。

班级规章制度是班级成员在教育教学和日常生活等活动中必须遵守的集体规范准则，是有形的、正式的明文规定。它要解决的是班级成员在一定的情境中，为了完成共同任务和达到共同目标应该“做什么”和“怎么做”的问题。集体规范也可以是无形的、非正式的，如班风和班级舆论。良好的班风和正确的班级舆论相互强化，相互影响，成为无形又无声的教师，且其教育影响力能够打破时间和空间的局限，为整个班集体和集体中的每一个成员的成长和发展提供一种巨大而有效的推动力和约束力，使其在占优势的良好的心理氛围中不断成长和进步。

4. 集体成员之间平等、心理相容的氛围

集体内部人际关系是集体心理“氛围”的一个重要因素，其发展的具体水平极大地影响着集体的活动。在一个健全的班集体中，成员之间在人格上应平等，在思想感情和观点信念上应比较一致。唯其如此，相互之间才容易做到团结友爱、互帮互助、齐心协力；成员之间才能心理相容，成员个体确信自己的集体是优秀的，因而对集体产生自豪感、依恋感、荣誉感等积极的情感体验，从而直接影响集体活动的效果，使集体的行动更富有成效，班集体更加巩固和成熟。

（二）班集体的教育作用

在学校教育中，班级是学校一切教育教学活动实施与开展的基本单位，学校正常教学秩序的建立，教师的教与学生的学达到和谐的统一，教育目标的最终达成，无不依赖于班级这个基层集体。因此，在学校教育中，良好的班集体对学生的健康成长是非常重要的，具体表现在以下方面：

1. 有利于形成学生的群体意识

每个学生都是集体中的一员，学生的发展与集体的发展密切相关。在一个良好的班集体中，学生会感受到集体对他们的关心与尊重，体会到从集体生活中获得的知识、友谊和实现他们的某种心愿。这时，学生会感到生活在这样的集体中很自豪，很骄傲，往往也会努力使自己成为对集体有所奉献的一员。因此,在良好的班集体的形成过程中,学生的群体意识、集体荣誉感会得到大大的强化。

2. 有利于培养学生的社会交往与适应能力

班集体是学生活动与交往的基本场所,通过班级的集体活动和学生群体之间的交往,可使学生积累集体生活的经验,逐步领悟并掌握正确处理个人与他人、个人与集体、个人与社会关系的原则和方法,表现出应有的社会角色行为,学会交往与合作,学会适应环境。

3. 有利于训练学生的自我教育能力

班集体是学生自己的集体,每个学生在所属的班集体中都拥有一定的权利和义务,都能找到适合自己的角色与活动。因此,班集体是训练班级成员自己管理自己、自己教育自己、自主开展活动的最好载体。

班集体既是班级管理的客体,又是进行班级管理的主体和不可或缺的条件。培养和建立一个良好的班级集体始终是班级管理的核心工作。班级集体的健康和成熟是班级管理成功的标志。班主任必须花大力气培养和建设班集体。

二、班集体的形成与培养

在一定意义上说,班集体的形成与培养过程就是在班主任和学生的共同努力下,使班级从一个松散的群体转变成一个具有班集体特征的群体的过程。任何一个班集体的形成,都会经历组建、形成、发展的过程;这样一个过程,实际上是一个教育培养与类化的过程。在这个过程中,班主任要做好五个方面的工作:

(一)确定班集体的发展目标

集体目标是集体活动所期望的最终目的或结果,是集体发展的方向和动力,具有指向和激励作用。一个班集体只有具有共同的目标,才能使班级成员在认识上和行动上保持统一。才能推动班集体的发展。为此,教师要精心设计班级发展的目标。

班集体的目标是班集体发展的规划,它的确定既要受学校总的发展目标的制约,又要与班级的具体情况相符合,要体现阶段性和层次性。一般以实现目标的时间和目标达成的难度为依据,把班集体的发展目标分为近期目标、中期目标和远期目标,也称近景目标、中景目标和远景目标。

近期目标是在最近很短的时间内完成的目标,一般不超过一个学期。其见效快,对学生情绪影响大,因而目标不宜过高过难,一定要从班级实际出发。中期目标是实现时间相对较长的目标,一般在一个学年左右,需要学生经过一段时间的持之以恒的努力。它以近期目标的实现为基础。远期目标是班级的最终发展目标,即让所有班级成员得到最好的发展,其难度最大。它是在各种近期目标和中期目标实现的基础上发生的质的飞跃,需要师生长期不懈的共同努力。这一目标是与国家的发展目标和学校的发展目标相一致的。近期目标、中期目标和远期目标是相对的,远期目标是通过近期目标和中期目标的实现而逐渐达到的。一个近期目标达到了,相应的中期目标就成为近期目标。依此类推,一个目标实现了,又有新的目标在召唤着班集体去努力实现。这样,班级就能始终保持朝气蓬勃、积极向上的发展态势,在向远期目标一步步接近并达成的努力过程中,班集体也就在一个个目标实现的过程中逐步形成了。因此,目标的提出应由易到难、由近及远、逐步提高。一个目标实现后,要立即提出一个更高的目标,从而推动集体不断向前发展。

在实现班集体的目标过程中,教师要充分发挥班级成员的积极性,使实现目标的过程成为教育与自我教育的过程。

(二)建立班集体的核心队伍

班级是一个小社会,更是一个教育组织,培养班集体必须健全集体的组织,使之正常运转,发挥应有的功能。而健全组织的关键是选拔和培养一批班级骨干,形成班级核心。

一个良好的班集体在集体目标确定之后,要使每一个目标得到全体学生的认同和支持,使每一个学生在目标的引导下,成为集体的主人,首先都会有一批团结在班主任周围的积极分子,他们是班级的骨干,班主任的得力助手,在学生中能起带头作用,是带动全班同学实现集体发展目标的核心。一个团结和谐、具有高度的集体荣誉感的班集体能否形成,集体核心是关键,而班集体核心是由班级骨干,即班干部组成。因此,重视班干部的选拔和培养,建立一支强有力的班级核心队伍是培养班集体的一项十分重要的工作。

班集体中的积极分子有多种类型,可以是全面发展的,也可以是单项突出的,而且,积极分子的队伍不是一成不变的。选拔和培养积极分子的基本标准主要包括以下几个方面:(1)德、智、体、美各方面发展较好;(2)有一定的工作能力、号召力、影响力;(3)热衷于参加集体活动,乐意为大家服务;(4)在某方面有突出成绩、爱好和特长;(5)善于团结同学,有较好的人际关系。班主任要注意经常发现、选拔和培养各方面的积极分子,让更多的学生得到锻炼,不断充实和壮大班级核心队伍,促进学生的自我教育、自我管理。

建立班集体核心队伍的要求:第一,教师要善于发现和培养积极分子。这就需要教师在了解学生的基础上,及时发现在班级活动中涌现出来的积极分子,并从中选拔出能热心为集体服务、能团结同学且具有一定管理能力的学生当班干部。第二,教师应把对积极分子的使用与培养结合起来。既要鼓励他们独立开展工作,又要耐心帮助他们提高工作能力;既要维护他们的威信,又要对他们严格要求;既要肯定他们的工作成绩,又要指出他们工作中的不足。只有班级积极分子都树立了全心全意为集体服务的思想并勇于开展批评和自我批评的班集体才会是一个朝气蓬勃、积极向上、充满活力的优秀集体。

(三)建立班集体的正常秩序

班集体的正常秩序是维持和控制学生在校生活的基本条件,是教师开展工作的重要保证。

班级生活只有在一定准则下运行才能保持有序,因而,班集体的正常秩序包括必要的规章制度、共同的生活准则以及一定的活动节律。其表现形式主要是班级制度,如值日制度、奖励与惩罚制度、考核制度、班委会的工作制度、课堂纪律等方面。

教师在班集体的组建阶段,就应着手正常秩序的建立工作。特别是当接到一个教育基础较差的班级时,首先就要做好这项工作。

第一,在建立正常秩序的过程中,教师要依靠班干部的力量,由他们来带动全班同学。因为榜样的力量是无穷的,班干部作为同伴中的榜样就出现在学生之中,大家看得见、摸得着,因此具有很大的感染力,容易被大家接受、模仿和学习。

第二,一旦初步形成了班级秩序,不要轻易去改变它。朝令夕改,会使班级制度丧失权威性,使学生无所适从,造成班级秩序混乱,影响班级秩序的建立。

第三,在班级秩序的建立和维护过程中,不断让学生体验到正常的秩序给他们的学习、生活带来的便利与成效,使学生在积极的情绪体验中不断提高认识,形成良好的习惯,自觉地遵守和维护班级秩序。

（四）组织形式多样的教育活动

班集体是在全班同学参加各种教育活动中逐步成长起来的，而各种教育活动又可使每个人都有机会为集体出力并展示自己的才能。设计并开展班级教育活动是教师的经常性工作之一。

一个班级如果不开展或很少开展活动，是永远也不可能成为一个真正的班集体的。班集体是在班级成员为实现共同的奋斗目标而开展的各种活动中形成和发展起来的。只有在班级活动中，全班同学才能相互交往、加深了解、促进团结；班级组织机构及其成员才能更好地各尽其责，分工协作，进一步巩固和完善班级核心；学生们才能正确认识和处理个人与他人、个人与集体、个人与社会的关系，激发集体荣誉感和工作责任感，并促进正确的班级舆论和良好班风的形成。因此，教师应有计划地设计并组织各种活动，使班级每一个学生都能在班级活动中得到锻炼，培养一个朝气蓬勃、积极进取的优秀班集体。

班级活动的内容丰富多彩，种类多种多样。根据班级教育活动的时间分布，班级活动主要由日常性的教育活动与阶段性的教育活动两大部分组成。前者指学校日常活动中经常甚至每天进行的例行活动，如教学、早操等，一般是学校要去所有班级都参加的活动；后者特指班级自己组织的、在学期的某一个阶段进行的活动，一般是针对班级的发展需要而开展的，活动时间、地点、内容和类型都视班级具体情况而定，如班会、春游和联欢会等。班级教育活动所涉及的内容主要包括主题教育活动、文艺体育活动、社会公益活动等。其中日常性的教育活动一般属于班级制度规定的内容，如上课不迟到、不讲小话、轮流值日等，所以这类活动的组织和开展主要体现在建立班级正常秩序的工作中。

教师在组织各种教育活动时，要注意以下两个方面：一方面，要有明确的目的和要求。要认识到活动开展的出发点和落脚点都是通过活动和交往来教育学生，培养班集体。另一方面，要精心设计活动内容，注意形式的适龄化。乐于接受新鲜事物、富有好奇心和想象力、喜欢活动是青少年学生的天性，教师应把握时代要求和学生身心发展的特点，指导学生设计主题鲜明、内容丰富、形式新颖的各种活动，使活动融思想性、科学性和趣味性于一体，力争把活动的开展过程变成教育学生的过程。

（五）培养正确的舆论和良好的班风

班集体舆论是以议论和褒贬的方式肯定或否定班集体的动向或其成员的言语行为，是班集体生活与成员意愿的反映。正确的班集体舆论是根据是非标准进行褒贬的，该肯定的即肯定，并给予表扬和鼓励；反之，即否定，并进行批评和谴责。正确的集体舆论是一种巨大的教育力量，对班集体每个成员都有约束、感染、同化、激励的作用，是形成、巩固班集体和教育集体成员的重要手段。一个良好班集体的舆论具有正确、积极、一律和一贯的特点，它必须建立在全班占压倒优势的正确认识和言论的基础之上。因此，教师要注意培养正确的集体舆论，善于引导学生对班集体的一些现象与行为进行评议，要努力把舆论中心引导至正确的方向。

班风即班级气氛、班级的精神面貌。良好的班风是一个班集体舆论持久作用而形成的风气，是班集体大多数成员的精神状态的共同倾向和表现。它是经过长期的耐心细致的教育和严格的训练，在全班师生中逐步形成的一种行为风气，一种不易更改的习惯势力，通过集体成员的思想、言行、习惯等表现出来。虽然班风是一种看不见、摸不着、测不到的精神状态，但是，良好的班风一旦形成，就会无形地、强制性地支配着集体成员的行为，所以它是一种潜移默化的教育力量。教师要通过讲清道理、树立榜样、严格要求、反复实践来提高学生的认识水平，使他们形成良好的行为习惯，从而培养与树立良好的班风。

正确的舆论和良好的班风相互影响、相互作用。班风发端于舆论，班风的形成是舆论持久发生作用的结果；而优良的班风一旦形成，其本身就是强大的集体舆论。所以，培养班集体必须培养正确的集体舆论和良好的班风。

第五节 班主任与班级管理

班主任是学校中全面负责一个班学生的思想、学习、生活等工作的教师，是班级的组织者、领导者和教育者，是学生全面发展的指导者，是学校办学思想的贯彻者，是联系班级各任课教师和学生团队组织的纽带，是沟通学校、家长和社会的桥梁，是学校领导实施教学、教育工作计划的得力助手和骨干力量。在班级管理中，班主任扮演着多重角色，担负着多种责任，发挥着特殊的作用，班主任的工作直接影响到学生的成长。

一、班主任在班级管理中的地位和作用

班主任肩负着全面管理班级的职责，是学校教育的中坚力量，因此，班主任的素质极为关键，他直接决定班级的管理水平，直接影响班集体全班成员的整体水平。

（一）班主任是班级建设的设计者

班主任是班级建设的主帅，对教育对象个体来说，教师的职能可归结为“灵魂的工程师”，但对教育对象群体来说，班主任更多的是班集体的缔造者、设计者。

班级是学校的基本单位和基础组织，学校对学生的教育主要是通过班级来实施的。因而学校会把年龄大致相当、身心发展水平比较接近的几十个学生编成一个教学班。这时从形式上看，一个班级形成了。但事实上，这种松散的班级尚不能被称为真正意义上的班集体，充其量还只是一个班级群体。有的班级甚至若干年后仍然停留在群体的发展水平上。所以，要把一个班级群体建设成为一个真正的班集体，班主任首先就扮演着缔造者和设计者的角色。

1. 班级建设设计的内涵

班级建设的设计是指班主任根据学校的整体办学思想，在主客观条件许可的范围内，充分发挥学生的主动性、积极性，在师生充分酝酿的基础上所提出的相对理想的班级模式，包括班级建设的目标、实现目标的途径、具体方法和工作程序。其中，又以班级建设目标的制订为最重要，具有前瞻性目标的制订最能体现班主任作为设计者所发挥的作用。

2. 班级建设目标的确立

班级目标是指在一定时期内班级所期望达到的目标。班主任应根据国家的教育方针政策、学校的培养目标和班级群体的现实发展水平制订出科学的、适当的目标。过高或过低的目标都无法激发学生的兴趣，会使学生丧失努力的动机和热情。

班主任必须把全班学生组织起来，结合班级具体情况，设计并确立共同的奋斗目标，形成一个有凝聚力的、奋发向上的、团结友爱的班集体，让每个学生都能得到全面和谐的发展。

（二）班主任是班级组织的领导者

学校对学生进行教育教学工作是以班级为单位的，一个良好的班集体具有强大的教育功能。但良好的班集体不是自发形成的，它依赖于班主任的领导与组织。在班级管理中，特别是在达成班级目标上，班主任的领导才能显得非常重要。

1. 班主任的领导影响力

班主任在班级管理中的领导影响力主要表现在两个方面：一是班主任的权威、地位、职权，这些构成了班主任的职权的影响力；二是班主任的个性条件，构成了班主任的个性影响力。

在班级管理中，班主任的权威、地位和职权绝对不是至高无上的，其职权影响力的实施要依据一定的组织法规和一定的群体规范。具体来说，一是国家的教育法令、学制、教育方针及学校的课程、教学计划、规章制度等，班主任在行使职权时，不能超越这些法规政策的制约；二是班级的目标、规范、舆论、纪律、班风等。班主任对班级的领导影响力必须在这一范围内施加，否则其领导的合法性与有效性就会受到质疑。

个性是一个人的整个精神面貌，是一个具有一定倾向性的心理特征的总和，主要包括个体的心理倾向性和个性心理特征两个方面。个体心理倾向性主要包括个体的动机、兴趣、理想、爱好、人生观和世界观等，它在教师个体道德品质的形成中具有决定性的影响。个性心理特征包括能力、气质和性格。班主任的个性影响力取决于三个方面：一是班主任自身对教育工作的情感体验；二是对学生产生积极影响力的能力；三是高度发展的控制自己的能力。事实证明，一个热爱教育事业，热爱、尊重每一个学生，并能从全体学生的全面发展中体会人生的幸福、发现自己的价值的教师，会自然地在学生中树立起师长的威望，成为学生效仿的榜样，对学生个体和整个学生集体的健康成长产生巨大的影响力。

班主任的职权影响力与个性影响力具有一定的相对独立性，同时又是密切相关的。职权影响力是由班主任在班级管理中的地位所决定的，但如果一个班主任仅仅靠组织领导的地位，以组织手段制约学生，那么非但不能发挥自己应有的影响力，反而会破坏自己的形象，造成师生对立。其结果或者是挫伤学生的自信心，使学生成为盲目听从摆布的“小绵羊”；或者是损害学生的自尊心，使学生产生逆反心理，拒绝正面教育。这样一来，班主任的领导影响力就无从发挥。所以，班主任既要通过职权，又要通过个性魅力使自己真正成为班级管理中的领导者。

2. 班主任的领导方式

班级组织在建设过程中，深受班主任领导方式的影响。在班级管理中，班主任的领导方式一般可以分为三种类型：权威的、民主的、放任的。不同类型的班主任具有不同的领导风格和行为方式。

第一，权威型。采用权威的领导方式的班主任侧重于在领导与服从的关系上实施影响，由教师自身对班级施行无条件的管理，严格监督学生执行教师所提出的要求的过程和结果。这种类型的班主任视自己为权威，认为自己的话就是指示、命令，学生必须无条件服从。他习惯于在学习和生活方面严格管理与支配学生的一切行为，甚至常常不由自主地限制学生的自由，压抑学生的独立性和创造性。在这样的班级管理中，整个班级表面看来是统一的，每个学生循规蹈矩，却又心怀恐惧、人人自危，丝毫体会不到遵纪守法和在集体中学习的乐趣，更无法发挥自己参与班级管理的独立性和积极性。

第二,民主型。采用民主的领导方式的班主任比较善于倾听学生的意见,在领导班级的过程中,不是以直接的方式管理班级,而是以间接的方式引导学生。这种类型的班主任以民主、平等的态度对待学生,注重培养和锻炼学生的自我教育、自我管理的能力,积极引导学生制定班级管理规则,并形成自觉遵守维护规则的良好班级氛围,通过规则管理班级,使学生在民主、平等的学习和生活环境中自由地展现自己最美好的品质,尽情地体验成功,感受快乐。研究表明,“凡是能使学生体验到一种归属感、扶持感,并参与密切联系他们生活和文化的教学活动的学校,学生的积极行为就比其他学校多得多”①。民主型的班主任既不专制,也不放任,他们在爱护、尊重学生的同时,也注意培养学生的主人翁意识,激发学生的独立性和创造性,提高学生的自我教育和自我管理能力,使学生真正成为班级管理的主人。

第三,放任型。采用放任的领导方式的班主任主张对班级管理不要过多地干预,以容忍的态度对待班级生活中的冲突,不主动组织班级活动。这种类型的班主任不愿意承担任何责任,对学生听之任之,毫无原则地宽容学生的一切言行,使他们错误地认为自己可以随心所欲而不用对自己的行为负责。这种班级有群体无组织,班主任与学生、学生与学生在心理上是疏远的,班主任既无法了解学生的思想和感受,又无法把握班级的动态和走向,更无力整顿和管理好班级,只得不负责任地放弃自己应该履行的职责,让学生放任自流,最终班级也必定发展到分崩离析的地步。

上述三种类型的班主任对学生发展的影响具有很大的差异。但在当前班级管理实践中,班主任在具体实施管理的过程中有两种领导方式运用得比较多:一是“教学中心”的领导方式,二是“集体中心”的领导方式。“教学中心”的领导方式是目前采用得比较多的一种领导方式,这与我国学校教育对班主任工作考评的标准不无关系,这种领导方式的最大弊端是对人的因素重视不够,班级工作只见教学不见学生,只看学生的分数不看学生的发展。“集体中心”的领导方式认为,学生对集体的喜爱、期望、归属感、团结性和作业水平及学习成绩相关。因此,应该信赖而不是怀疑集体,用集体领导的手段管理班级,将班级作为教育的对象,而不是一对一地去对待每个学生。

(三)班主任是处理班级人际关系的艺术家

班级是存在于学校之中的一个特殊的社会组织,教育从本质上说就在于建立个人、集体与社会的实际联系,以保证个人的社会化。因此,研究班级中的交往行为,指导学生建立良好的人际关系,是班主任的重要使命之一。

1. 班级学生交往的类型

班级是以学生为主体,以学习活动为基础,以师生之间、生生之间的交往为纽带建立起来的特殊的社会组织,是学生实现个体社会化的重要环境。学生在班级中的活动主要是通过交往来展开的,活动的过程就是交往的过程。班级中学生交往的类型多种多样。首先,以交往双方所承担的社会角色的不同来区分,有学生间的交往、师生间的交往、教师间的交往。在交往过程中,教师扮演着教育者、引导者、组织者等角色,通过自己的思想、学识和人格力量影响学生的社会化。学生在交往中也扮演着多重角色,在交互作用中逐渐实现社会化。其次,以交往双方的数量的多少来区分,有个体与个体的交往、个体与群体的交往、群体与群

① 琼斯等著,方彤等译:《全面课堂管理——创建一个共同的班集体》,中国轻工业出版社2002年版,第26—27页。

体的交往。

不同类型的交往对学生的发展有着不同的价值。通过班级中的交往，学生彼此之间会形成一定的人际关系，一般分为正式的、制度化的人际关系和自发形成的、非正式组织的人际关系。前者指在班级集体、班委会、团队组织、学习小组等正式组织中进行交往而形成的人际关系。它对学生的发展产生积极的影响，在班级人际交往中发挥主导作用。后者则普遍存在于班级中，其感情色彩浓厚，对学生的发展既有自觉的、积极的促进作用，又有自发的、消极的影响作用。由于活动和交往是学生社会化的基础，因而班主任要主动引导学生正确地交往，形成良好的人际关系，促进学生顺利地实现社会化。

2. 班主任对学生交往的指导

既然交往是班级人际关系形成和发展的手段，那么班主任就应当悉心研究班级的人际关系，指导学生的人际交往。

(1)要把学生作为交往的主体，研究学生交往的需要及能力的差异性，指导学生正确地知觉周围的人，懂得如何避免和解决冲突，建立积极的交往环境。学生是班级的主体，以学生为主体的班级的活动和交往总是在一定的情境中进行的，环境本身就是对学生具有潜移默化影响的因素。班主任要全面了解学生不同的需要、兴趣、特长和性格，尊重和满足学生正当的要求，提高学生的自我意识。帮助学生懂得尊重他人、理解他人，建立良好的班级人际关系，使学生在民主、宽松、和谐、友爱的心理气氛和交往环境中健康成长。

(2)设计内容充实、频率高的交往结构。即根据班级活动的目的、任务及学生的特点，形成一个相互渗透、交互作用的多渠道、多层次、多维度的交往网络。因为教育活动本身是以人际交往为特征，学生主要是在班级这一特定的环境中学习、生活和交往，逐渐实现由自然人向社会人转化的，所以，班主任要从班级活动的目的、任务和学生身心发展的年龄特点出发，指导学生正确处理与教师的关系、与同学的关系、与家长的关系和其他社会人际关系，建立起能发挥教育合力的良性循环的交往网络，引导学生认识和了解社会，学会适应社会生活。

(3)要在与学生的交往中建立相互间充满信任的关系。教师与学生的交往是班级中最基本的、最重要的人与人之间的交往，而班级又是以学生为主体建立起来的社会组织，所以班主任在与学生的交往中要充分信任、尊重和爱护每一个学生，有目的、有意识地引导学生参与班级管理，肯定学生在班级管理中的主体意识，以平等友爱、相互信任的师生关系为学生的发展创造良好的心理氛围和教育情境。

二、班主任管理班级的内容与方法

班主任的基本任务是按照德、智、体、美全面发展的要求，开展班级工作，全面教育、管理、指导学生，使他们成为有理想、有道德、有文化、有纪律、体魄健康的公民。虽然班集体是由学生和班主任教师共同建设和管理的，但班主任是班集体中的特殊成员，是班级管理的组织者和设计者，在班级管理中起主导作用，一个良好的班集体不是自发形成的，它在一定程度上依赖于班主任管理工作的成效。班主任的班级管理工作千头万绪，纷繁复杂。归纳起来，主要包括三个方面的内容及其相应的方法。

(一)了解学生，研究学生

学生是班主任工作的对象。对学生的教育没有一个固定的模式，只有深入细致地了解学生、研究学生，才能指导得法、教育有效。

1. 了解和研究学生的内容

首先，要了解和研究学生个人。了解和研究的内容包括：思想品德状况、集体观念、劳动态度、人际关系、日常行为习惯；学习态度、学习成绩、学习方法、思维特点、智力水平；体质健康状况、个人卫生习惯；课外与校外活动情况；兴趣、爱好、性格等。另外，还有学生个人的个性特点。

其次，要了解和研究学生的群体关系。了解和研究的内容包括：班级风气、舆论倾向、不同层次学生的结构、同学之间的关系、学生干部情况等。另外，还有学生群体所属年龄阶段的心理特点。

最后，要了解和研究学生的学习和生活环境。了解和研究的内容包括：了解学生的家庭类型、家庭物质生活与精神生活条件、家长的职业及思想品德和文化修养、学生在家庭中的地位、家长对学生的态度等。

2. 了解学生的方法

了解学生的方法有很多，主要可以通过以下途径：

(1)通过阅读学生的有关材料来了解学生，包括记载学生各种情况的登记表、统计表和学生活动成果记录表等。这种了解是一种间接的方法，比较客观、全面、准确。

(2)通过对学生本人或知情者的调查访问，从各个侧面间接地了解学生，包括谈话、问卷、座谈等。这种了解方式具有一定的主观性。

(3)在自然条件下，有目的、有计划地对学生在各种活动中的行为表现进行观察。这种了解方式最为直接，也最为自然，可以更加直观地了解学生的真实状态。

班主任在班级管理中，要把这几种方式结合起来使用，单纯地采取一种方法会有偏颇，不利于全面、客观、准确地掌握学生的整体情况。

(二)组织和培养班集体

班级是学校教学工作的基本单位，也是学校中学生集体的基层组织。组织和培养一个良好的班集体是班主任工作的重要部分。班集体是否有凝聚力，取决于班主任的培养。组织和培养良好的班集体必须做好以下几项工作：

1. 制订集体奋斗目标

目标是集体的发展前景，它对学生具有很强的导向和激励作用。这个目标必须符合班级的实际，考虑到本班学生的年龄特点和接受水平，还要鲜明、具体、生动、富有鼓动性。

2. 选拔和培养班干部

班主任要善于通过各种途径了解学生并从中选拔班干部，如通过开展文体活动、召开主题班会等方式，选拔有一定组织能力和特长的同学担任班干部。选定后，班主任要针对每个干部的具体情况进行精心培养。

3. 创设良好的同学交往环境

班级良好的人际交往环境是班集体形成和发展的重要基础，是调动全班学生积极性的重要手段。班主任应在班级中形成民主、平等的氛围，使每一个成员产生自由、心情舒畅、愉快的感觉，积极投入班集体生活之中。

4. 形成良好的班风

良好的班风能促进班集体的形成和发展，对班级的每一个成员都产生潜移默化的积极影响。为此,班主任可以通过树立榜样的方式,每周对各方面表现好的同学在班上公开表扬,将其树立为榜样,并对其他同学提出希望。同时,注意观察班上学生的动态,并根据出现的情况及时作出处理。

班集体不是自发形成的,它有一个发展过程。一般认为,刚组成的教学班,经过班主任长期系统的组织培养工作,由松散的学生群体转变成为健全的班集体,大致要经过组建、初步形成和形成发展三个阶段。

首先是组建班集体阶段。

在新组建的班级中,同学之间、师生之间相互陌生,学生心里还没有班级的概念,群体松散,班级吸引力差,共同目标和行为规范尚未形成。在这一阶段,班级活动都依赖班主任直接组织和指挥。有经验的班主任都十分重视从以下方面进行新班的组建工作:(1)抓紧时间全面了解学生,尽快熟悉班级和掌握学生的整体情况,注意发现、选择和培养积极分子。(2)建立班级规章制度,对学生的学习、生活提出切实可行的要求。(3)组织和开展班级活动,促进同学之间的交流,增进了解,提高班级的吸引力。

其次是班集体初步形成阶段。

在班主任的引导和培养下,班集体出现了许多新特点,如同学间彼此有了一定了解,友谊加深;班级积极分子已涌现出来,集体有了骨干力量,班级核心初步形成。但是,这时的班集体还十分脆弱,集中表现在班级行为规范尚未成为学生的共同需要,集体舆论还没有形成,班级目标还没有转变为全班同学共同自觉追求和行动的动力。针对这种情况,班主任应把握时机,请全班同学积极推荐班干部人选,及时组建班委会,并通过精心指导和培养,逐步放手让学生干部自己组织开展班队工作,锻炼学生干部组织活动和独立工作的能力。同时,还应注意继续扩大积极分子队伍,增强班级的凝聚力和号召力。另外,班主任还要重视班级规章制度的贯彻执行,培养学生自觉遵守班级行为规范的习惯,为良好班风的形成打下基础。

最后是班集体的形成发展阶段。

在前两个阶段工作的基础上,班级群体已形成班集体,其主要标志是,班集体有了一个较稳定的、团结的领导核心,班干部能独立开展各项工作;班级目标已成为学生个体的奋斗目标,是非观念增强,正确的集体舆论和班风已形成。不过,班集体形成并不等于班主任工作结束,班集体还需要进一步巩固和不断发展,班主任要根据班级情况提出更高层次的奋斗目标,争创优秀班集体。还要针对班内学生不同特点,充分发挥学生个性特长,从整体上提高全班学生的素质。

(三)协调校内外各种教育力量

班级是一个开放的系统,学生是在多种因素纵横交错的影响下发展成长的。班主任要对班级实施有效的教育与管理,必须要争取校内外各种教育力量的配合,调动各种积极因素。

1. 充分发挥本班任课教师的作用

学生在校过程中,会遇到许多教师,学生的成长过程是多位教师通力协作教育的过程。班主任的职责之一就是要协调所有任课教师的工作,充分发挥他们的教育力量。具体地说,可以从以下几个方面做起:

(1)班主任要在班上养成尊师爱生的风气。这样,可以促进教师与学生之间形成一种良好的关系，有助于教学工作的开展，为班级管理工作的顺利进行创造条件。

(2)要定期联系任课教师，经常互通信息。班级管理仅靠班主任一个人是无法完成的，必须充分调动所有相关任课教师的积极性，与任课教师多沟通和交流，可以更加全面地了解班级的整体情况和个别同学的学习状况，为班级管理提供有效的信息。

(3)调节各学科教育负责人，妥善作出全面的安排。学生的思想和学习状况可以通过许多方面表现出来，因此，对于学生思想和学习问题的解决也必须采取统筹的方式来进行。发挥各科教师的作用，通过对学生进行多方"会诊"、全方位"治疗"的方式更有助于问题的解决。

2. 协助和指导班级团队活动

团队的性质、任务决定了它在班集体中的核心作用，班主任有责任指导团队活动。具体地说，可以从以下几个方面做起：

(1)协助团队组织制订工作计划，班级工作计划与团队组织计划要步调一致。班级中的团队必须是班级计划的具体体现，不能与班级整体计划背道而驰。为此，班主任有责任对班级中的团队工作计划进行指导，保证其方向的正确性。

(2)帮助团队组织落实计划，为他们创造活动的条件。学生团队的力量毕竟有限，因此教师应该充分发挥自己的优势，为团队工作的开展创造条件，使其顺利开展。

(3)帮助团队干部提高思想认识和工作能力。团队干部是团队的核心，因此提高他们的思想认识和工作能力对于团队的发展乃至班级工作的顺利开展具有重要意义。可以在工作开展的过程中对其进行指导，也可以通过相关的案例进行纠正和教育。

3. 争取和运用家庭与社会的教育力量

家庭和社会是学生成长的重要环境，班主任要积极争取家庭、社会对学校教育的支持，形成学校、家庭、社会一体化的教育力量。具体地说，可以从以下几个方面做起：

(1)要定期对学生家庭进行访问，举行家长座谈会，接待家长来访，了解家长和学生的全面情况。家庭是学生除学校之外的另一个重要的场所，对学生进行家访，可以更加全面地了解学生的学习和生活情况，从而进行有针对性的帮助和指导；另外，还可以以家长座谈会的方式与家长进行沟通，了解学生在家学习的具体情况，通过班主任和家长的共同努力来促进学生的学习和发展。

(2)充分利用家长的教育资源，将家长的各种教育条件，化为共同搞好班级工作的教育力量。要把班级的管理工作做好，家长的力量也是不可忽视的。严谨的班风、学风的形成以及学生取得的优异成绩都与家庭教育有着直接的联系，因为学生所接受的教育是由学校、家庭、社会三个方面共同完成的。家庭作为孩子成长的第一环境，其教育具有学校教育和社会教育所不可替代的作用。每一个学生背后都有两个学生家长，这就是庞大的"师资"队伍和教育资源。如果能调动起家长的积极性，使他们参与到学生管理工作中，班主任在进行班级管理时就会更加得心应手。

(3)争取校外各种积极的教育因素，以此来弥补学校教育的不足。学校教育虽然是学生学习的主要方式，但它也有自身的局限性，如与实践相脱离、知识相对陈旧等。为了弥补学校教育的不足，应该充分争取和利用校外的一切教育资源为学校服务，这样不但可以增强学生的实践能力，加速知识的更新，还可以开阔学生的视野。

同步练习

一、单项选择题

1. 率先正式使用“班级”一词的是文艺复兴时期的著名教育家(　　)。

A. 赫拉克利特　　B. 埃拉克莫斯

C. 赫尔巴特　　D. 亚里士多德

2. 在19世纪初期,(　　)国学校中最早出现了“导生制”。

A. 美　　B. 德

C. 法　　D. 英

3. 班主任既通过对集体的管理区间接影响个人,又通过对个人的直接管理去影响集体,从而把对集体和个人的管理结合起来的管理方式是(　　)。

A. 班级平行管理　　B. 班级民主管理

C. 班级目标管理　　D. 班级常规管理

4. 建立班级干部轮换制度、定期评议制度、值日生制度,体现了班级(　　)管理。

A. 平行　　B. 民主

C. 目标　　D. 常规

5. 班级目标管理是由美国管理学家(　　)提出的。

A. 埃拉克莫斯　　B. 赫尔巴特

C. 马卡连柯　　D. 德鲁克

6. 下列选项中不属于当前我国学校班级管理中存在的问题的是(　　)。

A. 实行班级干部的轮流执政制

B. 高度重视课堂教学,重视考试成绩

C. 班主任的管理方式偏于专断

D. 让学生服从老师,以维护教师的权威不受侵害

7. 要解决我国学校班级管理中存在的问题,必须建立以(　　)为本的班级管理新机制。

A. 校　　B. 班

C. 学生　　D. 教师

8. 班级建设的设计中最重要的环节是(　　)。

A. 班级建设的目标　　B. 实现目标的途径

C. 具体方法　　D. 工作程序

9. 班级管理中,班级的组织者、领导者和教育者称为(　　)。

A. 校长　　B. 教师

C. 班主任　　D. 班干部

10. 学校行政体系中最基层的教育和教学行政组织单位是(　　)。

A. 年级小组　　B. 班级小组

C. 教研组　D. 班级

11. 学校培养人才的数量和质量在很大程度上取决于(　　)。

A. 办学水平高低　B. 学校硬件环境的优劣

C. 师资水平高低　D. 全校各个班级管理的成功与否

12. 下列选项内容属于教育行政部门统一规定的有关班集体与学生管理的制度的是(　　)。

A. 学生守则、日常行为规范、体育锻炼标准

B. 考勤制度、奖惩制度、课堂常规、作业要求

C. 班规、值日生制度、考勤制度

D. 值日生制度、值周生制度

13. 以目标导向理论为代表的班级管理模式是(　　)。

A. 班级目标管理　B. 功能性取向模式

C. 行为改变取向模式　D. 人际互动取向模式

14. 注重教师行为对学生情意方面的影响，认为教师对学生的关注及师生在班级中的有效交流可以促进学生自我意识、自我调节和责任感的发展，这一班级管理模式是(　　)。

A. 班级平行管理　B. 班级民主管理

C. 人际互动取向模式　D. 行为取向模式

15. 注重运用强化和处罚的手段来维持、维持或消除一些具体的行为，偏重行为的控制和纪律的维持，这一管理模式是(　　)。

A. 班级常规管理　B. 功能性取向模式

C. 行为改变取向模式　D. 人际互动取向模式

16. 班级管理的核心是(　　)。

A. 创造良好的学习环境　B. 确保班级成绩

C. 学生的发展　D. 建立良好的师生关系

17. 下列选项不属于班集体的一般特征的是(　　)。

A. 明确的共同目标

B. 固定的班干部组织

C. 一定的共同的生活准则

D. 集体成员之间相互平等、心理相容的氛围

18. 维持和控制学生在校生活的基本条件，教师开展工作的重要保证是(　　)。

A. 确定班集体的发展目标　B. 建立得力的班集体核心

C. 建立班集体的正常秩序　D. 组织形式多样的教育活动

19. 班主任的领导方式一般可分为(　　)。

A. 民主型、惩罚性、权威型　B. 权威型、惩罚型、放任型

C. 监督型、民主型、权威型　D. 权威型、放任型、民主型

20. 班集体在育人方面突出价值的实现是通过(　　)。

A. 学生自觉　B. 班主任领导

C. 集体教育　D. 学校督导

二、填空题

1. ________总结了前人和自己的实践经验，在其代表作________中对班级组织进行了论证，奠定了班级组织的理论基础。

2. 开展以________为核心的常规管理，是班主任工作的重要内容之一。

3. 实行班级民主管理主要应做好两个方面的工作：一是组织全体学生参加班级全程管理；二是建立________。

4. 目标管理是一种以________为中心的管理。

5. 以训练学生自我管理为主的班级管理制度改革的重点是：把以________为中心的班级教育活动转为________，即把班级集体作为学生自我教育的主体。

6. 班集体的发展目标一般可分为________、________、________目标三种。

7. 班集体的正常秩序包括必要的规章制度、________以及________。

8. 班级教育活动主要由________与________两大部分组成。

9. 任何一个班集体的形成，都会经历________、________、________的过程，这实际上也是一个教育培养和社会化的过程。

10. ________是班集体大多数成员精神状态的共同倾向与表现。

11. ________是联系班级任课教师和学生团队组织的纽带，是沟通学校、家长和社会的桥梁。

12. ________是指班主任根据学校的整体办学思想，在主客观条件许可的范围内所提出的相对理想的班级模式。

13. 班级目标的设计，主要依据两个方面的因素：一是________；二是________。

14. 班主任的权威、地位、职权构成班主任的________影响，班主任的个性特征和人格魅力构成班主任的________影响力。

15. 采用________领导方式的班主任主张对班级管理不要过多干预，以容忍的态度对待班级生活中的冲突，不主动组织班级活动。

16. 班级中学生交往的类型以交往双方所承担的社会角色的不同来区分，有________间的交往、________间的交往、________间的交往。

17. 通过各种调查访问，从侧面间接地了解学生，包括________、________、________等。

18. ________认为，教师要影响个别学生，首先要去影响这个学生所在的班级，然后通过这个学生集体与教师一起去影响这个学生，这样就会产生巨大的教育力量。

19. 常见的班级管理模式有：班级常规管理、________、________、班级目标管理。

20. 我国长期实施的高度重视课堂教学，重视考试成绩，以教师为中心的教育是________。

三、简答题

1. 良好的班集体具有哪些教育作用？

2. 论述建立以学生为本的班级管理新机制的要求。

3. 论述班主任在班级管理中的地位和作用。

同步练习参考答案

一、单项选择题

1. B　2. D　3. A　4. B　5. D　6. A　7. C　8. A　9. C　10. D　11. D　12. A　13. B　14. C　15. C　16. C　17. B　18. C　19. D　20. C

二、填空题

1. 夸美纽斯　《大教学论》
2. 班级规章制度
3. 班级民主管理制度
4. 自我管理
5. 教师　学生的自我教育
6. 近期　中期　远期
7. 共同的生活准则　一定的活动节律
8. 日常性的教育活动　阶段性的教育活动
9. 组建　形成　发展
10. 良好的班风
11. 班主任
12. 班级建设的设计
13. 国家的教育方针、政策和学校的培养目标　班级群体的现实发展水平
14. 职权、人格
15. 放任型
16. 学生　师生　教师
17. 谈话　问卷　座谈
18. 马卡连柯
19. 班级平行管理　班级民主管理
20. 应试教育

三、简答题

1. 答:(1)有利于形成学生的群体意识。在良好班集体的形成过程中,学生的群体意识、集体荣誉感会得到大大的发展。

(2)有利于培养学生的社会交往与适应能力。通过班级的集体活动和学生群体之间的交往,可使学生积累集体生活的经验,学生交往与合作,学会对环境的适应。

(3)有利于训练学生的自我教育能力。班集体是训练班级成员自己管理自己、自己教育自己、自主开展活动的最好载体。

2. 答:建立以学生为本的班级管理新机制要求如下:

(1)以满足学生的发展需要为目的。学生的发展是班级管理的核心。纪律、秩序、控制、服从是传统班级管理所追求的目标。在现代学校教育中,班级活动完全是一种培养人的实践活动,满足学生发展的需要既是班级活动的出发点,又是班级活动的落脚点。

(2)确立学生在班级中的主体地位。发展学生的主体性是学校管理的宗旨。在传统的班级管理模式下,学生在某种程度上是教师的"附属物",学生的主体地位根本无法保障。现代教育的发展,从根本上促进了新型班级的建立,从而为以学生为本的班级管理提供了保证。

(3)有目的地训练学生进行班级管理的能力。实行班级干部的轮流担任制,让每个学生都有锻炼的机会,并学会与人合作。以训练学生自我管理能力为主的班级管理制度改革的重点是:把以教师为中心的班级教育活动转变为学生的自我教育,即把班级集体作为学生自我教育的主体。

3. 答:班主任肩负着全面管理班级的职责,他是学校教育的中坚力量。班主任的素质直接决定班级的管理水平,直接影响班集体的全体成员的整体水平,从而决定了学校的教育教学质量。因此,班主任的素质极为关键。

(1)班主任是班级建设的主帅,是班级建设的设计者。对教育对象个体来说,教师的职能可归结为"灵魂工程师"。但对教育对象群体来说,他更多的是班集体的缔造者、设计者。班主任要根据学校的整体办学思想,在主客观条件许可的范围内提出相对理想的班级管理模式。

(2)班主任是班级组织的领导者。班主任在班级管理中的领导影响力主要表现在两个方面:一是班主任的权威、地位、职权等构成的职权影响力;二是班主任的个性特征和人格魅力,这些构成了班主任的个性影响力。良好的班集体不是自发形成的,它依赖于班主任的领导与组织,班主任要善于利用职权影响力和个性影响力来领导和组织班级。

(3)班主任是协调班级人际关系的主导者。研究班级中的交往行为,指导学生形成良好的人际关系,是班主任的重要使命之一。班主任应悉心研究班级的人际关系,指导学生的交往活动。

①要把学生作为交往的主体,研究学生的交往需要及能力的差异性,指导学生避免和解决冲突,建立积极的交往环境。

②设计内容充实、频率高的交往结构。形成一个相互渗透、交互作用的多渠道、多层次、多维度的交往网络。

③要在与学生的交往中建立相互充满信任的关系。